U0938866

清代通史

萧一山 著

十

商务印书馆
创于1897 The Commercial Press
2019年·北京

清代通史七表

叙　例

一、吾国史家，首推子长，而《史记》一书，功在十表。班、范以后，古义浸失，故十七史惟《新唐书》有表，余皆阙如。郑浃漈云："图谱日亡，书籍日冗，足以困后学而隳良材者，其道由此。"黄梨洲亦以读史补表之无人，而有人才日下之叹，许历代史表之作为不朽盛事。万季野曰："史之有表，所以通纪传之穷，表立而纪传之文可省，读史而不读表，非深于史者。"旨哉斯言，今依其义，作《清代通史七表》，以为本书详略之则焉。（反对史表者，惟刘知幾《史通》谓："史之有表，烦费无用，得之不为益，失之不为损。"但又云："行列萦纡以相属，编字戢舂而相排，使读者阅文便睹，举目可详，此其所以为快也。"是刘固知史表之价值，而无益之说，适相矛盾，故朱竹垞讥为"非笃论"耳。）

一、纪传之书，逐年大事，载于本纪；编年之书，提纲挈领，或列眉批。例所应尔，无需别裁。自康熙敕撰《历代纪事年表》，陈庆麒撰《中国大事年表》，虽繁简不同，要皆按年隶事，极便省览。今特列《清代大事表》于编首，三百年之世变，亦略具于斯矣。

一、《清史稿》有《皇子世表》、《公主表》、《外戚表》、《诸臣封爵世表》，独无清帝世系表，虽以本纪之系统分明，而于授受之际，承祧之源，颇难一目了然。兹依通史例，列《爱新觉罗氏世系表》第二。

一、《唐书》、《元史》有宰相之表，备列三公，盖秉钧衡之任者，实为国家行政之中枢，其关系世局至重且要。清代大学士沿明旧制，例称政府，然清初有议政处，雍正复设军机处，实权已为所夺，内阁宰辅存名而已。惟品列恒居首班，勋高乃授阁揆，时领军机，位极人臣，亦可征人物之隆替矣。作《清代宰辅表》第三。

一、自雍正用兵西北，设军机处，初只拟发谕旨，筹商戎略而已。其后事权渐隆,一切政治,罔不总揽,始隐然代内阁而为执政之府矣。迄于逊国,百八十余年间,君主威命所寄,政化之隆污消长系焉。作《军机大臣表》第四。

一、清制疆帅之重,几埒宰辅,盖不仅尸一方之治乱,亦常有戡藩拓边之功,故选材特慎,而部院莫拟。然咸、同以前,岳伯之长,多属满人,军兴以后,督抚之任,尽酬有功。汉、满权力之消长,于此可以概见焉。作《清代督抚表》第五。

一、学者详于志传,宗派著于表谱,其以生卒著述为旁斜者,古尚无闻。然清代学术,号称极盛,寻源摘流,未便烦举,挂一漏万,应多阙略。欲弥此弊,则表尚矣。萃学人而发潜德,列生卒而知身世,同辈先后,举目可观。作《清代学者著述表》第六。

一、自海通以后,外交綦繁,近世史材,首重国际,然外交事变万端,钩提匪易,而条约所缔,适足以明因果。因辑《清代外交约章表》第七,以条约为纲,原委附之说明焉。百年得失,触目伤感;往牒陈迹,可资殷鉴。

民国二十五年一月二十三日　萧一山记于北平非宇书屋

按:七表稿原创于民国十五年,继复修订,于民国二十六年付上海商务印书馆排印。商务仅刊行《清代学者著述表》一种,即值抗战军兴,余稿迄今不知下落。兹再就原稿加以整理付梓,或与上海版小有异同耳。

一九六二年九月　一山附记于台北板桥

第十册目录

清代大事年表第一

（一）本表以旧有之纪年为纲领，上列帝王及在位年月，下系干支与中西历纪元。至同时有两号并称者，亦俱书之，以便稽考。

（一）纪事所载，要皆当时政纲，大局攸关。若名人生卒，诸家著作，虽极重要，当另立专表，故不细述也。

（一）每年纪事，类如散珠，然上下寻绎，亦可得一系统。原本就重大之处，标以圈志，如示线索也。兹因排印不便，姑予省略，然贯穿之功，仍在读者之领会耳。

（一）明末迄顺治时期

帝王	纪年	干支	民国纪元	西历	纪事
明世宗 朱厚熜在位四十五年	嘉靖　三八	己未	前三五三	1559	清太祖努尔哈赤生。当时女真部落大别为四：（一）建州部（二）长白山部（三）窝集部（四）扈伦部 距葡萄牙人发见印度航路已六十二年租澳门为通商地已二十四年时倭寇内犯江浙俺答骚扰北边
明穆宗 载垕在位六年	隆庆　元	丁卯	三四五	1567	张居正始为大学士。俄可萨克人彼得罗夫初至中国
明神宗 翊钧在位四十八年	万历　三	乙亥	三三七	1575	西班牙人据菲律宾已十年。是年始通中国
	一〇	壬午	三三〇	1582	利玛窦始至广东传教。罗明坚以万历七年至澳门十六年回国
	一一	癸未	三二九	1583	努尔哈赤以父祖仇起兵攻尼堪外兰克图伦城。张居正卒已一年
	一二	甲申	三二八	1584	努尔哈赤攻克翁鄂洛城伤首几死。李成梁袭巴图尔绰哈大破之
	一三	乙酉	三二七	1585	努尔哈赤败五城联军于浑河

续 表

帝 王	纪 年	干支	民国纪元	西历	纪 事
明神宗 翊钧在位四十八年	万历 一四	丙戌	三二六	1586	努尔哈赤克苏克素护哲陈部进攻尼堪于鄂勒珲至明边杀之。明开抚顺清河宽甸叆阳通互市。日本丰臣秀吉为太政大臣
	一六	戊子	三二四	1588	努尔哈赤克完颜等部统一建州。时俄侵西伯利亚已建托波尔斯克府以后又建四府以为东方殖民之根据地
	一七	己丑	三二三	1589	努尔哈赤收鸭绿江部。叶赫恃强欲攻之
	二〇	壬辰	三二〇	1592	日本兵向大陆侵略陷朝鲜京城。明遣李如松充海防御倭总兵官
	二一	癸巳	三一九	1593	李如松破日本军入平壤城旋败于碧蹄馆退驻开城。努尔哈赤败扈伦长白山蒙古等九部联军遂灭长白山部
	二三	乙未	三一七	1595	遣使于日本议和。荷兰人设东印度公司
	二六	戊戌	三一四	1598	丰臣秀吉死。日本退兵朝鲜平。利玛窦至南京
	二七	己亥	三一三	1599	努尔哈赤攻哈达取之。又遣人征服瓦尔喀库尔哈之屯寨
	二八	庚子	三一二	1600	利玛窦偕庞迪我等八人入京师。英国东印度公司成立
	二九	辛丑	三一一	1601	明复命李成梁镇辽东。遣使责努尔哈赤伐哈达之故于是复还其国既而哈达以饥馑降附哈达遂亡
	三五	丁未	三〇五	1607	瓦尔哈部裴优城长来归命舒尔哈齐往收归败乌拉邀击之兵。灭辉发
	三六	戊申	三〇四	1608	李成梁罢。朵颜入寇蓟州京师戒严
	三八	庚戌	三〇二	1610	改历议起五官正周子愚荐熊三拔庞迪我等奏入留中不报。李之藻于是年皈依天主教从利玛窦受洗。利玛窦卒于北京

续　表

帝　王	纪　年	干支	民国纪元	西历	纪　事
明神宗 翊钧在位四十八年	万历　四〇	壬子	三〇〇	1612	努尔哈赤攻乌拉布占泰穷蹙谢过
	四一	癸丑	二九九	1613	乌拉国亡。时扈伦四部叶赫尚存乞援于明。江南有倭警。加淮扬田赋李之藻至北京倡言用西洋历以庶务因循未暇开局
	四三	乙卯	二九七	1615	努尔哈赤立八旗军制。明张差持梃入太子宫伏诛是为梃击案。李成梁卒。日本德川家康灭丰臣氏
清太祖 努尔哈赤在位十一年	万历　四四 天命　元	丙辰	二九六	1616	努尔哈赤即汗位于赫图阿拉建元天命国号金是为太祖。明南京礼部侍郎沈淮上疏诋毁西士徐光启亦上疏为之分辩此为中西思想冲突之始
	万历　四六 天命　三	戊午	二九四	1618	金汗以七大恨誓师攻明毁抚顺拔清河全辽震动明起杨镐经略边事。东海虎尔哈部归金
	万历　四七 天命　四	己未	二九三	1619	杨镐以四路之师攻金大败开原铁岭为所拔。灭叶赫于是扈伦四部尽归于金。明以熊廷弼经略辽东
明光宗 常洛在位月余	万历　四八 天命　五 泰昌　元	庚申	二九二	1620	金遣使报书察哈尔林丹汗。明光宗即位寻崩。熹宗立选侍李氏移居哕鸾宫是为移宫案。罢熊廷弼以袁应泰代之
明熹宗 由校在位七年	天命　六 天启　元	辛酉	二九一	1621	赐太监魏忠贤世荫封乳母客氏为奉圣夫人客魏之祸自此始。金汗下沈阳攻辽阳袁应泰张铨死之。金迁都辽阳。明以王化贞为广宁巡抚起熊廷弼经略辽东廷弼建三方布置策。荷兰人取台湾
	天命　七 天启　二	壬戌	二九〇	1622	金兵取西平堡广宁降王化贞与熊廷弼走入关皆论死。孙慎行追论前相方从哲进红丸罪是为红丸案。明大学士孙承宗自请经略蓟辽使袁崇焕筑宁远城为守关外。山东白莲教徐鸿儒起。始命罗如望等制造西洋铳炮

续 表

帝　　王	纪　年	干支	民国纪元	西历	纪　　　事
明熹宗 由校在位七年	天命　八 天启　三	癸亥	二八九	1623	魏忠贤提督东厂。荷兰人据澎湖
	天命　九 天启　四	甲子	二八八	1624	魏忠贤专权锢杀东林党人。荷兰袭击澳门失利转取台湾淡水
	天命　一〇 天启　五	乙丑	二八七	1625	金迁都沈阳是为盛京。遣将征东海诸部。明罢孙承宗以高第代之
	天命　一一 天启　六	丙寅	二八六	1626	清太祖攻宁远不克未几薨。子皇太极立是为太宗以明年为天聪元年。明以王之臣代高第督关内擢袁崇焕巡抚宁远专守关外
清太宗 皇太极在位十七年	天聪　元 天启　七	丁卯	二八五	1627	金明议和不协。金遣阿敏征朝鲜盟誓而还。攻大凌河围锦州宁远失利袁崇焕罢。熹宗崩信王由检即位是为思宗以明年为崇祯元年。魏忠贤等皆伏诛
明思宗 由检在位十七年	天聪　二 崇祯　元	戊辰	二八四	1628	金征察哈尔。明复以袁崇焕督师蓟辽。陕西饥高迎祥李自成等作乱。海寇郑芝龙降
	天聪　三 崇祯　二	己巳	二八三	1629	金设文馆。蒙古诸部来朝。袁崇焕杀毛文龙于双岛。金取道蒙古由喜峰口入下遵化薄燕京（第一次内犯）。崇焕入援太宗纵反间崇焕被逮起孙承宗镇山海关。金兵分扰畿辅明武经略满桂战死。金兵东归沿途攻下州郡。明开西洋历局以李之藻邓玉函汤若望等主其事
	天聪　四 崇祯　三	庚午	二八二	1630	明磔袁崇焕。孙承宗复关内四城。阿敏由永平逃归太宗怒幽之。李之藻卒。明以兵食不足增田赋
	天聪　五 崇祯　四	辛未	二八一	1631	金始铸红夷大炮。定官制设六部。围拔大凌河城。明罢孙承宗。徐光启始进西洋新法历书

续表

帝王	纪年	干支	民国纪元	西历	纪事
明思宗 由检在位十七年	天聪 六 崇祯 五	壬申	二八〇	1632	金征服察哈尔追林丹汗至归化城自是得自由出入长城诸口以往来直隶山西间。明大同总兵与金盟被逮
	天聪 七 崇祯 六	癸酉	二七九	1633	孔有德耿仲明航海降金。金攻克旅顺及沿海诸岛。流贼犯畿南河北又犯湖广。徐光启卒
	天聪 八 崇祯 七	甲戌	二七八	1634	明陈奇瑜围流寇于车箱峡自成伪降纵遣之复叛
	天聪 九 崇祯 八	乙亥	二七七	1635	金命多尔衮收察哈尔部得传国玺并略山西州郡。诛贝勒莽古尔岱。流贼陷凤阳焚皇陵。林丹子额哲率众降金
	崇德 元 崇祯 九	丙子	二七六	1636	改文馆为内三院。五月太宗改即帝位国号大清改元崇德。命阿济格征明逼燕京下畿内州县(第二次内犯)。亲征朝鲜。高迎祥李自成复入陕西迎祥为孙传庭所擒磔死
	崇德 二 崇祯 一〇	丁丑	二七五	1637	清降朝鲜。取皮岛。李自成犯四川
	崇德 三 崇祯 一一	戊寅	二七四	1638	命多尔衮等分道伐明连下畿辅四十余城(第三次内犯)。督师卢象昇战死。洪承畴大破李自成于潼关。张献忠伪降熊文灿受之次年复叛
	崇德 四 崇祯 一二	己卯	二七三	1639	清兵渡运河破济南复还上书请和不报。毕方济上书明廷献富国强兵恢复封疆四大策。加征练饷
	崇德 五 崇祯 一三	庚辰	二七二	1640	清命亲王大臣更翻出扰松杏宁锦间。阿敏幽死。左良玉破张献忠于太平。石砫女官秦良玉败贼罗汝才于夔州。张罗合扰川
	崇德 六 崇祯 一四	辛巳	二七一	1641	清兵围锦州蓟辽总督洪承畴率师援之败于松杏间。清兵围松山。李自成陷河南。张献忠陷襄阳

续 表

帝王	纪年	干支	民国纪元	西历	纪事
明思宗 由检在位十七年	崇德 七 崇祯 一五	壬午	二七〇	1642	松山降洪承畴被执旋降锦州亦降自是关外重镇除宁远外无复存者。明帝遣马绍愉至沈阳议和不成。清兵毁长城入蓟州连下畿南山东八十余郡直抵兖州(第四次内犯)。左良玉兵溃于朱仙镇李自成陷开封
	崇德 八 崇祯 一六	癸未	二六九	1643	清兵北还勤王兵多不敢战。太宗崩子福临立是为世祖多尔衮摄政以明年为顺治元年。张献忠陷武昌及湖南诸府李自成陷潼关孙传庭死之遂据西安。俄人窥探黑龙江
清世祖 福临在位十八年	崇祯 一七 顺治 元	甲申	二六八	1644	李自成称帝国号顺改元永昌进陷宁武关周遇吉力战死宣大相继降乃薄京师。三月十九日破京师明崇祯帝自缢于煤山自成东攻山海关总兵吴三桂乞清师败之清封三桂为平西王清摄政王多尔衮入北京明福王由崧即位南京改元弘光以史可法督师江北。张献忠入四川据成都号大西国王建元大顺。清自沈阳迁都北京。汤若望入清为钦天监
明福王 由崧在位一年 **明唐王** 聿键在位年余 **明鲁王** 以海在位八年	顺治 二 弘光 元 隆武 元	乙酉	二六七	1645	朝鲜入贡。多铎克西安李自成走死。多铎移师东下。四月扬州破史可法死之。五月破南京始下薙发令福王被杀。六月鲁王以海称监国于绍兴。闰六月唐王聿键称帝于福州。上下江民兵四起旋覆败清以洪承畴招抚江南
	顺治 三 隆武 二 监国 元	丙戌	二六六	1646	始开科举。分隶降官于八旗。定刑部专理详谳不受词讼。豪格征四川杀张献忠其党溃走。博洛定浙东鲁王脱走厦门旋入南澳。唐王欲入湘次延平而清兵已渡岭被执死。郑芝龙降子成功哭谏不听成功焚儒服入海起兵。桂王由榔称帝于肇庆苏观生亦拥立聿𨮁于广州。李成栋克广州聿𨮁死

续 表

帝　王	纪　年	干支	民国纪元	西历	纪　事
明桂王 由榔在位十三年	顺治　四 监国　二 永历　元	丁亥	二六五	1647	清兵克肇庆桂王西走桂林旋移武冈清令敕批兼用满汉字。李成栋攻桂林不克还救广东瞿式耜尽复广西地。献忠余党孙可望等入云南。孔有德略平湖南何腾蛟走桂林复镇全州。桂王奔郴州象州复还桂林。大清律成。禁止西人入广东城
	顺治　五 监国　三 永历　二	戊子	二六四	1648	特许满汉通婚。金声桓以江西李成栋以广东叛降明。何腾蛟乘间复湖南。王占春等亦据川中附桂王。大同总兵姜瓖叛。于是桂王有两广云贵湖南江西四川七省地驻跸肇庆
	顺治　六 监国　四 永历　三	己丑	二六三	1649	定内三院官制。南昌陷金声桓死清军逼信丰成栋坠水死。豫亲王多铎卒。改封孔有德定南王耿仲明靖南王尚可喜平南王与吴三桂并称四王。济尔哈朗取湖南何腾蛟死之。耿仲明攻广东自杀于吉安。大同破山陕复定。吴三桂收川北。鲁王定居舟山
	顺治　七 监国　五 永历　四	庚寅	二六二	1650	多尔衮纳侄妇博尔济锦氏。孔有德破桂林瞿式耜张同敞死之。尚可喜破广州。桂王走南宁。多尔衮卒于喀喇城。永历皇太后及太监庞天寿作书致罗马教皇为明社求福并派卜弥格为使臣赴罗马。俄侵黑龙江筑雅克萨城
	顺治　八 监国　六 永历　五	辛卯	二六一	1651	世祖始亲政追尊多尔衮为义皇帝庙号成宗未几追论其僭逆罪撤庙享夺袭爵。参用诸王管部院。耿仲明子继茂袭靖南王爵。明桂王封孙可望为秦王。郑成功取同安诸郡围漳州势颇盛。清军克舟山鲁王走厦门

续 表

帝　　王	纪　年	干支	民国纪元	西历	纪　　　事
明桂王 由榔在位十三年	顺治　九 监国　七 永历　六	壬辰	二六〇	1652	孙可望迁桂王于安隆所。李定国破桂林孔有德自杀。清命洪承畴经略湖广云贵两广。清敬谨亲王尼堪败死衡州。科场之狱起。杀京师大豪李三
	顺治　一〇 监国　八 永历　七	癸巳	二五九	1653	李定国自湖南退广西旋攻广东。金砺围郑成功于海澄败却。清封达赖喇嘛为西天大善自在佛。定御史为二十员。制寺人不得过四品。定各省钱粮仍用一条鞭法。鲁王自去监国号
	顺治　一一 永历　八	甲午	二五八	1654	耿继茂移镇桂林。孙可望遣使劫桂王杀大学士吴贞毓等十八人。行编审法。停命妇更翻入侍后妃例。停宗室子弟习汉书。济度征郑成功无功成功遣将据舟山。明安达里败俄将斯梯帕诺夫于松花江口。俄使至北京觇虚实
	顺治　一二 永历　九	乙未	二五七	1655	郑亲王济尔哈朗卒。立内十三衙门铁牌严禁中官不许与政。广东略定李定国走南宁
	顺治　一三 永历　一〇	丙申	二五六	1656	李定国奉桂王入滇。黄梧以海澄降。郑成功略温台桂王封为延平郡王。撤各省守催钱粮满官。停遣满官榷关。罢大学士为议政大臣
	顺治　一四 永历　一一	丁酉	二五五	1657	孙可望大举攻滇兵败降清。洪承畴等奏请三路大举攻明。清廷购求遗书
	顺治　一五 永历　一二	戊戌	二五四	1658	重治科场狱。清兵取贵州多尼等三路入云南。除内三院设殿阁大学士。俄人筑尼布楚城侵入满洲宁古塔都统大败之于松花江斯梯帕诺夫死焉

续 表

帝 王	纪 年	干支	民国纪元	西历	纪 事
明桂王 由榔在位十三年	顺治 一六 永历 一三	己亥	二五三	1659	清军克云南省城桂王走缅甸居赭硁。李定国伏军高黎贡山清兵觉走据孟艮白文选亦入木邦。郑成功由崇明入江直抵金陵张煌言别取徽宁诸路东南大震未几为梁化凤所败退还厦门于是清室一统之业略成
	顺治 一七	庚子	二五二	1660	严禁士子结社集会。定都统参佐领等官名。命耿继茂移住福建白文选攻缅甸不克
	一八	辛丑	二五一	1661	世祖崩圣祖即位时年八岁以明年为康熙元年。遗诏令索尼苏克萨哈遏必隆鳌拜辅政。罢十三衙门复设内务府。哭庙狱起杀金人瑞等。郑成功取荷兰所据之台湾。复设内三院。剿山东于七。清杀郑芝龙及其子并迁沿海居民于内地。吴三桂进兵缅甸缅人执桂王以献李定国邀击不遇愤死

（二）康雍乾时期

帝 王	纪 年	干支	民国纪元	西历	纪 事
清圣祖 玄烨在位六十一年	康熙 元	壬寅	二五〇	1662	吴三桂杀桂王于云南明祚遂终清以三桂为亲王节制云贵。郑成功卒子经嗣鲁王亦薨葬于金门
	二	癸卯	二四九	1663	明史狱起。乡会试停止八股文。耿继茂取厦门。川东乱平
	三	甲辰	二四八	1664	张煌言被执死。禁非刑。施琅攻台湾不克。杨光先上书告西教士阴谋不轨汤若望等西士俱拿问待罪

续 表

帝　王	纪　年	干支	民国纪元	西历	纪　事
清圣祖 玄烨在位六十一年	康熙　四	乙巳	二四七	1665	给孤贫口粮。吴三桂平水西酋。免顺治十八年以前逋赋。仍用八股取士。洪承畴卒。裁并各省督抚。以杨光先为钦天监吴明煊副之。令故明朱氏宗族易姓隐避者各回籍安生
	五	丙午	二四六	1666	帝躬行耕耘之礼劝农业。吴三桂平土酋之乱请于滇东设流官。封黎维禧为安南国王。范文程汤若望卒。圈换土地议起。鳌拜矫诏杀苏纳海等
	六	丁未	二四五	1667	沈天甫诗狱起。吴三桂请解云贵事务。定征收钱粮限期圣祖始亲政。鳌拜杀苏克萨哈
	七	戊申	二四四	1668	仍行跪奏礼。诏求精通天文占候者。清理刑狱。裁湖广总督。江南大地震
	八	己酉	二四三	1669	杨光先吴明煊俱罢斥以南怀仁为钦天监副。圣祖幸太学释奠孔子。治鳌拜罪革职籍没。停止将民田圈给旗下。裁直隶山东河南总督。甘文焜平云南阿戎之乱
	九	庚戌	二四二	1670	复设四川湖广福建总督。河决归仁堤。命改内三院为内阁复设殿阁大学士。遣使莫斯科
	一〇	辛亥	二四一	1671	靖南王耿继茂死子精忠袭爵。罢通事。魏裔介乞休。置日讲官。御史赵璟请加官俸。罢养马及以马驾车之禁
	一一	壬子	二四〇	1672	颁圣谕十六条。允裕亲王福全等奏辞议政。康亲王杰书等辞不允
	一二	癸丑	二三九	1673	封暹罗国王。命重修太宗实录。廷议撤藩。吴三桂反云南以明年为周元年。杨起隆诈称朱三太子起事北京败遁天地会即起于是时。授孙延龄抚蛮将军守广西。停撤平南靖南二藩

续　表

帝　　王	纪　年	干支	民国纪元	西历	纪　　　事
清圣祖 玄烨在位六十一年	康熙　一三	甲寅	二三八	1674	吴三桂遣马宝入湖南破长沙岳州常德清命勒尔锦往讨。孙延龄耿精忠叛应三桂三桂封延龄为临江王精忠自称总统兵马大将军铸钱曰裕民通宝。命希尔根讨精忠。尚之孝袭封平南王。杀三桂子应熊。三桂遣兵入江西陕西。王辅臣以陕西应之次年陷甘肃诸府县又陷汉中
	一四	乙卯	二三七	1675	封李焞为朝鲜国王。察哈尔乱图海平之斩其王布尔尼。立皇子胤礽为皇太子。俄使至北京
	一五	丙辰	二三六	1676	郑经破漳州。尚之信叛应三桂受招讨大将军。图海败三桂兵于平凉王辅臣降。耿郑交恶康亲王杰书兵入闽曾养性以温州降耿精忠亦降。尚之信降于简亲王喇布
	一六	丁巳	二三五	1677	勒尔锦进规湖南失利退守荆州。复取漳州等地。喇布等略定江西入广东。尚可喜卒。始设南书房简张英高士奇入直供奉
	一七	戊午	二三四	1678	诏举博学鸿儒。孙延龄降清吴三桂遣吴世琮杀之。三桂即位于衡州国号周改元昭武。三桂遣马宝等攻永兴未下三桂死孙世璠立改元洪化
	一八	己未	二三三	1679	察尼复岳州。试博学鸿儒于体仁阁取彭遹孙等五十人纂修明史。郑经入闽下海澄围漳泉
	一九	庚申	二三二	1680	赐尚之信死。复有称朱三太子者起事陕西被获斩。王进宝赵良栋克四川。岳乐等定湖南入贵州吴世璠奔云南。王屏藩自杀。清军克海澄郑经还台湾

续 表

帝　　王	纪　年	干支	民国纪元	西历	纪　　事
清圣祖 玄烨在位六十一年	康熙　二〇	辛酉	二三一	1681	始开海禁人民复业。命革三藩弊政。郑经卒子克塽立湘粤川三路之师入云南克五华山城世璠自杀。三藩之乱平
	二一	壬戌	二三〇	1682	杀耿精忠。朱方旦刻秘书被杀。封尚贞为琉球国中山王。召诸臣为升平嘉宴。定征俄策。柏应理回欧洲以教士所译华文书四百册呈献于罗马教皇
	二二	癸亥	二二九	1683	封黎维祯为安南国王。谕边疆提镇宜常朝见。施琅入台湾郑克塽降。俘俄可萨克兵数十人。圣祖二月幸五台山九月又奉太皇太后幸五台山
	二三	甲子	二二八	1684	纂修大清会典。琉球国遣陪臣子弟入监读书。圣祖始南巡至苏州过宁谒明太祖陵还
	二四	乙丑	二二七	1685	都统彭春率军围雅克萨毁其城还俄军退尼布楚既而复筑居之。修赋役全书及政治宝训。召靳辅于成龙议河工事务。恢复江浙福建广东海关许外人贸易
	二五	丙寅	二二六	1686	罚朝鲜国王银二万两。纂修一统志。诏访求遗书。复围雅克萨俄皇遣使通好请解围
	二六	丁卯	二二五	1687	圣祖大阅于芦沟桥。俄使费要多罗至色楞格斯克
	二七	戊辰	二二四	1688	御史郭琇疏参大学士明珠营私罪诏革明珠职。武昌兵变推夏逢龙为首都统瓦岱讨平之。准噶尔汗噶尔丹击逐喀尔喀三部众投漠南请降。南怀仁卒
	二八	己巳	二二三	1689	圣祖南巡(二次)至杭州还。许三礼疏劾尚书徐乾学乾学告归。命索额图与俄使费要多罗会议于尼布楚订约六条

续 表

帝 王	纪 年	干支	民国纪元	西历	纪 事
	康熙 二九	庚午	二二二	1690	大清会典成。噶尔丹入犯阿尔尼战不利圣祖下诏亲征大败之于乌兰布通
	三〇	辛未	二二一	1691	圣祖巡边外土谢图汗朝见于古北口
	三一	壬申	二二〇	1692	河道总督王新命以侵盗库银革职复用靳辅为河道总督辅旋卒。立火器营。诏免朝鲜之贡
	三二	癸酉	二一九	1693	命费扬古为安北将军备噶尔丹。畿辅米价腾踊。严禁造烧酒。俄使来聘
	三三	甲戌	二一八	1694	河道总督于成龙革职留任。帝巡边外
	三四	乙亥	二一七	1695	山西地震毙人甚多。圣祖巡视新河及海口运道。噶尔丹负约入寇
清圣祖 玄烨在位六十一年	三五	丙子	二一六	1696	圣祖亲征噶尔丹命皇太子留守京师师至克鲁伦河噶尔丹遁费扬古大败之于昭莫多
	三六	丁丑	二一五	1697	再亲征噶尔丹至布古图噶尔丹饮药自尽乃班师。策妄阿拉布坦据有准部
	三七	戊寅	二一四	1698	圣祖幸五台山。阅漕河及要儿渡等堤岸。帝奉皇太后至盛京
	三八	己卯	二一三	1699	圣祖奉皇太后南巡（三次）至杭州还。顺天乡试考官李蟠姜宸英俱得罪
	三九	庚辰	二一二	1700	圣祖阅化家口拦河坝。于成龙卒诏封河神为金龙四大王。诏大开言路
	四〇	辛巳	二一一	1701	李光地奏裁永定河兵一千二百名。费扬古卒。连山瑶人作乱

续 表

帝　　王	纪　年	干支	民国纪元	西历	纪　　　事
清圣祖 玄烨在位六十一年	康熙　四一	壬午	二一〇	1702	圣祖幸五台山巡视子牙河。制饬士子文勒石太学。都统嵩祝奏平连山瑶乱
	四二	癸未	二〇九	1703	圣祖南巡(四次)视河至杭州还巡幸塞外又西巡至太原洪洞。建避暑山庄。湖南镇筸红苗作乱平之
	四三	甲申	二〇八	1704	遣侍卫锡拉等探视河源。教皇格勒蒙十一遣铎罗东来谕禁中国教士祭天敬孔祀祖圣祖命葡人囚铎罗于澳门
	四四	乙酉	二〇七	1705	圣祖南巡(五次)至杭州还。拉藏汗杀西藏第巴桑结
	四五	丙戌	二〇六	1706	阿山劾陈鹏年奉旨昭雪。封拉藏为汗并拘假达赖喇嘛命各省建立育婴堂
	四六	丁亥	二〇五	1707	圣祖南巡(六次)至杭州还。云南李天极伪托明裔起事擒斩之。圣祖巡幸塞外诸蒙古地方
	四七	戊子	二〇四	1708	巡幸畿辅。内大臣明珠死。天地会一念和尚假朱三太子起事大岚山被捕死。杀明崇祯帝第四子朱慈焕年已七十六并及其子孙六人所谓朱三太子是也。废皇太子胤礽。康熙皇舆全览图开始测绘派费隐白晋雷孝思杜德美等测量蒙古等地方为中国后世各种舆图之根据
	四八	己丑	二〇三	1709	复立胤礽为皇太子。以年羹尧为四川巡抚
	四九	庚寅	二〇二	1710	圣祖幸五台山又幸塞外。福建盗陈五显起事旋平。令蠲免天下钱粮自明年始三年通免一周业主免七佃户免三

续 表

帝　王	纪　年	干支	民国纪元	西历	纪　　事
清圣祖 玄烨在位六十一年	康熙　五〇	辛卯	二〇一	1711	圣祖巡视通州河堤。谕辰沅巡抚潘宗洛以不生事为贵严察江南科场狱戴名世南山集狱起。定滋生人丁永不加赋之制。土尔扈特来贡。佩文韵府成
	五一	壬辰	二〇〇	1712	升朱熹配享孔庙。以明岁六旬特开恩科。再废皇太子禁锢咸安宫。治江南科场狱。黜总督噶礼
	五三	甲午	一九八	1714	禁各省提塘刷写小报。王鸿绪进所撰明史列传。严禁淫乱小说
	五四	乙未	一九七	1715	准噶尔汗策妄阿喇布坦侵哈密命富宁安费扬固备之。皇舆全览图告成。格勒蒙十一重申禁令派嘉乐等来中国但无结果
	五五	丙申	一九六	1716	命苏尔德经理图呼鲁克等处屯田。康熙字典成。碣石镇总兵陈昂奏请严禁天主教诏命各省教士一律领票尊利玛窦教
	五六	丁酉	一九五	1717	严禁传布天主教。准兵入藏杀拉藏汗。西藏大乱
	五七	戊戌	一九四	1718	封尚敬为琉球国中山王。准兵败清援藏两路兵于哈喇乌苏河。以皇十四子允禵为抚远大将军年羹尧迁四川总督
	五八	己亥	一九三	1719	命江南湖广截留漕米备荒。封黎维祹为安南国王。俄帝彼得遣使来京请订商约
	五九	庚子	一九二	1720	清军定西藏封新呼毕尔罕为六世达赖喇嘛。封李昀为朝鲜国王
	六〇	辛丑	一九一	1721	台湾天地会党朱一贵等起义施世骠蓝廷珍等平之。运河南湖广漕米各十万石贮陕西并命朱轼卢询各携银二十五万两分往山陕购米以备散赈

续 表

帝　　王	纪　年	干支	民国纪元	西历	纪　　　事
清圣祖 玄烨在位六十一年	康熙　六一	壬寅	一九〇	1722	召千叟宴于乾清宫前。清军至乌鲁木齐准部请罪渐撤西北之师。福州兵变。十一月圣祖崩皇四子胤禛即位是为世宗以明年为雍正元年。命胤禩胤祥马齐隆科多总理事务。召胤禵来京
清世宗 胤禛在位十三年	雍正　　元	癸卯	一八九	1723	颁谕旨十一道训饬督抚提镇以下文武各官。除山陕教坊乐籍又除绍兴惰民。定密封建储法。命年羹尧等征青海罗卜藏丹津。禁天主教移教士于澳门。委官沿途保护。意大利传教士马国贤回自中国于那不勒斯建中国学院培植东方传教教士
	二	甲辰	一八八	1724	颁圣谕广训。续纂大清会典。年羹尧大败罗卜藏丹津于柴达木青海平严禁百姓代赔州县亏空钱粮。命停捐例。胤礽卒。封李昑为朝鲜国王御制朋党论颁示群臣
	三	乙巳	一八七	1725	停止窃贼逃人等割脚筋例。修海塘。调年羹尧为杭州将军既而以罪赐死。汪景祺以作西征随笔立斩。怡亲王等议整理直隶河防水利事宜
	四	丙午	一八六	1726	治胤禩胤禟等罪削籍离宗旋死。胤禵禁锢。查嗣廷以试题及日记治罪。以浙江风俗浇漓停乡会试。谢济世以参河南巡抚田文镜革职
	五	丁未	一八五	1727	除徽州伴当宁国世仆等细民籍。命策凌与俄使拉克青斯奇订恰克图条约十一条。俄遣官生四人入学。隆科多以罪禁锢。减苏松嘉湖浮赋。策妄阿喇布坦死子噶尔丹策零立

续 表

帝 王	纪 年	干支	民国纪元	西历	纪 事
清世宗 胤禛在位十三年	雍正 六	戊申	一八四	1728	授田文镜河东总督兼管河南山东二省事务。始准浙省士子应试。立咸安宫官学。法人始来通商
	七	己酉	一八三	1729	准噶尔噶尔丹策零入犯命傅尔丹岳钟琪二路讨之。曾静狱起戮吕留良尸。以封建论杀陆生枏。颁行大义觉迷录
	八	庚戌	一八二	1730	新修阙里文庙建贤良祠。除常熟昭文丐籍。徐骏以诗文稿被杀。云南乌蒙蛮猓作乱旋平
	九	辛亥	一八一	1731	傅尔丹败于和通泊。策凌败准噶尔兵鄂登楚勒河。瑞典东印度公司获得对华贸易之特许
	一〇	壬子	一八〇	1732	赏鄂尔泰改土归流功召为大学士。岳钟琪得罪。策凌大败准兵于杭爱山
	一一	癸丑	一七九	1733	命各直省设立书院。撤驻藏兵。诏举博学鸿词一依康熙故事。禁民间刊刻书籍遇胡虏夷狄等字作空白或改易形声。改社仓济急法。大清会典成
	一二	甲寅	一七八	1734	封黎维祜为安南国王。召策凌等来京降旨罢兵。谕准噶尔。重修世祖实录。严禁各省生童罢考
	一三	乙卯	一七七	1735	定准噶尔游牧地界以阿尔泰山为界贵州苗疆复乱命鄂尔泰等办理。八月世宗崩皇四子弘历即位是为高宗遵遗命以鄂尔泰张廷玉辅政以张广泗总理苗疆事务释圈禁宗室复阿齐那塞思黑红带收入玉牒杀曾静张熙纂修明史成

续 表

帝　王	纪　年	干支	民国纪元	西历	纪　事
清高宗 弘历在位六十年	乾隆　元	丙辰	一七六	1736	颁十三经二十一史于各省会及府州县学。设盛京宗学觉罗学。张广泗奏报苗事已竣。颁营造尺。试博学鸿词取刘纶等十五人。军机处改总理处旋复其旧
	二	丁巳	一七五	1737	封黎维祎为安南国王。修永定河堤工。续试博学鸿词取万松龄等四人。命鄂尔泰张廷玉等为军机大臣
	三	戊午	一七四	1738	张广泗平贵州定番苗乱。修浚江南水利
	四	己未	一七三	1739	饬直隶江南捕蝗。治弘晳胤禄等结党营私罪
	五	庚申	一七二	1740	湖南绥宁等处苗乱。禁私售旗地重辑大清律例及纂修大清一统志成。张广泗平楚粤苗疆
	六	辛酉	一七一	1741	采访遗书。命查永定河工。刘统勋疏请张廷玉讷亲慎晚节。禁武职干预民事
	七	壬戌	一七〇	1742	定选拔为十二年一次例。命八旗汉军有愿改归原籍者听。鄂尔泰交部议处。教皇本笃第十颁布教谕中国天主教士关于礼俗之争始息
	八	癸亥	一六九	1743	考选御史试以时务策杭世骏以策中畛域不可太分之语革职。纂修医宗金鉴成。禁种烟
	九	甲子	一六八	1744	高宗行翰林院重修工竣礼。命各省钱谷刑名年终汇册报部。禁设立教堂
	一〇	乙丑	一六七	1745	会试改期三月。谕各省学臣厘正文体。张广泗奏开赤水河以便川黔交通。停江南河工捐例。命江南厘剔收漕积弊。云贵总督张允随请开金沙江十五滩。禁海洋私贩钱

续 表

帝 王	纪 年	干支	民国纪元	西历	纪 事
清高宗 弘历在位六十年	乾隆 一一	丙寅	一六六	1746	普免各省钱粮一次。四川瞻对土酋班滚作乱。律吕正义成。重修明通鉴纲目成。免张廷玉每日入朝
	一二	丁卯	一六五	1747	准福建商民赴台湾贩运米谷。申禁丧葬演戏。大金川有乱调张广泗为四川总督剿抚之。停遣巡察官员。饬禁绅士把持乡曲
	一三	戊辰	一六四	1748	高宗东巡至曲阜释奠孔庙还至德州皇后富察氏卒于舟次。命大学士讷亲赴四川复起用岳钟琪。张广泗讷亲俱得罪死。命大学士傅恒为经略大臣。定大学士为三殿三阁
	一四	己巳	一六三	1749	大金川降傅恒班师。削张廷玉伯爵允其休致
	一五	庚午	一六二	1750	高宗南巡至开封府还。西藏郡王珠尔默特叛傅清拉布敦死之未几平。禁种烟草此时鸦片每岁输入约三千箱
	一六	辛未	一六一	1751	高宗奉太后南巡(一次)至杭州还阅蒋家坝。停止知县三年行取之例。丹麦商船始到黄浦。赐经史于书院。禁苗人充补苗疆额兵
	一八	癸酉	一五九	1753	治伪造奏稿案。缅王麻哈祖入贡。时洞吾朝已为摆古所灭一年矣
	一九	甲戌	一五八	1754	岳钟琪卒。命备师征准噶尔。准部阿睦尔撒纳来降
	二〇	乙亥	一五七	1755	准部内乱命班第永常分两路征之。胡中藻文字狱起。册封尚穆为琉球国王。禁满人与汉人文字往来。阿睦尔撒纳率兵入伊犁擒达瓦齐并青海叛人罗卜藏丹津。阿睦尔撒纳作乱班第等死之。张廷玉卒。英东印度公司派人至定海请求在浙纳税清廷不许并加重海关关税以阻之

续 表

帝　王	纪　年	干支	民国纪元	西历	纪　事
清高宗 弘历在位六十年	乾隆　二一	丙子	一五六	1756	策楞复伊犁阿睦尔撒纳遁复命达尔党阿兆惠等讨之。青滚杂卜叛伏诛
	二二	丁丑	一五五	1757	高宗奉太后南巡(二次)至杭州还。删存明末野史。准部大扰兆惠由伊犁转战至乌鲁木齐命图伦楚迎解其围兆惠等大剿准部阿睦尔撒纳走死。杀布政使彭家屏(收藏明末野史刻族谱曰大彭统纪)。指定广东为各国通商之所封锁其他海港。英将克莱武破印度兵据加尔各答。准吕宋船于厦门贸易。更定保甲法
	二三	戊寅	一五四	1758	回部大小和卓木叛雅尔哈善兵败伏法。命兆惠讨之
	二四	己卯	一五三	1759	小和卓木奔叶尔羌追之兆惠被困黑水营阿里衮等驰救回部旋平布鲁特哈萨克诸部相继降
	二五	庚辰	一五二	1760	御午门行献俘礼。于乌鲁木齐屯田。巴达克山遣使入觐
	二六	辛巳	一五一	1761	紫光阁落成赐大学士傅恒以下画像诸功臣及文武大臣蒙古王公大臣台吉等宴凡一百七人。高宗幸五台山。命刘统勋为东阁大学士。弛贵州民苗结婚之禁
	二七	壬午	一五〇	1762	高宗奉太后南巡(三次)至海宁设伊犁将军以明瑞充之
	二八	癸未	一四九	1763	大学士史贻直梁诗正卒
	二九	甲申	一四八	1764	重修大清一统志。兆惠卒
	三〇	乙酉	一四七	1765	高宗奉太后南巡(四次)至杭州。乌什回人作乱命明瑞阿桂讨平之。定举人大挑例。命各省书院山长六年后著有成效者量予议叙改山长曰院长

续 表

帝 王	纪 年	干支	民国纪元	西历	纪 事
清高宗 弘历在位六十年	乾隆 三一	丙戌	一四六	1766	缅甸内扰革云贵总督刘藻职以杨应琚代之。后那拉氏卒以妃礼葬之。大清会典成
	三二	丁亥	一四五	1767	杨应琚以兵入缅不利赐自尽命明瑞兼云南总督。筹备征缅事宜。湖南学政卢文弨交部议处。革礼部侍郎齐召南职。明瑞进军缅甸克木邦明瑞与领队大臣观音保战死小猛育地方
	三三	戊子	一四四	1768	命傅恒为经略征剿缅甸。民间喧传偷剪发辫始于江浙延及直鲁命将各督抚交部议台湾民黄教作乱次年擒之
	三四	己丑	一四三	1769	命撤毁钱谦益诗文集。缅甸请和命傅恒班师
	三五	庚寅	一四二	1770	蠲免应征钱粮劝谕业户照蠲数十分之四减佃户租。高宗巡天津。迁木邦孟拱蛮莫三十一司于铜壁关内缅人索其地遣使谕之。傅恒卒
	三六	辛卯	一四一	1771	高宗奉太后东巡谒孔林。命温福自云南驰往四川办金川事务
	三七	壬辰	一四〇	1772	饬购访著作遗书。四川总督桂林攻小金川败以阿桂代之。禁各省官吏延请本省幕友
	三八	癸巳	一三九	1773	命编定四库全书以纪昀为总纂官。金川木果木大营败陷温福死之授阿桂定西将军。复小金川。大学士南刘(纶)北刘(统勋)卒
	三九	甲午	一三八	1774	命刑部定聚众结盟罪。山东王伦以白莲教倡乱据临清旧城舒赫德讨平之
	四〇	乙未	一三七	1775	克小金川移师征大金川。其酋莎罗奔等遁噶尔厓

续 表

帝　　王	纪　年	干支	民国纪元	西历	纪　　事
清高宗 弘历在位六十年	乾隆　四一	丙申	一三六	1776	追谥明季殉难及建文时死事诸臣。阿桂克噶尔厓金川荡平。高宗奉太后东巡山东。命国史馆立贰臣传
	四二	丁酉	一三五	1777	命自戊戌年始普蠲天下钱粮分三年轮免。命阿桂等编满洲源流考。新昌举人王锡侯以删改康熙字典论斩
	四三	戊戌	一三四	1778	复睿王多尔衮封号追谥曰忠。浙江徐述夔以一柱楼诗有讥刺语戮其尸沈德潜亦得罪
	四四	己亥	一三三	1779	命和珅在御前大臣上学习行走
	四五	庚子	一三二	1780	高宗南巡(五次)至海宁观潮。命四库全书馆编纂历代职官表。班禅喇嘛来朝
	四六	辛丑	一三一	1781	高宗幸五台山。刑部查出尹嘉铨所著各书多狂妄处命绞死之。禁督抚家人向属员需索门包。甘肃回乱阿桂平之。暹罗奉郑昭为主遣使入贡。甘肃捏灾冒赈侵蚀监粮事发总督勒尔谨赐自尽布政使王亶望等绞监候
	四七	壬寅	一三〇	1782	山东巡抚国泰贪纵伏法。命续缮四库全书分藏扬州镇江杭州。闽浙总督陈辉祖以查抄王亶望家产有抽换玉器字画诸弊赐死藩司国栋监候。行商制度曾经废止是年又恢复并规定为十三家经管对外贸易
	四八	癸卯	一二九	1783	赏和珅戴双眼花翎。命黄河沿堤种柳。申禁近堤取土命国史馆用贰臣传例另编逆臣传
	四九	甲辰	一二八	1784	高宗南巡(六次)至海宁阅视塘工。命阿桂等再剿甘回。杀黄埔英吉利炮手。美人始与中国正式直接通商

续 表

帝　王	纪　年	干支	民国纪元	西历	纪　事
清高宗 弘历在位六十年	乾隆　五〇	乙巳	一二七	1785	赐千叟宴年六十以上者凡三千人。回首燕起伯尔克作乱命福康安赴阿克苏安辑回众。续修大清一统志成
	五一	丙午	一二六	1786	御史曹锡宝奏和珅家人刘全招摇撞骗革职。命和珅为文华殿大学士兼吏部尚书。封郑昭子华为暹罗国王
	五二	丁未	一二五	1787	林爽文结天地会起事台湾震动以福康安等讨之
	五三	戊申	一二四	1788	福康安等攻破林爽文斩之台湾平。命两广总督孙士毅出兵征安南送黎维祁归国
	五四	己酉	一二三	1789	孙士毅为阮惠兵所败褫职阮光平（惠改名）遣使入贡封之为安南国王
	五五	庚戌	一二二	1790	高宗八旬寿普免天下钱粮。东巡至曲阜谒孔林。阮光平入觐。廓尔喀侵西藏
	五六	辛亥	一二一	1791	命福康安以兵征廓尔喀。石刊十三经于太学
	五七	壬子	一二〇	1792	高宗幸五台山。福康安自后藏大举深入。廓尔喀乞降定西藏达赖喇嘛继世法。御制十全记以昭武功
	五八	癸丑	一一九	1793	封阮光缵为安南国王英吉利使臣马嘎尔尼至京提通商六条件并觐高宗于热河。命永停捐例（贡监不停）
	五九	甲寅	一一八	1794	高宗幸天津。命普免六十年天下漕粮一次
	六〇	乙卯	一一七	1795	贵州铜仁苗石柳邓吴八月等作乱命福康安和琳剿之擒吴八月。高宗诏以明岁禅位十五子颙琰（仁宗）而自为太上皇

续 表

(三) 道咸同时期					
帝　　王	纪　年	干支	民国纪元	西历	纪　　　事
清仁宗 颙琰在位二十五年	嘉庆　　元	丙辰	一一六	1796	元旦举行授受大典。白莲教起事以惠龄等讨之。仁宗御乾清宫听政。福康安卒。苗首石三保就擒斩之旋又斩石柳邓父子及吴八月之子等
	二	丁巳	一一五	1797	命刘墉为体仁阁大学士。阿桂卒和珅益横。定分办教匪法
	三	戊午	一一四	1798	大破教徒于三岔河教首姚之富齐王氏均陨崖死。诱捕教匪王三槐
	四	己未	一一三	1799	高宗崩。宣示和珅二十大罪赐死籍其家穷治其党。禁京城设戏馆。封尚温为琉球国王。合州龚景瀚上坚壁清野议采行其策教党渐灭
	五	庚申	一一二	1800	德楞泰败川匪于马蹄冈禽冉天元。教首刘之协就擒杀之。封李玜为朝鲜国王
	六	辛酉	一一一	1801	永定河溢。额勒登保剿匪川楚擒斩甚众
	七	壬戌	一一〇	1802	教乱肃清。阮福映统一安南进贡旋封之为越南国王
	八	癸亥	一〇九	1803	法人始设商馆于广州。浙江提督李长庚袭击海盗蔡牵于定海
	九	甲子	一〇八	1804	蔡牵与朱渍合扰东南沿海浙江巡抚阮元及李长庚等痛剿之。刘墉卒
	一〇	乙丑	一〇七	1805	纪昀卒。十三经校勘记成后十年刻本成。禁西洋人刻书传教两广总督那彦成招降海盗五千余人被劾遣戍伊犁
	一一	丙寅	一〇六	1806	蔡牵在台湾肆扰令赛冲阿督剿。严禁贩米出洋。陕西宁陕兵变。朱珪卒

续 表

帝　王	纪　年	干支	民国纪元	西历	纪　事
清仁宗 颙琰在位二十五年	嘉庆　一二	丁卯	一〇五	1807	申禁廷臣与诸王交接。封尚灏为琉球国王。英国新教徒始传耶稣教于广东。江西天地会党人胡秉耀钟体刚等奉朱毛里起义事泄被杀
	一三	戊辰	一〇四	1808	李长庚追蔡牵至黑水洋阵亡牵遁南安。傅鼐以奠定苗疆功加按察使衔。以英吉利船入黄埔事革总督吴熊光职
	一四	己巳	一〇三	1809	总兵许松年击毙海盗朱渍。李长庚之裨将王得禄邱良功合剿蔡牵牵死海盗平
	一五	庚午	一〇二	1810	命试办海运。严禁鸦片入京城。江南高堰山盱两厅堤坝决
	一六	辛未	一〇一	1811	仁宗巡幸五台山。傅鼐卒
	一七	壬申	一〇〇	1812	申谕督抚严查私造非刑
	一八	癸酉	九九	1813	申禁宗室觉罗与汉人为婚。天理教起事于滑。教徒林清入内城谋乱皇次子旻宁等击破之擒林清于黄村。那彦成克滑县天理教乱平。陕西三才木工变乱
	一九	甲戌	九八	1814	复开捐例。河南捻匪起。限制英商船并查禁鸦片烟。禁民人私往洋馆及为服役
	二〇	乙亥	九七	1815	陕西三才乱平查拿白莲教余裔。定禁烟章程。颁御制官箴十六章
	二一	丙子	九六	1816	英吉利使臣亚墨哈斯觐见以不肯行三跪九叩礼遣归
	二二	丁丑	九五	1817	云南夷人高罗衣作乱讨平之
	二三	戊寅	九四	1818	禁内地人入蒙古。申禁州县官等赴省干谒

续 表

帝 王	纪 年	干支	民国纪元	西历	纪 事
清仁宗 颙琰在位二十五年	嘉庆 二四	己卯	九三	1819	仁宗以届六十万寿颁诏天下。永定河溢后二月漫口合龙
	二五	庚辰	九二	1820	仁宗崩次子旻宁即位以明年为道光元年。回人张格尔作乱
清宣宗 旻宁在位三十年	道光 元	辛巳	九一	1821	云南永北厅属夷人作乱总督庆保剿洗大姚拉古夷巢全境肃清。永北首逆瞎眼唐老大就擒。命停闽省贡花果。两广总督阮元奏禁鸦片烟。封越南王阮福晈
	二	壬午	九〇	1822	命广东严查出口洋船及鸦片。青海番人蕴依作乱平之。四川果洛克番人作乱官兵讨平之
	三	癸未	八九	1823	永定河溢。定失察鸦片烟条例。定商民与蒙古贸易章程
	四	甲申	八八	1824	严禁幕友滥邀议叙。命毁苏州五通祠。英人割缅甸阿撒母阿罗汉之地
	五	乙酉	八七	1825	禁狱卒凌虐监犯。查禁粮船水手设教敛钱。以大学士长龄进讨张格尔封郑福为暹罗王
	六	丙戌	八六	1826	初试行海运。台湾黄文润作乱。张格尔陷喀什噶尔城
	七	丁亥	八五	1827	长龄等克喀什噶尔张格尔遁
	八	戊子	八四	1828	长龄擒张格尔回部平。禁用外国铜币
	九	己丑	八三	1829	命回子当阿浑者止准念习经典不准干预公事
	一〇	庚寅	八二	1830	以御史王玮庆奏请诏地方差役依次递减州县白役概行禁革。定查禁内地行销鸦片章程。回疆复乱命杨遇春等讨之。裁两淮盐政归总督管理

续 表

帝　王	纪　年	干支	民国纪元	西历	纪　事
清宣宗 旻宁在位三十年	道光　一一	辛卯	八一	1831	广东黎匪滋事命李鸿宾等剿平之。禁沿边夷民私种罂粟。新疆始行屯田法。复许浩罕通商。准两江总督陶澍请改盐纲引地法为票盐法
	一二	壬辰	八〇	1832	湖南瑶人赵金龙作乱卢坤讨斩之。广东八排瑶乱禧恩招降之。饬河南湖北等省会拿捻匪。台湾陈办等滋事令瑚松额等剿平之
	一三	癸巳	七九	1833	四川边夷滋事旋平。禁外官馈敬京官。英国取消东印度公司对华贸易专卖权改设大班专管英商旋改大班为贸易监督
	一四	甲午	七八	1834	申禁淫书小说。以英吉利船阑入内河治卢坤等罪。谕卢坤等驱逐洋面趸船并申禁内地匪徒勾结贩运鸦片
	一五	乙未	七七	1835	以皇太后六旬寿开恩科。山西教匪曹顺等作乱旋平。申禁各省滥委左贰左杂署理州县积弊。山东巡抚钟祥奏英船驶入刘公岛洋面诏禁进口命沿海各省督抚府尹严饬所属巡防堵截禁民交易接济。卢坤卒
	一六	丙申	七六	1836	湖南武岗瑶乱平之。命穆彰阿为武英殿大学士。英改广东贸易监督为领事以义律充之
	一七	丁酉	七五	1837	杨遇春卒。四川马边凉山夷人滋事旋平
	一八	戊戌	七四	1838	黄爵滋奏请严禁鸦片。严禁云南种植罂粟。命林则徐往驻广东查办海口禁烟事件。申禁旗女缠足
	一九	己亥	七三	1839	林则徐查毁鸦片于广东海口并定处罚章程。英领事义律赴澳门。定禁烟新律三十九条。停止英吉利贸易调林则徐为两广总督伊里布为两江总督邓廷桢为闽浙总督

续 表

帝　　王	纪　年	干支	民国纪元	西历	纪　　　事
清宣宗 旻宁在位三十年	道光　二〇	庚子	七二	1840	英将伯麦犯广东不克分犯沿海陷定海。命伊里布赴浙视师义律投书天津要求六款。以蜚语革林则徐邓廷桢职召琦善为钦差赴粤。伯麦陷虎门沙角大角两炮台。琦善与义律定草约尽允英人苛求
	二一	辛丑	七一	1841	下宣战之谕。逮琦善命奕山赴粤。英军陷虎门提督关天培战死进攻广州奕山与定休战条约。伯麦等北犯遇飓英遣璞鼎查等陷厦门定海镇海宁波浙西大震。清命奕经赴浙。台湾镇达洪阿兵备道姚莹诱败英兵。英征服俾鲁芝
	二二	壬寅	七〇	1842	林则徐遣戍伊犁。奕经攻敌不克。英军转略长江陷乍浦宝山上海镇江薄金陵。清命耆英伊里布牛鉴为全权大臣与璞鼎查等定南京条约开五口通商
	二三	癸卯	六九	1843	命耆英办理广东通商事宜订补遗条约于虎门。革达洪阿姚莹职旋起用。释邓廷桢回籍旋命署甘肃布政使。命奕经为叶尔羌参赞大臣奕山为和阗办事大臣琦善为驻藏大臣达洪阿为哈密办事大臣
	二四	甲辰	六八	1844	耆英与美国订通商约于澳门缔中法条约于黄埔。台湾匪乱旋平之。谕办开矿事宜。俄国进呈书籍三百余种
	二五	乙巳	六七	1845	西宁番人作乱。许比利时人通商。命林则徐回京旋命署理陕甘总督
	二六	丙午	六六	1846	邓廷桢卒以林则徐为陕西巡抚。云南永昌回人乱
	二七	丁未	六五	1847	缅人扰边。广州民逐英人。喀什噶尔回人滋事。谕直鲁豫三省官吏会拿捻匪。湖南瑶人雷再浩作乱旋平

续　表

帝　王	纪　年	干支	民国纪元	西历	纪　事
清宣宗 旻宁在位三十年	道光　二八	戊申	六四	1848	谕缉会匪命拿海盗。谕查勘矿产
	二九	己酉	六三	1849	徐广缙与英督更定广东通商专约。江苏浙江安徽湖北水灾封李昇为朝鲜国王。湖南新宁李沅发起事旋平
	三〇	庚戌	六二	1850	宣宗崩皇四子奕詝即位是为文宗。洪秀全起兵于桂平县之金田村。调林则徐赴广西道卒。宣示穆彰阿耆英罪状。命李星沅为钦差大臣驰赴广西以周天爵署广西巡抚
清文宗 奕詝在位十一年 **洪天王** 秀全在位十四年(系以称号之年起算)太平天国新历每年三百六十六日四十年一斡旋与阳历大略相同元年元旦当咸丰元年正月初三日二年元旦当咸丰元年十二月十五日是年干支及立春日均与阴历同盖历法初创仍以阴历之节气干支为准也但在三年二月以后则错落一日即干支迟后一日而礼拜提前一日矣故三年元旦仍当咸丰二年十二月二十七日而四年元旦反在咸丰四年正	咸丰　元 太平天国　元	辛亥	六一	1851	洪秀全入永安州建号太平天国封赏其下。清命赛尚阿督兵围之。俄置商埠于阿尔玛图以诱哈萨克人
	咸丰　二 太平天国　二	壬子	六〇	1852	太平军自永安溃围天德王洪大全被执送京师杀之大全为天地会领袖自是天地会与太平军始分太平军围桂林不克进破全州入湖南南王冯云山战死旋下道州桂阳郴州攻长沙不克西王萧朝贵战死进破岳州武昌汉阳。曾国藩在湖南原籍办理团练
	咸丰　三 太平天国　三	癸丑	五九	1853	太平军东下江宁失守秀全遂以南京为国都旋破镇江扬州入凤阳进犯河南围怀庆。试用官票。始制银钞。铸当十大钱。太平军攻南昌犯江西。抽取厘金于扬州其后各省仿行以济军饷。湘勇援赣。太平军破平阳入直隶旋扰畿辅京师戒严。命曾国藩赴湖北协剿。会党刘丽川踞上海。安徽捻匪踞雉河集。定私铸大钱罪名。太平军破庐州巡抚江忠源死之。俄筑炮台于哈萨克境内

续 表

帝　　王	纪　年	干支	民国纪元	西历	纪　　　事
月七日盖本应为八日也五年元旦当咸丰四年十二月十九日六年元旦当咸丰六年正月初一日两历相合七年元旦当咸丰七年正月十二日八年元旦当咸丰七年十二月二十四日九年元旦当咸丰九年正月初六日十年元旦当咸丰十年正月十八日十一年元旦当咸丰十年除夕日十二年元旦当同治元年正月十二日十三年元旦当同治元年十二月二十四日十四年元旦当同治三年正月五日每年岁首相差多不过十余日旧历有闰月之年则新历可值二岁首以下纪年按全岁计月日之差不能详列也至错落一日之故董作宾推求未得简又文假想为二年元月初八日即永安溃围之日实则王韬瓮牖余谈洪逆琐记明载癸丑二月初十日又讹一日故干支	咸丰　四 太平天国　四	甲寅	五八	1854	僧格林沁等破独流太平军走保阜城又踞连镇。太平军由安徽入山东援之旋为清军歼败。曾国藩败太平军于湘潭。太平军再破武昌不久为国藩所复。俄置省于额尔齐斯河畔
	咸丰　五 太平天国　五	乙卯	五七	1855	清军复上海。僧格林沁破连镇擒林凤祥河北渐定。太平军三下武昌僧格林沁破冯官屯擒李开芳等。捻匪张洛刑等复踞雉河集。云南回民杜文秀踞大理作乱
	咸丰　六 太平天国　六	丙辰	五六	1856	太平军再破扬州旋为清军收复太平军破宁国。以那拉氏为懿妃。江南大营失陷向荣退守丹阳未几卒。太平天国内讧杨秀清韦昌辉皆被杀石达开奔安庆。捻匪逼陈州。英领事巴夏礼率兵舰扰广州。湘军复武汉。李续宾等合围九江
	咸丰　七 太平天国　七	丁巳	五五	1857	太平军攻湖北。袁甲三擒捻首李寅等。清军复瓜州镇江。英法联军入广州虏粤督叶名琛以去自是占据广州三年
	咸丰　八 太平天国　八	戊午	五四	1858	江西太平军入浙江。湘军取九江。清江南军攻克雨花台。黑龙江将军奕山与俄使订约于瑷珲弃黑龙江北岸地。英法联军攻大沽炮台。太平军入闽。起复曾国藩命桂良等至天津议和与英订约五十六条法四十二条。庐州扬州再破六合失守湘军失利于三河李续宾死之
	咸丰　九 太平天国　九	己未	五三	1859	以科场狱杀大学士柏葰。石达开犯湖南。英兵舰攻大沽炮台击却之。陈玉成合捻党破定远天长盱眙。石达开攻桂林不克入庆远。清江南军败于六合浦口。袁甲三复临淮关

续 表

帝 王	纪 年	干支	民国纪元	西历	纪 事
亦迟一日按此日正值攻下南京之日也	咸丰 一〇 太平天国 一〇	庚申	五二	1860	袁甲三复凤阳擒捻首张元龙捻匪陷清江浦。太平军下杭州。清江南大营溃张国樑战死。太平军下苏常。命曾国藩为两江总督。英法联军由北塘进陷天津。文宗奔热河。英军逼北京焚圆明园。与英法议和成。命僧格林沁剿捻于山东。与俄定北京条约。多隆阿等大破陈玉成于挂车河。设立总理各国通商事务衙门
	咸丰 一一 太平天国 一一	辛酉	五一	1861	陈玉成攻湖北练总苗沛霖攻寿州。文宗崩于热河立皇长子载淳为太子尊皇后及太子生母那拉氏均为皇太后。曾国荃等克安庆。太平军下余杭绍兴诸郡。胡林翼卒。杀载垣端华肃顺以奕䜣为议政王。载淳即位于京师是为穆宗。两宫皇太后垂帘听政。命曾国藩统辖四省军务太平军破杭州。以沈葆桢抚赣左宗棠抚浙
清穆宗 载淳在位十三年	太平天国 一二 同治 元	壬戌	五〇	1862	太平军攻上海英法军击却之国藩命李鸿章赴援。鲍超攻克青阳等四县。多隆阿攻克庐州陈玉成被擒死。太平军扰陕西。添设长江水师提督。曾国荃围江宁鲍超克宁国。多隆阿克紫荆关。畿辅行坚壁清野法。曾国荃击退李秀成援兵。越南割南部交趾支那与法
	太平天国 一三 同治 二	癸亥	四九	1863	僧格林沁剿捻大胜擒斩张洛刑。甘肃回民乱。设立同文馆于京师。云南回民戕总督潘铎。淮军克复太仓昆山。四川官军擒石达开杀之。减苏松太三属赋额。回民破甘肃平凉陕西汉中。李鸿章克复苏州。僧格林沁破苗沛霖于蒙城斩之

续 表

帝　　王	纪　年	干支	民国纪元	西历	纪　　事
清穆宗 载淳在位十三年	太平天国 一四 同治 三	甲子	四八	1864	左宗棠等克杭州。李鸿章克常州。封李熙为朝鲜国王新疆回民金相印作乱。曾国荃等克江宁洪秀全自杀子洪福逃至石城被获斩太平天国遂亡。回民据乌鲁木齐反都统平瑞等死之。俄取塔什干置七河省于阿尔玛图
	同治 四	乙丑	四七	1865	鲍超之霆军溃散于湖北。僧格林沁剿捻阵亡于曹州西。命曾国藩督直隶山东河南军务剿捻。甘肃回民踞嘉峪关陷肃州。曾国藩设四镇圈击捻匪大破之于雉河。提督雷正绾所部哗溃。荡太平余众于广东嘉应。宁夏回民投诚州城收复
	五	丙寅	四六	1866	派斌椿率同官生赴外国游历。伊犁失守于回塔尔巴哈台失守武隆阿死之。兰州督标兵变戕官据城。命西安将军库克吉奉督办新疆北路军务左宗棠奏设船政局于福建。调左宗棠为陕甘总督。国藩回任命李鸿章办剿匪事宜。是年十月初六日国父孙文中山先生生
	六	丁卯	四五	1867	鲍超败捻匪任柱等于伊隆河。刘松山败西捻于同州。东捻窜逾运河。谕严拿哥老会。派美国使臣蒲安臣(Anson Burlingam)及志刚孙家谷往有约各国办理各国交涉。任柱赖文光死。东捻平。俄取撒马尔罕。法以柬埔寨为保护国
	七	戊辰	四四	1868	西捻窜畿南李鸿章等蹙之茌平张宗禹赴水死西捻平。命左宗棠剿回匪申谕禁种罂粟。俄国以布哈拉汗为保护国。日本明治天皇立

续 表

帝 王	纪 年	干支	民国纪元	西历	纪 事
清穆宗 载淳在位十三年	同治 八	己巳	四三	1869	席宝田等败苗教各匪。李鸿章奏请采购洋铜鼓铸通货丁宝桢捕斩太监安德海。陕西回匪平。苏伊士运河开通。日本遣使求好
	九	庚午	四二	1870	天津焚毁教堂杀法领事。命崇厚为出使法国大臣。江督马新贻被刺。破金积堡回首马化隆父子被杀
	一〇	辛未	四一	1871	越南匪徒滋扰命冯子材驰师赴援。命李鸿章与日本订修好条约于天津。俄人占伊犁
	一一	壬申	四〇	1872	曾国藩卒。穆宗行大婚礼立阿鲁特氏为皇后。日本议改和约许之次年约成互换。岑毓英克大理。杜文秀自杀云南肃清。与俄国定伊犁通商章程
	一二	癸酉	三九	1873	穆宗亲政各国驻京使臣首觐于紫光阁呈递国书。设铁路局。甘肃回乱平。俄人取基华。法取安南河内城
	一三	甲戌	三八	1874	安南与法订约。日本兵舰犯台湾清命沈葆桢办理台湾等处海防偿日本款五十万两结案。停圆明园工程修理三海。奕䜣得罪被黜。穆宗崩。懿旨立醇亲王奕譞之子载湉承继文宗为嗣皇帝以明年为光绪元年。两宫皇太后仍垂帘听政

（四）光宣时期

帝 王	纪 年	干支	民国纪元	西历	纪 事
清德宗 载湉在位三十四年	光绪 元	乙亥	三七	1875	德宗即位穆宗后自杀。命左宗棠督办新疆军务。与秘鲁订修好条约。派出使大臣。俄灭浩罕置费干省尔

续 表

帝　王	纪　年	干支	民国纪元	西历	纪　事
清德宗 载湉在位三十四年	光绪　二	丙子	三六	1876	左宗棠借洋款一千万两。命李鸿章与英订烟台条约。收复乌鲁木齐新疆北路略定。收还英商所筑吴淞铁路毁之。定严禁栽种罂粟例。派遣学生三十名赴英法学习
	三	丁丑	三五	1877	克吐鲁番。山西河南大旱。复新疆南路东四城。沈桂芬与日斯巴尼亚国订华工条款
	四	戊寅	三四	1878	复南路西四城新疆平。山西大饥。以曾纪泽为出使英国大臣安集延酋阿里达什自俄境入寇谋袭喀什噶尔刘锦棠击破之
	五	己卯	三三	1879	停止捐输。主事吴可读尸谏请为穆宗立后。日本灭琉球置县。命丁汝昌会同沈葆桢等筹办海防。崇厚出使俄国议收还伊犁事与立约十八条褫职拿问。许朝鲜与各国通商修约
	六	庚辰	三二	1880	改派曾纪泽为出使俄国大臣求返伊犁。左宗棠攻哈密。命曾国荃督理山海关防务事宜。李鸿章奏于陆路设电线。始设电报学堂。刘铭传奏请试办清江浦至京师铁路被阻
	七	辛巳	三一	1881	曾纪泽与俄国订约于圣彼得堡。与日使商琉球案不谐。慈安太后崩。左宗棠请严禁鸦片。命刘锦棠督办新疆军务。与巴西订立条约。开平矿务局创造铁路
	八	壬午	三〇	1882	朝鲜与英美法立约命人莅盟。法兵陷安南东京河内。朝鲜内乱遣吴长庆等率兵驻汉城执大院君李昰应置之保定与俄国定喀什噶尔界约

续 表

帝王	纪年	干支	民国纪元	西历	纪事
清德宗 载湉在位三十四年	光绪 九	癸未	二九	1883	派曾纪泽赴英办理鸦片税厘事务。谕禁在理教。法强安南与订立新约。命彭玉麟往广东会同督抚办理海防。与俄国定塔尔巴哈台界约。法以安南为保护国
	一〇	甲申	二八	1884	法国侵占越南我国兵阻击之。李鸿章与法使订和约于天津。命许景澄充出使俄德等国大臣。法兵攻台北基隆炮台又攻沪尾炮台刘铭传击却之。法军攻毁福州马尾炮台。清廷与法宣战。命刘锦棠办新疆建省事宜。朝鲜新党作乱我兵击平之
	一一	乙酉	二七	1885	李鸿章与日使伊藤博文商订两国撤退驻兵朝鲜条约。谅山失守法兵攻镇南关冯子材等败之复谅山旋议和令各处停战。李鸿章等与法使订越南新约十款于天津。左宗棠卒。改福建巡抚为台湾巡抚。设海军衙门英灭缅甸
	一二	丙戌	二六	1886	李鸿章与法使会议于天津成越南边界通商章程十九款奕劻与英使会议缅甸条约五款。朱一新奏请预防宦寺流弊。开黑龙江漠河金矿。设台湾省
	一三	丁亥	二五	1887	命认真办理保甲兴造大沽至天津铁路。冯子材等讨平琼州黎匪。张之洞奏设南洋各岛领事。奕劻与葡使定条约五十四款。加算学一科取士。俄国声明不占朝鲜
	一四	戊子	二四	1888	命升泰办理藏印边务定中英西藏条约。颐和园工程告竣。俄韩结陆路通商条约。藏印兵衅开英兵侵入亚东升泰阻之。定海军经制。北洋海军成以丁汝昌为提督。俄造铁路直达撒马尔罕

续 表

帝　王	纪　年	干支	民国纪元	西历	纪　事
	光绪　一五	己丑	二三	1889	命各省督抚议兴办铁路。德宗始亲政立皇后那拉氏。以薛福成为出使英法意比大臣。张之洞奏办芦汉铁路。饬禁官吏需索诸弊。命各省严缉盗贼拿办讼棍
	一六	庚寅	二二	1890	升泰与英使订藏印条约八款。定使臣觐见例。李鸿章奏酌议土药税厘。彭玉麟曾国荃曾纪泽卒
	一七	辛卯	二一	1891	李鸿章出阅海军。哥老会焚毁芜湖丹阳等处教堂。命各督抚迅速筹办教案善后事宜。严拿哥老会。俄侵帕米尔议以为中英俄三国瓯脱地。北洋海军提督丁汝昌率舰队游日本。提督聂士成平教匪
清德宗 载湉在位三十四年	一八	壬辰	二〇	1892	云南镇远新附倮夷滋事旋平薛福成奏请严禁私购军火派薛福成商办滇缅界务。定窃毁电线杆罪。禁滥用非刑。重修颐和园。大沽至滦州铁路成
	一九	癸巳	一九	1893	薛福成请除海禁。订藏印通商交涉游牧条约。北京至山海关铁路成。整顿科场规则。薛福成奏与英定滇缅界约。法人占湄公河岸地
	二〇	甲午	一八	1894	命许振祎办永定河工。朝鲜东学党乱中日同发兵平之。日据朝鲜袭我海军于丰岛。叶志超败走平壤。下诏与日本宣战日军陷平壤。丁汝昌率海军与日舰战于大东沟外败绩。我陆军亦败于鸭绿江。日军陷大连湾又陷旅顺。日军陷海城复州盖平。日兵踞荣成陷威海卫。国父创立兴中会

续 表

帝 王	纪 年	干支	民国纪元	西历	纪 事
清德宗 载湉在位三十四年	光绪 二一	乙未	一七	1895	日军陷刘公岛海军全队被掳丁汝昌等死之。命李鸿章为全权大臣与日本议和。日兵陷营口又陷澎湖。李鸿章与日使定马关条约十一条朝野忿激宣示订约缘由。俄德法三国干涉日本还我辽东。台湾官民推唐景崧为总统建立共和国日兵攻破之。革命军起广州陆皓东死之中山走海外。汉阳炼铁厂成张之洞创自强新军。康有为公车上书。以明年俄皇加冕派李鸿章往贺
	二二	丙申	一六	1896	设官书局。创办邮政。新疆军破回匪于北大通营又歼之于罗布淖尔。李鸿章与俄缔军事同盟密约许景澄与俄道胜银行订立东省铁路公司合同。设铁路总公司。梁启超等创时务报于上海
	二三	丁酉	一五	1897	中英续议缅甸条约十八款。陈其璋请添铸铜圆。曹州教案起德据胶州湾。康有为上书请变法。天津设北洋学堂。命各省保护教堂。朝鲜王称大韩皇帝
	二四	戊戌	一四	1898	开经济特科。颁发昭信股票。开办京师大学堂。德租胶州俄租旅顺大连湾英租九龙及威海卫法租广州湾。命改各省书院为学堂下诏定国是。决意变法。命梁启超办译书局改定科举新章。命康有为督办上海官报。擢杨锐刘光第林旭谭嗣同参预新政。袁世凯告密皇太后复训政囚帝瀛台杀杨深秀等六人尽罢新政购拿康梁禁止报馆及集会。清偿日本赔款

续 表

帝　　王	纪　年	干支	民国纪元	西历	纪　　　事
清德宗 载湉在位三十四年	光绪　二五	己亥	一三	1899	与英俄订结铁道协商条约。命刚毅往江南一带查办事件。山东义和团起。与朝鲜订通商条约。命各省整顿关税厘金盐课等项。立载漪子溥儁为大阿哥(皇子)。康有为立保皇会于海外清廷悬赏购拿康梁。袁世凯办山东匪教
	二六	庚子	一二	1900	近畿拳民滋事饬严禁拳会。刚毅等结拳匪入京德使克林德日本书记官杉山彬被戕。刘坤一张之洞等与各国领事订东南保护约款。八国联军攻陷天津旋入京师。太后挈德宗西奔。唐才常起义湖北事泄被杀。俄兵占齐齐哈尔并进占东三省。重惩肇祸诸臣。奕劻李鸿章与各国订和约下诏变法。革命军起义惠州失败
	二七	辛丑	一一	1901	设督办政务处复开经济特科。辛丑条约成偿款四百五十兆两年息四厘。命醇亲王载沣赴德国谢罪那桐往日本谢罪。改总理衙门为外务部。命制定常备巡警等军。乡会试废八股文。命各省筹设武备学堂及大中小蒙养学堂。启程回銮。李鸿章卒。废大阿哥。联军撤离北京留保护使馆卫队及京沽沿路兵。准满汉通婚
	二八	壬寅	一〇	1902	命出使大臣查取各国通行律例。奕劻等与俄使订交收东三省条约四款。以张之洞为督办通商大臣。颁行学堂章程。派沈家本伍廷芳考订现行律例。命袁世凯督办津镇铁路办理巡警。刘坤一卒命袁世凯督办商务会商张之洞办理并以伍廷芳为会办收电报局为官办。派溥伦赴美国博览会

续 表

帝 王	纪 年	干支	民国纪元	西历	纪 事
清德宗 载湉在位三十四年	光绪 二九	癸卯	九	1903	命荣庆会同张百熙管理大学堂。命盛宣怀会同袁世凯议商约。命载振伍廷芳等订商法与葡增改条约九款云南个旧民众阻外人筑路起事旋平。盛宣怀等定沪宁铁路借英款合同。以广西匪乱革王之春苏元春职。考经济特科。设立商部。与日美议通商行船条约。设立练兵处。颁布学堂章程。日俄宣战我国宣告严守中立。颁行公司律
	三〇	甲辰	八	1904	开放奉天及安东为商埠。日败俄军于鸭绿江。日军围旅顺占金州营口牛庄等地。派唐绍仪入藏与英使订约。黄兴谋起义于长沙不成。俄败于辽东。日占旅顺。英兵攻西藏
	三一	乙巳	七	1905	日兵占奉天省城。派柯逢时管理八省土膏事宜。伍廷芳等奏请除凌迟枭首戮尸重刑。日本歼俄舰队于日本海。张之洞督办粤汉铁路。芦汉铁路告成。劝勿抵制美货。停科举广学校立办法五条。派载泽戴鸿慈徐世昌端方绍英五大臣出洋考察政治遇吴樾炸弹改派尚其亨李盛铎偕载泽等三人出洋徐绍不行。日俄和议成。设巡警部。广西盗匪肃清。与日本议满洲条约。严禁革命党。设考察政治馆。设立学部。是年中国同盟会成立于日本
	三二	丙午	六	1906	依学部奏宣示教育宗旨。改绿营为巡警。唐绍仪与英使订藏印正约。宣示预备立宪。谕禁鸦片。陆军会操于彰德府。宣示厘定官制。日本还我营口。日本置韩国统监。江西萍乡革命军起事不成。升孔子为大祀。设京师内外城总厅

续 表

帝　　王	纪　年	干支	民国纪元	西历	纪　　　事
清德宗 载湉在位三十四年	光绪　三三	丁未	五	1907	张百熙卒。改省官制先由东三省实行。御史赵启霖以参亲贵革职。以亲贵主部务。后增改省官制。徐锡麟起事安徽不成。设礼学馆命内外各衙门妥议化除满汉畛域。改考察政治馆为宪政编查馆。派杨士琦往南洋考察华侨。命各省筹划驻防旗丁生计。命礼部及修订法律大臣议定满汉通行礼制刑律。命各省设谘议局开办资政院。改办津镇为津浦铁路。孙中山先生及黄兴等起义镇南关失败。禁学生干预政治
	三四	戊申	四	1908	获日本二辰丸船私运军火日使抗议服结。颁行违警律。黄兴等起事云南河口旋败。美国减收庚子赔款派唐绍仪往谢。颁行谘议局及议员选举章程。查禁政闻社。奕劻等奏进宪法大纲。为赎京汉路向汇丰汇理两银行借英金五百万镑。德宗崩慈禧以载沣之子溥仪入承大统。以明年为宣统元年以摄政王载沣监国。太皇太后那拉氏(即慈禧)卒。赎还京汉铁路。颁布调查户口章程。袁世凯开缺。颁布清理财政章程及城镇乡地方自治章程
清宣统帝 溥仪在位三年	宣统　　元	己酉	三	1909	宣示朝廷实行预备立宪。谕皇帝自为海陆军大元帅。命载洵萨镇冰筹办海军巡视沿江沿海各省武备寻赴欧考察海军。与日订立东三省五案交涉之条款。张之洞卒。各省谘议局开幕。各省谘议局请速开国会降旨定期九年。颁行禁烟条例地方自治章程及法院编制法

续 表

帝 王	纪 年	干支	民国纪元	西历	纪 事
清宣统帝 溥仪在位三年	宣统 二	庚戌	二	1910	革去达赖喇嘛封号。革命党在广东举义不成。汪兆铭等谋刺载沣被获时暗杀之风甚盛亲贵皆自危。颁布现行刑律及币制则例。资政院开院。各省请速筹开国会因命纂拟宪法准宣统五年开设议院。筹办海军。设海军部。颁布宣统三年预算案。颁布新刑律及暂行章程。日吞并韩国设朝鲜总督
	三	辛亥	一	1911	英兵占片马与之交涉。停止刑讯。设立川边巴安康定二府。广州将军孚琦被刺。黄兴等起事于广州不成七十二烈士死焉层葬于黄花岗。定币制实业借款。颁布内阁官制以奕劻为总理大臣舆论哗然直省谘议局请另组不许。禁种鸦片及吸食输入。宣示铁路政策以干路归国有四川人民抗议。命赵尔丰赴川杀争路人民及民团甚多。武昌革命军起瑞澂张彪遁乃分兵据汉阳汉口推黎元洪为都督于是湖南江西陕西贵州山西云南浙江江苏广西安徽广东福建诸省民军先后并起推举都督而山东亦奏请独立。资政院开会。下诏罪己谕开党禁。张绍曾等要求实行立宪乃颁布宪法信条。以袁世凯组织内阁成。派兵南下武汉战事甚烈。各省民军举伍廷芳为外交总长。推鄂军政府为中央军政府。外蒙古宣告独立逐三多。民军攻取南京。命唐绍仪与民军议和先停战。摄政王退职。命开临时国会公决政体。十七省民军代表选举孙文为临时大总统就任南京改用阳历。举黎元洪为副总统。袁世凯撤销唐绍仪代表直接与伍廷芳电商。授袁世凯全权与民军议退位条件。隆裕皇太后下诏率溥仪退位清室亡自努尔哈赤建元至此凡二百九十六年自世祖入关至此凡二百六十八年(大事表完)

清帝爱新觉罗氏世系表第二

（一）清建国自努尔哈赤始，故本表亦以努尔哈赤为第一世。至努尔哈赤以上之世系，另详于第一节中，兹不赘。

（一）本表以帝系为纲，附记生卒，母氏，建元，尊谥于下，借以览知其身世之大略。

（一）某帝诸子，有封爵者，载其封爵。至有早殇不及命名者，止书皇几子；皇几子者，即满语之几阿哥也。

（一）努尔哈赤　明嘉靖三十八年生父塔克世母喜塔喇氏万历四十四年即汗位建元天命国号大金天命十一年卒年六十八葬福陵追尊太祖高皇帝子十六人

- 褚英　封广略贝勒以罪赐死
- 代善　封和硕礼亲王谥曰烈
- 阿拜　追封奉恩镇国勤敏公追
- 汤古代　封三等镇国将军谥克洁
- 莽古尔泰　原封贝勒天聪九年削夺子孙降红带子
- 塔拜　追封奉恩镇国悫厚公
- 阿巴泰　追封饶余敏亲王
- （二）皇太极　万历二十年生母纳喇氏天命十一年继即汗位改元天聪十年改国号曰清又改元崇德称宽温仁圣皇帝八年卒年五十二葬昭陵是为太宗文皇帝子十一人
  - 豪格　和硕肃武亲王
  - 洛格　早殇
  - 格博会　殇
  - 叶布舒　奉恩辅国公
  - 硕塞　和硕承泽亲王谥曰裕
  - 高塞　奉恩镇国悫厚公
  - 常舒　奉恩辅国公品级
  - 皇八子　早殇
  - （三）福临　崇德三年生母博尔济吉特氏崇德八年继位改元顺治元年迁都北京十八年卒年二十四葬孝陵是为世祖章皇帝子八人
    - 钮钮　殇一名牛钮
    - 福全　和硕裕亲王谥曰宪
    - （四）玄烨　顺治十一年生母佟佳氏顺治十八年继位改元康熙六十一年卒年六十九葬景陵是为圣祖仁皇帝子三十五人
    - 皇四子　封和硕荣亲王殇
    - 隆宁　和硕恭亲王
    - 奇授　殇
    - 隆禧　和硕纯靖亲王
    - 永干　殇
  - 韬塞　封奉恩辅国公
  - 博穆博尔古　封和硕襄亲王谥曰昭
- 巴布泰　封奉恩镇国公谥恪僖
- 德格类　原封多罗贝勒以罪削夺子孙降红带子
- 巴布海　封镇国将军以罪并子阿喀喇处死
- 阿济格　封英亲王后因罪削爵处死子孙降为庶人
- 赖慕布　追封奉恩辅国介直公
- 多尔衮　封和硕睿亲王卒后追夺爵乾隆时复谥曰忠
- 多铎　封和硕豫亲王谥曰通
- 费扬古　以获罪正法子孙降红带子

一、清代不立太子，惟康熙十四年，册立胤礽为皇太子，四十七年九月废。四十八年三月复立，五十一年仍废禁。五十二年二月通谕。自后遂传为家法。

一、胤禛即位后，命诸王阿哥名上一字，改为允字，以避御名，故以后诸书皆作允某允某，本表则从原名。

一、乾隆不避名，惟缺笔以存其义，四十一年谕：子孙班辈永绵二字，将来承绪者，当以永作顒，以绵作旻。盖以一人而避众也。

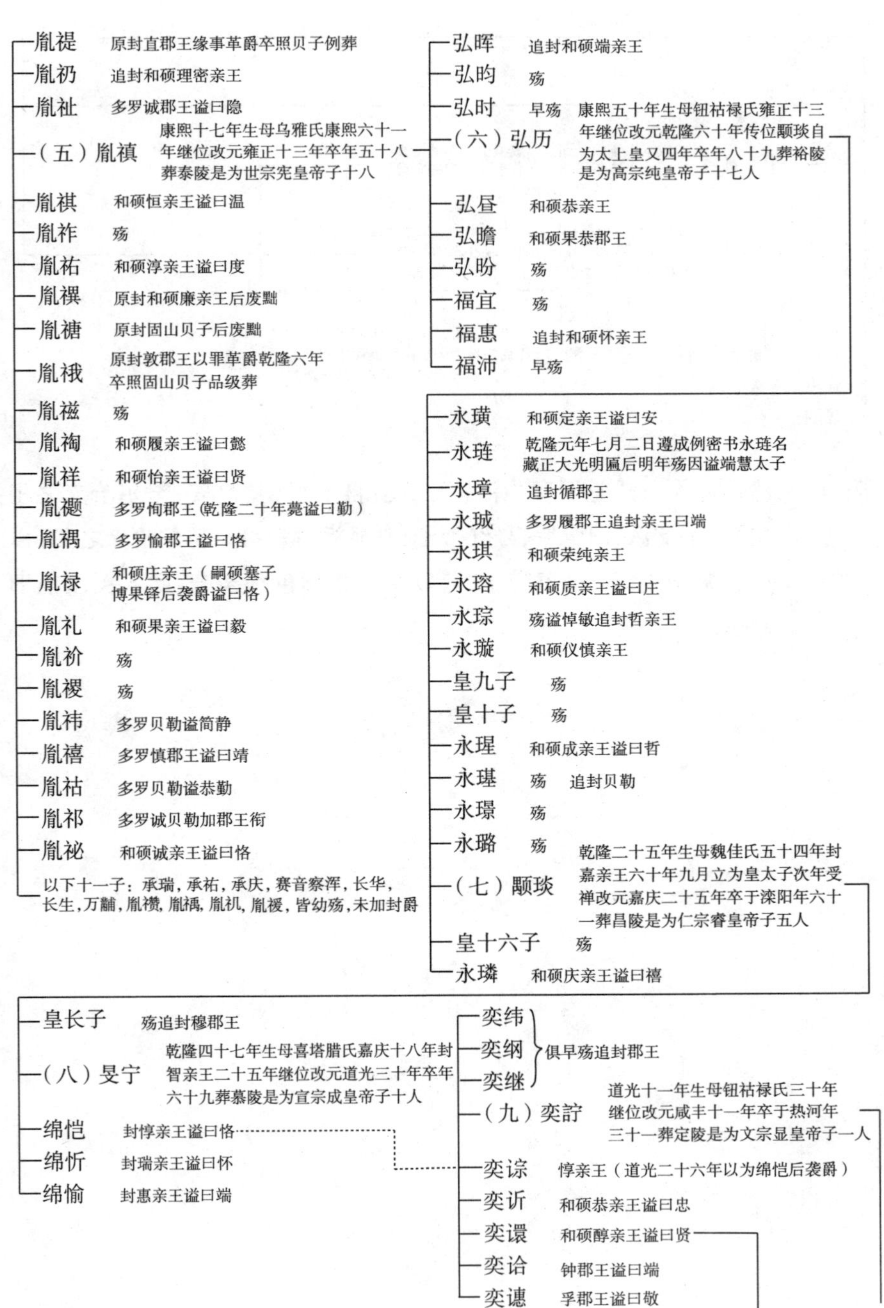
胤禔　原封直郡王缘事革爵卒照贝子例葬
胤礽　追封和硕理密亲王
胤祉　多罗诚郡王谥曰隐
（五）胤禛　康熙十七年生母乌雅氏康熙六十一年继位改元雍正十三年卒年五十八葬泰陵是为世宗宪皇帝子十八
胤祺　和硕恒亲王谥曰温
胤祚　殇
胤祐　和硕淳亲王谥曰度
胤禩　原封和硕廉亲王后废黜
胤禟　原封固山贝子后废黜
胤䄉　原封敦郡王以罪革爵乾隆六年卒照固山贝子品级葬
胤禌　殇
胤裪　和硕履亲王谥曰懿
胤祥　和硕怡亲王谥曰贤
胤禵　多罗恂郡王（乾隆二十年薨谥曰勤）
胤禑　多罗愉郡王谥曰恪
胤禄　和硕庄亲王（嗣硕塞子博果铎后袭爵谥曰恪）
胤礼　和硕果亲王谥曰毅
胤祄　殇
胤禝　殇
胤祎　多罗贝勒谥简静
胤禧　多罗慎郡王谥曰靖
胤祜　多罗贝勒谥恭勤
胤祁　多罗诚贝勒加郡王衔
胤祕　和硕诚亲王谥曰恪
以下十一子：承瑞，承祐，承庆，赛音察浑，长华，长生，万黼，胤禶，胤禨，胤机，胤禐，皆幼殇，未加封爵
弘晖　追封和硕端亲王
弘昀　殇
弘时　早殇
（六）弘历　康熙五十年生母钮祜禄氏雍正十三年继位改元乾隆六十年传位颙琰自为太上皇又四年卒年八十九葬裕陵是为高宗纯皇帝子十七人
弘昼　和硕恭亲王
弘瞻　和硕果恭郡王
弘昐　殇
福宜　殇
福惠　追封和硕怀亲王
福沛　早殇
永璜　和硕定亲王谥曰安
永琏　乾隆元年七月二日遵成例密书永琏名藏正大光明匾后明年殇因谥端慧太子
永璋　追封循郡王
永珹　多罗履郡王追封亲王曰端
永琪　和硕荣纯亲王
永瑢　和硕质亲王谥曰庄
永琮　殇谥悼敏追封哲亲王
永璇　和硕仪慎亲王
皇九子　殇
皇十子　殇
永瑆　和硕成亲王谥曰哲
永璂　殇　追封贝勒
永璟　殇
永璐　殇
（七）颙琰　乾隆二十五年生母魏佳氏五十四年封嘉亲王六十年九月立为皇太子次年受禅改元嘉庆二十五年卒于滦阳年六十一葬昌陵是为仁宗睿皇帝子五人
皇十六子　殇
永璘　和硕庆亲王谥曰禧
皇长子　殇追封穆郡王
（八）旻宁　乾隆四十七年生母喜塔腊氏嘉庆十八年封智亲王二十五年继位改元道光三十年卒年六十九葬慕陵是为宣宗成皇帝子十人
绵恺　封惇亲王谥曰恪
绵忻　封瑞亲王谥曰怀
绵愉　封惠亲王谥曰端
奕纬
奕纲
奕继
俱早殇追封郡王
（九）奕詝　道光十一年生母钮祜禄氏三十年继位改元咸丰十一年卒于热河年三十一葬定陵是为文宗显皇帝子一人
奕誴　惇亲王（道光二十六年以为绵恺后袭爵）
奕䜣　和硕恭亲王谥曰忠
奕譞　和硕醇亲王谥曰贤
奕詥　钟郡王谥曰端
奕譓　孚郡王谥曰敬

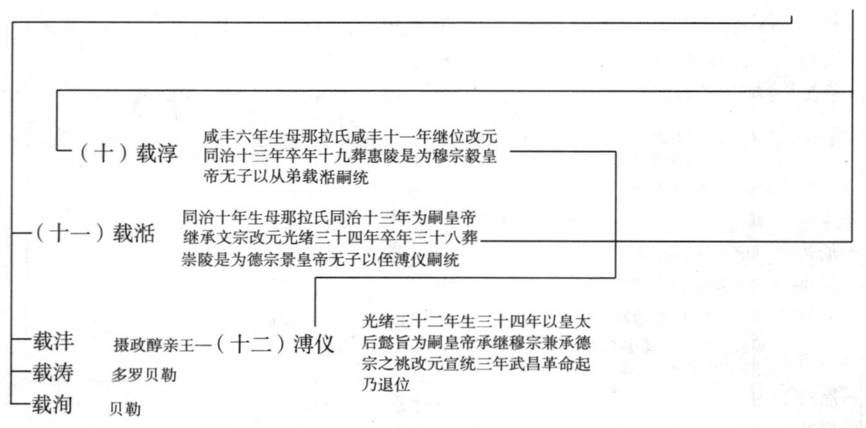

〔附言〕 清帝近族,分"觉罗"、"宗室"二类:自景祖(觉昌安,努尔哈赤之祖父)以上支派,曰觉罗,号红带子;自显祖(塔克世,努尔哈赤之父)以后支派,为宗室,号黄带子;盖以系带之颜色别亲疏:此入关以前旧制也。

清代宰辅表第三

（一）本表分二类：前者汉人，后者满人（蒙古人附见）。汉军本汉人，以列于八旗故，世往往与满洲混谭，今并正之。

（一）清初设立文馆，置八大臣及十六大臣。天聪十年，改为内三院：曰国史院、曰秘书院、曰宏文院，各置大学士一人。顺治二年，以翰林院官分隶内三院。八年移内三院于紫禁城内。十年，置汉大学士每院各二人。十五年，改内三院为内阁大学士，别置翰林院官。十八年，复改内阁为内三院，省翰林官。康熙九年，仍别置翰林院，改三院为内阁。乾隆十三年，始定内阁大学士缺，自后相沿未改。协办大学士，始于雍正七年，以礼部尚书陈元龙，左都御史田泰为额外大学士。乾隆十三年，定因人酌派之制，满汉或一员或二员。至五十八年，始裁大学士之兼尚书虚衔者。以此内阁变制之大略也。惟清代自雍正以后，内阁实权，为军机处所夺，庚子拳变后，又有会议政务处。宣统三年，颁布新内阁官制十九条，此为中国采用列邦内阁制度之始。本表所谓宰辅，职名不同，故先述其原委如此。

（一）潘世恩氏之《熙朝宰辅录》，胪举姓氏籍贯及在任始末，所记差详，惟仅止于道光时代。清史馆《大学士年表》系以年为纲，虽便检查，未免简略。兹特参照潘书之例，加以生卒一项。至于诸人事迹，有史传诸书，可以寻绎。

（一）汉　宰　辅

人名	籍贯	生卒	出身	在任始末
范文程 字宪斗号辉岳	辽东沈阳后隶汉军镶黄旗	万历二十五年生康熙五年卒年七十谥文肃	明诸生	天聪三年三等轻车都尉崇德元年授秘书院大学士顺治十一年予告晋太傅

续 表

人 名	籍 贯	生 卒	出 身	在任始末
鲍承先	山西应州后隶汉军正红旗	顺治二年卒	万历间积官至参将天命八年降金	天聪八年二等轻车都尉崇德元年授秘书院大学士三年改吏部右参政
冯 铨 字振鹭	顺天涿州后隶汉军	生年不详康熙十七年卒谥文敏后追削	明万历癸丑进士	初以大学士原衔入内院顺治二年宏文院大学士兼礼部尚书八年罢十年复任十三年加太保以秘书院大学士致仕十六年兼中和殿大学士
洪承畴 字亨九	福建南安后隶汉军镶黄旗	康熙四年卒谥文襄	明万历丙辰进士	顺治元年以兵部尚书授秘书院大学士十年正月改宏文院大学士五月改国史院大学士十三年晋太傅十五年改武英殿大学士十八年予告
谢 陞	山东德州	生年不详康熙二年卒谥清义	明万历丁未进士	顺治元年以建极殿大学士原衔管吏部尚书事卒赠太傅
李建泰	山西曲沃	顺治六年卒	明天启乙丑翰林	顺治二年三月起宏文院大学士十二月革姜瓖据大同叛建泰应之失败伏诛
宁完我 字公甫	辽阳后隶汉军正红旗	康熙四年卒谥文毅	天命来归事贝勒萨哈廉	天聪初直文馆后闲废顺治初起为学士二年授宏文院大学士五年改国史院大学士十年入满洲大学士班位十五年予告
宋 权 字元本	河南商丘	康熙九年卒谥文康	明天启乙丑进士	顺治三年以顺天巡抚授国史院大学士八年致仕卒赠少保
胡统虞 字孝绪	湖南武陵	未详	崇祯癸未进士	顺治六年以礼部尚书授内秘书院大学士顺治九年镌六级调用四月补秘书院学士
李率泰 初名延龄 字叔达	汉军正蓝旗	万历三十五年生(?)康熙五年卒谥忠襄	宗室额驸	崇德间副都统顺治八年三月以吏部侍郎授宏文院大学士七月革十年起两广总督卒加少保

续 表

人 名	籍 贯	生 卒	出 身	在任始末
陈名夏 字百史	江南溧阳	顺治十一年宁完我劾之以罪诛	明崇祯癸未探花	顺治八年以吏部尚书授宏文院大学士晋少保九年革十年复授秘书院大学士兼署吏部尚书十一年革
陈之遴 字彦升	浙江海宁	顺治十五年复坐贿赂内监吴良辅论斩命夺官流徙死徙所	明崇祯丁丑榜眼	顺治九年以礼部尚书授宏文院大学士加少保十年罢为户部尚书十二年复授宏文院大学士十三年以原官发辽阳十五年革职流徙尚阳堡
高尔俨	直隶静海	顺治十一年卒谥文端	明崇祯庚辰探花	顺治十年以吏部尚书予告寻授宏文院大学士卒赠少保
张 端	山东掖县	顺治十一年卒谥文安	明崇祯癸未庶吉士顺治二年试列中等	顺治十年以礼部左侍郎授国史院大学士卒赠太子太保
成克巩 字子固	直隶大名	康熙三十年卒年八十四	明崇祯癸未庶吉士	顺治十年以吏部尚书授秘书院大学士十五年保和殿大学士十七年六月革十一月复任十八年改国史院大学士康熙元年改秘书院大学士二年乞休
刘正宗 字可宗	山东安丘夺职后命隶旗籍不许回籍	顺治十八年卒以遗诏数其罪愍其衰老贷之未几病卒	明崇祯戊辰进士行取授编修	顺治十四年授宏文院大学士管吏部尚书事十四年晋少傅十五年改文华殿大学士十七年革夺
吕 宫 字长音	江南武进	康熙三年卒	顺治丁亥状元	顺治十年以吏部右侍郎超授宏文院大学士十二年予告加太子太保
金之俊 字岂凡	江南吴江	康熙九年卒谥文通	明万历乙未进士	顺治十一年以吏部尚书授国史院大学士十五年改中和殿大学士兼吏部尚书十七年加太傅十八年改秘书院大学士康熙元年予告八年削太傅衔

续 表

人 名	籍 贯	生 卒	出 身	在任始末
蒋赫德 本名元恒	直隶遵化后隶汉军镶白旗	万历四十二年生康熙九年卒年五十六谥文肃	天聪文馆选士	顺治十一年以国史院学士授国史院大学士十五年改文华殿大学士兼礼部尚书十六年加少保康熙元年改宏文院大学士二年国史院大学士
王永吉 字修之	江南高邮	康熙十六年卒谥文通	明天启乙丑进士	顺治十一年四月以兵部尚书授秘书院大学士八月降十二年起仓场侍郎授国史院大学士十四年降卒赠少保
党崇雅	陕西宝鸡	康熙五年卒	明天启乙丑进士	顺治初累官户部尚书告归十一年起国史院大学士十三年予告加少保
傅以渐 字于磐	山东聊城	万历四十一年生康熙四年卒年五十七	顺治丙戌状元	顺治十一年以国史院大学士授秘书院大学士十二年改国史院大学士十五年改武英殿大学士兼兵部尚书加少保十八年乞休
胡世安	四川井研	康熙二年卒	明崇祯戊辰进士	顺治十五年授武英殿大学士兼兵部尚书十八年正月改秘书院大学士十一月予告加少师
卫周祚	山西曲沃	康熙十四年卒谥文清	明崇祯丁丑进士	顺治十五年以授文渊阁大学士兼刑部尚书十七年晋少师十八年改国史院大学士康熙八年予告十一年四月复召六月授保和殿大学士兼户部尚书十二月予告
李 霨 字景霱一字台书号坦园	直隶高阳	康熙二十三年卒谥文勤	顺治丙戌翰林	顺治十五年以秘书院学士授秘书院大学士九月改东阁大学士兼工部尚书十六年缘事降命复原官十八年改宏文院大学士康熙九年改保和殿大学士兼户部尚书二十一年晋太子太师
孙廷铨 初名廷铉字枚先	山东益都	康熙十三年卒谥文定	明崇祯庚辰进士	顺治十六年吏部尚书任内加少保康熙二年授秘书院大学士三年假

续 表

人 名	籍 贯	生 卒	出 身	在 任 始 末
魏裔介 字石生别号贞庵又号昆林	直隶柏乡	万历四十四年生康熙二十五年卒年七十一谥文毅	顺治丙戌翰林	康熙三年以吏部尚书授秘书院大学士九年改保和殿大学士兼礼部尚书十年乞休十一年加太子太傅
巴 泰 金氏	汉军镶蓝旗	康熙二十九年卒谥文恪	二等侍卫	康熙三年以内大臣授国史院大学士八年改秘书院大学士九年改中和殿大学士兼吏部尚书二十三年予告
杜立德 字纯一号敬修	直隶宝坻	万历三十八年生康熙三十年卒年八十一谥文端	明崇祯癸未进士	康熙八年以吏部尚书授国史院大学士九年改保和殿大学士兼礼部尚书二十一年予告
冯 溥 字孔博	山东益都	万历三十六年生康熙三十年卒年八十三谥文毅	顺治丁亥翰林	康熙十年以刑部尚书授文华殿大学士二十一年六月予告八月加太子太傅
熊赐履 字青岳一字敬修	湖北孝感	崇祯七年生康熙四十八年卒年七十五谥文端	顺治戊戌翰林	康熙十四年以翰林院掌院学士迁内阁学士旋超授武英殿大学士兼刑部尚书十五年革二十七年起礼部尚书三十八年授东阁大学士四十二年予告卒赠太子太保
王 熙 字子雍	顺天宛平	崇祯二年生康熙四十二年卒年七十六谥文靖	顺治丁亥翰林	康熙二十一年授保和殿大学士兼礼部尚书四十年予告加少傅
黄 机 字次辰	浙江钱塘	万历三十九年生康熙二十五年卒年七十五谥文僖	顺治丁亥翰林	康熙二十一年授文华殿大学士兼吏部尚书二十三年予告
吴正治 字当世号赓庵	湖北江夏	万历四十五年生康熙三十年卒年七十四谥文僖	顺治己丑翰林	康熙二十年以工部尚书授武英殿大学士二十五年加太子太傅二十六年予告

续 表

人名	籍贯	生卒	出身	在任始末
宋德宜 字右之号蓼天	江南长洲	天启五年生康熙二十六年卒年六十二谥文恪	顺治乙未翰林	康熙二十三年以吏部尚书授文华殿大学士二十五年加太子太傅
李之芳 字郧园	山东武定	天启二年生康熙三十三年卒年七十三谥文襄	顺治丁亥进士	康熙二十六年以吏部尚书授文华殿大学士二十七年休致
余国柱 字两石	湖广大冶	康熙二十八年卒	顺治壬辰进士	康熙二十六年以户部尚书授武英殿大学士二十七年革居江宁
梁清标	直隶正定	康熙三十年卒	明崇祯癸未进士	康熙二十七年以兵部尚书授保和殿大学士
徐元文 字公肃号立斋	江南昆山	崇祯七年生康熙三十年卒年五十八	顺治己亥状元	康熙二十八年以左都御史授文华殿大学士兼管翰林院二十九年命休致
张玉书 字素存	江南丹徒	崇祯十四年生康熙五十年卒年七十谥文贞	顺治辛丑翰林	康熙二十九年以文华殿大学士兼户部尚书三十七年丁忧四十年召补保和殿大学士卒赠太子太保
李天馥 字湘北号容斋	河南永城	崇祯十年生康熙三十八年卒年六十五谥文定	顺治戊戌翰林	康熙三十一年以兵部尚书授武英殿大学士三十二年丁忧三十四年复任
吴 琠 字伯美	山西沁州	康熙四十四年卒谥文端	顺治己亥进士	康熙三十七年授保和殿大学士兼刑部尚书
张 英 字敦复	江南桐城	崇祯九年生康熙四十七年卒年七十二谥文端	康熙丁未翰林	康熙三十八年授文华殿大学士兼礼部尚书四十年予告
陈廷敬 字子端号说岩又号午亭	山西泽州	康熙五十一年卒谥文贞	顺治戊戌翰林	康熙四十二年授文渊阁大学士兼吏部尚书四十九年予告五十年复召暂入办事

续 表

人 名	籍 贯	生 卒	出 身	在任始末
李光地 字晋卿号厚庵	福建安溪	康熙五十七年卒年七十七	康熙庚戌翰林	康熙四十四年以吏部尚书授文渊阁大学士五十四年予假二年悬缺以待
萧永藻	汉军镶白旗	顺治元年生雍正七年卒年八十六	荫生笔帖式	康熙四十九年以吏部尚书授文华殿大学士五十六年议政处行走六十一年加太子太傅雍正五年革
王 掞 字藻儒号颛庵	江南太仓	顺治二年生雍正六年卒年八十四	康熙庚戌翰林	康熙五十一年以礼部尚书授文渊阁大学士雍正元年予告
王顼龄 字颛士	江南华亭	崇祯十六年生雍正三年卒年八十四谥文恭	康熙丙辰进士	康熙五十五年以工部尚书授武英殿大学士雍正元年乞休
白 璜 字近微	汉军镶白旗	乾隆二年卒	笔帖式中书	康熙六十一年十二月以兵部尚书授文华殿大学士雍正三年解任寻革职
张鹏翮 字运青号宽宇	四川遂宁	顺治六年生雍正三年卒年七十七谥文端	康熙庚戌进士	雍正元年以吏部尚书授武英殿大学士加少保
田从典 字克五号峣山	山西阳城	顺治八年生雍正六年卒年七十八谥文端	康熙戊辰进士	雍正三年授文华殿大学士兼吏部尚书六年三月予告加太子太师
朱 轼 字若瞻号可亭	江西高安	康熙四十年生乾隆元年卒年七十二谥文端	康熙甲戌庶吉士	雍正三年授文华殿大学士兼吏部尚书八年兼管兵部尚书卒赠太傅
高其位 字宣之	汉军初隶镶白旗后改镶黄旗	雍正五年卒谥文恪	笔帖式	雍正三年授文渊阁大学士兼礼部尚书加太子少傅四年予告
张廷玉 字衡臣号研斋	江南桐城	康熙十一年生乾隆二十年卒年八十四谥文和	康熙庚辰翰林	雍正三年以户部尚书署大学士四年授文渊阁大学士仍兼户部五年改文华殿大学士六年改保和殿大学士乾隆四年加太保十四年予告

续 表

人 名	籍 贯	生 卒	出 身	在任始末
蒋廷锡 字扬孙号西君又号南沙	江南常熟	康熙八年生雍正十年卒年六十六谥文肃	康熙癸未进士	雍正六年授文华殿大学士兼户部尚书七年加太子太傅
陈元龙 字广陵号乾斋	浙江海宁	乾隆元年卒谥文简	康熙乙丑榜眼	雍正七年以礼部尚书授额外大学士仍兼礼部十一年予告加太子太傅
彭维新	湖南茶陵	乾隆三十四年卒	康熙丙戌翰林	雍正十一年二月以署户部尚书协办大学士十一月革乾隆三年起左都御史十五年革
嵇曾筠 字松友	江南长洲	乾隆三年十二月卒谥文敏	康熙丙戌翰林	雍正十一年授文华殿大学士兼吏部尚书督南河乾隆元年正月兼浙江巡抚六月改总督三年九月入阁办事卒赠少保
徐 本 字立人别字是斋	浙江钱塘	康熙二十二年生乾隆十二年卒年六十五谥文穆	康熙五十七年进士翰林	雍正十二年以工部尚书协办大学士乾隆元年授东阁大学士兼礼部尚书九年予告卒赠少傅
赵国麟 字仁圃	山东泰安	乾隆十六年卒年七十七	康熙己丑进士	乾隆四年授文华殿大学士兼礼部尚书六年降调七年正月起礼部尚书七月革
陈世倌 字秉之号莲宇	浙江海宁	乾隆二十三年卒谥文勤	康熙癸未翰林	乾隆六年以工部尚书授文渊阁大学士十三年缘事革十五年复原衔回籍十六年三月命仍来京入阁办事九月兼管礼部二十二年加太子太傅
史贻直 字敬弦号铁崖	江苏溧阳	康熙二十一年生乾隆二十八年卒年八十二谥文靖	康熙三十九年进士翰林	乾隆七年协办大学士八年以吏部尚书协办大学士九年授文渊阁大学士兼管工部十八年兼辖吏部二十年休二十二年复任兼工部卒赠太保
刘于义 字喻旃	江南武进	乾隆十三年卒谥文恪	康熙壬辰翰林	乾隆九年以吏部尚书协办大学士十年加太子太保

续 表

人 名	籍 贯	生 卒	出 身	在任始末
陈大受 字占咸	湖南祁阳	乾隆十六年卒谥文肃	雍正癸丑翰林	乾隆十三年以吏部尚书协办大学士十四年晋太子太傅十五年授两广总督
江由敦 字师茗号谨堂又号松泉居士	浙江钱塘（原籍安徽休宁）	乾隆二十三年卒谥文端	雍正二年进士改翰林	乾隆十四年以刑部尚书协办大学士缘事革协办卒赠太子太师
梁诗正 字养仲又字芗林	浙江钱塘	康熙三十六年生乾隆二十八年十一月卒年六十七谥文庄	雍正庚戌探花	乾隆十四年以吏部尚书协办大学士十七年终养二十六年复任二十八年六月授东阁大学士兼吏部尚书卒赠太保
张允随 字觐臣	汉军镶黄旗	乾隆十六年卒年五十九谥文和	捐光禄寺典簿	累任云贵总督乾隆十五年正月授东阁大学士兼礼部尚书三月加太子太保
孙嘉淦 字锡公号懿斋又号静轩	山西兴县	康熙二十二年生乾隆十八年卒年七十一谥文定	康熙癸巳翰林	乾隆十七年以吏部尚书协办大学士
蒋 溥 字质甫号恒轩	江南常熟	乾隆三十六年卒谥文恪	雍正庚戌翰林	乾隆十八年以户部尚书协办大学士二十四年授东阁大学士兼管户部尚书事卒赠太子太保
黄廷桂 字丹崖	汉军镶红旗	乾隆二十四年卒年六十九谥文襄	侍卫袭云骑尉	累官总督乾隆二十年授武英殿大学士兼甘肃总督二十三年加少保
刘统勋 字延清号尔钝	山东诸城	乾隆三十八年卒谥文正	雍正二年甲辰翰林	乾隆二十四年以吏部尚书协办大学士二十六年授东阁大学士兼管礼部兵部事务三十六年兼管刑部三十五年兼管吏部卒赠太傅
杨应琚 字佩之	汉军正白旗	乾隆三十一年因缅事赐自尽	荫生	乾隆二十四年陕甘总督任内晋太子太师二十九年授东阁大学士留督陕甘三十一年调云贵

续 表

人名	籍贯	生卒	出身	在任始末
杨廷璋 字奉峨	汉军镶黄旗	乾隆三十七年卒年八十四谥勤慤	佐领笔帖式	累官闽浙总督乾隆二十八年授体仁阁大学士留总督任二十九年六月降十二月授工部尚书卒赠太子太保
刘　纶 字脊涵号绳庵	江苏武进	乾隆三十年卒年六十三谥文定	乾隆丙辰由廪生举鸿博试第一授编修	乾隆二十八年以户部尚书协办大学士加太子太保三年丁忧三十二年复以吏部尚书协办三十六年授文渊阁大学士兼工部尚书卒赠太子太傅
陈宏谋 字汝咨号榕门	广西临桂	乾隆三十六年卒年七十六谥文恭	雍正癸卯翰林	乾隆二十九年以吏部尚书协办大学士三十二年授东阁大学士加太子太傅三十六年二月予告
庄有恭 字容可	广东番禺	乾隆三十二年卒	乾隆己未状元	乾隆三十年以江苏巡抚协办大学士三十一年正月免任逮治八月起福建巡抚
于敏中 字叔子	江南金坛	乾隆四十四年卒谥文襄	乾隆丁巳状元	乾隆三十三年户部尚书任内加太子太保三十六年以户部尚书协办大学士三十八年授文华殿大学士仍兼户部四十四年令请疾
李侍尧 字钦斋	汉军镶黄旗	乾隆五十三年卒谥恭毅	荫生参领	乾隆三十八年以两广总督授武英殿大学士四十二年调云贵四十五年革四十六年起陕甘总督四十九年革五十一年复起署湖广总督五十二年加太子太保
程景伊 字聘三	江南武进	乾隆四十五年卒谥文恭	乾隆己未翰林	乾隆三十八年以吏部尚书协办大学士四十四年授文渊阁大学士兼吏部尚书
英　廉 冯氏字计六	内务府汉军镶黄旗	乾隆四十八年卒谥文肃	雍正十年举人笔帖式	乾隆四十二年以署户部尚书协办大学士兼管刑部四十五年授东阁大学士管理户部卒赠太子太保

续 表

人名	籍贯	生卒	出身	在任始末
嵇璜 字尚佐	江南长洲	乾隆五十九年卒年八十四谥文恭	雍正己酉赐举人庚戌翰林	乾隆四十四年以工部尚书协办大学士四十五年授文渊阁大学士五十九年卒晋赠太子太师
蔡新 字次名号葛山	福建漳浦	乾隆五十七年卒谥文端	乾隆丙辰传胪	乾隆四十五年以吏部尚书协办大学士四十八年授文华殿大学士兼吏部尚书五十年予告五十七年重赴鹿鸣卒赠太傅
梁国治 字阶平号瑶峰一号丰山	浙江会稽	雍正元年生乾隆五十一年卒年六十四谥文定	乾隆戊辰状元	乾隆四十八年以户部尚书协办大学士五十年授东阁大学士兼户部尚书卒赠太子太保
刘墉 字崇如号石庵	山东诸城	嘉庆九年卒谥文清	乾隆辛未翰林	乾隆五十年以吏部尚书协办大学士五十四年降侍郎嘉庆二年授体仁阁大学士管理国子监卒赠太子太保
王杰 字伟人	陕西韩城	雍正三年生嘉庆十年卒年八十一谥文端	乾隆辛巳状元	乾隆五十二年以兵部尚书授东阁大学士管理礼部嘉庆七年予告八年归十年入觐卒赠太子太师
彭元瑞 字掌仍号芸楣	江西南昌	嘉庆八年卒谥文勤	乾隆丁丑翰林	乾隆五十五年以吏部尚书协办大学士五十六年四月降礼部侍郎十月授工部尚书嘉庆二年晋太子太保卒赠协办
孙士毅 字智冶号补山	浙江仁和	嘉庆元年征苗卒于军中年七十七谥文靖	乾隆辛巳进士	乾隆五十二年两广总督任内加太子太保五十六年以吏部尚书协办大学士五十七年授文渊阁大学士
董诰 字雅伦号蔗林	浙江富阳	嘉庆二十三年十月卒谥文恭	乾隆癸未传胪	嘉庆元年以户部尚书授东阁大学士管理礼部户部二年丁忧三年起署刑部尚书四年服阕授文华殿大学士管理刑部二十三年二月予告卒赠太傅

续 表

人 名	籍 贯	生 卒	出 身	在任始末
朱 珪 字石君号南崖	直隶大兴	嘉庆十一年卒年七十六谥文正	乾隆戊辰翰林	嘉庆七年以户部尚书协办大学士十年授体仁阁大学士管理工部赠太傅
纪 昀 字晓岚一字春帆号石云	直隶献县	雍正二年生嘉庆十年二月卒年八十二谥文达	乾隆甲戌翰林	嘉庆十年正月以礼部尚书协办大学士加太子少保
刘权之 字德舆号云房	湖南长沙	乾隆四年生嘉庆二十三年卒年八十谥文恪	乾隆庚辰翰林	嘉庆十年二月以礼部尚书协办大学士闰六月降十五年复协办十六年正月加太子少保五月授体仁阁大学士管理工部十八年休
费 淳 字筠浦	浙江钱塘	嘉庆十六年卒谥文恪	乾隆癸未进士	嘉庆五年两江总督任内加太子少保十年以吏部尚书协办大学士十二年授体仁阁大学士管理工部十四年降兵部侍郎旋升尚书卒复大学士
戴衢亨 字荷之一字莲士	江西大庾	嘉庆十六年卒年五十七谥文端	乾隆戊戌状元	嘉庆十二年以户部尚书协办大学士寻调工部尚书十五年授体仁阁大学士管理工部卒赠太子太师
邹炳泰 字仲文	江南无锡	嘉庆二十五年卒	乾隆壬辰翰林	嘉庆十六年五月以兵部尚书协办大学士六月加太子少保十八年降
曹振镛 字俪笙	江南歙县	道光十五年卒年八十一谥文正	乾隆辛丑翰林	嘉庆十八年以吏部尚书协办大学士寻授体仁阁大学士管理工部道光元年改武英殿大学士八年晋太傅
百 龄 张姓字子颐号菊溪	汉军正黄旗	道光二十年卒谥文敏	乾隆壬辰翰林	嘉庆十八年以两江总督协办大学士十九年革协办二十年六月加太子少保
章 煦 字曜青别号桐门	浙江钱塘	道光四年卒谥文简	乾隆壬辰进士	嘉庆十九年以吏部尚书协办大学士二十三年授文渊阁大学士管理刑部二十四年晋太子太保二十五年予告

续 表

人名	籍贯	生卒	出身	在任始末
戴均元 字修原号可亭	江西大庾	道光二十年九月卒年九十五	乾隆乙未翰林	嘉庆二十二年以吏部尚书协办大学士二十五年授文渊阁大学士管理刑部道光四年予告七年加太子太师八年重赴鹿鸣十年革
吴　璥 字式如	浙江钱塘	道光二年卒	乾隆戊戌翰林	嘉庆二十五年以吏部尚书协办大学士加太子少保道光元年予告
孙玉庭 字寄圃	山东济宁	道光十四年卒年八十二	乾隆乙未翰林	道光元年以两江总督协办大学士四年闰七月授体仁阁大学士仍督两江十一月缘事解职十二月改革留五年以编修休致十四年重赴鹿鸣赏四品顶戴
蒋攸铦 字余芳号砺堂	辽东襄平隶汉军镶红旗	道光十年卒年六十五	乾隆甲辰翰林	道光四年以直隶总督协办大学士五年授体仁阁大学士七年督两江八年晋太子太傅十年降兵部左侍郎
汪廷珍 字玉粲号瑟庵	江苏山阳	道光七年卒年七十一谥文端	乾隆己酉榜眼	道光五年以礼部尚书协办大学士卒赠太子太师
卢荫溥 字南石	山东德州	道光十九年卒年八十谥文肃	乾隆辛丑翰林	道光七年以吏部尚书协办大学士十年授体仁阁大学士管理刑部十三年予告
李鸿宾 字鹿苹	江西德化	道光二十年卒	嘉庆辛酉翰林	道光十年以两广总督协办大学士十二年革遣十四年释回赐编修
潘世恩 初名世辅字槐堂号芝轩	江南吴县	乾隆三十四年十二月生咸丰四年四月卒年八十六谥文恭	乾隆癸丑状元	道光十三年四月以吏部尚书授体仁阁大学士管理户部五月管兵部十五年二月改东阁大学士管工部七月管户部十八年改武英殿大学士二十八年加太傅三十年予告

续 表

人 名	籍 贯	生 卒	出 身	在任始末
阮 元 字伯元号芸台	江南仪征	道光二十九年十月卒年八十六谥文达	乾隆己酉翰林	道光二十年以云贵总督协办大学士十五年授体仁阁大学士管兵部十八年予告二十六年重赴鹿鸣加太傅
王 鼎 字省崖一字定九	陕西蒲城	乾隆三十三年二月生道光二十二年四月卒年七十五谥文恪	嘉庆丙辰翰林	道光十五年以户部尚书协办大学士管刑部十八年授东阁大学士仍管刑部卒赠太傅
汤金钊 字敦甫一字勖兹	浙江萧山	乾隆三十七年十一月生咸丰六年四月卒年八十五谥文端	嘉庆己未翰林	道光十八年以户部尚书协办大学士二十一年降二十三年补光禄寺卿以二品衔休致二十九年赏头品顶戴咸丰四年加太子太保
卓秉恬 字静远号海帆	四川华阳	乾隆四十七年四月生咸丰五年九月卒年七十四谥文端	嘉庆壬戌翰林	道光二十一年以户部尚书调吏部尚书协办大学士二十四年授体仁阁大学士管理兵部兼管顺天府府尹事务三十年四月管理户部六月改武英殿大学士咸丰二年管理工部卒赠太子太保
陈官俊 字伟堂	山东潍县	道光二十九年卒谥文懿	嘉庆戊辰翰林	道光二十四年以吏部尚书协办大学士卒赠太子太保
祁寯藻 字淑颖一字淳甫以避讳改实甫号春圃	山西寿阳	同治五年九月卒年七十四谥文端	嘉庆甲戌翰林	道光二十九年以户部尚书协办大学士三十年授体仁阁大学士管理工部寻改礼户部咸丰二年加太子太保四年予告
杜受田 字芝农	山东滨州	咸丰二年七月卒年六十五谥文正	道光癸未翰林	道光三十年二月工部尚书任内加太子太傅六月以刑部尚书协办大学士寻解刑部管理礼部咸丰二年往江南查赈卒赠大学士晋太师

续 表

人 名	籍 贯	生 卒	出 身	在任始末
贾 桢 字伯贞号筠堂	山东黄县	嘉庆三年九月生同治十三年九月卒年七十九谥文端	道光丙戌榜眼	咸丰二年以吏部尚书协办大学士三年加太子太保四年授体仁阁大学士管理户部兼顺天府府尹事务六年丁忧九年复命为体仁阁大学士管兵部十一年改武英殿大学士同治七年致仕
叶名琛 字昆臣	湖北汉阳	咸丰九年三月卒于加尔各答	道光乙未进士改翰林院庶吉士	咸丰五年七月以两广总督协办大学士十二月授体仁阁大学士仍留总督任七年十二月英法军入广州虏至印度褫职
彭蕴章 字琮达一字咏莪	江苏长洲	同治元年十一月卒年七十一谥文敬	举人捐内阁中书道光十五年成进士	咸丰五年十二月以两广总督协办大学士六年十一月授文渊阁大学士管工部八年改武英殿大学士十年因何桂清弃城逃蕴章曾力保之乞病予告同治元年再起未几病卒
翁心存 字二铭号邃庵	江苏常熟	同治元年十一月卒年七十三谥文端	道光二年进士改翰林院庶吉士	咸丰六年十一月以吏部尚书协办大学士咸丰八年授体仁阁大学士九年五月因病乞休
周祖培 字淑兹一字芝台	河南商城	乾隆五十八年十二月生同治六年四月卒年七十五谥文勤	嘉庆二十四年进士改翰林院庶吉士	咸丰八年九月以吏部尚书协办大学士十年十二月迁大学士管户部十一年正月为体仁阁大学士同治元年八月管刑部
曾国藩 初名子城字伯涵号涤生	湖南湘乡	嘉庆十六年十月生同治十三年卒年六十二谥文正	道光十八年进士改翰林院庶吉士	同治元年以两江总督协办大学士六年为体仁阁大学士七年四月武英殿大学士
骆秉章 原名俊字颧门又号儒斋	广东花县	乾隆五十八年三月生同治六年十一月卒年七十五谥文忠	道光十二年进士改翰林院庶吉士	同治六年五月以四川总督协办大学士
朱凤标 字桐轩	浙江萧山	同治十二年卒谥文端	道光十二年一甲二名进士授编修	同治七年正月以吏部尚书协办大学士三月迁大学士管吏部四月为体仁阁大学士十一年六月致仕

续 表

人 名	籍 贯	生 卒	出 身	在任始末
李鸿章 字渐甫号少荃	安徽合肥	道光三年正月生光绪二十七年九月卒年七十九谥文忠	道光二十七年进士改翰林院庶吉士	同治七年以湖广总督协办大学士十一年五月迁大学士仍留直隶总督六月为武英殿大学士十三年十二月改文华殿大学士光绪二十年正月赏三眼花翎二十一年正月赏还三眼花翎使日本议约七月入阁办事二十四年十月出督两广
单懋谦 字地山	湖北襄阳	光绪五年卒谥文恪	道光十二年进士改翰林院庶吉士	同治十一年六月授协办大学士八月迁大学士管兵部九月为文渊阁大学士十三年四月休
左宗棠 字季高	湖南湘阴	光绪十一年七月卒年七十三谥文襄	道光十二年举人	同治十二年十月以陕甘总督协办大学士十三年七月授大学士八月为东阁大学士光绪元年以钦差大臣督办新疆军务七年正月入阁九月授两江总督
沈桂芬 字经笙	顺天宛平 祖籍江苏吴江	光绪七年正月卒年六十四谥文定	道光二十七年进士改翰林院庶吉士	光绪元年以兵部尚书协办大学士五年加太子太保
李鸿藻 字兰孙	直隶高阳	光绪二十三年七月卒年七十八谥文正	咸丰二年进士改翰林院庶吉士	光绪七年六月授协办大学士十年三月降二十二年十月复以礼部尚书协办大学士二十三年七月卒
阎敬铭 字丹初	陕西朝邑	光绪十八年卒谥文介	道光二十五年进士改翰林院庶吉士	光绪十年以户部尚书协办大学士十一年十二月为东阁大学士十四年七月病免
张之万 字子青	直隶南皮	光绪二十三年五月卒年八十七谥文达	道光二十七年状元授翰林院修撰	光绪十一年十一月授协办大学士十五年正月为大学士管户部加太子太保十八年八月改管吏部九月为东阁大学士二十二年九月致仕
徐 桐 字荫轩	汉军正蓝旗	光绪二十六年十一月卒年八十二	道光三十年进士改翰林院庶吉士	光绪十五年以吏部尚书协办大学士二十二年十月迁十一月为体仁阁大学士二十六年十一月八国联军入京自经死

续 表

人名	籍贯	生卒	出身	在任始末
翁同龢 字叔平	江苏常熟	光绪三十年五月卒年七十五谥文恭	咸丰六年状元授翰林院修撰	光绪二十三年八月授协办大学士二十四年四月免
孙家鼐 字燮臣	安徽寿州	宣统元年十月卒年八十一谥文正	咸丰九年状元授翰林院修撰	光绪二十四年五月以吏部尚书协办大学士二十五年十一月病免二十七年十二月以吏部尚书晋大学士旋授体仁阁大学士三十三年六月晋武英殿大学士三十四年二月加太子太傅
王文韶 字夔石	浙江仁和	光绪三十四年十二月卒年七十九谥文勤	咸丰二年进士户部主事	光绪二十五年十一月以户部尚书协办大学士二十六年十月迁十一月为体仁阁大学士二十七年六月为外务部大臣十二月改文渊阁大学士二十九年五月改武英殿大学士九月解外务部大臣管户部三十三年五月致仕
徐　郙 字颂阁	江苏嘉定		同治壬戌状元	光绪二十六年十月授协办大学士三十二年正月休致
崇　礼 姜氏	汉军正白旗	光绪三十三年五月卒谥文恪	拜唐阿捐叙苑丞	光绪二十六年十月以户部尚书协办大学士二十九年四月任大学士五月补东阁大学士八月改文渊阁大学士三十一年五月病免
瞿鸿禨 字子玖	湖南善化	民国后卒谥文慎	同治十年进士	光绪三十二年正月授协办大学士三十三年正月开缺
张之洞 字香涛	直隶南皮	宣统元年八月卒年七十三谥文襄	同治二年一甲三名进士授编修	光绪三十三年五月授协办大学士六月为体仁阁大学士三十四年十一月加太子太保宣统元年八月卒赠太保
鹿传霖 字润万号滋轩	直隶定兴	道光十六年生宣统二年七月卒年七十五谥文端	同治元年进士改翰林院庶吉士	光绪三十三年六月授协办大学士宣统元年九月迁体仁阁大学士十一月改东阁大学士

续 表

人 名	籍 贯	生 卒	出 身	在任始末
陆润庠 字凤石	江苏元和	民国年间卒年七十五	同治十三年一甲一名进士授职修撰	宣统元年九月授协办大学士寻迁大学士十一月为体仁阁大学士二年八月改东阁大学士
戴鸿慈 字少怀	广东南海	宣统二年正月卒谥文诚	光绪二年进士改庶吉士	宣统元年十一月授协办大学士
徐世昌 字菊人	直隶天津	民国后卒	光绪十二年进士	宣统二年正月授协办大学士八月任大学士旋为体仁阁大学士三年为内阁协理大臣九月罢
李殿林 字荫墀	山西大同	民国后卒	同治辛未进士	宣统三年授协办大学士
袁世凯 字慰廷	河南项城	咸丰九年八月生民国五年六月六日卒年五十八	附贡	宣统三年九月为内阁总理大臣

（二）满 宰 辅

人 名	籍 贯	生 卒	出 身	在任始末
刚 林 瓜尔佳氏 字公茂	满洲正黄旗	顺治八年缘事伏辜	天聪八年举人	崇德元年授国史院大学士
希 福 赫舍哩氏	满洲正黄旗	顺治九年卒谥文简	三等轻车都尉	崇德元年以国史院承政授宏文院大学士顺治元年革八年复授宏文院大学士卒赠太保
祈充格 乌苏氏	满洲正白旗后改隶镶白旗	顺治八年缘事伏辜	笔帖式	顺治二年以礼部启心郎授宏文院大学士
陈 泰 钮祜禄氏	满洲镶黄旗	顺治十二年卒于军谥忠襄	护军参领	顺治八年以吏部尚书授国史院大学士七月降九月授礼部尚书

续 表

人 名	籍 贯	生 卒	出 身	在任始末
雅 秦 觉尔察氏	满洲正蓝旗	顺治八年十月卒	世袭骑都尉	顺治八年七月以吏部侍郎授国史院大学士
额色赫 富察氏	满洲镶白旗	顺治十八年十月卒谥文恪	护军校	顺治八年以刑部启心郎授国史院大学士五年改保和殿大学士十六年晋少师兼太子太师
图 海 马佳氏字麟洲	满洲正黄旗	康熙二十年卒谥文襄	笔帖式	顺治十年以秘书院学士授宏文院大学士十六年革康熙元年正黄旗满洲都统六年复授宏文院大学士九年改中和殿大学士兼礼部尚书卒后追赠少保兼太子太傅
车 克 瓜尔佳氏	满洲镶白旗	康熙十年卒谥文端	佐领	顺治十二年以户部尚书授秘书院大学士十四年晋少师兼太子太师康熙六年以疾致仕
巴哈纳 觉罗	满洲镶白旗	康熙五年卒年五十谥敏壮	世袭骑都尉	顺治十二年以刑部尚书授宏文院大学士十五年改中和殿大学士十八年改秘书院大学士卒赠少师兼太子太师
鄂貌图 张佳氏字麟阁	辉发	顺治十八年卒年四十八	崇德辛巳举人	顺治十五年以内秘书院学士改中和殿大学士礼部侍郎十八年复改内秘书院学士
苏纳海 他塔喇氏	满洲正白旗	康熙五年被鳌拜诬害八年追谥襄愍	睿亲王府护卫	顺治十六年礼部左侍郎任内加太子少保康熙元年以兵部尚书授国史院大学士二年兼管户部尚书事
伊 图 觉罗	镶红旗	康熙十六年卒谥文僖	秘书院学士	顺治十八年以吏部尚书授宏文院大学士康熙六年解
班布尔善 宗室	正黄旗	康熙八年坐绞	三等奉国将军	康熙六年以领侍卫内大臣授秘书院大学士八年革
对哈纳 钮祜禄氏	满洲正蓝旗	康熙十四年卒谥文端	笔帖式	康熙七年以刑部尚书授国史院大学士八年加太子太保九年改文华殿大学士管吏部尚书事

续 表

人 名	籍 贯	生 卒	出 身	在任始末
索额图 赫舍哩氏	满洲正黄旗	康熙四十二年缘事死于禁所	三等侍卫	康熙八年以一等侍卫授国史院大学士九年改保和殿大学士十一年加太子太傅十九年以疾解大学士任
莫 洛 伊尔根觉罗氏	满洲正红旗	康熙十三年十二月卒于军谥忠愍	刑部理事官	康熙十三年二月以刑部尚书加武英殿大学士衔管兵部尚书事
明 珠 纳喇氏字端范	满洲正黄旗	康熙四十七年卒	侍卫	康熙十六年以吏部尚书授武英殿大学士二十一年晋太子太傅二十七年革
勒德洪 罗觉	未详	未详	未详	康熙十六年以户部尚书授武英殿大学士二十七年罢
伊桑阿 伊尔根觉罗氏	满洲正黄旗	康熙四十二年卒谥文端	顺治壬辰进士	康熙二十七年以礼部尚书授文华殿大学士兼吏部尚书四十一年予告
阿兰泰 富察氏	满洲镶蓝旗	康熙三十八年卒谥文清	笔帖式	康熙二十八年以吏部尚书授武英殿大学士卒赠少保兼太子太保
马 齐 富察氏	满洲镶黄旗	乾隆四年卒谥文穆	荫生	康熙三十八年以户部尚书授武英殿大学士四十八年革五十一年起内务府总管五十五年复授武英殿大学士雍正元年改保和殿大学士十三年予告卒赠太傅
佛 伦 舒穆禄氏	满洲正白旗	康熙四十年卒	笔帖式	康熙三十八年以礼部尚书授文渊阁大学士三十九年休
席哈纳	未详	未详	未详	康熙四十一年以礼部尚书授文渊阁大学士四十七年予告
温 达 费莫氏	满洲镶黄旗	康熙五十四年卒谥文简	笔帖式	康熙四十六年以吏部尚书授文华殿大学士五十三年予告十二月复任大学士

续 表

人 名	籍 贯	生 卒	出 身	在任始末
嵩 祝 赫舍哩氏	满洲镶白旗	雍正十三年卒年七十九	骑都尉	康熙五十一年以礼部尚书授文华殿大学士雍正元年加太子太傅五年革
富宁安 富察氏	满洲镶蓝旗	雍正六年卒谥文恭	骑都尉	康熙六十一年以吏部尚书授武英殿大学士雍正五年加太子太傅
徐元梦 舒穆禄氏字善长号蝶园	满洲正白旗	乾隆六年卒谥文定	康熙癸丑庶吉士	雍正元年以工部尚书署大学士四年革署大学士卒赠太傅
逊 柱 栋鄂氏	满洲镶红旗	雍正十一年八月卒年八十四	笔帖式	雍正五年正月以兵部尚书署大学士九年授文渊阁大学士仍兼兵部尚书十一年七月致仕
马尔赛 马佳氏	满洲正黄旗	雍正十一年缘事伏辜	公爵	雍正六年以镶蓝旗满洲都统授武英殿大学士
尹 泰 章佳氏	满洲镶黄旗	乾隆三年九月卒谥文恪	笔帖式	雍正七年以左都御史授额外大学士寻授东阁大学士兼兵部尚书乾隆三年七月予告卒赠太子太傅
鄂尔泰 锡林觉罗氏字毅庵	满洲镶蓝旗	乾隆十年四月卒年六十九谥文端	举人佐领	雍正十年以总督云贵广西三省事务授保和殿大学士兼兵部尚书乾隆十年三月晋太傅
查郎阿 纳喇氏字松庄	满洲镶白旗	乾隆十二年九月卒	佐领	雍正十三年以陕甘总督授文华殿大学士兼兵部尚书乾隆五年加太子太保十二年三月予告
迈 柱 喜塔腊氏	满洲镶蓝旗	乾隆三年卒谥文恭	笔帖式	雍正十三年以湖广总督授武英殿大学士兼吏部尚书乾隆元年兼管工部二年予告
三 泰 石氏	满洲正白旗	未详	侍卫	乾隆元年以礼部尚书授协办大学士十年解

续 表

人 名	籍 贯	生 卒	出 身	在任始末
福 敏 富察氏字龙翰	满洲镶白旗	乾隆二十一年卒年八十四谥文端	康熙丁丑庶吉士	雍正十年以署工部尚书协办大学士乾隆三年授武英殿大学士兼工部尚书十年予告六十年追赠太师
讷 亲 钮祜禄氏	满洲镶黄旗	乾隆十三年赐自尽	公爵	乾隆四年吏部尚书任内加太子太保十年协办大学士五月授保和殿大学士十三年九月缘事革
庆 复 佟佳氏字瑞园	满洲镶黄旗	乾隆十四年缘事赐自尽	公爵	乾隆四年云贵总督任内加太子少保八月调川陕总督十月授文华殿大学士留任总督
高 斌 高佳氏字右文号车轩	满洲镶黄旗	乾隆二十年卒谥文定	内务府主事	乾隆十年三月江南河道总督任内加太子太保十二月以吏部尚书协办大学士十二年授文渊阁大学士十三年革大学士仍留河道总督任十六年复大学士衔十八年革
来 保 喜塔腊氏字学圃	满洲正白旗	乾隆二十九年卒年八十四谥文端	库使	乾隆十二年三月以吏部尚书协办大学士十二月授武英殿大学士十四年四月管刑部事九月兼管兵部二十六年兼管礼部卒赠太保
傅 恒 富察氏字春和	满洲镶黄旗	乾隆三十五年卒谥文忠	侍卫	乾隆十三年四月以领侍卫内大臣协办大学士加太保九月授保和殿大学士
阿克敦 章佳氏字仲和	满洲正蓝旗	乾隆二十一年卒谥文勤	康熙己丑翰林	乾隆十三年正月以刑部尚书协办大学士四月奉旨不必协办十二月仍授协办大学士十四年加太子少保二十年休
达尔党阿 钮祜禄氏	满洲镶黄旗	乾隆二十五年卒	侍卫袭一等子	乾隆十四年吏部尚书任内加太子少保二十年以参赞大臣协办大学士二十二年降
鄂弥达 鄂济氏	满洲正白旗	乾隆二十六年卒谥文恭	笔帖式	乾隆二十一年以刑部尚书兼管吏部尚书事协办大学士

续 表

人 名	籍 贯	生 卒	出 身	在 任 始 末
兆 惠 乌雅氏字和甫	满洲正黄旗	乾隆二十九年卒谥文襄	笔帖式	乾隆二十二年以御前大臣协办大学士卒赠太保
尹继善 章佳氏字之长	满洲镶黄旗	乾隆三十六年卒谥文端	雍正癸卯翰林	乾隆十三年以户部尚书协办大学士二十九年授文华殿大学士三十年兼管兵部卒加太保
阿里衮 钮祜禄氏字松崖	满洲正白旗	乾隆三十四年卒于军谥襄壮	侍卫	乾隆二十八年署陕西巡抚任内加太子太保二十九年以户部尚书协办大学士三十年管礼部事
官 保 乌雅氏	满洲正黄旗	乾隆四十一年三月卒谥文勤	笔帖式	乾隆三十四年以刑部尚书协办大学士四十一年予告
阿尔泰 伊尔根觉罗氏	满洲正黄旗	乾隆三十八年缘事赐自尽	副榜笔帖式	乾隆二十八年四月四川总督任内加太子太傅三十五年授武英殿大学士留总督任三十六年革
高 晋 高佳氏字昭德	满洲镶黄旗	乾隆四十三年卒谥文端	泗水知县	乾隆二十八年江南河道总督任内加太子太傅三十六年以两江总督授文华殿大学士兼礼部尚书
温 福 费莫氏字履绥	满洲镶红旗	乾隆三十八年卒于军	翻译举人笔帖式	乾隆三十六年以理藩院尚书授武英殿大学士
舒赫德 舒穆禄氏字伯容	满洲正白旗	乾隆四十二年卒谥文襄	笔帖式	乾隆三十八年四月户部尚书任内加太子太保七月授武英殿大学士兼管刑部事务十月总理吏部户部三库事务卒晋太保
阿 桂 章佳氏字广廷一字云岩	满洲正蓝旗因功改隶正白旗	嘉庆二年卒谥文成	荫生乾隆三年举人	乾隆四十三年以吏部尚书协办大学士四十二年五月授武英殿大学士管理吏部十月管理户部三库四十八年管理刑部卒赠太保

续 表

人 名	籍 贯	生 卒	出 身	在任始末
三 宝 伊尔根觉罗氏	满洲正红旗	乾隆四十九年卒谥文敬	乾隆己未翻译进士	乾隆四十四年以湖广总督授东阁大学士
德 福 伊尔根觉罗氏	满洲正白旗	乾隆四十六年卒	刑部笔帖式	乾隆四十四年以署左都御史暂署协办大学士
永 贵 拜都氏字心斋	满洲正白旗	乾隆四十八年卒谥文勤	笔帖式	乾隆四十二年以礼部尚书暂署协办大学士四十三年二月革三月起吏部尚书四十五年复协办大学士
伍弥泰 伍弥氏	蒙古正黄旗	乾隆五十一年卒谥文端	荫生袭三等伯	乾隆四十八年以吏部尚书协办大学士四十九年授东阁大学士卒赠太子太保
和 珅 钮祜禄氏字致斋	满洲正红旗	嘉庆四年赐自尽	文生员袭三等轻车都尉	乾隆四十七年户部尚书任内加太子太保四十九年以吏部尚书协办大学士五十一年授文华殿大学士仍兼吏部户部事
福康安 富察氏字瑶林	满洲镶黄旗	嘉庆元年卒于军谥文襄	世袭云骑尉	乾隆四十七年四川总督任内加太子太保五十一年以吏部尚书协办大学士五十七年授武英殿大学士
苏凌阿 他塔喇氏	满洲正白旗	嘉庆四年卒	内阁中书乾隆六年翻译举人	嘉庆二年以两江总督授东阁大学士四年正月休
保 宁 图保特氏	蒙古正白旗	嘉庆十三年卒谥文端	世袭公爵	乾隆六十年以吏部尚书协办大学士嘉庆四年授武英殿大学士晋太子太保十一年予告
庆 桂 章佳氏字树斋	满洲镶黄旗	嘉庆二十一年卒谥文恪	荫生	嘉庆四年正月以刑部尚书协办大学士三月授文渊阁大学士管理吏部总理刑部事务六年管理户部三库事务十七年加太保十八年休

续 表

人 名	籍 贯	生 卒	出 身	在任始末
书 麟 高佳氏字绂斋	满洲镶黄旗	嘉庆六年卒于军谥文勤	銮仪尉	嘉庆四年以吏部尚书协办大学士卒赠太子太傅
吉 庆 觉罗	正白旗	嘉庆七年十二月自戕	中书	嘉庆六年以两广总督协办大学士七年十月缘事降
琳 宁 宗室	镶蓝旗	嘉庆十年卒谥勤僖	笔帖式	嘉庆七年以吏部尚书协办大学士加太子少保
禄 康 宗室	正蓝旗	嘉庆二十年卒	笔帖式	嘉庆九年以户部尚书协办大学士十一年授东阁大学士管理户部十五年加太子少保十六年降
长 麟 觉罗字牧庵	正蓝旗	嘉庆十六年卒谥文敏	乾隆乙未进士	嘉庆十一年十一月以刑部尚书协办大学士十二月加太子少保十五年予告
勒 保 费莫氏字宜轩	满洲镶红旗	嘉庆二十四年卒谥文襄	笔帖式	嘉庆十年四川总督任内加太子太保十四年授武英殿大学士十五年降十六年复授武英殿大学士十九年予告
明 亮 富察氏	满洲镶黄旗	道光二年卒年八十七谥文襄	銮仪尉	嘉庆十五年以兵部尚书协办大学士十六年革十九年复协办大学士二十二年授武英殿大学士管理兵部二十三年晋太子太保道光元年予告
松 筠 玛拉特氏字湘浦	蒙古正蓝旗	道光十五年五月卒年八十四谥文清	翻译生员	嘉庆十六年以两广总督协办大学士十八年授东阁大学士十九年改武英殿大学士二十二年革大学士道光十四年以都统衔休致卒赠太子太保
托 津 富察氏字知亭	满洲镶黄旗	道光十五年卒年八十一谥文定	笔帖式	嘉庆十八年以户部尚书协办大学士十九年授东阁大学士管理户部道光元年晋太子太傅四年管理理藩院五年管理刑部十一年致仕

续 表

人 名	籍 贯	生 卒	出 身	在任始末
伯 麟 瑚锡哈哩氏字玉亭	满洲正黄旗	道光四年卒谥文慎	翻译举人笔帖式	嘉庆二十二年以云贵总督协办大学士道光元年授体仁阁大学士管理兵部二年休
长 龄 萨尔图克氏字懋亭	蒙古正白旗	道光十八年卒年八十一谥文襄	笔帖式	道光元年以陕甘总督协办大学士二年授文华殿大学士管理理藩院八年晋太保十一年管理兵部十三年管理户部十五年管理理藩院
英 和 索绰络氏字定圃号煦斋	满洲正白旗	道光二十年卒	乾隆癸丑翰林	道光二年以户部尚书协办大学士七年降八年革遣十一年释回卒赏三品卿衔
富 俊 特氏	蒙古正黄旗	道光十四年卒年八十六谥文诚	翻译进士	道光七年以吉林将军协办大学士十一年授东阁大学士管理藩院卒赠太子太傅
文 孚 博尔济吉特氏字秋潭	满洲镶黄旗	道光二十一年卒谥文敬	内阁中书	道光十一年以吏部尚书协办大学士十四年授东阁大学士管理吏部十五年改文渊阁大学士管理户部十六年致仕卒赠太保
穆彰阿 郭佳氏字鹤舫	满洲镶蓝旗	咸丰六年卒	嘉庆乙丑翰林	道光十四年以工部尚书调吏部尚书协办大学士十五年加太子太保十六年授武英殿大学士管理工部十八年改文华殿大学士三十年革咸丰三年赏五品顶戴
琦 善 戴傅尔济吉特氏字静庵	满洲正黄旗	咸丰四年闰七月卒于军谥文勤	荫生	道光十六年以直隶总督协办大学士十八年授文渊阁大学士二十一年革遣二十三年起驻藏大臣二十六年授四川总督二十八年复协办大学士留总督任二十九年调陕甘总督咸丰元年革遣二年起都统衔督办江北军务卒追复协办大学士赠太子太保

续 表

人 名	籍 贯	生 卒	出 身	在任始末
伊里布 觉罗字莘农	镶黄旗	道光二十三年卒谥文敏	嘉庆辛酉进士	道光十八年以云贵总督协办大学士二十二年起广州将军卒赠太子太保
宝 兴 觉罗字见山	镶黄旗	道光二十八年卒年七十二谥文庄	嘉庆乙丑翰林	道光二十一年以四川总督授文渊阁大学士二十六年管理刑部二十八年正月加太保
奕 经 宗室	镶红旗	咸丰三年十月卒于军	头等侍卫辅国将军	道光二十一年以吏部尚书协办大学士二十二年革咸丰三年起叶尔羌参赞大臣咸丰三年以刑部右侍郎命往江南徐宿一带防堵
敬 徵 宗室	镶白旗	咸丰元年卒谥文慤	公爵	道光二十二年以户部尚书协办大学士二十五年二月革四月起工部尚书二十六年革任三十年署正白旗满洲副都统卒赏一品衔
耆 英 宗室字介春	正蓝旗	咸丰八年五月赐自尽	荫生	道光十五年户部尚书任内加太子少保二十年以两广总督协办大学士留总督任二十八年六月管理兵部十一月授文渊阁大学士三十年降五品顶戴咸丰三年赏四品顶戴五年革
赛尚阿 阿鲁特氏字鹤汀	蒙古正蓝旗	光绪元年卒	翻译举人	道光三十年以户部尚书协办大学士咸丰元年正月授文华殿大学士四月以钦差大臣督办广西军务二年革
裕 诚 佟佳氏	满洲镶黄旗	咸丰八年五月卒谥文端	荫生侍卫世袭公爵	咸丰元年以户部尚书协办大学士二年正月授文渊阁大学士管理兵部三月加太子太保九月改文华殿大学士
讷尔经额 费莫氏字近堂	满洲正白旗	咸丰七年九月卒	嘉庆壬戌翻译进士	道光二十二年直隶总督任内加太子太保咸丰二年正月以直隶总督协办大学士九月授文渊阁大学士留总督任三年六月以钦差大臣督办河南河北军务九月革

续 表

人 名	籍 贯	生 卒	出 身	在任始末
禧 恩 宗室字仲蕃	正蓝旗	咸丰二年十一月卒谥文庄	镇国将军	道光十二年署两广总督任内封不入八分辅国公十五年理藩院尚书任内晋太子太保十八年革二十二年起署盛京将军二十六年革公爵降辅国将军咸丰二年九月以户部尚书协办大学士卒追复太子太保
文 庆 费莫氏字孔修	满洲镶红旗	咸丰六年十一月卒谥文端	道光二年进士改翰林院庶吉士	咸丰五年七月以户部尚书协办大学士十二月授文渊阁大学士六年十月为武英殿大学士
桂 良 瓜尔佳氏字燕山	满洲正红旗	同治元年六月卒谥文端	贡生捐纳主事	咸丰五年十二月以直隶总督协办大学士六年十二月授东阁大学士八年九月改文华殿大学士
柏 葰 原名松葰巴鲁特氏字静涛	蒙古正蓝旗	咸丰九年二月因科场事被杀	道光六年进士改翰林院庶吉士	咸丰六年十二月以户部尚书协办大学士八年九月授体仁阁大学士管户部十一月以科场事革职
官 文 王佳氏字秀峰	满洲正白旗	同治十年正月卒谥文恭	拜唐阿补蓝翎侍卫	咸丰八年九月以湖广总督协办大学士十年十二月任大学士仍留总督任十一年正月为文渊阁大学士八月加太子太保同治元年闰八月为文华殿大学士
瑞 麟 叶赫那拉氏字澄泉	满洲正蓝旗	同治十三年八月卒谥文庄	文生员充学习读祝官	咸丰八年十二月以户部尚书任大学士兼管礼部九年任文渊阁大学士十年八月以兵败革职同治十年以两广总督授文渊阁大学士仍留任十一年转文华殿大学士
肃 顺 宗室字雨亭	镶蓝旗	十一年九月弃市	辅国将军	咸丰十年十二月以户部尚书协办大学士十一年九月革

续表

人名	籍贯	生卒	出身	在任始末
麟魁 索绰罗氏字梅谷	满洲镶白旗	同治元年正月卒谥文端	道光三年进士	同治元年正月授协办大学士
倭仁 乌齐格里氏字艮斋或作艮峰	蒙古正红旗	同治十年四月卒谥文端	道光九年进士改翰林院庶吉士	同治元年七月以工部尚书协办大学士闰八月为大学士管理户部旋为文渊阁大学士十年为文华殿大学士
瑞常 石尔德特氏字芝生	蒙古镶红旗	同治十一年三月卒谥文端	道光二年进士改翰林院庶吉士	同治元年十月以吏部尚书协办大学士十年二月任大学士三月为文渊阁大学士管刑部七月为文华殿大学士
文祥 瓜尔佳氏字博川	满洲正红旗	光绪二年五月卒谥文忠	道光二十五年进士	同治十年二月授协办大学士十一年六月任大学士管工部七月为体仁阁大学士十三年十二月改武英殿大学士
全庆 叶赫那拉氏字小汀	满洲正白旗	光绪八年卒年八十二谥文恪	举人二品荫生	同治十一年六月以刑部尚书授协办大学士十二年十二月降光绪四年五月以刑部尚书协办大学士六年授体仁阁大学士七年八月致仕
宝鋆 索绰络氏字佩蘅	满洲镶白旗	光绪十七年八月卒谥文靖	道光十八年进士	同治十三年授协办大学士十一月任大学士管吏部十二月为体仁阁大学士光绪三年二月改武英殿大学士十年三月免
英桂 赫舍哩氏字香岩	满洲正蓝旗原隶包衣	光绪五年卒谥文勤	翻译举人	光绪元年正月以吏部尚书协办大学士三年正月为体仁阁大学士四年三月休
载龄 宗室字鹤峰	满洲镶蓝旗	光绪九年十一月卒谥文恪	道光二十一年进士改翰林院庶吉士	光绪三年正月以吏部尚书协办大学士四年五月迁大学士管兵部六月为体仁阁大学士六年九月致仕
灵桂 宗室	正蓝旗	光绪十一年九月卒谥文恭	道光十八年进士改翰林院庶吉士	光绪六年十一月以吏部尚书协办大学士七年十月任大学士十一月为体仁阁大学士十年五月管吏部十月改武英殿大学士

续 表

人 名	籍 贯	生 卒	出 身	在任始末
文 煜 费莫氏字星岩	满洲正蓝旗	光绪十年十月卒谥文达	官学生考取库使	光绪七年十月授协办大学士十年五月任大学士管工部闰五月为武英殿大学士八月病免
额勒和布 觉尔泰氏字筱山	满洲镶蓝旗	光绪二十六年六月卒谥文恭	咸丰二年翻译进士改翰林院庶吉士	光绪十年正月授协办大学士九月任大学士管户部十月为体仁阁大学士十一年十一月改管兵部十二月改武英殿大学士十五年加太子太保二十二年三月致仕
恩 承 叶赫那拉氏字露圃	满洲正白旗	光绪十八年闰六月卒谥文恪	翻译生员补笔帖式	光绪十年九月授协办大学士十一年十一月任大学士管理藩院十二月为体仁阁大学士十五年正月改东阁大学士
福 锟 宗室字箴庭	镶蓝旗	光绪二十一年九月卒谥文慎	咸丰九年进士	光绪十一年十一月授协办大学士十五年正加太子太保十八年八月迁大学士管户部九月为体仁阁大学士二十一年闰五月致仕
麟 书 宗室	满洲正蓝旗	光绪二十四年闰三月卒谥文慎	咸丰三年进士	光绪十八年以吏部尚书协办大学士二十一年六年迁大学士管工部旋为文渊阁大学士二十二年四月改管户部五月改武英殿大学士
昆 岗 宗室	正蓝旗	光绪三十三年三月卒谥文达	同治元年进士改翰林院庶吉士	光绪二十一年六月授协办大学士二十二年四月任大学士管工部五月为体仁阁大学士二十七年六月改管兵部二十九年五月改文渊阁大学士七月致仕
荣 禄 瓜尔佳氏字仲华	满洲正白旗	光绪二十九年三月卒谥文忠	荫生以主事用	光绪二十二年四月以兵部尚书协办大学士二十四年四月任大学士管户部五月为文渊阁大学士授直隶总督八月召入管兵部节制北洋各军二十七年六月改管户部十二月改文华殿大学士

续 表

人 名	籍 贯	生 卒	出 身	在任始末
敬 信 宗室	正白旗	光绪三十三年七月卒谥文恪	笔帖式	光绪二十九年四月授协办大学士八月为体仁阁大学士三十年九月病免
裕 德 嘉塔腊氏字寿田	满洲正白旗	光绪三十一年十一月卒谥文慎	举人一品荫生	光绪二十九年八月授协办大学士三十年十月为体仁阁大学士三十二年六月改东阁大学士
世 续 索勒豁金氏字伯轩	满洲正黄旗	宣统三年卒年六十九谥文端	光绪元年举人	光绪三十年十月授协办大学士三十一年六月任大学士为体仁阁大学士十二月改东阁大学士三十三年六月改文渊阁大学士宣统元年十一月改文华殿大学士
那 桐 叶赫那拉氏字琴轩	满洲镶黄旗	宣统三年卒年六十九	光绪十一年举人	光绪三十一年六月授协办大学士十二月任大学士为体仁阁大学士宣统元年十一月改文渊阁大学士
荣 庆 鄂卓尔氏字华卿	蒙古正黄旗	民国年间卒年五十八	光绪癸未进士	光绪三十二年十二月授协办大学士是冬改学部尚书宣统元年调礼部尚书三年裁礼部改弼德院副院长
奕 劻 宗室高宗第十七子永璘第五子绵性之子	满洲正黄旗	民国七年卒谥曰密	和硕庆亲王	宣统三年四月为内阁总理大臣九月罢

清代军机大臣表第四

（一）本表原稿分两篇，首记军机大臣，次记军机章京。首篇皆按年题名，所记差详。次篇止列入直之年，现特省略，以人繁职副，无关枢密宏旨耳。

（一）军机大臣除按年题名外，复记其籍贯出身，官职授除，入直出差，尤一一注明。俾略知其僺直始末，此参《清史年表》及《枢垣记略》之例，惟轻重繁简之间，微有不同。

（一）当直年月，系就出入军机而言。载记为出入军机之原委。至职官命赐年月，则随记于本格内。

时代	当直年月		人名	籍贯	出身及官爵	载记
雍正	七年己酉（1729）	六月始设军机房	允祥	宗室	怡亲王 十月赐加仪仗一倍	癸未命密办军需一应事宜
			张廷玉 字研斋 谥文和	安徽桐城	康熙庚辰进士 保和殿大学士太子太保 十月晋少保	癸未命密办军需一应事宜
			蒋廷锡 字扬孙 谥文肃	江苏常熟	康熙四十二年钦赐进士 文华殿大学士十月加太子太傅	癸未命密办军需一应事宜
	八年庚戌（1730）		允祥			三月病五月辛未卒
			张廷玉		十月以赞襄机务周详妥协各赐一等阿达哈哈番世职	
			蒋廷锡			
		五月	马尔赛	满洲正白旗	武英殿大学士一等公十月以赞襄机务周详妥协赐一等阿达哈哈番世职	丁卯命与张廷玉蒋廷锡详议军情事宜

续 表

时代	当直年月		人名	籍贯	出身及官爵	载记
雍正	九年辛亥(1731)		张廷玉			
			蒋廷锡			
		八月	马尔赛		晋袭一等忠达公七月甲戌授抚远大将军	八月启行出
	十年壬子(1732)	三月改军机房称办理军机处	张廷玉			
			蒋廷锡			闰五月病七月卒
			鄂尔泰 字毅庵 谥文端	满洲镶蓝旗	康熙己卯举人 保和殿大学士少保三等男旋晋一等伯	二月办理军机事务七月命往肃州经略西路军务
			哈元生	直隶河间	贵州提督	以召觐在办理军机处行走旋命回籍省亲十一月贵州苗叛命回任出
	十一年癸丑(1733)		鄂尔泰			正月转命经略北路军务六月还
			张廷玉			十月给假还籍
		二	马兰泰	满洲正黄旗	一等英诚侯领侍卫内大臣蒙古都统	己未在办理军机处行走四月戊午仍命往军前督兵操演出
		四	福彭		平郡王 右宗正七月授定边大将军	在办理军机处行走七月戊子出
		十一	讷亲	满洲镶黄旗	三等果毅公御前大臣銮仪使	甲辰在办理军机处行走
			班第	蒙古镶黄旗	理藩院右侍郎	甲辰在办理军机处行走
	十二年甲寅(1734)		鄂尔泰			
			张廷玉			在假二月还
			讷亲			
			班第			

续 表

时代	当直年月		人名	籍贯	出身及官爵	载记
雍正	十三年乙卯(1735)	十月罢办理军机处由总理事务处兼理	鄂尔泰		七月降三等男八月起原官十月晋一等子	五月命兼值办理苗疆事务处七月乙卯解职八月己丑命总理事务十月甲午裁办理军机处
			张廷玉			五月命兼值办理苗疆事务处八月命总理事务
			讷亲		八月授满洲都统十月授领侍卫内大臣	甲午裁办理军机处命协办总理事务
			班第			八月庚寅改在总理事务处差委办事
			索柱 字海泽	满洲正黄旗	康熙乙未进士 内阁学士	办理军机事务八月庚寅命改在总理事务处差委办事
			朱轼 字若瞻 号可亭 谥文端	江西高安	康熙甲戌进士 文华殿大学士兼兵部尚书	九月命在总理处协同办事
			丰盛额	满洲镶黄旗	一等英诚公都统	办理军机事务十月裁军机处命回本任
			海望 谥勤恪	满洲正黄旗	内大臣户部左侍郎九月迁户部尚书	办理军机事务十月命协办总理事务
			莽鹄立 字树本	满洲镶黄旗	兼管理藩院侍郎满洲都统	办理军机事务十月命回本任
			纳延泰	蒙古正蓝旗	理藩院左侍郎	办理军机事务十月命在总理事务处差委办事
			徐本 字立人 谥文穆	浙江钱塘	康熙戊戌进士 协办大学士刑部尚书	十月辛巳在办理军机处行走甲午裁军机处命协办总理事务

续 表

时代	当直年月		人 名	籍 贯	出身及官爵	载 记
乾隆	元年丙辰（1736）	总理事务处	鄂尔泰			
			张廷玉			
			讷 亲			
			班 第			
			朱 轼			九月卒
	二年丁巳（1737）	十一月复办理军机处	鄂尔泰		少保一等子保和殿大学士十二月晋三等伯	辛巳为办理军机大臣
			张廷玉		少保一等子保和殿大学士十二月晋三等伯	辛巳为办理军机大臣
			讷 亲		一等果毅公兵部尚书	辛巳仍为办理军机大臣
			海 望		户部尚书	辛巳仍为办理军机大臣
			纳延泰		刑部左侍郎	辛巳仍为办理军机大臣
			班 第		理藩院左侍郎	辛巳仍为办理军机大臣
	三年戊午（1738）		鄂尔泰			
			张廷玉			
			讷 亲		十二月转吏部尚书	
			海 望			
			纳延泰		四月迁理藩院尚书	
			班 第		四月转兵部右侍郎	
			徐 本		东阁大学士	仍为办理军机大臣

续表

时代	当直年月		人名	籍贯	出身及官爵	载记
乾隆	四年己未(1739)	五月	鄂尔泰		晋太保	
			张廷玉		晋太保	
			徐本		加太子太保	
			讷亲		加太子太保	
			海望		加太子太保	
			纳延泰			
		七	班第		授湖广总督	出
	五年庚申(1740)		鄂尔泰			
			张廷玉			
			徐本			
			讷亲			
			海望			
			纳延泰			
	六年辛酉(1741)		鄂尔泰			
			张廷玉			
			徐本			
			讷亲			
			海望			
			纳延泰			
		正	班第		三月授兵部尚书	正月以原任湖广总督在军机处行走

续 表

时代	当直年月		人 名	籍 贯	出身及官爵	载 记
乾隆	七年壬戌(1742)		鄂尔泰			
			张廷玉			
			徐 本			
			讷 亲			
			海 望			
			班 第			
			纳延泰			
	八年癸亥(1743)		鄂尔泰			
			张廷玉			
			徐 本			
			讷 亲			
			海 望			
			班 第			
			纳延泰			
	九年甲子(1744)		鄂尔泰			
			张廷玉			
			徐 本			乙酉致仕
			讷 亲			正月差赴江浙鲁豫勘事七月还
			海 望			
			班 第			
			纳延泰			

续 表

时代	当直年月		人 名	籍 贯	出身及官爵	载 记
乾隆	十年乙丑(1745)		鄂尔泰		三月晋太傅	正月病四月卒
			张廷玉			
			讷 亲		三月协办大学士五月授保和殿大学士	
		十二	海 望			以精力渐衰罢
			班 第			
			纳延泰			
		六	傅 恒 字春和 谥文忠	满洲镶黄旗	户部右侍郎	己酉在军机处行走
		十	汪由敦 字谨堂 谥文端	浙江钱塘	雍正甲辰进士 刑部尚书	戊午在军机处行走
		十二	高 斌 字右文 号东轩 谥文定	满洲镶黄旗	太子太保协办大学士吏部尚书	乙卯在军机处行走
			蒋 溥 字质甫 谥文恪	江苏常熟	吏部右侍郎	乙卯在军机处行走
	十一年丙寅(1746)		讷 亲			
			张廷玉			
			高 斌			二月差赴河南勘事十二月还
			班 第			三月差赴四川办理军务七月差赴凤凰城勘界九月命署山西巡抚十二月召还
			汪由敦			
			纳延泰			
			傅 恒			
			蒋 溥			

续 表

<table>
<tr><th>时代</th><th colspan="2">当直年月</th><th>人 名</th><th>籍 贯</th><th>出身及官爵</th><th>载 记</th></tr>
<tr><td rowspan="18">乾隆</td><td rowspan="8">十二年丁卯(1747)</td><td rowspan="2"></td><td>讷 亲</td><td></td><td></td><td>四月差赴山东勘案六月还</td></tr>
<tr><td>张廷玉</td><td></td><td></td><td></td></tr>
<tr><td rowspan="4">三月</td><td>高 斌</td><td></td><td>授文渊阁大学士</td><td>四月差赴江南勘河九月差赴浙江鞫案</td></tr>
<tr><td>班 第</td><td></td><td></td><td></td></tr>
<tr><td>汪由敦</td><td></td><td></td><td></td></tr>
<tr><td>纳延泰</td><td></td><td></td><td>八月差赴多尼特给赈</td></tr>
<tr><td rowspan="2"></td><td>傅 恒</td><td></td><td>迁工部尚书</td><td></td></tr>
<tr><td>蒋 溥</td><td></td><td></td><td></td></tr>
<tr><td rowspan="10">十三年戊辰(1748)</td><td rowspan="2">三</td><td>讷 亲</td><td></td><td></td><td>正月差赴浙江审案四月命往金川经略军务九月庚辰革职</td></tr>
<tr><td>张廷玉</td><td></td><td></td><td></td></tr>
<tr><td>闰七</td><td>高 斌</td><td></td><td>授江南河道总督</td><td>三月命转赴山东勘事闰七月丙辰出</td></tr>
<tr><td>正</td><td>班 第</td><td></td><td>正月己亥差赴金川办理军务出</td><td></td></tr>
<tr><td rowspan="3"></td><td>傅 恒</td><td></td><td>四月加太子太保协办大学士十月授保和殿大学士十二月晋太保</td><td>九月命经略金川军务</td></tr>
<tr><td>汪由敦</td><td></td><td></td><td></td></tr>
<tr><td>纳延泰</td><td></td><td></td><td></td></tr>
<tr><td rowspan="2">四</td><td>蒋 溥</td><td></td><td>迁户部尚书</td><td>命专办部务罢</td></tr>
<tr><td>陈大受
字占咸
谥文肃</td><td>湖南祁阳</td><td>雍正癸丑进士
太子少保兵部尚书旋协办大学士</td><td>丁卯在军机处行走</td></tr>
</table>

续表

时代	当直年月		人名	籍贯	出身及官爵	载记
乾隆	十三年戊辰（1748）	九月	舒赫德 字伯容 谥文襄	满洲正白旗	户部侍郎汉军都统十月迁兵部尚书十一月转户部尚书 （传作十四年师还十月复移兵部尚书）	己卯在军机处行走 清史稿舒赫德传无此纪载谓五年迁兵部尚书移户部十三年命从傅恒征金川
			来保 字学圃 谥文端	满洲正白旗	太子太保武英殿大学士	己卯在军机处行走
		十一	尹继善 字元良 谥文端	满洲镶黄旗	雍正癸卯进士 太子少保协办大学士户部尚书	己巳在军机处行走甲戌授陕甘总督
	十四年己巳（1749）		傅恒		正月封一等忠勇公	经略金川军务三月还
			张廷玉		八月晋三等勤宣伯	戊辰致仕
			来保		二月晋太子太傅	
			陈大受		二月晋太子太保	七月命署直隶总督十月还十一月病假
			汪由敦		二月加太子少师十一月署协办大学士十二月革署协办大学士仍留刑部尚书	
			纳延泰		二月加太子少保	
		十二	舒赫德		二月加太子太保十二月庚寅复转兵部尚书	正月授金川参赞大臣十二月以战务繁多命罢
	十五年庚午（1750）		傅恒			
			来保			
		正	陈大受		授两广总督	出
			汪由敦		七月降兵部侍郎	
			纳延泰			

续 表

时代	当直年月		人名	籍贯	出身及官爵	载记
乾隆	十五年庚午（1750）	正	刘纶 字绳庵 谥文定	江苏武进	乾隆丙辰举博学鸿词科第一 工部右侍郎	壬戌在军机处行走 十四年直南书房授礼部侍郎调工部
		四	兆惠 字和甫 谥文襄	满洲正黄旗	笔帖式直军机处七迁至刑部侍郎调户部侍郎 正黄旗满洲副都统镶红旗护军统领	庚辰在军机处行走十一月差赴西藏会办善后事宜 清史稿兆惠传作十三年赴金川督粮十八年命赴西藏防准噶尔
			舒赫德		太子太保兵部尚书	丙辰复在军机处行走十二月差往江南审案
	十六年辛未（1751）		傅恒			
			来保			
			舒赫德			
			纳延泰			
			汪由敦		八月转户部右侍郎	
		九	刘纶			壬申以父忧免
		八	兆惠		命署山东巡抚	出
	十七年壬申（1752）		傅恒			
			来保			
		正	舒赫德			差赴北路军营
			纳延泰			
			汪由敦		九月迁工部尚书	
			兆惠			
		九	班第		都统衔旋授汉军都统	辛巳在军机处行走
		十一	刘统勋 字延清 谥文正	山东诸城	雍正甲辰进士 刑部尚书	甲子在军机处行走

续 表

时代	当直年月		人 名	籍 贯	出身及官爵	载 记
乾隆	十八年癸酉(1753)		傅 恒			
			来 保			
			舒赫德			九月差勘南河十二月差往北路办理军务
			刘统勋			七月差勘河工
			汪由敦			
			纳延泰			
		正	班 第		命署两广总督	
			兆 惠			二月差赴西藏会办事件
		八	刘 纶		补户部右侍郎	以服将阕故寻复入直
	十九年甲戌(1754)		傅 恒			
			来 保			
		七	舒赫德			甲辰以安置准部降人失策革职
			刘统勋		四月加太子太傅	正月勘察海口五月命驰往西安协办总督事
			汪由敦		四月晋太子太傅	
			纳延泰			
		四	班 第		由两广总督内召七月甲辰授兵部尚书署定边左副将军	出
		三	兆 惠			差往北路协办军务出
			刘 纶			兼顺天府尹
		六	觉罗雅尔哈善	满洲正红旗	署户部右侍郎十月补兵部右侍郎	壬申在军机处行走
		八	阿兰泰 枢垣记略作马兰泰	满洲正黄旗	盛京将军	戊申以召觐暂在军机处行走壬子命赴军营带兵出

续 表

时代	当直年月		人 名	籍 贯	出身及官爵	载 记
乾隆	二十年乙亥(1755)		傅 恒			
			来 保			
		九	刘统勋		协办陕甘总督事	丙申革职发往军营
			汪由敦		转刑部尚书	
			纳延泰			
		十二	刘 纶			差赴浙江审案
		十	雅尔哈善			命往北路参赞军务
	二十一年丙子(1756)	四	傅 恒			命往西路经理军务旋止行
			来 保			
			汪由敦		六月转工部尚书	
		八	纳延泰			癸卯差赴北路军营出
		四	刘 纶			癸亥命回部办事罢直 清史稿本传谓二十二年命仍入直二十四年进左都御史
			雅尔哈善			三月召还四月癸亥命回部办事罢直
			阿里衮 字松崖 谥襄壮	满洲正白旗	户部尚书	甲寅暂在军机处行走五月癸酉差往西路军营领队出
			裘曰修 字叔度 谥文达	江西新建	乾隆己未进士 吏部左侍郎	癸亥在军机处行走
		六	刘统勋		起授原官(刑部尚书)	癸丑仍入直九月差勘铜山漫工十月命署江南河道总督十一月内召
			梦 麟 字文子	蒙古正白旗	乾隆乙丑进士 工部右侍郎	癸卯在军机处学习行走

续 表

时代	当直年月		人名	籍贯	出身及官爵	载记
乾隆	二十二年丁丑(1757)		傅恒			
			来保			
			刘统勋		十二月加太子太保	四月差赴徐州督修石坝五月转差云南勘狱十一月差赴山西勘狱
			汪由敦		正月转吏部尚书	
			裘曰修			
			梦麟		九月转户部右侍郎	正月差赴江南山东勘事九月还直
	二十三年戊寅(1758)		傅恒			
			来保			
			刘统勋		正月转吏部尚书	五月内召
			汪由敦			正月甲寅卒
			裘曰修			十月癸亥以事免
			梦麟		四月仍转工部右侍郎	八月卒
		正	三泰 姓石氏 谥果勇	汉军正白旗	吏部左侍郎四月转户部左侍郎	己酉在军机处行走七月己巳授库车参赞大臣出
			刘纶		户部左侍郎	己酉复在军机处行走(清史稿作二十三年)
	二十四年己卯(1759)	正	傅恒			
			来保			
			刘统勋		正月协办大学士	二月差赴西安勘狱六月差赴山西勘狱
			刘纶		闰六月迁左都御史	

续 表

时代	当直年月		人 名	籍 贯	出身及官爵	载 记
乾隆	二十五年庚辰(1760)	二	傅 恒			
			来 保			
			刘统勋			八月差赴江南勘事十月转赴江西勘事十二月内召
			刘 纶			
			富 德	满洲正黄旗	一等靖远侯领侍卫内大臣都统三月授理藩院尚书	乙巳在军机处行走
			兆 惠		一等武毅谋勇公户部尚书	复入直
		七	阿里衮		袭封一等果毅公兵部尚书	甲寅仍入直
		八	于敏中 字耐圃 谥文襄	江苏金坛	乾隆丁巳状元 户部右侍郎十一月转左侍郎	己亥在军机处行走
	二十六年辛巳(1761)		傅 恒			
			来 保			
			刘统勋		五月授东阁大学士	八月命督办河南杨桥漫工十月内召
			兆 惠		七月协办大学士	
			阿里衮			
			刘 纶		五月转兵部尚书	
			富 德			
			于敏中			

续 表

时代	当直年月		人 名	籍 贯	出身及官爵	载 记
乾隆	二十七年壬午(1762)		傅 恒			
			来 保			
			刘统勋			三月差勘高宝河入江水道四月转勘德州运河
			兆 惠			
			阿里衮			
			刘 纶			
		九	富 德			九月丁亥革职削爵
			于敏中			
	二十八年癸未(1763)		傅 恒			
			来 保			
			刘统勋			
			兆 惠		十月加太子太保	
			阿里衮		六月命署陕甘巡抚十月加太子太保	
			刘 纶		五月转户部尚书六月协办大学士十月加太子太保	
			于敏中			
		正	阿 桂 字广庭 谥文成	满洲正蓝旗	乾隆戊午举人 工部尚书十月加太子太保	壬申在军机处行走四月差赴归化城西宁等处勘事

续表

时代	当直年月		人名	籍贯	出身及官爵	载记
乾隆	二十九年甲申（1764）		傅恒			
			来保			三月卒
			刘统勋			
			兆惠			十一月卒
	三十年乙酉（1765）		傅恒			
			刘统勋			
		正	刘纶			癸丑忧免
			阿里衮			
		闰二	阿桂			以乌什回乱命往伊犁办事出
		正	于敏中		迁户部尚书	
		九	尹继善		太子太保 文华殿大学士	复入直(清史稿本传不载)
	三十一年丙戌（1766）		傅恒			
			尹继善			
			刘统勋			
			阿里衮			
			于敏中			
	三十二年丁亥（1767）		傅恒			
			尹继善			
			刘统勋			
			阿里衮			
			于敏中			
		五	刘纶		太子太保协办大学士	三月服阕五月仍入直

续 表

时代	当直年月		人　名	籍　贯	出身及官爵	载　记
乾隆	三十三年戊子（1768）		傅　恒			二月命往云南经略征缅军务未行
			尹继善			
			刘统勋			四月差勘江南清口疏浚事宜
		正	阿里衮			壬子命往云南参赞军务出
			刘　纶			
			于敏中		八月加太子太保	
		二	福隆安 字珊林 傅恒子		和硕额驸 兵部尚书四月转工部尚书	丙戌在军机处学习行走
		十一	索　琳	满洲正蓝旗	荫生 署户部左侍郎	癸卯在军机处行走
	三十四年己丑（1769）		傅　恒			二月往云南经略军务
			尹继善			
			刘统勋			九月差勘挑浚运河事宜
			刘　纶			
			于敏中			
			福隆安			
			索　琳		二月补户部右侍郎	
	三十五年庚寅（1770）		傅　恒		封公爵 赠郡王	经略征缅军务三月还七月卒
			尹继善			
			刘统勋			

续 表

时代	当直年月		人名	籍贯	出身及官爵	载记
乾隆	三十五年庚寅(1770)		刘 纶			
			于敏中			
			福隆安		十月袭封一等忠勇公	七月穿孝给假
			索 琳			十二月差赴土默特鞫狱
		闰五	温 福 字履绥	满洲镶红旗	吏部侍郎七月迁理藩院尚书	己未在军机处行走
		八	丰昇额 阿里衮子 谥诚武	满洲镶黄旗	袭封一等果毅公署兵部尚书	丙戌在军机处学习行走(准其阅看朱批奏折)
	三十六年辛卯(1771)		尹继善			四月卒
			刘统勋			
			刘 纶		二月授文渊阁大学士	
			于敏中		二月协办大学士	
			福隆安			
		五	温 福			己巳命往云南署定边右副将军出
		三	丰昇额			
			索 琳			癸卯降为军机司员免
		四	桂 林 谥庄敏	满洲镶蓝旗	户部右侍郎	甲戌在军机处学习行走九月己酉命往四川会办军务出
		九	庆 桂 字丹年 号树斋 谥文恪 尹继善子	满洲镶黄旗	理藩院侍郎	癸卯在军机处学习行走 清史稿本传作授军机大臣

续 表

时代	当直年月		人 名	籍 贯	出身及官爵	载 记
乾隆	三十七年壬辰（1772）		刘统勋			
			刘 纶			
			于敏中			
			福隆安			五月差赴四川勘事寻还直
			丰昇额			三月命往四川参赞军务出
			庆 桂			
		五	福康安 字瑶林 号敬斋 谥文襄 傅恒子	满洲镶黄旗	户部侍郎	辛丑在军机处学习行走十二月癸酉命往四川领队出
	三十八年癸巳（1773）		刘统勋			十一月辛未卒
			刘 纶			六月卒
			于敏中			
			福隆安		四月加太子太保	
		四	庆 桂			辛亥授参赞大臣出
			索 琳		署礼部侍郎十月补内阁学士	庚戌复在军机处学习行走十月差赴归化城勘事出
		七	舒赫德		太子太保 武英殿大学士	甲子复入直
		九	袁守侗 字执冲 号愚谷 谥清慤	山东长山	乾隆甲子举人 刑部左侍郎	丙子在军机处学习行走十月差赴浙江勘事
		十一	梁国治 字阶平 谥文定	浙江会稽	乾隆戊辰状元 湖南巡抚十二月署礼部左侍郎	壬申内召在军机处行走

续 表

时代	当直年月		人名	籍贯	出身及官爵	载记
乾隆	三十九年甲午(1774)		于敏中			
			舒赫德			九月命赴山东剿贼寻还直
			福隆安			
			袁守侗		十二月转吏部右侍郎	二月差赴四川勘事十月差赴贵州勘事
			梁国治		六月补户部左侍郎	
		七	阿思哈 谥庄恪	满洲正黄旗	军机章京擢左都御史	乙亥在军机处行走九月差赴山东剿贼
	四十年乙未(1775)		于敏中			
			舒赫德			
			福隆安			
			阿思哈			
			袁守侗			八月差赴贵州勘事
			梁国治			
	四十一年丙申(1776)		于敏中		正月赐世职	
			舒赫德			
			福隆安		正月转兵部尚书	
		正	阿里哈		庚寅授漕运总督	出
			袁守侗		三月迁户部尚书	
			梁国治			
		三	和珅 字致斋	满洲正红旗	户部右侍郎	庚子在军机处行走
		四	阿桂		太子太保一等城谋英勇公协办大学士吏部尚书	辛亥复在军机处行走
		四	丰昇额		太子少保一等果毅公户部尚书	还仍入直
			福康安		三等嘉勇男户部左侍郎	还仍入直
		十二	明亮 谥文襄	满洲镶黄旗	一等襄勇伯成都将军	丙午以入觐暂在军机处行走旋命还四川本任出

续 表

时代	当直年月		人名	籍贯	出身及官爵	载记
乾隆	四十二年丁酉(1777)		于敏中			
			舒赫德			四月丁巳卒
			阿桂		五月授武英殿大学士	正月命赴云南受降七月还
			福隆安			十一月差赴盛京勘事十二月还
			丰昇额			十月卒
			袁守侗		十一月转刑部尚书	
			梁国治		十一月转户部尚书	
			和珅		六月转户部左侍郎十月兼步军统领	
		六	福康安		授吉林将军	乙卯出
	四十三年戊戌(1778)		于敏中			
			阿桂			
			福隆安			
			袁守侗			
			梁国治			
			和珅			
		六	李侍尧 字钦斋 谥慎简	汉军镶黄旗	太子太保二等昭信伯 武英殿大学士云贵总督	癸巳以入觐暂在军机处行走寻还总督本任出
	四十四年己亥(1779)		于敏中			十二月丁巳卒
			阿桂			正月差勘南河坝工
			福隆安			三月差赴真定勘事寻还直

续 表

时代	当直年月		人 名	籍 贯	出身及官爵	载 记
乾隆	四十四年己亥（1779）	四	袁守侗		戊寅授山东河道总督	出
			梁国治			
			和 珅		八月授御前大臣	
		十二	董 诰 字蔗林 谥文恭	浙江富阳	乾隆癸未进士 户部左侍郎	甲寅在军机处行走
	四十五年庚子（1780）		阿 桂			四月还十二月差勘浙江海塘
			福隆安			
			梁国治			
			和 珅		三月迁户部尚书	正月差赴云南勘事五月还
			董 诰			
		正	福长安 字诚斋 傅恒子	满洲镶黄旗	署工部右侍郎二月授户部右侍郎	丙午在军机处学习行走
	四十六年辛丑（1781）		阿 桂			三月命转赴甘肃剿叛回八月命回途赴豫勘河十月命赴浙谳狱十二月还
			福隆安			
			梁国治			
			和 珅			三月差赴甘肃剿叛回五月还
			董 诰			
			福长安			

续　表

时代	当直年月		人　名	籍　贯	出身及官爵	载　记
乾隆	四十七年壬寅(1782)		阿　桂			
			福隆安			
			梁国治		八月加太子少傅	
			和　珅		八月加太子太保	四月差赴山东勘事
			董　诰			
			福长安			四月差赴奉天勘事九月差赴浙江勘事十二月还
	四十八年癸卯(1783)		阿　桂			正月差勘河工四月还
			福隆安			
			梁国治		七月协办大学士	
			和　珅			
			董　诰			
			福长安		七月转户部左侍郎	
		五	福康安		太子太保三等嘉勇男署工部尚书	庚戌仍在军机处行走十二月差赴广东勘事
	四十九年甲辰(1784)		阿　桂			五月命讨固原叛回八月还寻差督办河工十二月还
			梁国治			
			福隆安			三月己酉卒
			和　珅		七月转吏部尚书协办大学士九月封一等男	
		五	福康安		闰三月迁兵部尚书五月戊辰授陕甘总督	
			福长安			
			董　诰			
		五	庆　桂		工部尚书旋转兵部尚书	丁巳复在军机处行走十一月差赴山东等处勘事

续 表

时代	当直年月		人 名	籍 贯	出身及官爵	载 记
乾隆	五十年乙巳（1785）		阿 桂			八月差赴江南勘河十一月还
			梁国治		五月授东阁大学士	
			和 珅			
			福长安			
			董 诰			
			庆 桂		九月己酉命署陕甘总督	
	五十一年丙午（1786）		阿 桂			四月差赴江南筹办河工十月还
			梁国治			十二月壬子卒
			和 珅		闰七月授文华殿大学士	
			庆 桂			九月内召十二月还
			福长安		闰七月迁户部尚书	
			董 诰			
		十二	王 杰 字伟人 谥文端	陕西韩城	乾隆辛巳状元 兵部尚书	壬子在军机处行走
	五十二年丁未（1787）		阿 桂			六月差赴睢州筹办河工十月命转勘高堰河工
			和 珅			
			庆 桂		十二月命署盛京将军	十一月差赴湖北勘事
			福长安		十二月转工部尚书	
			王 杰		正月授东阁大学士	
			董 诰		正月迁户部尚书	

续 表

时代	当直年月		人 名	籍 贯	出身及官爵	载 记
乾隆	五十三年戊申(1788)		阿 桂			正月还七月差赴荆州勘水灾十月还
			和 珅		二月晋三等忠襄伯	
			王 杰			
			庆 桂		十月命署吉林将军	
			董 诰			
			福长安			
	五十四年己酉(1789)		阿 桂			四月差赴荆州勘堤工八月还
			和 珅			
			王 杰			
			庆 桂		四月命署乌里雅苏台将军	
			董 诰			
			福长安			
		六	孙士毅 字补山 谥文靖	浙江仁和	乾隆辛巳进士 太子太保兵部尚书	庚午在军机处行走十一月癸巳命署四川总督出
	五十五年庚戌(1790)		阿 桂			
			和 珅		正月赐用黄带	
			王 杰		十一月加太子太保	
			庆 桂			
			董 诰		十一月加太子少保	
			福长安		十一月加太子少保	

续 表

时代	当直年月		人 名	籍 贯	出身及官爵	载 记
乾隆	五十六年辛亥(1791)		阿 桂			
			和 珅			
			王 杰			
			庆 桂			三月丁母忧给假
			董 诰			
			福长安		十月转户部尚书	
	五十七年壬子(1792)		阿 桂			
			和 珅			
			王 杰			
			福长安			
			庆 桂			十二月差赴浙江鞫案
			董 诰			
	五十八年癸丑(1793)		阿 桂			
			和 珅			
			王 杰			
			福长安			
		四	庆 桂		乙卯授荆州将军	出
			董 诰			
		四	松 筠 字湘浦 谥文清	蒙古正蓝旗	户部左侍郎	庚寅在军机处行走九月差送英吉利公使马嘎尔尼赴粤

续 表

时代	当直年月		人 名	籍 贯	出身及官爵	载 记
乾隆	五十九年甲寅(1794)		阿 桂			
			和 珅			
			王 杰			
			福长安			
			董 诰			
		正	松 筠			丁酉差赴盛京勘案旋命署吉林将军出
	六十年乙卯(1795)		阿 桂			
			和 珅			
			王 杰			
			福长安			
			董 诰			
		九	台 布	蒙古正蓝旗	内阁学士	庚申在军机处学习行走旋迁工部左侍郎
嘉庆	元年丙辰(1796)		阿 桂			
			和 珅			
			王 杰			十月病假
			福长安			
			董 诰		十月授东阁大学士	
			台 布		六月转户部右侍郎	十一月差赴浙江江西勘事
		十	沈 初 字云椒 谥文恪	浙江平湖	乾隆癸未榜眼 左都御史旋迁兵部尚书	己卯在军机处学习行走

续 表

时代	当直年月		人 名	籍 贯	出身及官爵	载 记
嘉庆	二年丁巳(1797)		阿 桂			八月丁巳卒
			和 珅			
		闰六月	王 杰			壬戌罢
		二	董 诰			忧免
			福长安			
			沈 初		三月转吏部尚书八月转户部尚书	
		正	台 布		命署江西巡抚	丙午出
		闰六	傅 森	满洲镶黄旗	兵部右侍郎十月转户部右侍郎	壬戌在军机处学习行走
			戴衢亨 字莲士 谥文端	江西大庾	乾隆戊戌状元 壬戌侍讲学士加三品卿衔	壬戌在军机处学习行走
			吴熊光 字槐江	江苏昭文	乾隆戊子举人 通政使司参议加三品卿衔十二月授直隶布政使	壬戌在军机处学习行走 十二月出
	三年戊午(1798)		和 珅		八月晋一等忠襄公	
			福长安		八月封侯	
			沈 福			
		二	傅 森			乙卯命回部办事罢直
			戴衢亨		正月迁内阁学士二月迁礼部右侍郎七月转户部右侍郎	
			那彦成 字绎堂 谥文毅 阿桂孙	满洲正蓝旗 清史稿传作正白旗	乾隆乙巳进士 内阁学士五月迁工部右侍郎	乙卯在军机处学习行走

续 表

时代	当直年月		人 名	籍 贯	出 身 及 官 爵	载 记
嘉庆	四年己未(1799)		和 珅			丁卯革职逮狱
			福长安			丁卯革职逮狱
			沈 福			丁卯以年老罢直
			戴衢亨			丁卯申命仍留军机处行走
			那彦成		旋转户部右侍郎迁工部尚书八月加钦差大臣赴陕西督办军务	丁卯申命仍留军机处行走
			永 瑆 谥曰哲	正红旗	成亲王 旋署户部尚书	丁卯命在军机处行走十月丁未以非祖制罢直
			董 诰		太子少保前任大学士署刑部尚书二月晋太子太保五月授文华殿大学士九月晋太子太傅	丁卯复在军机处行走
		十	傅 森		兵部尚书	丁未复在军机处行走
	五年庚申(1800)		庆 桂			
			董 诰			
			傅 森			三月差赴盛京勘事四月还
		四	那彦成			督办陕西军务四月戊辰以办贼不力免直
			戴衢亨			
	六年辛酉(1801)		庆 桂			
			董 诰			
			傅 森		正月转户部尚书	二月卒
			戴衢亨			
		二	成 德 谥恪慎	满洲正蓝旗	户部尚书	癸酉在军机处学习行走(清史稿本传谓四年致仕卒此据军机大臣年表)

续 表

时代	当直年月		人名	籍贯	出身及官爵	载记
嘉庆	七年壬戌(1802)		庆桂		十二月赐世职	
			董诰		十二月赐世职	
			成德			三月卒
			戴衢亨		七月迁兵部尚书十二月加太子少保赐世职	
		六	刘权之 字云房 谥文恪	湖南长沙	乾隆庚辰进士 吏部尚书	甲寅在军机处学习行走 清史稿本传作六年命为军机大臣
			德瑛	满洲镶黄旗	刑部尚书	甲寅在军机处学习行走
	八年癸亥(1803)		庆桂			
			董诰			
			刘权之			
			戴衢亨		六月转工部尚书	
			德瑛			
	九年甲子(1804)		庆桂			
			董诰			
			刘权之		六月转兵部尚书	
			戴衢亨			
		六	德瑛		六月转吏部尚书	正月差赴山东勘事六月戊辰命专管部务罢直
			那彦成		礼部尚书六月命署陕西总督	戊辰复在军机处行走乙亥命署陕西总督出
			英和 字煦斋	满洲正白旗	乾隆癸丑进士 太子少保户部左侍郎	戊辰在军机处学习行走

续 表

时代	当直年月		人 名	籍 贯	出身及官爵	载 记
嘉庆	十年乙丑(1805)		庆 桂			
			董 诰			
		六	刘权之		二月转礼部尚书协办大学士	辛巳降级免直
			戴衢亨		正月转户部尚书	
		六	英 和			辛巳以事革官衔降级免直
			托 津 字知亭 谥文定	满洲镶黄旗	吏部左侍郎	壬午在军机处学习行走九月差赴湖北广东勘事
	十一年丙寅(1806)		庆 桂			
			董 诰			
			戴衢亨			
			托 津		正月转户部左侍郎	四月差赴河南谳狱十二月差赴天津谳狱
	十二年丁卯(1807)		庆 桂		三月赐用紫缰	
			董 诰			
			戴衢亨		五月协办大学士	
			托 津			七月差赴热河谳狱
	十三年戊辰(1808)		庆 桂			
			董 诰			
			戴衢亨			三月差赴南河勘工并给假归籍省墓
			托 津			十月差勘南河海口
			英 和		工部左侍郎	丙寅复命暂在军机大臣上学习行走寻罢直

续 表

时代	当直年月		人名	籍贯	出身及官爵	载记
嘉庆	十四年己巳(1809)		庆桂		正月晋太子太师	
			董诰		正月晋太子太师	
			戴衢亨		正月晋太子少师七月转工部尚书	
			托津			正月差赴江苏谳狱八月差赴浙江按事
	十五年庚午(1810)		庆桂			
			董诰			
			戴衢亨		五月援体仁阁大学士	
			托津		二月迁工部尚书五月转户部尚书	正月差赴山西勘事二月差赴四川勘事六月还十一月差赴扬州勘事
	十六年辛未(1811)		庆桂			
			董诰			
			戴衢亨			四月卒
			托津		正月暂署两江总督六月加太子少保	
		四	方维甸 字南耦 号葆岩 谥勤襄	安徽桐城	乾隆四十六年进士 原任闽浙总督	己酉召为军机大臣以母病不至癸酉许在籍终养
		七	卢荫溥 字南石 谥文肃	山东德州	乾隆辛丑进士 光禄寺少卿加四品衔旋迁通政司副使	戊寅在军机大臣上学习行走清史稿本传无学习字样

续 表

时代	当直年月		人名	籍贯	出身及官爵	载记
嘉庆	十七年壬申(1812)	九	庆桂		正月晋太保	甲午以年老罢直
			董诰		正月晋太保	
			托津			
			卢荫溥		十一月转通政司正使十二月迁内阁学士	
		九	松筠		太子少保协办大学士吏部尚书	甲午复军机大臣上行走十月差赴南河勘事
	十八年癸酉(1813)		庆桂			
		正	松筠			乙亥罢直
			托津		九月协办大学士	十月差赴河南勘事十二月还
			卢荫溥		三月迁兵部右侍郎八月转左侍郎九月转户部左侍郎	
		正	勒保 字直轩 温福子 谥文襄	满洲镶红旗	太子太保一等威勤伯武英殿大学士	乙亥在军机大臣上行走十月病假
		十	桂芳 字香东 谥文敏	满洲镶蓝旗	嘉庆己未进士 户部右侍郎	甲寅暂在军机大臣学习行走
	十九年甲戌(1814)		董诰			
		闰二	勒保			甲子乞病罢直
			托津		八月授东阁大学士九月晋太子太保	十一月差赴江南勘事
			卢荫溥			九月差赴河南勘事十一月还
		三	桂芳		三月授漕运总督	闰二月差往广西勘事三月癸卯出
		十一	英和		吏部尚书	丁未暂在军机大臣上行走寻罢直

续 表

时代	当直年月		人名	籍贯	出身及官爵	载记
嘉庆	二十年乙亥(1815)		董诰			
			托津			
			卢荫溥			
	二十一年丙子(1816)		董诰			
			托津		六月暂署直隶总督	六月差赴天津勘事旋还
			卢荫溥		六月暂署户部右侍郎	闰六月初三日差赴天津勘事暂署直隶总督旋还
		十	章煦 字曜青 号桐门 谥文简	浙江钱塘	乾隆壬辰进士 太子少保协办大学士礼部尚书 十一月转刑部尚书	己亥在军机大臣上行走
	二十二年丁丑(1817)		董诰			
			托津			
		三	章煦			二月病假三月辛未罢
			卢荫溥		三月迁礼部尚书转兵部尚书六月加太子少保九月转户部尚书	
	二十三年戊寅(1818)		董诰			乙亥致仕
			托津			
			卢荫溥			
			戴均元 字修原 号可亭	江西大庾	乾隆乙未进士 太子少保协办大学士吏部尚书 清史稿本传是年拜文渊阁大学士晋太子太保管理刑部	在军机大臣上学习行走 清史稿本传作授军机大臣无学习行走字样
			和瑛 原名和宁避宣宗讳改 字太葊 号寿庵 谥简勤	蒙古镶黄旗	乾隆辛卯进士 太子少保兵部尚书	辛未在军机大臣上学习行走三月差赴保定勘事

续　表

时代	当直年月		人　名	籍　贯	出身及官爵	载　记
嘉庆	二十四年己卯（1819）		托　津			
			戴均元			十月差赴河南勘事
			卢荫溥			
		正	和　瑛		丁巳转刑部尚书	命专任部务罢直
			文　孚 字秋潭 谥文敬	满洲镶黄旗	刑部右侍郎	丁巳在军机大臣上学习行走六月差赴江南勘事
	二十五年庚辰（1820）	九	托　津			庚申以撰遗诏错误免直
			戴均元		二月授文渊阁大学士晋太子太保	庚申以撰遗诏错误免直
			卢荫溥		转工部尚书	九月以撰存诏错误降级留任在军机大臣上行走
			文　孚		三月转户部左侍郎九月转工部右侍郎十一月迁左都御史	二月差赴甘肃勘事九月以撰遗诏错误降级留任仍在军机大臣上行走
			曹振镛 字俪笙 谥文正	安徽歙县	乾隆辛丑进士 太子太保体仁阁大学士	庚申在军机大臣上行走
			黄　钺 字左田 谥勤敏	安徽当涂	乾隆庚戌进士 太子少保户部尚书	庚申在军机大臣上行走
		九月	英　和		吏部尚书十月转户部尚书	庚申复在军机大臣上行走十二月乙巳以言事忤旨免直

续 表

时代	当直年月		人 名	籍 贯	出身及官爵	载 记
道光	元年辛巳（1821）		曹振镛		三月晋太子太傅五月转授武英殿大学士	
		十二	卢荫溥		转吏部尚书兼管顺天府尹	癸巳以事繁罢直
			黄 钺			
			文 孚		正月转礼部尚书	
		八	松 筠		吏部尚书	丁亥复在军机大臣上行走九月差赴浙江勘事
	二年壬午（1822）		曹振镛			
		六	松 筠		正月命署直隶总督闰三月还	壬午以事降级免直
			黄 钺			
			文 孚		三月转工部尚书	闰三月差赴陕西勘狱
	三年癸未（1823）		曹振镛			
			文 孚			二月差赴文安勘事
			黄 钺			
		正	长 龄 字懋亭 谥文襄 纳延泰子	蒙古正白旗	太子少保文华殿大学士	乙未在军机大臣上行走
	四年甲申（1824）	十二	长 龄		己卯授云贵总督	出
			曹振镛			
			文 孚		四月加太子少保	十一月差赴南河漫口寻还
			黄 钺			清史稿本传云以年老罢直
			玉 麟 字子振 号研农 谥文恭	满洲正黄旗	乾隆壬辰进士 兵部尚书	甲寅在军机大臣上行走

续 表

时代	当直年月		人名	籍贯	出身及官爵	载记
道光	五年乙酉(1825)		曹振镛			
			文孚			
		五	黄钺			丁酉乞老命专办部务罢直
			玉麟			
		五	王鼎 字定九 号省厓 谥文恪	陕西蒲城	嘉庆己未进士 左都御史服阕以一品衔 署工部左侍郎 清史稿本传作署户部侍郎	丁酉在军机大臣上行走 六月差主浙江乡试十一月还直署工部左侍郎
		十一	蒋攸铦 字砺堂	汉军镶红旗	乾隆甲辰进士 太子少保体仁阁大学士	在军机大臣上行走
	六年丙戌(1826)		曹振镛			
			蒋攸铦			
			文孚			
			玉麟			
			王鼎			六月差赴山西勘事九月授户部尚书
	七年丁亥(1827)		曹振镛		七月晋太子太师	
		五	蒋攸铦		五月授两江总督	三月差赴江南勘河五月出
			文孚		七月晋太子太保	
			玉麟		七月加太子少保	
			王鼎		七月加太子少保	
		五	穆彰阿 字鹤舫	满洲镶蓝旗	嘉庆乙丑进士 工部尚书	丁亥在军机大臣上学习行走

续 表

时代	当直年月		人 名	籍 贯	出身及官爵	载 记
道光	八年戊子（1828）		曹振镛		正月晋太傅赐用紫缰	
			文 孚		正月晋太子太傅赐用紫缰	二月差赴黑龙江勘事
			玉 麟		正月晋太子太保	
			王 鼎		正月赐戴花翎	
			穆彰阿		正月加太子少保	去行走上学习
	九年己丑（1829）		曹振镛			
			文 孚			
		六	玉 麟		六月授伊犁将军	甲戌出
			王 鼎			
			穆彰阿			
	十年庚寅（1830）		曹振镛			
			文 孚			
			王 鼎			十月差赴江南勘事
			穆彰阿			
	十一年辛卯（1831）		曹振镛			
			文 孚		十二月协办大学士	
			王 鼎		二月命署直隶总督四月还	
			穆彰阿		八月转兵部尚书十二月仍转工部尚书	七月差赴江南勘事十月还
	十二年壬辰（1832）		曹振镛			
			文 孚			
			王 鼎			
			穆彰阿			九月差赴江南勘事

续 表

时代	当直年月		人名	籍贯	出身及官爵	载记
道光	十三年癸巳(1833)		曹振镛			
			文孚			
			王鼎			
			穆彰阿		五月转户部尚书	四月还
	十四年甲午(1834)		曹振镛			
			文孚		十一月授东阁大学士	
			王鼎			
			穆彰阿		十一月转吏部尚书协办大学士	
		正	潘世恩 字芝轩 谥文恭	江苏吴县	乾隆癸丑状元 体仁阁大学士	丁亥在军机上行走
	十五年乙未(1835)		曹振镛			正月癸亥卒
			文孚		二月转授文渊阁大学士	四月差赴东河
			潘世恩		二月转授东阁大学士	
			穆彰阿			
			王鼎		二月协办大学士	
		七	赵盛奎 字菊言	直隶深州	嘉庆辛酉拔贡 刑部右侍郎八月转户部左侍郎	甲辰在军机大臣上学习行走旋差往湖北等处按狱
			赛尚阿 字鹤汀	蒙古正蓝旗	工部右侍郎	甲辰在军机大臣上学习行走
	十六年丙申(1836)		潘世恩			
			穆彰阿		七月授武英殿大学士	
			王鼎			
		七	赵盛奎			六月内召七月庚子以事降级免直
			赛尚阿		十一月转户部右侍郎	

续 表

时代	当直年月		人 名	籍 贯	出身及官爵	载 记
道光	十七年丁酉(1837)		穆彰阿		三月命署直隶总督	七月还
			潘世恩		正月加太子太保	
			王 鼎			
		七	赛尚阿		壬午授察哈尔都统	出
		六	奎 照 字玉亭 英和子	满洲正白旗	左都御史	戊午在军机大臣上学习
			文 庆 字孔修 温福曾孙谥文端	满洲镶红旗	道光壬午进士 户部左侍郎	戊午在军机大臣上学习行走
	十八年戊戌(1838)		穆彰阿		五月转授文华殿大学士	八月丁母忧给假寻仍入直
			潘世恩		五月转授武英殿大学士	
			王 鼎		五月授东阁大学士	
		正	奎 照		七月转礼部尚书	正月去行走上学习
			文 庆			正月去行走上学习
	十九年己亥(1839)		穆彰阿			
			潘世恩			
			王 鼎			
		正	奎 照			壬戌以体弱罢直
		十	文 庆			丙戌罢直
			隆 文 字云章 谥端敏	满洲正红旗	嘉庆戊辰进士 刑部尚书	癸未在军机大臣上行走

续 表

时代	当直年月		人名	籍贯	出身及官爵	载记
道光	二十年庚子(1840)		穆彰阿			
			潘世恩			
			王　鼎		正月晋太子太保	
			隆　文		正月转户部尚书	
		三	何汝霖 字雨人 谥恪慎	江苏江宁	道光乙酉举人 大理寺少卿加三品衔 旋迁宗人府府丞	丙申在军机大臣上学习行走
	二十一年辛丑(1841)		穆彰阿			
			潘世恩			
			王　鼎		八月暂署河道总督	七月差赴东河督办大工
		正	隆　文			甲午命赴广参赞军务出
			何汝霖		十二月迁左副都御史	
		正	赛尚阿		理藩院尚书五月转工部尚书	乙未复在军机大臣上行走旋差赴天津会勘防务十月再赴天津勘视海口防具十一月还
		九	祁寯藻 字春浦 谥文端	山西寿阳	嘉庆甲戌进士 户部尚书	己未在军机大臣上行走
	二十二年壬寅(1842)		穆彰阿			二月差赴天津会办防务寻还直
			潘世恩			
			王　鼎		二月河工竣晋太子太师	三月还四月戊申卒
			祁寯藻			
			赛尚阿		五月授钦差大臣	赴天津防堵七月撤防还直
			何汝霖		五月迁兵部右侍郎十一月转户部右侍郎	去行走上学习

续 表

时代	当直年月		人　名	籍　贯	出身及官爵	载　记
道光	二十三年癸卯(1843)		穆彰阿			
			潘世恩			
			祁寯藻			
			赛尚阿			
			何汝霖			六月差赴东河勘工九月还
	二十四年甲辰(1844)		穆彰阿			
			潘世恩			
			祁寯藻			
			赛尚阿			
			何汝霖		十二月转户部左侍郎	
	二十五年乙巳(1845)		穆彰阿			
			潘世恩			
			祁寯藻			
			赛尚阿		二月转户部尚书	
			何汝霖		四月迁兵部尚书	
	二十六年丙午(1846)		穆彰阿			
			潘世恩			
			赛尚阿			正月差赴江南勘视江防六月还
			祁寯藻			
			何汝霖			

续 表

时代	当直年月		人 名	籍 贯	出身及官爵	载 记
道光	二十七年丁未（1847）		穆彰阿			
			潘世恩			
			赛尚阿			
			祁寯藻			
			何汝霖			丙戌以母忧免
			文 庆		兵部尚书	丁亥复在军机大臣上行走九月差赴河南勘赈
			陈孚恩 字子鹤	江西新城	道光己酉拔贡 署兵部左侍郎十一月署山东巡抚旋转刑部右侍郎	丁亥在军机大臣上行走寻差赴山东勘事十二月还
	二十八年戊申（1848）		穆彰阿			
			潘世恩		正月晋太师赐用紫缰	
			赛尚阿			
			祁寯藻			
		二	文 庆		壬子转吏部尚书兼总管内务府大臣	命罢直
			陈孚恩			
	二十九年己酉（1849）		穆彰阿			
		十	潘世恩			甲申以年老罢直
			赛尚阿			
			祁寯藻		七月协办大学士	十月差赴兰州勘事
			陈孚恩		七月转工部左侍郎十二月迁刑部侍郎	闰四月差赴山西勘事六月还

续 表

时代	当直年月		人　名	籍　贯	出身及官爵	载　记
道光	二十九年己酉（1849）	九	何汝霖		一品衔署礼部左侍郎服阕署兵部尚书十月署户部尚书	戊午复在军机大臣上行走
			季芝昌 字仙九 光绪初 追谥文 敏	江苏江阴	道光壬辰探花 原任山西巡抚署吏部右侍郎十二月授户部左侍郎	戊申在军机大臣上行走
	三十年庚戌（1850）	十	穆彰阿			丙戌革职
			祁寯藻		六月授体仁阁大学士	二月还
			赛尚阿		十月协办大学士	
			何汝霖		五月授礼部尚书	
		五	陈恩孚			庚戌乞养罢
			季芝昌		六月迁左都御史	
咸丰	元年辛亥（1851）		祁寯藻			
			赛尚阿		正月授文华殿大学士三月加钦差大臣督办广西军务	
			何汝霖			
		五	季芝昌		授闽浙总督	乙巳出
		三	穆　荫 字清轩	满洲正白旗	候补五品京堂内阁侍读十二月授国子监祭酒	丙申在军机大臣上学习行走
		四	舒兴阿 字云溪	满洲正蓝旗	道光壬辰进士 户部左侍郎闰八月辛亥署陕甘总督	己未在军机大臣上行走闰八月出
		五	彭蕴章 字詠莪 谥文敬	江苏长洲	道光乙未进士 工部右侍郎	壬子在军机大臣上行走

续 表

时代	当直年月		人 名	籍 贯	出身及官爵	载 记
咸丰	二年壬子(1852)	九	赛尚阿		督办广西军务	己酉革职
			祁寯藻		三月加太子太保	
			何汝霖			正月以腿病乞假三月丁卯许罢直
			彭蕴章			
			穆 荫		二月迁光禄寺卿再迁内阁学士	
			邵 灿 字又村 谥文靖	浙江余姚	道光壬辰进士 吏部左侍郎	癸亥在军机大臣上行走
			麟 魁 字梅谷 谥文端	满洲镶白旗	道光癸未进士 户部右侍郎七月迁工部尚书	癸亥在军机大臣上行走
	三年癸丑(1853)		祁寯藻			
		十	麟 魁		九月转礼部尚书十月戊寅授总管内务府大臣	戊寅命罢直
			彭蕴章		十二月转兵部左侍郎	
		十二	邵 灿		十二月授漕运总督	乙未出
			穆 荫		四月署刑部左侍郎九月迁礼部左侍郎	十年去行走上学习
		十	奕 䜣 号鉴园主人 谥曰忠	满洲镶蓝旗	恭亲王	戊寅命在军机大臣上行走
			瑞 麟 字登泉	满洲正蓝旗	户部右侍郎	戊寅在军机大臣上行走寻差赴天津帮办防剿
		十二	杜 翰 字继园	山东滨州	道光甲辰进士 工部左侍郎	丙申在军机大臣上行走

续 表

时代	当直年月		人 名	籍 贯	出身及官爵	载 记
咸丰	四年甲寅（1854）		奕 䜣			
		八	祁寯藻			八月病假十一月庚寅致仕
			彭蕴章		三月转礼部左侍郎五月迁工部尚书	
			瑞 麟		闰七月转吏部右侍郎	
			杜 翰			
			穆 荫		十月转吏部左侍郎	
	五年乙卯（1855）	七	奕 䜣			壬午以办理皇太后丧仪疏略免直
			彭蕴章		十二月协办大学士	
			穆 荫			
		四	瑞 麟		正月以劳赐勇号加都统衔四月授西安将军	二月还四月己未出
			杜 翰			
		七	文 庆		户部尚书九月协办大学士十二月授文渊阁大学士	壬午在军机大臣上行走
	六年丙辰（1856）	十一	文 庆		十一月授武英殿大学士	十一月卒
			彭蕴章		十一月授文渊阁大学士	
			穆 荫			
			杜 翰			
		十一	柏 葰 字静涛	蒙古正蓝旗	道光丙戌进士 户部尚书十二月协办大学士	壬申在军机大臣上行走

续 表

时代	当直年月		人 名	籍 贯	出身及官爵	载 记
咸丰	七年丁巳(1857)		彭蕴章			
			伯 葰			
			穆 荫			
			杜 翰			
	八年戊午(1858)		彭蕴章		九月转授武英殿大学士	
			伯 葰		九月授文渊阁大学士	十月戊辰以顺天科场之狱革职
		九	杜 翰			甲午以降服忧罢直
		五	匡 源 字鹤泉	山东胶县	道光庚子进士 吏部左侍郎	戊戌在军机大臣上学习行走
			文 祥 字博川	满洲正红旗	道光乙巳进士 内阁学士署刑部左侍郎 六月迁礼部右侍郎十二月转吏部右侍郎	戊戌在军机大臣上学习行走
	九年己未(1859)		彭蕴章			
			穆 荫		十二月转兵部尚书	
			匡 源			十月去行走上学习
			文 祥		十月转工部右侍郎十一月转户部左侍郎	十月去行走上学习
		十	杜 翰		署吏部右侍郎服阕署工部右侍郎	癸卯在军机大臣上行走

续 表

时代	当直年月		人名	籍贯	出身及官爵	载记
咸丰	十年庚申（1860）	六	彭蕴章			壬申以精力渐衰罢直
			穆荫			七月与怡亲王载垣同为钦差大臣赴通州筹办抚局八月撤还旋扈从热河行在九月丁父忧给假十二月仍入直
			匡源			八月扈从热河行在
			文祥		八月命留京署步军统领十二月兼总理各国通商事务大臣	八月命兼办军机处钞发各省折奏要件
			杜翰		九月署礼部右侍郎	八月扈从热河行在
		十	焦祐瀛 字桂樵	直隶天津	道光己亥举人 太常寺少卿	戊子在军机大臣上学习行走
	十一年辛酉（1861）	九	穆荫		七月随怡亲王载垣等同称赞襄政务大臣	乙卯免直
			匡源			四月给假回京仍赴行在七月随称赞襄政务大臣九月乙卯免直
			杜翰		四月兼署吏部左侍郎	七月随称赞襄政务大臣九月乙卯免直
			焦祐瀛		八月迁太仆寺卿	七月随称赞襄政务大臣九月乙卯免直
		十	奕䜣		管理总理各国通商事务衙门亲王加授议政士	丙辰在军机处行走
			桂良 字燕山 谥文端	满洲正红旗	太子太保文华殿大学士兼总理各国通商事务大臣	丙辰在军机大臣上行走
			沈兆霖 字朗亭 谥文忠	浙江钱塘	道光丙申进士 户部尚书	丙辰在军机大臣上行走旋差赴兰州勘事

续 表

时代	当直年月		人名	籍贯	出身及官爵	载记
咸丰	十一年辛酉(1861)	八	宝鋆 字佩蘅	满洲镶白旗	道光戊戌进士 户部右侍郎旋兼总理各国通商事务大臣	丙辰在军机大臣上行走
			曹毓瑛 字琢如 谥恭悫	江苏江阴	道光癸卯举人 鸿胪寺少卿旋迁大理寺卿	丙辰在军机大臣上学习行走
			文祥		户部左侍郎	丙辰仍在军机大臣上行走
同治	元年壬戌(1862)		奕䜣		二月兼稽察弘德殿课程	
		六	桂良			六月壬申卒
		七	沈兆霖		正月命署陕甘总督	七月乙酉卒
			宝鋆		正月转户部左侍郎二月迁户部尚书	
			文祥		正月迁左都御史闰八月转工部尚书	
			曹毓瑛			十月去行走上学习
		闰八	李棠阶 字文园 谥文清	河南河内	道光壬午进士 左都御史	癸巳在军机大臣上行走
	二年癸亥(1863)		奕䜣			
			宝鋆			
			文祥			
			李棠阶		二月转工部尚书	
			曹毓瑛		正月迁工部左侍郎二月转兵部左侍郎	

续 表

时代	当直年月		人 名	籍 贯	出身及官爵	载 记
同治	三年甲子(1864)		奕 䜣		七月加赐其子一贝勒	
			文 祥		七月加太子太保	
			宝 鋆		七月加太子少保	
			李棠阶		七月加太子少保转礼部尚书	
			曹毓瑛		七月赐头品顶戴	
	四年乙丑(1865)	三	奕 䜣		三月撤议政王号	三月壬寅被劾免直四月戊寅仍命在军机大臣上行走
			文 祥			七月差赴蓟州督剿马贼八月还十月给假迎养命赴奉天督剿马贼
			宝 鋆			
		十一	李棠阶			十一月卒
			曹毓瑛		二月迁左都御史十一月转兵部尚书	
			李鸿藻 字兰孙 谥文正	直隶高阳	咸丰壬子进士 弘德殿行走内阁学士	壬申在军机大臣上学习行走
	五年丙寅(1866)		奕 䜣			
			文 祥		二月转吏部尚书	五月还
			宝 鋆			
		三	曹毓瑛			三月卒
		十	李鸿藻		二月迁礼部右侍郎三月转户部右侍郎	三月去行走上学习七月丁母忧给假百日治丧十月辛丑乞病许罢直
		三	胡家玉 字小蘧	江西新建	道光辛丑探花 左副都御史七月迁兵部左侍郎	戊子在军机大臣上学习行走十二月辛卯被劾受总督官文馈金免直
		十	汪元方 字啸盦 谥文端	浙江余杭	道光癸巳进士 左都御史	辛丑在军机大臣上行走

续 表

时代	当直年月		人 名	籍 贯	出身及官爵	载 记
同治	六年丁卯（1867）		奕 䜣			
			文 祥			
			宝 鋆			
		十	汪元方			
			沈桂芬 字经笙 谥文定	顺天宛平	道光丁未进士 前任山西巡抚署礼部右侍郎十二月礼部右侍郎十二月补礼部右侍郎	甲午在军机大臣上学习行走
	七年戊辰（1868）		奕 䜣			二月捻匪入京师命节制入卫诸军
			文 祥			
			宝 鋆			
			沈桂芬		三月转户部左侍郎七月转吏部左侍郎	三月去行走上学习
		十	李鸿藻		服阕户部右侍郎仍直弘德殿并署礼部左侍郎	戊午在军机大臣上行走
	八年己巳（1869）		奕 䜣			
			文 祥			九月病假十二月丁母忧给假穿孝百日假满入直
			宝 鋆			
			沈桂芬		六月迁左都御史十月兼任总理各国事务衙门行走	
			李鸿藻		八月补户部右侍郎	

续 表

时代	当直年月		人 名	籍 贯	出身及官爵	载 记
同治	九年庚午(1870)		奕 䜣			
			文 祥			假满未出九月天津教案起力疾还朝仍病假
			宝 鋆			
			沈桂芬		四月转兵部尚书	
			李鸿藻			
	十年辛未(1871)		奕 䜣			
			文 祥		二月以吏部尚书协办大学士	
			宝 鋆			
			沈桂芬			
			李鸿藻		七月迁左都御史	
	十一年壬申(1872)		奕 䜣		九月赐其爵世袭罔替	
			文 祥		六月体仁阁大学士九月赐乘朝舆	
			宝 鋆		六月转吏部尚书九月晋太子少保	
			沈桂芬		九月加太子少保	
			李鸿藻		八月转工部尚书九月加太子少保	
	十二年癸酉(1873)		奕 䜣			
			文 祥			六月给假归葬十一月还
			宝 鋆			
			沈桂芬			
			李鸿藻			

续 表

时代	当直年月		人 名	籍 贯	出身及官爵	载 记
同治	十三年甲戌（1874）		奕 䜣		七月晦降郡王夺世爵八月朔仍晋亲王世袭如故	
			文 祥		十二月转授武英殿大学士	
			宝 鋆		二月协办大学士八月转兵部尚书	
			沈桂芬			
			李鸿藻		十月帝有疾代批答章奏	
光绪	元年乙亥（1875）		奕 䜣			
		十二	文 祥			十二月病假
			宝 鋆			
			沈桂芬		正月协办大学士	
			李鸿藻			
	二年丙子（1876）		奕 䜣			
			文 祥			五月甲午卒
			宝 鋆			
			沈桂芬			
			李鸿藻		十月兼在总理各国通商事务衙门行走	
		三	景 廉 字枕坪	满洲正黄旗	咸丰壬子进士 正白旗汉军都统左都御史署工部尚书十月兼在总理各国通商事务衙门行走	丁未在军机大臣上学习行走
	三年丁丑（1877）		奕 䜣			
			宝 鋆			
			沈桂芬			
		九	李鸿藻			丙寅以本生母忧免
			景 廉		正月补工部尚书	正月去行走上学习

续 表

时代	当直年月		人名	籍贯	出身及官爵	载记
光绪	四年戊寅(1878)		奕䜣			
			宝鋆			
			沈桂芬			
			景廉		五月转户部尚书	
		二	王文韶 字夔石 谥文勤	浙江仁和	咸丰壬子进士 前任湖南巡抚旋署兵部左侍郎四月补礼部左侍郎七月兼在总理各国通商事务衙门行走	乙酉在军机大臣上学习行走
	五年己卯(1879)		奕䜣			
			宝鋆		三月晋太子太傅	
			沈桂芬		三月晋太子太傅	
			景廉			
			王文韶		二月转户部左侍郎	正月去行走上学习
	六年庚辰(1880)		奕䜣			
			宝鋆			
		十二	沈桂芬			十二月癸亥卒
			景廉			
			王文韶			
		正	李鸿藻		服阕工部尚书署吏部尚书仍兼在总理各国通商事务衙门行走	丙子复在军机大臣上行走

续 表

时代	当直年月		人 名	籍 贯	出身及官爵	载 记
光绪	七年辛巳(1881)		奕 䜣			
			宝 鋆			
			李鸿藻		正月补兵部尚书六月协办大学士	
			景 廉			
			王文韶			
		正	左宗棠 字季高 谥文襄	湖南湘阴	道光壬辰举人 太子太保二等恪靖侯东阁大学士九月授两江总督	壬辰在军机大臣上行走兼在总理各国通商事务衙门行走八月病假九月乙未出为两江总督
	八年壬午(1882)		奕 䜣			
			宝 鋆			
			李鸿藻		正月转吏部尚书	
			景 廉			
			王文韶		正月兼署户部尚书	十月给假十一月丁亥乞养罢
		十一	翁同龢 字叔平 谥文恭	江苏常熟	咸丰丙辰状元 毓庆宫行走太子太保工部尚书	丁亥在军机大臣上行走
			潘祖荫 字伯寅 谥文勤	江苏吴县	咸丰壬子探花 太子少保刑部尚书	戊子在军机大臣上行走
	九年癸未(1883)		奕 䜣			
			宝 鋆			
			李鸿藻			
			景 廉		七月补内阁学士八月迁吏部左侍郎十一月迁兵部尚书	六月以事降调仍在军机大臣上行走
			翁同龢			
		正	潘祖荫			丙午以父忧免

续　表

时代	当直年月		人　名	籍　贯	出身及官爵	载　记
光绪	十年甲申(1884)	三	奕　䜣			丙子命归第养病
			宝　鋆			戊子休致
			李鸿藻			戊子降调免直
			景　廉			戊子降调免直
			翁同龢			戊子免直仍在毓庆宫行走
			世　铎		礼亲王 右宗正	戊子命在军机大臣上行走己丑奉懿旨军机处紧要事件会同醇亲王奕譞商办
			额勒和布 觉尔察氏 字筱山 谥文恭	满洲镶蓝旗	咸丰壬子翻译进士 户部尚书五月协办大学士	戊子在军机大臣上行走
			阎敬铭 字丹福 谥文介	陕西朝邑	道光乙巳进士 户部尚书五月协办大学士	戊子在军机大臣上行走兼在总理各国通商事务衙门行走
			张之万 字子清 谥文达	直隶南皮	道光丁未状元 刑部尚书	戊子在军机大臣上行走
			孙毓汶 字莱山 谥文恪	山东济宁	咸丰丙辰进士 工部左侍郎	戊子在军机大臣上学习行走
			许庚身 字星叔 谥恭慎	浙江仁和	同治壬戌进士 刑部右侍郎	癸巳在军机大臣上学习行走命不必常川入直并在总理各国通商事务衙门行走八月去行走上学习字
			左宗棠		太子太保二等恪靖侯东阁大学士	己亥召入都复在军机大臣上行走七月庚申命往福建督办军务出

续 表

时代	当直年月		人 名	籍 贯	出身及官爵	载 记
光绪	十一年乙酉（1885）		世 铎			
			额勒和布		授体仁阁大学士 十一月转授武英殿大学士	
			阎敬铭		十一月授东阁大学士	
			张之万		十一月协办大学士	
			许庚身		十二月署兵部尚书	
			孙毓汶			六月去行走上学习字并在总理各国通商事务衙门行走
	十二年丙戌（1886）		世 铎			
			额勒和布			
		九	阎敬铭			丁巳乞病罢直
			张之万			
			许庚身			
			孙毓汶			
	十三年丁亥（1887）		世 铎			
			额勒和布			
			张之万			
			许庚身		九月转吏部侍郎署兵部尚书	
			孙毓汶			

续 表

时代	当直年月		人 名	籍 贯	出身及官爵	载 记
光绪	十四年戊子（1888）		世 铎			
			额勒和布			
			张之万			
			许庚身		七月实授兵部尚书	
			孙毓汶		七月授吏部右侍郎	
	十五年己丑（1889）		世 铎		正月赐赠护卫	
			额勒和布		正月加太子太保	
			张之万		正月授体仁阁大学士加太子太保	
			许庚身		正月加太子太保	
			孙毓汶		正月迁刑部尚书加太子少保	
	十六年庚寅（1890）		世 铎			是年十一月醇亲王薨
			额勒和布			
			张之万			
			许庚身			
			孙毓汶			
	十七年辛卯（1891）		世 铎			
			额勒和布			
			张之万			
			许庚身			
			孙毓汶			

续　表

时代	当直年月		人　名	籍　贯	出身及官爵	载　记
光绪	十八年壬辰(1892)		世　铎			
			额勒和布			
			张之万		八月转授东阁大学士	
			许庚身			
			孙毓汶			正月病假十月续假
	十九年癸巳(1893)		世　铎			
			额勒和布			
			张之万			
		十一	许庚身			十一月卒
			孙毓汶		十二月转兵部尚书	
		十二	徐用仪 字吉甫 别字筱云谥忠愍	浙江海盐	咸丰己未举人 总理各国通商事务大臣吏部左侍郎	辛亥在军机大臣上学习行走
	二十年甲午(1894)	十	世　铎		正月赐食双俸再增护卫	
			额勒和布		正月赐用紫缰	壬戌免直
			张之万		正月赐用紫缰	壬戌免直
			孙毓汶		正月赐用紫缰	
			徐用仪		正月加太子少保	六月去行走上学习
		十	翁同龢		太子少保户部尚书	己酉复在军机大臣上行走并会办军务
			李鸿藻		太子少保礼部尚书	己酉复在军机大臣上行走并会办军务
			刚　毅 字子良	满洲镶蓝旗 人名辞典作正白旗兹据搢绅录	笔帖式 原任广东巡抚旋以侍郎候补署礼部右侍郎十一月补实十二月转吏部左侍郎	己酉在事务大臣上行走
			奕　䜣		恭亲王	庚辰复授军机大臣督办军务

续 表

时代	当直年月		人名	籍贯	出身及官爵	载记
光绪	二十一年乙未(1895)		奕䜣			
			世铎			
		六	孙毓汶			五月病假六月甲戌免
			翁同龢		六月兼在总理各国通商事务衙门行走	
			李鸿藻		六月仍兼在总理各国通商事务衙门行走	
			徐用仪			乙酉免直
			刚毅		十月转户部右侍郎	
			钱应溥 字子密 谥恭勤 泰吉子	浙江嘉兴	道光己酉拔贡朝考一等 礼部左侍郎	乙酉在军机大臣上学习行走
	二十二年丙申(1896)		奕䜣			
			世铎			
			翁同龢			
			李鸿藻		十月协办大学士旋转吏部尚书	七月病假
			刚毅		四月迁工部尚书	
			钱应溥		十月迁左都御史(部院大臣年表同)	清史稿本传作二十三年迁左都御史似误
	二十三年丁酉(1897)		奕䜣			
			世铎			
		七	李鸿藻			三月病假七月卒
			翁同龢		八月协办大学士	
			刚毅		七月转刑部尚书	
			钱应溥		七月转工部尚书(部院大臣年表同)	清史稿本传作二十四年调礼部尚书似误

续 表

时代	当直年月		人 名	籍 贯	出身及官爵	载 记
光绪	二十四年戊戌(1898)	四	奕 䜣			四月壬辰薨
			世 铎			
		四	翁同龢			己酉免
			刚 毅		闰三月转兵部尚书协办大学士	
			钱应溥			
		二	廖寿恒 字仲山	江苏嘉定	同治癸亥进士 太子少保总理各国通商事务大臣刑部尚书八月转礼部尚书	甲子在军机大臣上学习行走
		五	王文韶		户部尚书六月命督办矿务铁路事	丁巳复在军机大臣上行走仍兼总理各国通商事务衙门行走
			裕 禄 字泉寿 喜塔腊氏	满洲正白旗	监生捐笔帖式 原授四川总督七月署礼部尚书兼在总理各国通商事务衙门行走八月甲午授直隶总督	乙亥在军机大臣上行走八月甲午出
		八	荣 禄 字仲华 瓜尔佳氏 谥文忠	满洲正白旗	荫生袭骑都尉 文渊阁大学士直隶总督八月内召管兵部事仍节制北洋海陆诸军	甲午以现任直隶总督内召在军机大臣上行走
	二十五年己亥(1899)	十二	启 秀 字颖之 库雅拉氏	满洲正白旗	同治乙丑进士 礼部尚书	甲寅在军机大臣上行走
			世 铎			
			荣 禄			
			刚 毅			四月差赴江南各省十一月还直
			王文韶		十一月协办大学士	

续 表

时代	当直年月		人 名	籍 贯	出身及官爵	载 记
光绪	二十五年己亥（1899）		钱应溥			四月病假五月甲寅病罢
			启 秀			
		十一	廖寿恒			甲寅免直
			赵舒翘 字展如	陕西长安	同治甲戌进士 总理各国通商事务大臣刑部尚书旋兼管顺天府尹事	甲寅在军机大臣上学习行走
	二十六年庚子（1900）		世 铎			七月皇太后携帝西奔未随扈八月召赴行在陈病状未至
			荣 禄		七月派为留京办事大臣	闰八月召赴西安行在
			刚 毅		三月转吏部尚书	五月差赴保定一带解散义和团旋召还七月追扈行在闰八月卒
			王文韶		二月加太子少保十月授体仁阁大学士	七月扈从行在
			启 秀		五月兼在总理各国通商事务衙门行走	七月未随扈十二月庚申革逮
			赵舒翘			五月差赴保定一带解散义和团越二月回京七月扈从行在九月革职留任十一月壬戌革职论罪次年赐自尽
		八	载 漪		端郡王 （原封瑞王后误写为端）	丙子在大同行在命为军机大臣闰八月辛丑免
		闰八	鹿传霖 字滋轩 谥文端	直隶定兴	同治壬戌进士 新授两广总督旋命以尚书候补九月授左都御史转礼部尚书十月转户部尚书	辛丑以随扈行在在军机大臣上行走

续 表

时代	当直年月		人 名	籍 贯	出身及官爵	载 记
光绪	二十七年辛丑(1901)	七	世 铎			丙寅罢直
			荣 禄		三月兼督办政务大臣八月赐用紫缰随扈还京十月加太子太保十二月转授武英殿大学士	
			王文韶		三月兼督办政务大臣六月兼外务部会办大臣八月赐用紫缰随扈还京九月命办理京榆铁路事旋署议和全权大臣十二月兼督办路矿大臣授文渊阁大学士	
			鹿传霖		三月兼督办政务大臣	
			瞿鸿禨 字子玖 追谥文慎	湖南善化	同治辛未进士 工部尚书六月转外务部尚书兼会办大臣九月命办理京榆铁路事十二月兼会办路矿大臣	甲辰在军机大臣上学习行走兼督办政务大臣十二月去行走上学习
	二十八年壬寅(1902)		荣 禄			
			王文韶			
			鹿传霖			
			瞿鸿禨			
	二十九年癸卯(1903)	三	荣 禄			三月戊辰卒
			王文韶		四月转授武英殿大学士	
			鹿传霖			
			瞿鸿禨		九月命会办财政处事务	
		三	奕 劻		庆亲王 督办政务大臣外务部总理大臣九月命总理财政处事务十月总理练兵处事务	庚午为军机大臣
			荣 庆 字华卿 谥文恪	蒙古正黄旗	光绪癸未进士 管学大臣户部尚书旋兼督办政务大臣十一月改兼学务大臣	丙申在军机大臣上学习行走兼督办政务大臣十二月去行走上学习

续 表

时代	当直年月		人名	籍贯	出身及官爵	载记
光绪	三十年甲辰(1904)		奕劻			
			王文韶			
			鹿传霖			
			瞿鸿禨			
			荣庆			
	三十一年乙巳(1905)		奕劻			
		五	王文韶			庚子以衰老罢直
			鹿传霖		四月转吏部尚书	
			瞿鸿禨			
			荣庆		十一月转学部尚书十二月协办大学士	
		五	徐世昌 字菊人	直隶天津	光绪丙戌进士 署兵部左侍郎旋命会办练兵事宜九月迁巡警部尚书	庚子在军机大臣上学习行走兼督办政务大臣六月命出洋考察政治未行十二月去行走上学习
		七	铁良 字宝臣	满洲镶白旗	监生 会办练兵事宜署兵部尚书户部左侍郎十一月迁户部尚书	丁酉在军机大臣上学习行走兼督办政务大臣十二月去行走上学习
	三十二年丙午(1906)	九月甲寅定军机大臣均兼会议政务大臣	奕劻			甲寅改官制仍授军机大臣
			鹿传霖			甲寅改官制命专管部务罢直
			瞿鸿禨		正月协办大学士	甲寅改官制仍授军机大臣
			荣庆			甲寅改官制命专管部务罢直

续　表

时代	当直年月		人　名	籍　贯	出身及官爵	载　记
光绪	三十二年丙午(1906)		铁　良		四月兼督办税务大臣九月授陆军部尚书	甲寅改官制罢直
			徐世昌		九月授民政部尚书	甲寅改官制罢直
			世　续 字伯轩 谥文端	满洲正黄旗	举人 三十年以吏部尚书协办大学士寻授体仁阁大学士转文华殿大学士	甲寅为军机大臣
			林绍年 字赞虞	福建闽县	同治甲戌进士 开缺广西巡抚候补侍郎	甲寅在军机大臣上学习行走十一月入直
	三十三年丁未(1907)		奕　劻		三月命兼管陆军部事务	
			世　续		六月转授文渊阁大学士	
		五	瞿鸿禨			丁卯免
		七	林绍年 谥文直		二月署邮传部尚书五月补度支部左侍郎七月授河南巡抚	癸巳出
		五	鹿传霖		吏部尚书六月协办大学士	乙巳复为军机大臣即罢管部务
		五	载　沣		醇亲王	乙巳命在军机大臣上学习行走
		七	张之洞 字香涛 谥文襄	直隶南皮	同治癸亥探花 太子少保体仁阁大学士兼管学部事	丙辰为军机大臣
		七	袁世凯 字慰廷	河南项城	贡生 太子少保外务部尚书	丙辰为军机大臣

续 表

时代	当直年月		人 名	籍 贯	出身及官爵	载 记
光绪	三十四年戊申(1908)		奕劻		十一月赐其爵世袭罔替	
			载沣		十月癸酉封摄政王	正月去行走上学习
			世续		十一月加太子少保赐用紫缰	
			张之洞		十一月晋太子太保赐用紫缰十二月兼督办鄂境川汉铁路大臣	
			鹿传霖		三月兼办理禁烟大臣十一月加太子少保赐用紫缰	二月差赴山西勘事三月还
		十二	袁世凯		十一月晋太子太保赐用紫缰	壬戌免
			那桐 字琴轩	满洲镶黄旗	举人(光绪十一年乙酉) 太子少保东阁大学士外务部会办大臣	壬戌在军机大臣上学习行走
宣统	元年己酉(1909)		奕劻		正月命总核筹办海军处事务六月辞兼管陆军部事务	
			世续		十一月转授文华殿大学士	
		八	张之洞			八月丁酉卒
			那桐		十一月转授文渊阁大学士	正月去行走上学习字二月丁母忧四月仍入直
			鹿传霖		九月授体仁阁大学士十月晋太子太保十一月转授东阁大学士	
		八	戴鸿慈 字少怀 谥文诚	广东南海	光绪丙子进士 法部尚书十一月协办大学士	己亥在军机大臣上学习行走

续 表

<table>
<tr><th>时代</th><th colspan="2">当直年月</th><th>人 名</th><th>籍 贯</th><th>出身及官爵</th><th>载 记</th></tr>
<tr><td rowspan="13">宣统</td><td rowspan="9">二年庚戌(1910)</td><td></td><td>奕 劻</td><td></td><td></td><td></td></tr>
<tr><td>七</td><td>世 续</td><td></td><td></td><td>甲戌命专管内阁事务罢直</td></tr>
<tr><td></td><td>那 桐</td><td></td><td></td><td></td></tr>
<tr><td>三</td><td>鹿传霖</td><td></td><td></td><td>三月病假七月癸亥卒</td></tr>
<tr><td>正</td><td>戴鸿慈</td><td></td><td></td><td>正月戊午卒</td></tr>
<tr><td>正</td><td>吴郁生
字蔚若</td><td>江苏元和</td><td>光绪丁丑进士
内阁学士二月迁吏部左侍郎旋开部缺</td><td>癸亥在军机大臣上学习行走二月以侍郎入直如故七月甲寅罢免</td></tr>
<tr><td rowspan="2">七</td><td>毓 朗
字钟山</td><td>满洲正黄旗</td><td>和硕贝勒(定郡王第二子) 步军统领</td><td>甲寅为军机大臣</td></tr>
<tr><td>徐世昌</td><td></td><td>协办大学士八月授体仁阁大学士</td><td>甲寅复为军机大臣</td></tr>
<tr><td rowspan="4">三年辛亥(1911)</td><td rowspan="4">四月戊寅废军机处</td><td>奕 劻</td><td></td><td></td><td>戊寅改授内阁总理大臣</td></tr>
<tr><td>毓 朗</td><td></td><td></td><td>戊寅改授军谘大臣</td></tr>
<tr><td>那 桐</td><td></td><td></td><td>戊寅改授内阁协理大臣</td></tr>
<tr><td>徐世昌</td><td></td><td></td><td>戊寅改授内阁协理大臣</td></tr>
</table>

清代督抚表第五

（一）本表凡分四篇：曰总督上、下，曰巡抚上、下。上篇记自顺治以迄嘉庆。下篇记自道光以迄宣统。表中以人为纲，两旁注其在任年月，便省览也。曩者吴廷燮氏著《同治以来督抚表》二卷，清史馆所修《清史稿》有《疆臣年表》十二卷，皆以年为纲，稽考虽便，体例未醇，且不脱官牍意味，而于表用人之旨翻觉晷暗。兹则以地系人，以人系年，庶督抚与时代地理之关系，可以得一综合之观念，或于旁斜之学，不无小补耳。

（一）官职之除授，规制既微有不同，而罢卸之情形，事实亦大有差异。本表于旁注，先记始命之月，不书署护兼代者皆实授。至于去职之故，则革免调迁病卒忧假养休裁罢召觐差殉皆别记之。惟受命与接事，调免与交卸，其间有隔数年月或竟尔未任者，征核殊难，不能缕晰，如有明令护署之人，或附记、或题名，互相推求，可得梗概。

（一）表中督抚有关于本职裁设或更名者，特加注于下，藉便省览。

（一）总督（上）——顺康雍乾嘉五代

	顺治时代	康熙时代	雍正时代	乾隆时代	嘉庆时代
天　津 顺治元年设数月即裁	**骆养性** 顺治元年六月总督天津军务至十月罢				

续 表

	顺治时代	康熙时代	雍正时代	乾隆时代	嘉庆时代
宣大山西 顺治元年七月设十三年五月改宣大十五年七月裁	**吴孳昌** 顺治元年七月总督宣大山西至二年二月革 **李　鉴** 二年二月至九月降 **马国柱** 二年十月至四年七月调 **申朝纪** 四年七月至五年三月卒 **耿　焞** 五年三月至十二月罢 **佟养量** 五年十二月至八年九月免旋复留任至十一年二月免 **马鸣佩** 十一年二月至十月调 **马之先** 十一年十月至十三年三月调 **张悬锡** （宣大） 十三年五月总督宣大至十四年正月调 **卢崇峻** 十四年正月至十五年七月裁				

续 表

	顺治时代	康熙时代	雍正时代	乾隆时代	嘉庆时代
陕西三边川陕三边陕甘四川 顺治二年设至十年以兼督四川改川陕三边总督十三年又改川陕省三边十八年又改四川陕西为两总督康熙五年十一月改为山陕总督九年四月并四川于湖广为川湖总督十一年改山陕为陕西总督十三年复设四川总督十九年又改为川陕总督五十七年又改陕西四川为两总督六十年五月又合川陕为一雍正九年又另设四川总督乾隆元年裁十三年又分设陕甘总督四川总督二十四年又裁四川总督改陕甘为川陕另设甘肃总督二十五年裁甘肃总督复设陕甘四川两总督	**王文奎**(陕西三边) 顺治二年四月总督陕西旋以孟代 **孟乔芳**(川陕三边) 二年四月至十年六月兼督四川十一年正月卒 **金　蛎** 十一年正月至十三年二月休 **马之先**(川陕) 十三年三月为川陕总督至十四年八月卒 **李国英**(四川) 十四年九月为川陕总督至十八年改督四川 **白如梅**(陕西) 十八年九月为陕西总督	**李国英**(四川) 康熙五年十一月罢 **白汝梅**(陕西) 五年十月罢 **卢崇峻**(山陕) 康熙五年十一月为山陕总督至六年十二月免 **苗　澄**(四川) 康熙五年十一月为四川总督次年十一月免 **刘兆麒**(四川) 七年正月为四川总督八年调九年三月并于湖广 **莫　洛**(山陕) 七年正月至八年九月罢十一月留任九年十二月迁 **罗　多**(山陕) 十年正月至十一年三月降 **鄂　善**(陕西) 十一年四月命寻改陕西十二年九月调 **哈　占**(川陕) 十二年九月至十九年七月署陕西十九年十一月改川陕总督至二十二年八月迁 **褚　佛** 廿二年八月至廿五年九月迁	**年羹尧**(川陕) 雍正三年四月调 **岳钟琪** 雍正三年四月至七年西征 **查郎阿** 七年四月至十年七月迁 **刘于义** 雍正十年七月至乾隆元年 **黄廷桂**(四川) 雍正九年二月为四川总督至乾隆元年裁	**查郎阿**(川陕) 乾隆元年为川陕总督至三年七月迁 **鄂弥达** 三年七月至五年三月内召 **尹继善** 五年三月至七年九月忧 **马尔泰** 七年九月署至次年五月迁 **庆　复** 八年五月至十二年三月召 **张广泗** 十二年三月是年十二月进剿大金川十三年九月革 **黄廷桂** 十二年十二月署 **傅尔丹** 十三年九月暂护 **傅　恒** 十三年九月暂管 **策　楞**(四川) 十三年十一月任旋分设陕甘四川两督为四川总督十八年正月忧 **尹继善**(陕甘) 十三年为陕甘总督十四年正月差十六年五月迁十八年正月复任九月迁	**孙士毅**(四川) 嘉庆元年六月卒福宁代 **宜　绵**(陕甘) 元年十一月赴宁二年五月兼办四川事务十月回陕甘总督任四年正月免 **福　宁**(四川) 元年六月代孙士毅督川二年降 **陆有仁**(陕甘) 元年十一月暂署陕甘二年五月革 **英　善** 二年五月代督陕甘十月宜绵回任 **勒　保**(四川) 三年正月为四川总督四年七月革五年三月复任至十一年统兵剿匪以特清额署十五年二月来京 **松　筠**(陕甘) 四年二月为陕甘总督五年正月迁 **魁　伦**(四川) 四年七月署四川总督五年三月革 **长　麟**(陕甘) 五年正月为陕甘总督六年十一月来京

续 表

	顺治时代	康熙时代	雍正时代	乾隆时代	嘉庆时代
		图 纳 廿五年九月至廿七年二月迁 **葛思泰** 二十七年二月至三十一年十月病免 **佛 伦** 三十一年十月至三十三年三月迁 **吴 赫** 三十三年十月至三十八年六月罢 **席尔达** 三十八年七月至四十年十月迁 **觉罗华显** 四十年十月至四十三年卒 **博 霁** 四十三年正月至四十七年卒 **齐世武** 四十七年四月至次年七月迁 **殷 泰** 四十八年七月至五十二年四月病免 **鄂 海**(陕西) 五十二年至五十七年十月改陕西至六十年合并为川陕 **周有德**(四川) 十三年二月		**瑚 宝** 十四年正月署(代尹继善) **黄廷桂** 十六年五月代尹继善十八年正月迁四川总督二十年六月调陕甘至二十四年正月卒 **永 常** 十八年九月至次年五月差 **刘统勋** 十九年五月署陕甘次年六月召 **开 泰**(川陕)(四川) 二十年六月调四川总督至二十四年七月改川陕总督二十五年十二月又改四川总督二十八年六月革 **吴达善** 二十四年正月为陕甘总督七月罢 **杨应琚**(甘肃)(陕甘) 二十四年七月为甘肃总督次年十二月改陕甘三十一年正月迁 **阿尔泰**(四川) 二十八年六月代开泰为四川总督次年三	**惠 龄** 六年十一月为陕甘总督九年六月卒 **那彦成** 九年六月署十一月罢十四年十二月为陕甘总督十八年九月来京 **倭什布** 九年十一月为陕甘总督十一年十月来京以方维甸署 **金 保** 十一年十月为陕甘总督方维甸暂署十二年五月病免 **长 龄** 十二年五月为陕甘总督蔡廷衡暂护十四年正月革十八年九月复为陕甘总督十九年三月迁二十二年又复任至道光二年八月内召 **和 宁** 十四年正月署二十二年二月又署 **松 筠** 十四年六月复为陕甘总督十二月迁 **常 明**(四川) 十五年二月为四川总督二

续　表

	顺治时代	康熙时代	雍正时代	乾隆时代	嘉庆时代
		为四川总督至十八年调 **杨茂勋** 十八年四月至十九年十一月解任随军四川并于陕西 **年羹尧**(四川)(川陕) 五十七年十月为四川总督至六十年五月改为川陕总督		月召六月回任卅五年十月召次年八月仍留九月罢三十七年复署两月(接桂林任) **吴达善**(陕甘) 三十一年为陕甘总督三十三年十二月迁三十六年五月复任十月卒 **明　山** 三十三年十二月为陕甘总督至三十六年五月免 **德　移** 三十五年十月署次年八月召 **文　绶** 三十六年九月代阿尔泰为四川总督十月迁至三十六年十月代吴达善为陕甘总督次年六月又调四川总督十二月革 **桂　林**(四川) 三十六年十一月为四川总督次年五月革 **刘秉恬** 三十七年十二月为四川总督次年六月降 **勒尔锦**(陕甘) 三十七年六月署（正任海	十二年九月卒 **先　福** 十九年三月为陕甘总督高杞暂署二十二年二月革和宁署 **蒋攸铦**(四川) 二十二年九月为四川总督至道光二年九月迁

续 表

	顺治时代	康熙时代	雍正时代	乾隆时代	嘉庆时代
				明未到)陕甘总督四十六年四月革 **富勒浑**(四川) 三十八年六月代刘秉恬为四川总督四十一年二月迁 **文　绶** 四十一年二月复代富勒浑为四川总督四十六年八月革 **李侍尧**(陕甘) 四十六年四月代勒尔谨为陕甘总督四十八年二月召次年五月革 **福康安** 四十六年八月代文绶为四川总督四十八年四月迁四十九年五月代李侍尧为陕甘总督五十年赴阿克苏五十一年召次年六月差 **李世杰**(四川) 四十八年四月代福康安为四川总督五十一年三月迁 **毕　沅**(陕甘) 四十一年三月因勒尔缔召	

续　表

	顺治时代	康熙时代	雍正时代	乾隆时代	嘉庆时代
				署陕甘总督数月四十八年又因李侍尧召复署数月 **庆　桂** 五十年九月因福康安赴阿克苏署陕甘总督 **永　保** 五十一年九月因福康安内召署陕甘总督 **保　宁**(四川) 五十一年三月代李世杰为四川总督五十二年十一月迁 **勒　保**(陕甘) 五十二年六月署陕甘总督六十五年迁 **李世杰**(四川) 五十二年十一月复代保宁为四川总督五十四年十一月病免 **孙士毅** 五十四年十一月署四川总督五十五年六月迁保宁署 **鄂　辉** 五十五年十月为四川总督	

续 表

	顺治时代	康熙时代	雍正时代	乾隆时代	嘉庆时代
				次年八月孙士毅署十一月革 **惠 龄** 五十六年十一月代鄂辉为四川总督五十八年八月迁 **福康安** 五十八年八月代惠龄复为四川总督五十九年七月迁 **和 琳** 五十九年七月为四川总督次年罢 **孙士毅** 六十年三月署四川总督 **宜 绵**(陕甘) 六十年五月为陕甘总督	
淮 阳 (顺治二年五月始设八年四月裁) 本为漕运而设始设时王文奎总督淮阳兼督漕运以后有淮阳无漕运自吴惟华罢后但有漕运废淮阳 **漕 运**	**王文奎**(淮阳) 顺治二年五月总督淮阳四年正月罢 **杨方兴** 三年暂代 **杨声远** 四年正月至十月罢 **吴惟华** 四年十月代八年三月罢 **王文奎**(漕运) 八年四月总	**林起龙**(漕运) 康熙六年降 **屈尽美** 六年五月至八年降 **帅颜保** 八年七月至二十年五月迁 **邵 甘** 二十年五月至二十三年十二月罢 **徐旭龄** 二十三年十	**张大有** 雍正七年二月迁三月仍任 **性 桂** 七年二月命至九年始任十年二月召九月复补 **魏廷珍** 十年二月至九月调十一年正月回任十二年十二月迁	**顾 琮** 乾隆元年正月迁 **补 熙** 元年二月署程元章补六月元章迁熙补至三年罢 **托 时** 三年七月至五年十月迁 **常 安** 五年十月至六年十二月迁	**管干贞** 嘉庆元年五月降 **富 纲** 元年五月至三年六月迁 **梁肯堂** 三年六月至次年二月免 **蒋兆奎** 四年二月至十二月免 **铁 保** 四年十三月

续 表

	顺治时代	康熙时代	雍正时代	乾隆时代	嘉庆时代
	督漕运十一年九月降 **蔡士英** 十二年总督漕运十四年八月召 **亢得时** 十四年九月总督漕运巡抚凤阳十六年七月溺死 **蔡士英** 十六年七月总督漕运巡抚凤阳十八年病免 **林起龙** 十八年十月为漕运总督	二月至二十六年卒 **慕天顾** 二十六年三月至次年三月免 **马世济** 二十七年三月至次年三月休 **董　讷** 二十八年三月至三十一年十二月迁 **兴永朝** 三十一年十二月至三十三年二月迁 **王　樑** 三十三年三月至次年六月免 **董安国** 三十四年七月至八月以桑额代 **桑　额** 三十四年八月代至四十九年迁 **赫　寿** 四十九年十二月至五十一年十月调 **郎廷极** 五十一年十月至五十四年二月卒	**顾　琮** 十二年十二月至乾隆元年正月迁	**顾　琮** 六年十二月复任至十一年三月迁九月回任次年九月迁 **蕴　著** 十二年九月至十四年四月革 **瑚　宝** 十四年四月至二十一年七月卒 **张师载** 二十一年七月至次年正月迁 **杨锡绂** 二十二年正月至三十三年十二月卒 **梁翥鸿** 三十三年十二月署至次年六月免 **傅　显** 未任卒 **黄登贤** 三十四年六月至次年十二月降 **崔应阶** 三十五年十二月至三十七年正月迁 **嘉　谟** 三十七年正月署至四十一年正月迁	至七年十一月迁 **吉　纶** 七年十一月至十二年五月迁 **萨彬图** 十二年五月至十四年六月革 **胡克家** 十四年六月任七月革 **马慧裕** 十四年七月任十二月降 **许兆椿** 十四年十二月至十七年八月迁 **阮　元** 十七年八月至十九年三月迁 **桂　芳** 十九年三月任四月卒 **李奕畴** 十九年四月至二十四年四月降 **李鸿宾** 二十四年四月至八月迁 **成　宁** 二十四年八月至道光元年来京

续 表

	顺治时代	康熙时代	雍正时代	乾隆时代	嘉庆时代
		施世纶 五十四年二月至六十一年五月卒 **张大有** 六十一年五月		**阿思哈** 四十一年正月署十月免 **鄂　宝** 四十一年十月至四十八年二月迁 **毓　奇** 四十八年二月至五十四年六月革 **管干贞** 五十四年六月至嘉庆元年五月降	
浙闽福建浙江 顺治十五年分浙闽为福建浙江两总督康熙二十三年裁浙江总督二十六年复并为闽浙总督雍正五年复设浙江总督至十二年十月裁十三年十二月命稽曾筠以总督兼管巡抚复设乾隆三年九月复裁	**张存仁** 顺治二年十一月总督浙江福建由浙江总督迁至四年十二月病免 **陈　锦** 四年十二月至九年七月被刺死 **刘清泰** 九年九月至十一年七月病免 **屯　泰** 十一年七月至十三年二月召 **李率泰**(福建) 十三年二月至十五年七月改福建总督	**李率泰**(福建) 康熙三年病免 **朱昌祚** 三年六月至四年迁 **张朝璘** 五年五月至次年休 **祖泽传** 六年三月至八年三月罢刘兆麟兼 **刘　斗** 九年四月至十一年九月降 **范承谟** 十一年十月至十三年三月耿精忠叛被幽 **郎廷佐** 十三年七月至十五年七月	**觉罗满保**(闽浙) 雍正三年卒 **高其倬**(福建) 三年十月至七年四月召八年回任福建总督五月刘世明代 **史贻直** 七年四月署福建总督八年调 **刘世明** 八年五月代至十年二月差 **郝玉麟** 十年二月署八月补十二年七月觐阿尔赛署十月回任闽浙总督乾隆元年二月以闽浙	**稽曾筠**(浙江) 乾隆元年至三年九月裁 **郝玉麟**(闽浙衔) 乾隆四年七月迁 **德　沛**(闽浙) 四年七月至六年五月召策楞暂署七年四月迁 **那苏图** 七年四月至九年七月迁 **马尔泰** 九年七月至十一年九月召 **喀尔吉善** 十一年九月至二十二年七月卒	**魁　伦** 嘉庆三年十一月忧免 **福　昌** 三年十一月暂署四年三月调 **汪志伊** 四年三月兼署 **长　麟** 四年十月至五年正月迁 **王　德** 五年正月至十一年五月革 **阿林保** 十一年五月至十四年七月迁 **方维甸** 十四年七月至十五年九月

续　表

	顺治时代	康熙时代	雍正时代	乾隆时代	嘉庆时代
	赵国祚（浙江） 十五年七月总督浙江至十八年调 **赵廷臣** 十八年九月为浙江总督	**郎廷相** 十五年七月至十七年五月免 **姚启圣** 十七年五月至二十二年卒 **施维翰** 二十二年十二月至次年卒 **王国安** 二十三年五月至二十六年三月迁（以上福建） **赵廷臣**（浙江） 康熙八年二月卒 **刘兆麒** 康熙八年三月至十二年五月降 **李之芳** 十二年六月至二十一年迁 **施维翰** 二十一年十一月至次年调闽 **王国安** 二十三年正月至五月调闽缺裁（以上浙江） **王新命**（闽浙） 二十六年三	总督衔专管福建事 （以上福建） **李　卫**（浙江） 雍正五年十一月为浙江总督至七年三月覲性桂署九年九月覲闰五月迁 **李　灿** 九年九月署 **程元章** 十年七月署八月补至十二年十月裁 （以上浙江）	**杨应琚** 二十二年七月至二十四年三月迁 **杨廷璋** 二十四年三月署至二十九年六月免 **苏　昌** 二十九年六月至三十三年正月卒 **崔应阶** 三十三年正月至三十五年十月召 **钟　音** 三十五年十月署次年五月实授至四十三年二月迁 **富明安** 三十六年三月至五月迁 **杨景素** 四十三年二月至次年三月迁 **三　宝** 四十四年三月至次年六月迁 **富勒浑** 四十五年六月至次年正月召	回籍 **汪志伊** 十五年九月至二十二年三月病免 **董教增** 二十二年三月至二十五年十二月病免 **庆　保** 二十五年十二月至道光二年来京

续 表

	顺治时代	康熙时代	雍正时代	乾隆时代	嘉庆时代
		月至次年三月调 **王 骘** 二十七年三月至次年五月迁 **兴永朝** 二十八年五月至三十一年调 **朱宏祚** 三十一年十二月至三十三年十二月降 **郭世隆** 三十四年二月至四十一年调 **金世荣** 四十一年十月至四十五年四月迁 **梁 鼐** 四十五年五月至四十九年八月忧免 **范 时** 四十九年八月至五十四年十一月迁 **觉罗满保** 五十四年十一月至雍正三年卒		**陈辉祖** 四十六年正月至次年九月革逮 **富勒浑** 四十七年九月复任五十年七月迁 **雅 德** 五十年七月至次年六月革 **富 纲** 五十一年六月至十月迁 **常 青** 五十一年六月兼署十月实授次年罢 **李侍尧** 五十二年正月至五十三年十一月卒 **福康安** 五十三年十一月至次年正月迁至六十年五月复授 **伍拉纳** 五十四年正月至六十年五月革 **长 麟** 六十年五月署十月革 **魁 伦** 六十年十月兼署	

续 表

	顺治时代	康熙时代	雍正时代	乾隆时代	嘉庆时代
湖广(四川) 顺治四年十一月始设湖广总督康熙七年十月裁九年三月复设四川湖广总督十三年二月又设四川总督二十七年三月裁湖广总督九月复设	**罗绣锦**(川湖)(湖广) 顺治二年十一月总督湖广四川四年十一月增四川总督但督湖广至九年七月卒 **祖泽远** 九年七月至十三年九月降 **胡全才** 十三年十月至十一月卒 **李荫祖** 十三年十二月代至十七年二月病免 **张长庚** 十七年四月至康熙七年十月裁	**张长庚** 康熙七年裁 **蔡毓荣**(川湖)(湖广) 九年四月为川湖总督十三年专督湖广至二十一年调云贵 **董卫国** 二十一年正月至二十三年卒 **徐国相** 二十三年正月至二十七年三月罢 **丁思孔** 二十七年九月至三十三年调云贵 **吴 琠** 三十三年四月至三十五年六月迁 **李辉祖** 三十五年七月至三十八年六月召 **郭 琇** 三十八年六月至四十二年四月罢 **喻成龙** 四十二年四月至四十四年八月罢 **石文晟** 四十四年八	**杨宗仁** 雍正三年卒 **李成龙** 三年八月至四年九月迁 **宜兆熊** 四年九月以福敏署 **福 敏** 四年九月署五年闰三月召 **迈 柱** 五年闰三月至十三年七月迁 **张广泗** 十三年七月命八月迈柱署十一月史贻直署 **史贻直** 十三年十一月署	**史贻直** 二年九月召 **德 沛** 二年九月至四年七月迁 **班 第** 四年七月至五年十一月忧 **那苏图** 五年十一月署至六年八月迁 **孙家淦** 六年八月至八年正月召 **阿尔赛** 八年正月至九年二月迁 **鄂弥达** 九年二月至十一年九月召 **塞楞额** 十一年九月至十三年闰七月召 **新 柱** 十三年闰七月至十四年二月差十二月迁 **瑚 宝** 十四年二月至十二月 **永 兴** 十四年十二月至十五年十一月忧 **阿里衮** 十五年十一月至十六年九	**毕 沅** 嘉庆二年七月卒姜晟署 **勒 保** 二年九月至三年正月迁 **景 安** 三年三月至四年三月来京 **倭什布** 四年三月至五年正月免 **姜 晟** 五年正月松筠署 **书 麟** 五年九月至六年卒 **吴熊光** 六年四月至十年六月迁 **百 龄** 十年六月至十一月革 **金 保** 十年十一月至十一年十月迁 **汪志伊** 十一年十月(瑚图礼署)至二十二年三月病免 **庆 保** 二十二年三月至二十五年四月迁 **张映汉** 二十五年四月至十二月来京

续 表

	顺治时代	康熙时代	雍正时代	乾隆时代	嘉庆时代
		月至四十六年五月 **郭世隆** 四十六年五月至四十九年十月迁 **鄂　海** 四十九年十月至五十二年四月调 **鄂伦特** 五十二年四月至五十五年闰三月召 **满　丕** 五十五年闰三月署至六十一年十一月迁 **杨宗仁** 六十一年十一月至雍正三年卒(以下四川总督) **周有德**(四川) 十三年二月为四川总督至十八年二月调云贵 **杨茂勋** 十八年四月至次年十一月解任随军四川并于陕西为川陕总督 (复见川陕表)		月迁 **永　常** 十六年九月至十八年三月召八月回任九月迁 **开　泰** 十八年三月署未到任前恒文署九月任至二十年六月迁 **硕　色** 二十年六月署至二十四年九月免 **苏　昌** 二十四年九月至二十六年四月迁 **爱必达** 二十六年四月至二十八年五月免 **李侍尧** 二十八年五月陈宏谋署至二十九年六月迁 **吴达善** 二十九年六月至三十一年正月迁 **刘　藻** 三十一年正月至二月降 **安　长** 三十一年二月至三十三年十二月卒	**陈若霖** 二十五年十二月至道光二年九月迁

续 表

	顺治时代	康熙时代	雍正时代	乾隆时代	嘉庆时代
				吴达善 三十三年十二月复任至三十六年五月迁 **富明安** 三十六年五月至三十七年五月卒 **海　明** 三十七年五月至六月卒 **富勒浑** 三十七年六月(十二月陈辉祖兼署)至次年六月迁 **文　绶** 三十八年六月(陈辉祖署)至四十一年二月迁 **富勒浑** 四十一年二月复任至四十二年五月迁 **三　宝** 四十二年五月至四十四年三月迁 **图恩德** 四十四年三月至十二月卒 **富勒浑** 四十四年三月授至次年六月迁	

续 表

	顺治时代	康熙时代	雍正时代	乾隆时代	嘉庆时代
				舒　常 四十五年六月至四十九年正月迁 **特成额** 四十九年正月（伊星阿署）至五十一年召 **图萨布** 五十一年五月署 **李侍尧** 五十一年五月兼十月任至次年正月迁 **毕　沅** 五十一年六月任十月降 **常　青** 五十二年正月（舒常署） **舒　常** 五十二年十一月补至五十三年七月免 **毕　沅** 五十三年七月复任至五十九年八月降 **福　宁** 五十九年八月至六十年正月迁 **毕　沅** 六十年正月三任	

续 表

	顺治时代	康熙时代	雍正时代	乾隆时代	嘉庆时代
江南江西（两江） 初为江南江西河南顺治六年河南划归直隶山东至十八年另设江西总督至康熙四年五月裁始复两江十三年七月复设江西总督至二十一年裁	**马国柱** 顺治四年七月总督江南江西河南至六年八月河南归直鲁但总督江南江西至十一年九月休 **马鸣佩** 十一年十月至十三年闰五月病免 **郎廷佐**（江南） 十三年闰五月至十八年别设江西总督但督江南至康熙四年复督两江 **张　朝**（江西） 顺治十八年九月总督江西至康熙四年五月裁	**郎廷佐**（两江） 康熙四年督两江七年十一月休 **麻勒吉** 七年十二月至十二年五月降 **阿席熙** 十二年六月至二十年降 **于成龙** 二十年十二月至二十三年卒 **王新命** 二十三年五月至二十六年三月调 **董　讷** 二十六年三月至次年三月降 **傅拉塔** 二十七年四月至三十三年六月卒 **范承勋** 三十三年六月至三十七年十月忧免 **张鹏翮** 三十七年十一月至三十九年三月调 **陶　岱** 三十九年三月署五月迁 **阿　山** 三十九年五月代至四十五年迁 **邵穆布** 四十五年十	**查弼纳** 雍正四年四月召 **范时绎** 四年四月署至八年三月免 **史贻直** 八年三月署 **高其倬** 八年五月代至九年七月调十一年正月复授 **尹继善** 九年七月署至十年九月召 **魏廷珍** 十年九月署至十一年回漕督任 **赵宏恩** 十一年九月署至十二年五月实授至乾隆二年正月召	**赵宏恩** 乾隆二年正月召 **庆　复** 二年正月至闰九月迁云南 **那苏图** 二年闰九月至四年十一月忧 **郝玉麟** 四年十一月署至五年五月免 **杨超曾** 五年五月署至六年八月召 **那苏图** 六年八月复任至七年四月迁闽浙 **德　沛** 七年四月至八年二月召 **尹继善** 八年二月复任至十三年九月迁陕甘 **策　楞** 十三年九月至十一月迁川陕 **雅尔哈善** 十三年十一月兼署 **黄庭桂** 十三年十二月至十六年闰五月迁陕甘 **尹继善** 十六年闰五月三任（未到前高斌兼管）至十七年九月	**福　宁** 嘉庆元年六月调四川 **苏凌阿** 元年六月又署至二年九月迁 **李奉翰** 二年九月至四年二月卒 **费　淳** 四年二月至八年六月调 **陈大文** 八年六月至十年正月迁 **铁　保** 十年正月至十四年七月革 **阿林保** 十四年七月至十二月卒 **松　筠** 十四年十二月（章照兼署）至十六年正月迁两广 **勒　保** 十六年正月至六月召 **百　龄** 十六年六月至二十一年十月病假（松筠署）十一月卒 **孙玉庭** 二十一年十一月至道光四年十一月

续　表

	顺治时代	康熙时代	雍正时代	乾隆时代	嘉庆时代
		一月至四十八年 **噶　礼** 四十八年七月至五十一年二月免 **郎廷极** 五十一年二月署 **赫　寿** 五十一年十月代至五十六年四月迁 **长　鼐** 五十六年四月至六十一年卒 **查弼纳** 六十一年十月至雍正四年召(以下江西) **董卫国**(江西) 十三年七月为江西总督至二十一年正月调湖广缺裁		召(庄有恭暂署)至十八年正月迁陕甘十九年八月又署至三十年三月迁 **鄂容安** 十八年正月署至十九年八月召 **高　晋** 三十年三月至三十六年八月差次年回任至四十年正月卒 **萨　载** 三十六年八月兼署四十四年正月任至四十五年八月忧(陈辉祖暂署)旋回任至五十一年三月卒 **李世杰** 五十一年三月至次年十一月迁四川 **书　麟** 五十二年十一月至五十五年五月革 **福　崧** 五十五年五月兼署 **孙士毅** 五十五年六月至次年四月迁署四川 **书　麟** 五十六年四月复任至五十九年七月又革	

续 表

	顺治时代	康熙时代	雍正时代	乾隆时代	嘉庆时代
				富　纲 五十九年七月由云贵调 **苏凌阿** 五十九年七月署至六十年正月免 **福　宁** 六十年正月至嘉庆元年六月迁四川	
两广广东广西 顺治十八年九月分两广为广东广西二总督康熙四年五月裁广西总督复改为两广雍正六年广西划归云贵改为广东总督乾隆元年分云贵为两督广西复合于广东为两广总督	**佟养甲** 顺治四年五月补两广总督兼巡抚广东至八年殉难广东属明 **李率泰** 十年六月至十三年二月迁浙闽 **王国光** 十三年二月至十五年六月病免 **李栖凤**(广东) 十五年六月至十八年九月改广东十二月免 **卢崇峻** 十八年十二月至康熙四年二月忧免 **于时跃**(广西) 十八年九月为广西总督	**卢崇峻**(广东) 康熙四年二月忧免 **于时耀**(广西) 二年十二月卒 **屈尽美** 二年十二月至四年五月裁 **卢兴祖**(两广) 四年二月为广东总督旋复为两广总督至六年十一月罢 **周有德** 六年十二月至九年正月忧免 **金光祖** 九年二月至十五年四月降尚之信至十六年六月复归清至二十年罢 **吴兴祚** 二十年十二月至二十八年六月降 **石　琳** 二十八年七月至四十一年十月休	**杨　琳** 雍正二年卒 **孔毓珣**(广东) 二年四月至六年十月广西划归云贵改为广东总督至七年调南河 **郝玉麟** 七年三月至九年九月免十年正月病痊回任二月调福建 **孙　溥** 九年九月罢 **鄂弥达** 十年二月署八月补	**鄂弥达**(两广) 乾隆元年改为两广总督至三年七月迁 **马尔泰** 三年七月至六年四月忧八年五月复任九年七月迁闽浙 **庆　复** 六年四月署至八年正月陛见(策楞署)五月迁川陕 **那苏图** 九年七月至次年四月召 **策　楞** 十年四月至十三年九月迁两江 **尹继善** 十三年九月由两江调任至十月召 **硕　色** 十三年十月至十五年正月迁云贵 **陈大受** 十五年正月至次年九月卒	**长　龄** 嘉庆元年免 **朱　珪** 元年六月至八月降 **吉　庆** 元年八月至七年十一月解 **长　麟** 七年十一月未任 **瑚图礼** 七年十一月署至八年 **倭什布** 八年正月至九年十一月迁陕甘 **那彦成** 九年十二月至次年十月来京 **吴熊光** 十年十月至十三年十一月革 **永　保** 十三年十一月至次年正月卒

续 表

	顺治时代	康熙时代	雍正时代	乾隆时代	嘉庆时代
		郭世隆 四十一年十月至四十五年十二月罢 **赵宏灿** 四十五年十二月至五十五年十月迁 **杨　琳** 五十五年十月至雍正二年卒		**阿里衮** 十六年九月至十八年正月忧 **班　第** 十八年正月署九月召 **策　楞** 十八年九月复任至次年四月召 **杨应琚** 十九年四月至二十二年七月迁闽浙 **鹤　年** 二十二年七月(未任前李侍尧署)至十二月卒 **陈宏谋** 二十二年十二月至次年四月调 **李侍尧** 二十三年四月署至二十六年四月迁二十九年六月复任至三十年六月忧 **苏　昌** 二十六年四月至二十九年六月迁闽浙 **杨廷璋** 三十年六月署至三十二年三月召 **李侍尧** 三十二年三	**百　龄** 十四年正月至十六年正月迁两江 **松　筠** 十六年正月由两江调九月迁 **蒋攸铦** 十六年九月至二十二年九月迁四川 **阮　元** 二十二年九月至道光六年调云贵

续 表

	顺治时代	康熙时代	雍正时代	乾隆时代	嘉庆时代
				月仍任至四十二年正月迁云贵 **杨景素** 四十二年正月至次年二月迁闽浙 **桂　林** 四十三年二月至十二月卒 **巴延三** 四十四年十二月至四十九年正月召 **舒　常** 四十九年正月(永德署)次年三月迁 **孙士毅** 五十年三月署七月罢五十一年四月兼署至五十四年正月召 **富勒浑** 五十年七月至次年四月免 **福康安** 五十四年正月至五十八年八月迁四川 **长　龄** 五十八年八月至嘉庆元年	

续 表

	顺治时代	康熙时代	雍正时代	乾隆时代	嘉庆时代
直隶山东河南 顺治十五年五月裁十八年设直隶山东河南三总督康熙四年又并三省为一八年七月又裁雍正二年复设直隶总督	**张存仁** 顺治六年八月总督直隶山东河南巡抚保定至八年罢 **马光辉** 八年十月总督直隶山东河南至十一年二月病免 **李荫祖** 十一年二月至十三年十二月调湖广 **孙悬锡** 十四年正月至次年五月降 **苗 澄**(直隶) 十八年十月为直隶总督至康熙四年免 **赵国祚**(山东) 十八年九月为山东总督十月调山西 **祖泽溥** 十八年十月代至康熙四年五月病免 **刘清泰**(河南) 十八年九月为河南总督至康熙四年五月病免	**苗 澄** **祖泽溥** **刘清泰** 三人皆康熙四年免 **朱昌祚**(三省) 四年六月至五年十二月罢 **白秉真** 六年正月至八年七月裁	**李维钧**(直隶) 雍正二年十月总督直隶至三年八月罢 **蔡 珽** 三年八月署未任 **李 绂** 三年八月代至四年十二月迁 **宜兆熊** 四年十二月署至五年闰三月迁仍署至六年五月召 **何世璂** 六年五月署七年卒(杨鲲协办六月免) **唐执玉** 七年六月至九年九月病免 **刘于义** 九年九月署至十年七月调陕西 **李 卫** 十年七月署八月补至十一年正月差(唐执玉署)四月回任至乾隆三年免	**李 卫** 乾隆三年免 **孙家淦** 三年十月至六年八月迁湖广 **高 斌** 六年八月至七年六月差 **史贻直** 七年六月署至十年五月 **那苏图** 十年五月至十四年七月卒 **方观承** 十四年七月至二十年九月差(鄂弥达署)至三十三年八月卒 **杨廷璋** 三十三年八月至三十六年十月迁 **周元理** 三十六年十月至四十四年三月免(英廉署) **杨景素** 四十四年三月至十二月卒 **袁守侗** 四十四年十二月至四十六年忧次年十月复署四十八年五月卒	**梁肯堂** 嘉庆三年正月迁 **胡季堂** 三年正月至五年九月假(颜检护) **姜 晟** 五年九月至六年六月革(熊枚署) **陈大文** 六年九月至次年四月病免(熊枚又暂署) **颜 检** 七年四月署九月实授至十年六月降 **吴熊光** 十年六月至十月迁两广 **裘行简** 十年十月至次年九月卒(秦承恩署) **温承惠** 十一年十月署至十二年九月授至十八年九月差(章煦署) **那彦成** 十八年十月至二十一年六月革 **方受畴** 二十一年六月至道光二年正月病免

续 表

	顺治时代	康熙时代	雍正时代	乾隆时代	嘉庆时代
				郑大进 四十六年十一月至次年十月卒 **刘　峨** 四十八年五月至五十五年二月降 **梁肯堂** 五十五年二月至嘉庆三年正月迁	
云贵云南贵州云广 顺治十年以洪承畴总督湖广两广云贵军务其时湖广两广各有总督此不过临时设置而重在对明用兵经略云贵故承畴内召即裁十六年招设云贵总督十八年改云贵为两总督康熙四年五月裁贵州复改为云贵总督十二年八月设云南总督十三年复改为云贵总督至雍正六年十月因鄂尔泰故兼督广西为云贵广西总	**洪承畴** 顺治十年五月总督湖广两广云贵军务至十四年六月召 **赵廷臣** 十六年正月总督云贵至十八年九月改浙江 **卞三元**(云南) 十八年九月为云南总督至康熙四年贵州总督裁复兼云贵 **佟延年**(贵州) 十八年十月为贵州总督寻免 **杨茂勋** 十八年十二月至康熙四年五月裁	**卞三元**(云贵) 康熙七年十二月告养 **甘文焜** 七年十二月因吴三桂乱自刎 **鄂　善** 十二年九月为云南总督十三年正月改云贵总督至十六年七月降调未除人 **周有德** 十八年二月至十九年卒 **赵良栋** 十九年正月至二十一年召 **蔡毓荣** 二十一年正月由湖广调至二十五年闰四月迁 **范承勋** 二十五年闰四月至三十三	**高其倬** 雍正三年十月调闽浙 **伊都立** 三年十月寻调 **杨名时** 三年十月代至四年十月调 **鄂尔泰**(云广) 四年十月至六年十月为云贵广西总督至九年七月觐 **高其倬** 九年七月由两江署至十一年正月又迁两江 **尹继善** 十一年正月至乾隆元年改云南总督	**尹继善**(云南) 乾隆二年四月陛见(张允随署) **庆　复** 四年九月至六年四月迁两广 **张广泗**(贵州) 乾隆元年六月为贵州总督至五年六月召(张允随署)至十二年三月迁川陕缺裁 **张允随**(云贵) 六年四月署云南总督至十二年三月改云贵总督至十五年正月迁 **硕　色** 十五年正月至二十年六月迁湖广 **爱必达** 二十年六月至二十一年二	**勒　保** 嘉庆二年九月迁湖广 **鄂　辉** 二年九月至次年六月卒 **富　纲** 三年六月再由漕运迁任至次年八月忧免 **长　龄** 四年八月至十月迁 **书　麟** 四年十月至次年九月迁湖广 **琅　玕** 五年九月至九年七月卒 **伯　麟** 九年七月(永保暂署)至二十五年四月迁 **庆　保** 二十五年四月至十二月迁

续 表

	顺治时代	康熙时代	雍正时代	乾隆时代	嘉庆时代
督乾隆元年广西合于广东分云南贵州为二督十二年又并为云贵		年三月迁两江 **丁思孔** 三十三年四月由湖广调寻卒 **王继文** 三十三年九月代至三十七年十二月病免 **巴　锡** 三十七年十二月至四十四年五月迁 **贝和诺** 四十四年五月至四十九年九月迁 **郭　瑮** 四十九年十月至五十五年九月 **蒋陈锡** 五十五年九月至五十九年九月罢 **张文焕** 五十九年九月署至六十一年二月召 **高其倬** 六十一年二月署至雍正三年调闽浙		月迁 **恒　文** 二十一年二月至二十二年六月逮 **爱必达** 二十二年六月再任至二十六年迁湖广 **吴达善** 二十六年四月至二十九年六月迁湖广 **刘　藻** 二十九年六月至三十一年正月迁湖广 **杨应琚** 三十一年正月至次年三月召 **明　瑞** 三十二年三月至次年三月阵亡 **鄂　宁** 三十三年三月(阿里衮暂管)至六月降 **阿　桂** 三十三年六月至次年正月免 **明　德** 三十四年正月至三月降 **阿思哈** 三十四年三	**史致光** 二十五年十二月至道光二年八月来京

续 表

	顺治时代	康熙时代	雍正时代	乾隆时代	嘉庆时代
				月至十月革 **彰　宝** 三十四年十月署至三十六年正月召(德福暂署)至三十九年五月免 **图恩德** 三十九年五月至四十二年正月回原任 **李侍尧** 四十二年正月由两广迁至四十五年三月革逮 **福康安** 四十五年三月至次年八月迁四川 **富　纲** 四十六年八月(刘秉恬署)至五十一年六月迁闽浙 **特成额** 五十一年六月至十月革逮 **富　纲** 五十一年十月复调任至五十九年七月迁两江 **福康安** 五十九年七月至次年五月	

续 表

	顺治时代	康熙时代	雍正时代	乾隆时代	嘉庆时代
				迁闽浙 **勒　保** 六十年五月至嘉庆二年迁湖广	
总河副总东河南河北河 雍正二年始设河南副总河七年设南河东河总督八年又设北河总督乾隆元年改名北河为直隶河道总督南河为江南河道总督东河为河东河道总督裁总河不设十二年以后北河为直隶总督兼署即不另置人嘉庆以后则只南河东河两督矣	**杨方兴** 顺治元年七月总督河道至十四年五月卸任 **朱之锡** 十四年七月至十六年十二月假十七年十二月回任康熙五年卒 **杨茂勋** 十六年十二月署至次年六月调白色能署七月苗澄代署十二月朱之锡回任	**朱之锡** 康熙五年卒 **卢崇峻** 五年三月任 **杨茂勋** 五年十一月代至八年九月休 **罗　多** 八年十月至十年正月调山陕 **王光裕** 十年二月至六年二月罢 **靳　辅** 十六年二月至二十七年三月免 **王新命** 二十七年三月至三十一年二月罢 **靳　辅**(董讷署) 三十一年二月复任十一月病免 **于成龙** 三十一年十二月代至三十	**陈鹏年** 雍正元年正月病免 **齐苏勒** 元年正月署至十三年罢 (以下副总) **稽曾筠**(副总) 二年四月为河南副总河七年改东河总督 **高　斌** 九年九月为东河副总督至十三年补南河总督缺裁 **白钟山** 十二年七月为南河副总督十二月迁东河总督 (以下南河) **尹继善**(南河) 七年二月署南河总督 **孔毓珣** 七年三月代次年卒 **稽曾筠** 八年四月由东河调任至十	(以下直隶河道总督) **刘　勷** 乾隆二年七月革 **顾　琮** 二年七月署至三年改为协理十月补缺至六年八月召 **朱　藻** 三年正月至九月被劾 **高　斌** 六年八月至十二月差 **那苏图** 十二年四月以直督兼署至十四年七月卒 **方观承** 十四年七月以直督兼署至三十三年八月卒 **杨廷璋** 三十三年八月以直督兼署至三十六年迁 **周元理** 三十六年十	**兰锡第** 嘉庆二年十二月卒 **康基田** 二年十二月至五年二月革 **吴　璥** 五年二月至九年十二月来京 **徐　端** 九年十二月至十一年改副总河 **戴均元** 十一年六月至十三年三月病免 **徐　端** 十三年三月至十二月降 **吴　璥** 十三年十二月至十五年七月罢(徐端代) **陈凤翔** 十五年十二月至十七年八月革 **黎安序** 十七年八月

续 表

	顺治时代	康熙时代	雍正时代	乾隆时代	嘉庆时代
		四年八月忧免三十七年十一月复任至三十九年三月卒 **董安国** 三十四年八月至三十七年十一月罢 **孙鹏翮** 三十九年三月至四十七年十月迁 **赵世显** 四十七年十一月至六十年十一月召 **陈鹏年** 六十年十一月署次年十二月补至雍正元年病免	一年二月忧 **高 斌** 十一年十二月署至十三年十二月补至乾隆六年迁 （以下东河） **稽曾筠**（东河） 七年三月为东河总督次年四月调南河 **田文镜** 八年四月至八月 **沈廷正** 八年八月代次年调北河 **朱 藻** 九年九月至十二年十二月调北河 **白钟山** 十二年十二月至乾隆七年十二月迁南河 （以下北河） **刘于义**（北河） 八年十二月为北河总督至九年调署直隶总督 **沈廷正** 九年九月至十年二月召 **王朝恩** 十年二月至十一年八月罢 **顾 琮** 十一年八月	月以直督兼署至四十四年三月免 **杨景素** 四十四年三月以直督兼署至十二月卒 **袁守侗** 四十四年十二月以直督兼署至四十六年十一月忧次年十月复任四十八年五月卒 **郑大进** 四十六年十一月以直督兼署四十七年十月卒 **刘 峨** 四十八年五月兼五十五年二月降 **梁肯望** 五十五年二月兼至嘉庆三年迁漕运 （以下江南河道总督） **高 斌** 乾隆六年八月迁直隶总督兼北河 **完颜伟** 六年八月至七年十二月迁东河 **白钟山** 七年十二月	至道光二年卒 （以上江南河道） **李奉翰** 嘉庆二年九月迁两江 **康基田** 二年九月至十二月迁南河 **司马驹** 二年十二月至三年假 **吴 璥** 三年署四年十一月实授至五年二月迁南河 **王秉韬** 五年二月至七年卒 **嵇承志** 七年八月署至九年四月来京 **徐 端** 九年四月署十二月迁南河 **李特亨** 九年十二月至十一年四月革 **吴 璥** 十一年四月再任至十三年六月迁 **马慧裕** 十三年六月至十四年七月迁漕运

续 表

	顺治时代	康熙时代	雍正时代	乾隆时代	嘉庆时代
			至十二年十二月迁漕运 **朱　藻** 十二年十二月至十三年十月 **刘　勷** 十三年十月至乾隆二年革	由东河调至十一年闰三月革 **顾　琮** 十一年闰三月署九月回任漕运总督 **周学健** 十一年九月至十三年闰七月逮 **高　斌** 十三年闰七月暂管至十八年八月议处 **策　楞** 十八年八月至九月迁两广 **尹继善** 十八年九月由陕甘调任至十九年八月兼署两江 **富勒赫** 十九年十二月至二十一年十月召 **庄有恭** 二十一年十月至二十二年正月居家待罪 **白钟山** 二十二年正月至二十六年三月卒 **高　晋** 二十六年三月至三十年三月迁两江 **李　宏** 三十年三月至三十六年八月卒	**陈凤翔** 十四年七月至十五年十二月迁南河 **李特亨** 十五年十二月再任至十八年九月又革 **戴均元** 十八年九月至十九年正月迁 **吴　璥** 十九年正月三任至二十年正月迁 **李鸿宾** 二十年正月授五月忧 **李逢亨** 二十年五月兼至二十一年回本任 **叶观潮** 二十一年十一月至二十四年八月革十月仍任至二十五年三月革 **李鸿宾** 二十四年八月至十月降 **张文浩** 二十五年四月署至道光元年七月忧 (以上河东河道)

续 表

	顺治时代	康熙时代	雍正时代	乾隆时代	嘉庆时代
				吴嗣爵 三十六年八月至四十一年三月卒 **萨 载** 四十一年三月至四十四年正月迁两江 **李奉翰** 四十四年正月署至四十五年二月迁东河 **陈辉祖** 四十五年二月至八月(李奉翰署)四十六年正月迁 **李奉翰** 四十六年正月至五十四年二月迁东河 **兰锡第** 五十四年二月由东河调往至嘉庆二年十二月卒 (以下河东河道总督) **白钟山** 乾隆七年十二月迁南河 **完颜伟** 七年十二月至十三年三月迁 **顾 琮** 十三年三月至十九年三月召 **白钟山** 十九年三月复任至二十二	

续 表

	顺治时代	康熙时代	雍正时代	乾隆时代	嘉庆时代
				年正月迁南河 **孙师载** 二十二年正月至二十八年十一月卒 **叶存仁** 二十八年十一月至二十九年六月卒 **李　宏** 二十九年六月至三十年三月迁南河 **李时清** 三十年三月至三十二年七月迁 **稽　璜** 三十二年七月至三十四年二月降 **吴嗣爵** 三十四年二月至三十六年八月迁南河 **姚立德** 三十六年八月至四十四年四月革 **袁守侗** 四十四年四月至十二月迁直隶 **陈辉祖** 四十四年十二月至四十五年二月迁南河 **李奉翰** 四十五年二月任八月国泰暂兼署至四十六年正月迁南河	

续 表

	顺治时代	康熙时代	雍正时代	乾隆时代	嘉庆时代
				韩 鐄 四十六年正月至四十七年七月忧 **何裕成** 四十七年七月署至次年四月迁 **兰锡第** 四十八年四月至五十四年二月调南河 **李奉翰** 五十四年二月复任至嘉庆二年九月迁两江	

（二）总督（下）——道咸同光宣五代

	道光时代	咸丰时代	同治时代	光绪时代	宣统时代
直 隶	**方受畴** 道光二年正月病免 **颜 检** 二年正月至三年四月来京 **蒋攸铦** 三年四月至五年十月来京 **那彦成** 五年十月至七年十一月差九年六月回任至十一年二月革 **屠之申** 七年十一月至九年四月降(松筠署)	**讷尔经额** 咸丰三年九月革 **桂 良** 三年九月至六年十二月迁 **谭廷襄** 六年十二月署至八年六月革 **庆 祺** 八年六月(瑞麟署)至九年二月卒 **恒 福** 九年二月(文煜署)至十一年正月病免 **文 煜** 十一年正月	**刘长佑** 同治元年(崇厚署)至六年十一月罢 **官 文** 六年十一月署至七年七月罢 **曾国藩** 七年七月至九年八月迁两江 **李鸿章** 九年八月至光绪八年三月丁忧	**李鸿章** 光绪八年三月丁忧九年六月回任至二十一年正月召 **张树声** 八年三月由两广调署至九年六月回任 **王文韶** 二十一年正月至二十四年四月召 **荣 禄** 二十四年四月至八月迁 **裕 禄** 二十四年八月(袁世凯护)至二十六年六	**杨士骧** 宣统元年五月卒 **端 方** 元年五月(那桐署)至十一月革 **陈夔龙** 元年十月由湖广调任(未任前崔永安护)至三年十二月病免(张镇芳署)

续 表

	道光时代	咸丰时代	同治时代	光绪时代	宣统时代
	琦　善 十一年二月至十七年丁忧穆彰阿署六月仍任至二十年差 **讷尔经额** 二十年八月调署至咸丰三年九月革	至同治元年十二月罢		月罢七月殉(廷雍署) **李鸿章** 二十六年闰八月再任至二十七年九月卒 **袁世凯** 二十七年九月(周馥护)至二十八年九月假(吴重裕暂护)十一月回任至三十三年迁 **杨士骧** 三十三年七月至宣统元年五月卒	
两　江	**孙玉庭** 道光四年十一月免 **魏元煜** 四年十一月至五年五月调漕运 **琦　善** 五年五月至七年五月来京 **蒋攸铦** 七年五月至十年六月假 **陶　澍** 十年六月至十九年三月病免 **林则徐** 十九年三月由湖广调未任(陈銮署)至十二月卒	**陆建瀛** 咸丰三年正月被劾(祥厚署)二月太平军入江宁死之 **怡　良** 三年二月(未到前杨文定署)至七年四月病免 **何桂清** 七年四月(未到赵德辙署)至十年四月革 **曾国藩** 十年四月(徐有壬署旋殉难薛焕暂署)至同治四年赴江北督师	**曾国藩** 同治四年剿捻督师至五年十一月回任七年七月迁直隶 **李鸿章** 四年署至五年十一月剿捻督师 **马新贻** 七年七月至九年八月被刺 **曾国藩** 九年八月由直隶调任十一年二月卒 **何　璟** 十一年二月署至十月忧免 **张树声** 十一年十月署至十二年正	**沈葆桢** 元年四月至四年二月假(吴元炳署)五月回任至五年三月入觐(吴元炳署)五月回任十一月卒 **刘坤一** 五年十一月命六年六月任至七年七月来京(彭玉麟署) **左宗棠** 七年九月至十年正月假 **裕　禄** 十年正月命(十年正月曾国荃署至十三年七月)十三年七月至九月	**张人骏** 宣统元年五月至三年十月革命军入江宁去职十二月张勋署

续 表

	道光时代	咸丰时代	同治时代	光绪时代	宣统时代
	林迁两广（麟庆署） **伊里布** 十九年十二月至二十年七月差 **裕　谦** 二十年七月署至二十一年正月差（程矞采护）九月殉 **牛　鉴** 二十一年九月先署后除至二十二年九月革逮 **耆　英** 二十二年九月至二十三年三月差（壁昌署孙宝善护）九月回任至二十四年二月迁两广 **壁　昌** 二十四年二月（孙宝善护）至二十七年正月觐（陆建瀛署）三月迁 **李星沅** 二十七年三月至二十九年四月病免 **陆建瀛** 二十九年四月至咸丰三年正月被劾		月迁 **李宗羲** 十二年正月至十三年十二月病免 **刘坤一** 十三年十二月署至光绪元年四月卸	署任三月 **曾国荃** 十年正月署至十三年七月入觐九月回任至十六年十月卒 **刘坤一** 十月再任（沈秉成署）十七年三月至二十年十月召（张之洞署）二十二年正月回任至二十五年十一月入觐（鹿传霖署）二十六年四月回任至二十八年九月卒 **沈秉成** 十六年十月署至十七年三月卸 **张之洞** 二十年十月署至二十一年十一月回湖广本任 **鹿传霖** 二十五年十一月署至二十六年四月卸 **张之洞** 二十八年九月由湖广调署（李有棻护）至二十九年二月入觐 **魏光焘** 二十八年十	

续 表

	道光时代	咸丰时代	同治时代	光绪时代	宣统时代
				一月命二十九年二月任至三十年七月调闽浙(李兴瑞署九月卒) **周 馥** 三十年九月署(端方暂署)至三十二年七月调两广 **端 方** 三十二年七月由闽浙任至宣统元年五月调(樊增祥护)	
陕 甘	**长 龄** 道光元年九月陛见二年正月回任至八月召五年九月再任十月迁 **朱 勋** 元年九月署至二年正月卸 **那彦成** 二年八月至五年九月来京鄂山署 **杨遇春** 五年十月至六年七月差(鄂山署)至十年九月赴肃州办后路军需鄂山署十一年正月回至十五年正月病免 **瑚松额** 十五年正月至二十年六月迁八月复署至	**琦 善** 咸丰元年五月卸(萨迎阿暂署) **裕 泰**(萨迎阿署) 元年五月命未到十月卒 **舒兴阿** 元年八月因萨迎阿召署十月补至三年五月差 **易 棠** 三年五月署至六年九月病免(常绩护) **乐 斌** 六年九月至九年十一月陛见十年八月入援十月回任至同治元年革 **林扬祖** 九年十一月署至十年八月	**乐 斌** 同治元年正月革 **麟 魁** 元年正月命旋卒 **沈兆霖** 元年正月署七月卒 **熙 麟** 元年七月任(恩麟暂护)至三年五月病免 **杨岳斌** 三年五月(未到都兴阿署恩麟护)至五年八月罢 **左宗棠** 五年八月命八年十月任至光绪六年十一月入觐 **穆图善** 五年八月署至八年十月卸	**左宗棠** 光绪六年十一月入觐 **杨昌濬** 六年十一月至七年二月卸 **曾国荃** 七年二月至八月病免 **谭钟麟** 七年八月至十四年二月病免 **杨昌濬** 十四年二月再任至二十一年十月免 **陶 模** 二十一年十月署至二十五年十月入觐 **魏光焘** 二十五年十月署至二十六年十月迁云贵	**升 允** 宣统元年五月免 **长 庚** 元年五月(未到毛庆蕃护)至清亡

续 表

	道光时代	咸丰时代	同治时代	光绪时代	宣统时代
	十二月召 **讷尔经额** 二十年六月至八月迁直隶 **恩特亨额** 二十年十二月署二十一年二月授至二十二年三月卒 **富呢扬阿** 二十二年三月至二十五年四月卒 **惠　吉** 二十五年四月任邓庭桢署十一月卒 **布彦泰** 二十五年十一月林则徐署至二十七年八月赴肃州督剿杨以增署九月回任至二十九年九月病免 **琦　善** 二十九年九月先署旋除至咸丰元年五月	又署至九月福济署		**崧　蕃** 二十六年十月(未到何福堃护十一月李廷箫代护至二十七年正月卒何福堃护)至二十七年二月始任至三十一年调闽浙 **升　允** 三十一年三月至宣统元年五月免	
四　川	**蒋攸铦** 道光二年九月迁 **陈若霖** 二年九月至三年十二月来京 **戴三锡** 三年十二月署至九年四月来京	**徐泽醇** 咸丰二年七月召(裕瑞署)十二月迁 **慧　成** 二年十二月署至三年八月迁闽浙 **裕　瑞** 三年八月至四年九月撤	**骆秉章** 同治元年至四年八月假(崇实署)旋回任六年十二月卒 **吴　棠** 六年十二月(崇实署)至光绪元年十二月病免	**吴　棠** 光绪元年十二月病免 **李瀚章** 元年十二月命文格护 **文　格** 元年十二月护至三年三月卸	**赵尔丰** 宣统三年三月署(王人文护)十月革命军入成都尔丰死

续 表

	道光时代	咸丰时代	同治时代	光绪时代	宣统时代
	琦　善 九年四月至十一年二月调直隶 **鄂　山** 十一年二月(未到那彦宝署)至十八年闰四月迁 **宝　兴** 十八年闰四月至七月迁十一月再任至二十六年十二月来京 **苏廷玉** 十八年七月署十一月降 **琦　善** 二十六年十二月再任至二十九年九月调陕甘(裕诚署) **徐泽醇** 二十九年九月至咸丰二年七月召	**黄宗汉** 四年九月(未任前乐斌兼署)至六年八月召 **吴振棫** 六年八月(未到乐斌署)至七年六月迁云贵 **王庆云** 七年六月有凤署至九年四月迁两广 **黄宗汉** 九年四月再任(有凤署)十月罢 **曾望颜** 九年十月至十年六月革(东纯兼署七月卒) **崇　实** 十年七月至同治元年		**丁宝桢** 三年三月至十二年五月卒(游智开护) **刘秉璋** 十二年五月至二十年十月开缺谭钟麟四川总督未任至二十一年三月秉璋革 **鹿传霖** 二十一年三月至二十三年九月来京 **李秉衡** 二十三年九月恭寿署 **裕　禄** 二十三年十一月恭寿署 **奎　俊** 二十四年五月命十一月任至二十七年八月开缺 **恭　寿** 二十三年九月署至二十四年七月卒文光护 **岑春煊** 二十七年八月署至二十九年三月调两广 **锡　良** 二十九年三月(陈璚护)至三十三年正月迁云贵(赵尔丰护)	

续 表

	道光时代	咸丰时代	同治时代	光绪时代	宣统时代
				赵尔巽 三十三年三月未任七月迁湖广三十四年二月复调任至宣统三年三月调东三省 **陈夔龙** 三十三年七月（赵尔丰仍护）至三十四年二月迁湖广	
闽 浙	**庆 保** 道光二年八月来京 **赵慎畛** 二年八月至五年九月迁云贵 **孙尔准** 五年九月至十二年二月卒 **程祖洛** 十二年二月至十六年七月忧 **钟 祥** 十六年七月（魏元烺署）至十九年六月革 **周天爵** 十九年六月旋调湖广 **桂 良** 十九年六月至十二月调云贵 **邓廷桢** 十九年十二月至二十年九月来京旋革	**裕 泰** 咸丰元年五月迁陕甘 **季芝昌** 元年五月至九月病假（裕瑞兼署）二年七月又假王懿德兼署十月免 **吴文镕** 二年十月至三年二月王懿德兼署六月有凤兼署八月文镕迁湖广 **慧 成** 三年八月有凤仍署至四年正月差 **王懿德** 四年正月至八年六月假（庆端署）九年四月病免 **庆 端** 八年六月署九年四月实授至同治元年迁	**庆 端** 同治元年七月迁 **耆 龄** 元年七月至二年三月迁 **左宗棠** 二年三月至五年八月迁陕甘 **吴 棠** 五年八月（英桂兼署）至六年七月差（英桂又兼署）十二月迁四川 **马新贻** 六年十二月至七年七月迁两江 **英 桂** 七年七月至十年正月入觐 **文 煜** 十年正月兼署至十一月 **李鹤年** 十年十一月代至光绪二年	**李鹤年** 光绪二年八月迁 **何 璟** 二年八月至十年七月召 **杨昌濬** 十年七月至十四年二月迁陕甘 **卞宝第** 十四年二月至十八年五月病免 **谭钟麟** 十八年五月（希元署）至二十年十月迁四川 **边宝泉** 二十年十月至二十四年九月免 **许应骙** 二十四年九月（增祺署）至二十九年三月免	**松 寿** 宣统三年革命军起死之

续 表

	道光时代	咸丰时代	同治时代	光绪时代	宣统时代
	颜伯焘 二十年九月(吴文镕护)至二十一年十二月革 **杨国桢** 二十一年十二月至二十二年正月病免 **怡　良** 二十二年正月至二十三年五月病免 **刘韵珂** 二十三年五月至三十年十一月病卸 **裕　泰** 三十年十一月(徐继畬署)至咸丰元年五月迁		三月陛见(文煜署)八月迁河东河道总督	**锡　良** 二十九年三月崇善署旋李兴锐代署 **李兴锐** 二十九年三月代至三十年七月调署两江 **魏光焘** 三十年七月(崇善暂署)至三十一年正月免 **崇　善** 三十一年正月兼署至三十二年 **升　允** 三十一年正月代三月迁陕 **崧　蕃** 三十一年三月由陕甘调未任卒 **瑞　方** 三十一年十二月补至三十二年七月迁两江(周馥代旋迁丁振铎代寻免) **松　寿** 三十三年正月至宣统三年民军入福州死之	

续 表

	道光时代	咸丰时代	同治时代	光绪时代	宣统时代
湖 广	**陈若霖** 道光二年九月迁四川 **李鸿宾** 二年九月至六年五月迁两广 **崇 孚** 六年五月至十年十一月降 **卢 坤** 十年十一月至十二年八月迁两广 **讷尔经额** 十二年八月至十七年正月降 **林则徐** 十七年正月至十八年九月召（伍长华兼署）十一月差周天爵署至十九年三月调两江 **桂 良** 十九年三月旋调闽浙 **周天爵** 十九年三月至二十年十一月革 **裕 泰** 二十年十一月至三十年十一月调浙闽 **程矞采** 三十年十一月（龚裕署）至咸丰二年九月革	**程矞采** 咸丰二年九月革 **徐广缙** 二年九月至十二月革逮 **张亮基** 二年十二月署至三年降调 **吴文镕** 三年八月至四年二月阵亡 **台 湧** 四年二月至六月革 **杨 霈** 四年六月至五年四月革 **官 文** 五年四月至同治六年罢	**官 文** 同治六年正月罢 **李鸿章** 同治六年正月李瀚章署十二月瀚章迁郭柏荫署八年正月鸿章任至十二月李瀚章署九年八月迁直隶 **郭柏荫** 六年十二月署至八年正月卸 **李瀚章** 八年十二月署九年八月授至光绪元年五月差	**李瀚章** 光绪元年五月差二年八月复授至八年三月忧免 **翁同爵** 元年五月兼署至二年八月卸 **涂宗瀛** 八年三月（彭祖贤兼署）至九年五月免 **卞宝第** 九年五月至十一年二月回本任 **裕 禄** 十一年二月至十三年四月入觐（奎斌兼署）九月回任至十五年七月迁 **张之洞** 十五年七月至二十年九月召二十一年十一月回任二十四年闰三月召四月回任至二十八年九月迁两江三十年三月又回任至三十三年迁 **谭继洵** 二十年九月兼署至二十一年十一月卸二十四年三月又兼署四月卸 **端 方** 二十八年五月暂署至三十年三月卸	**瑞 澂** 宣统元年十月署至三年革命军起弃城走革职 **袁世凯** 三年八月至九月迁 **魏光焘** 三年九月 **王士珍** 三年九月署（上皆未任） **段祺瑞** 三年九月署

续　表

	道光时代	咸丰时代	同治时代	光绪时代	宣统时代
				赵尔巽 三十三年七月(李岷琛护)至三十四年二月迁四川 **陈夔龙** 三十四年二月至宣统元年十月迁直隶	
两　广	**阮　元** 道光六年五月调云贵 **李鸿宾** 六年五月至十二年八月革 **卢　坤** 十二年八月(未任前禧恩署)至十五年七月卒 **邓廷桢** 十五年七月(祁𡎴署)至十九年十二月调闽浙 **林则徐** 十九年十二月至二十年九月来京 **琦　善** 二十年九月署(怡良暂护)至二十一年二月革 **祁　𡎴** 二十一年二月至二十四年二月病免 **耆　英** 二十四年二月至二十七年十二月来京 **徐广缙** 二十七年十	**徐广缙** 咸丰二年七月赴湘 **叶名琛** 二年七月至七年十二月革 **黄宗汉** 七年十二月(未任前柏贵署)至九年四月迁四川 **王庆云** 九年四月(柏贵署)至九月病免 **劳崇光** 九年九月至同治元年闰八月罢	**劳崇光** 同治元年闰八月罢 **刘长佑** 元年闰八月至十二月迁直隶 **晏端书** 元年十二月署至二年五月罢 **毛鸿宾** 二年五月至四年二月罢 **吴　棠** 四年二月署(瑞麟代署) **瑞　麟** 四年二月署至十三年九月卒 **英　翰** 十三年九月任(张兆栋兼署) **张兆栋** 十三年九月兼署至光绪元年二月卸	**英　翰** 光绪元年二月任八月免(张兆栋仍署) **刘坤一** 元年八月代至四年十一月假(裕宽署)五年十一月迁两江 **张树声** 五年十一月命(裕宽署)六年四月任至八年三月迁直隶九年六月回任至十年四月病免 **裕　宽** 五年十一月署至六年四月卸八年三月暂兼署 **曾国荃** 八年四月至九年六月来京 **张之洞** 十年四月至十五年七月迁湖广 **李瀚章** 十五年七月署至二十一年免	**张人骏** 宣统元年五月迁两江 **袁树勋** 元年五月署(胡湘林护)至二年九月病免 **张鸣岐** 二年九月署(增祺兼署)至三年九月革命军入广州鸣岐去职

续 表

	道光时代	咸丰时代	同治时代	光绪时代	宣统时代
	二月署二十八年六月授至咸丰二年七月赴湘会剿			**谭钟麟** 二十一年三月至二十五年十一月召 **李鸿章** 二十五年十一月署(德寿暂署)至二十六年六月迁直隶(德寿又兼署) **陶 模** 二十六年闰八月至二十八年五月开缺 **德 寿** 二十八年五月至二十九年三月调漕运 **岑春煊** 二十九年三月至三十二年调云贵三十三年四月再授(胡湘林护)七月免 **周 馥** 三十二年七月至三十三年四月免 **张人骏** 三十三年七月至宣统元年五月调两江	
云 贵	**史致光** 道光二年八月来京 **明 山** 二年八月至四年十二月来京	**吴文镕** 咸丰二年十月迁 **罗绕典** 二年十月至三年五月吴振棫署四年十一	**潘 铎** 同治二年四月殉 **劳崇光** 二年四月至六年二月卒	**刘长佑** 光绪元年十一月命二年四月任至八年五月入觐 **岑毓英** 八年五月至	**李经羲** 宣统元年正月(沈秉堃护)至三年九月革命军起去职

续 表

	道光时代	咸丰时代	同治时代	光绪时代	宣统时代
	长　龄 四年十二月至五年九月调陕甘 **赵慎畛** 五年九月(韩克均署)至六年五月卒 **阮　元** 六年五月至十三年入觐伊里布兼署八月回任至十五年二月入阁 **伊里布** 十五年二月至十九年十二月调两江 **邓廷桢** 十九年十二月旋迁闽浙 **桂　良** 十九年十二月(未任前吴文镕暂署)至二十四年十一月觐(吴其浚兼署)二十五年四月免 **贺长龄** 二十五年四月旋觐(郑祖琛兼署)至二十六年八月降 **李星沅** 二十六年八	月卒 **恒　春** 四年十一月至七年六月自尽 **吴振棫** 七年六月(桑春荣署)至八年十一月病免 **张亮基** 八年十一月至十年十月病免 **刘源灏** 十年十月(徐之铭兼署)旋张亮基暂留十一年七月源灏召 **福　济** 十一年七月至十一月革 **潘　铎** 十一年十一月署至同治二年四月殉难	**张凯嵩** 六年二月(宋延春护)至七年二月罢 **刘岳昭** 七年二月至十二年八月入觐 **岑毓英** 十二年八月兼署至光绪二年四月卸	十五年六月卒 **王文韶** 十五年六月(谭钧培署)至二十年九月召 **谭钧培** 二十年九月兼署至十一月卒 **岑毓宝** 二十年十一月护至二十一年正月卸 **崧　蕃** 二十一年正月至二十六年十月迁陕甘 **魏光焘** 二十六年十月授(丁振铎兼护)二十七年五月任至二十八年十一月迁两江 **丁振铎** 二十八年十一月署(林绍年暂署至二十九年三月卸)至三十二年七月调闽浙 **岑春煊** 三十二年七月至三十三年正月迁	

续　表

	道光时代	咸丰时代	同治时代	光绪时代	宣统时代
	月（陆建瀛署）至二十七年三月迁两江 **林则徐** 二十七年三月（程矞采署）至二十九年七月病免 **程矞采** 二十九年七月至三十年十一月调湖广 **吴文镕** 三十年十二月（张亮基署）至咸丰二年十月迁闽浙			**锡　良** 三十三年正月至宣统元年正月调	
漕　运 光绪三十年十二月裁改为江淮巡抚	**成　宁** 道光元年六月来京 **李鸿宾** 元年六月至二年九月迁湖广 **魏元煜** 二年九月至四年十一月迁两江五年五月再任六月卒 **颜　检** 四年十二月至五年五月来京 **穆彰阿** 五年六月署六年七月又署	**杨殿邦** 咸丰三年三月革 **福　济** 三年三月（查文经护）至十二月迁 **邵　灿** 三年十二月（杨以增兼署）至九年四月病免 **袁甲三** 九年四月（庚长兼署） **联　英** 九年十月署至十年闰三月病免	**吴　棠** 同治四年二月迁四月留任至五年八月迁闽浙 **彭玉麟** 四年四月未任 **张之万** 五年八月至九年闰十月迁 **张兆栋** 九年闰十月至十年六月迁 **苏凤文** 十年六月至十二月张树声代未任	**文　彬** 光绪五年八月入觐六年回任六月卒 **薛允升** 五年八月署六年卸 **黎培敬** 六年六月（谭培均护）至七年五月迁 **周恒祺** 七年五月至八年正月免 **庆　裕** 八年正月署至九年二月迁东河	

续 表

	道光时代	咸丰时代	同治时代	光绪时代	宣统时代
	九月来京 **陈中孚** 五年八月至六年七月迁(杨懋恬署) **讷尔经额** 六年十二月(琦善署)至九年三月调 **朱桂桢** 九年三月至十年八月调 **吴邦庆** 十年八月至十一年十二月调 **苏成额** 十一年十二月(张井兼署)至十三年四月迁 **贵　庆** 十三年四月至九月迁 **嵩　溥** 十三年九月(恩铭署)至十四年五月迁 **恩　铭** 十四年五月至十一月迁 **朱为弼** 十四年十一月至十五年八月假 **恩特亨额** 十五年八月至十七年五月迁	**王庆龄** 十年闰三月署至十一年十一月来京 **吴　棠** 十一年十一月署至同治四年二月迁两广四月留任五年八月迁闽浙	**恩　锡** 十一年二月署(文彬代署) **文　彬** 十一年二月代署至十二年十月调恩锡署寻回任至光绪五年八月入觐	**杨昌濬** 九年二月(谭培均护)至十年七月差 **孙凤翔** 十年七月署(王加敏护) **吴元炳** 十年七月(孙凤翔署)至十一年二月迁 **申崧骏** 十一年二月至十二年五月迁 **卢士杰** 十二年五月署至十四年九月卒 **李瀚章** 十四年九月(徐文达护)至十五年七月迁两广 **松　椿** 十五年(徐文达护)至二十年七月祝嘏邓华熙署寻回至二十六年十月免 **张人骏** 二十六年十月至二十七年九月迁 **恩　寿** 二十七年九月(沈瑜庆护)寻迁	

续 表

	道光时代	咸丰时代	同治时代	光绪时代	宣统时代
	周天爵 十七年五月至十八年十一月调(铁麟署)十九年回任四月又调至二十二年九月又署十一月忧 **朱 澍** 十九年四月至二十二年九月回籍 **廖鸿荃** 二十二年十一月署至十二月来京 **李湘棻** 二十二年十二月至二十四年三月丁忧 **惠 吉** 二十四年三月至二十五年正月迁陕甘 **程矞采** 二十五年正月至二十六年十二月调 **杨殿邦** 二十六年十二月至咸丰三年三月革			**陈夔龙** 二十七年九月至二十九年三月调 **德 寿** 二十九年三月至十一月卒 **陆元鼎** 二十九年四月署十一月补至三十年四月调 **恩 寿** 三十年四月(杨鸿广护)至十二月裁	

续 表

	道光时代	咸丰时代	同治时代	光绪时代	宣统时代
河　道(江南)(河东) 咸丰十年六月裁江南河道总督光绪二十四年七月裁河东河道总督九月复设二十八年正月又裁	**黎世序** 道光四年二月卒 **张文浩** 四年二月至十一月免 **严　烺** 四年十一月至六年三月调 **张　井** 六年三月至十二年革留至十三年三月病免四月暂署八月卸 **麟　庆** 十三年三月任四月丁忧八月仍署至二十二年八月革 **潘锡恩** 二十二年八月至二十八年九月病免 **杨以增** 二十八年九月(李星沅署)至咸丰六年正月卒(以上江南河道总督) **张文浩** 道光元年七月丁忧(姚祖同署) **严　烺** 元年七月至四年十一月调南河六年三月复任至十一年	**杨以增** 咸丰六年正月卒 **庚　长** 六年正月(邵灿兼署)至十年二月革 **王夔龄** 十年五月兼署六月裁(以上江南河道总督) **颜以燠** 咸丰二年六月降 **慧　成** 二年六月任(张应毅署)十二月迁 **福　济** 二年十二月至三年三月迁漕运 **长　臻** 三年三月至五年五月卒 **李　钧** 五年(蒋启敭署)至九年三月卒 **黄赞汤** 九年三月(瑛棨署)至同治元年七月迁 (以上河东河道总督)	**黄赞汤**(东河) 同治元年七月迁 **谭廷襄** 元年七月至三年七月迁 **郑敦谨** 三年七月至四年四月迁 **张之万** 四年四月至五年八月迁 **苏廷魁** 五年八月至十年八月罢 **乔松年** 十年八月至光绪元年二月卒	**曾国荃** 光绪元年二月至二年八月迁 **李鹤年** 二年八月至七年八月迁 **勒方锜** 七年八月寻病免 **梅启照** 七年八月代至九年二月革 **庆　裕** 九年二月至十二月迁 **成　孚** 九年十二月至十三年九月卒 **李鹤年** 十三年九月署至十四年七月革 **吴大澂** 十四年七月署(李鸿藻暂署)至十六年正月假(倪文蔚署)二月忧 **许振祎** 十六年二月至十九年十一月入觐裕宽兼署寻回至二十一年十二月迁刘树堂兼署 **任道镕** 二十二年正	

续 表

	道光时代	咸丰时代	同治时代	光绪时代	宣统时代
	十月病免 **张 井** 四年十一月至六年三月调南河 **林则徐** 十一年十月至十二年二月调 **吴邦庆** 十二年二月至十五年五月来京 **栗毓美** 十五年五月至十月觐钟祥署寻回至二十年二月卒 **文 冲** 二十年二月至二十一年八月革 **钟 祥** 二十三年七月至二十九年闰四月卒 **颜以燠** 二十九年闰四月(徐泽醇署)至咸丰二年六月降 (以上河东道总督)			月至二十四年七月裁九月仍任至二十五年四月假裕长兼署二十六年二月入觐裕长又兼署四月回任至二十七年四月迁 **锡 良** 二十七年四月至二十八年正月裁缺	
东三省 光绪三十三年三月设东三省总督兼管将军事务				**徐世昌** 光绪三十三年三月命五月任至宣统元年正月召	**锡 良** 宣统元年正月至三年三月病免 **赵尔巽** 三年三月

续 表

(三) 巡抚(上)——顺康雍乾嘉五代					
	顺治时代	康熙时代	雍正时代	乾隆时代	嘉庆时代
顺 天 顺治十八年十月裁	**宋 权** 顺治元年五月命巡抚顺天至三年正月擢 **柳寅东** 三年二月至四年三月罢 **耿 焞** 四年三月至五年三月迁 **杨国兴** 五年四月至九年九月病免 **王来用** 九年九月至十一年八月降 **董天机** 十一年九月至十五年十月 **祖重光** 十五年十月至十八年六月 **韩世琦** 十八年六月至十月调江宁				
天 津 顺治六年五月裁	**雷 兴** 顺治元年十月巡抚天津至二年四月调 **张 忻** 二年四月至四年九月降				

续 表

	顺治时代	康熙时代	雍正时代	乾隆时代	嘉庆时代
	李犹龙 四年九月至五年八月罢 **夏　玉** 五年八月至六年五月裁				
保定直隶 顺治六年八月由直隶山东河南总督兼十五年裁总督分设保定巡抚康熙五年十二月改直隶巡抚雍正二年十月又改为直隶总督 附宣府 顺治三年裁	**王文奎** 顺治元年七月巡抚保定至二年四月迁旋留任五月迁 **郝　晋** 二年五月至三年十二月罢 **于清廉** 三年十二月至六年八月裁 **潘朝选** 十五年七月任至十七年三月免 **刘祚远** 十七年四月至六月免 **王登联** 十七年九月代至康熙五年十二月罢（宣府巡抚） **李　鉴** 顺治元年五月巡抚宣府至二年二月迁 **冯圣兆** 二年二月至三年罢	**王登联** 康熙五年十二月罢 **甘文焜**(直隶) 六年正月直隶巡抚至七年十二月迁 **金世德** 七年十二月至十九年二月病休 **于成龙** 十九年二月至二十年十二月迁 **格尔古德** 二十一年正月至二十三年卒 **阿哈达** 二十三年八月至二十四年二月 **崔　澄** 二十四年二月至二十五年二月降 **于成龙** 二十五年二月再任至二十九年七月迁			

续 表

	顺治时代	康熙时代	雍正时代	乾隆时代	嘉庆时代
		郭世隆 二十九年七月至三十四年二月迁 **沈朝聘** 三十四年二月至三十七年二月病免 **于成龙** 三十七年二月三任至十一月迁 **李光地** 三十七年十一月代至四十四年十一月迁 **赵宏燮** 四十四年十一月至六十一年六月卒 **赵之垣** 六十一年六月署至雍正元年二月			
山东附登莱 顺治九年四月裁	**方大猷** 顺治元年七月巡抚山东至二年六月降 **丁文盛** 二年六月至四年正月罢 **张儒秀** 四年正月至五年二月罢 **吕逢春** 五年二月至	**蒋国柱** 康熙二年三月忧免 **周有德** 二年五月至六年十二月迁 **刘芳躅** 七年正月至九年四月忧免 **袁巽功** 九年四月至十年调七月留	**黄 烟** 雍正二年闰四月迁 **陈世倌** 二年闰四月至四年九月忧 **塞楞额** 四年九月至六年六月迁 **岳 浚** 六年六月署至七年四月假	**岳 浚** 乾隆元年十月迁 **法 敏** 元年十月至四年六月召 **硕 色** 四年六月至五年七月迁 **朱定元** 五年七月至七年三月忧	**玉 德** 嘉庆元年六月迁 **伊江阿** 元年六月至四年正月革 **陈大文** 四年正月(宜兴暂署二月迁岳起署)至五年正月忧免

续　表

	顺治时代	康熙时代	雍正时代	乾隆时代	嘉庆时代
	六年九月降 **夏　玉** 六年九月至十一年二月降 **耿　焞** 十一年二月至十五年十二月降 **许文秀** 十六年二月至十八年十月罢 **蒋国柱** 十八年十月至康熙二年三月忧免（登莱巡抚） **陈　锦** 顺治元年七月巡抚登莱至二年七月调 **杨声远** 二年七月至四年正月迁 **朱国柱** 四年正月至九年四月裁	任十一月卸 **张凤仪** 十年十一月至十二年十一月 **赵祥星** 十二年十一月至十八年免 **施维翰** 十八年八月至二十一年十一月迁 **李天浴** 二十一年十二月至二十二年正月 **徐旭龄** 二十二年正月至二十三年九月迁 **张　鹏** 二十三年九月至二十四年十月迁 **郎永清** 二十五年十一月至二十六年二月免 **钱　珏** 二十六年二月至二十八年十月免 **佛　伦** 二十八年十月至三十一年十月迁 **桑　额** 三十一年十	费金吾署十二月岳浚补至八年十月召王国栋署刘于义协办九年四任至乾隆元年十月迁	**晏斯盛** 七年三月至八年三月迁 **喀尔吉善** 八年三月至十一年九月迁 **塞楞额** 十一年九月未任 **阿里衮** 十一年九月代至十三年闰七月迁 **准　泰** 十三年闰七月至十六年八月迁 **鄂容安** 十六年八月兆惠暂署至十七年十月迁 **杨应琚** 十七年十月至十九年四月迁 **郭一裕** 十九年四月至二十年六月迁 **白钟山** 二十年六月至十一月调 **鄂乐舜** 二十年十一月至二十一年三月卒 **爱必达** 二十一年二	**蒋兆奎** 五年正月至闰四月休 **惠　龄** 五年闰四月代至六年十一月迁 **和　宁** 六年十一月至七年七月免 **祖之望** 七年七月至十一月迁 **倭什布** 七年十一月至八年正月迁 **铁　保** 八年正月至十年正月迁 **全　保** 十年正月署至十一月迁 **长　龄** 十年十一月至十二年五月迁 **吉　纶** 十二年五月（杨志信护）至十三年十二月迁 **百　龄** 十三年十二月至十四年正月迁 **吉　纶** 十四年正月再任至十六年

续 表

	顺治时代	康熙时代	雍正时代	乾隆时代	嘉庆时代
		月至三十四年八月迁 **杨廷耀** 三十四年八月至三十五年八月罢 **李 炜** 三十五年八月至三十七年二月罢 **李 钠** 三十七年二月至三月病免 **王国昌** 三十七年三月至四十三年正月免 **赵世显** 四十三年正月至四十七年十一月迁 **蒋承锡** 四十七年十一月至五十五年九月迁 **李树德** 五十五年十月至六十一年十月迁 **谢 履** 六十一年十月至十二月候简 **黄 炳** 六十一年十二月代至雍正二年闰四月迁		月至十月迁 **鹤 年** 二十一年十月杨锡绂署至二十二年七月迁十月兼办十二月卒 **蒋 洲** 二十二年七月至十月逮 **阿尔泰** 二十二年十二月至二十八年六月迁 **崔应阶** 二十八年六月至三十二年七月迁 **李清时** 三十二年七月至三十三年正月卒 **彰 宝** 三十三年正月至二月迁富呢汉署十二月降 **富明安** 三十三年十二月至三十六年三月迁 **周元理** 三十六年三月至十月迁 **徐 绩** 三十六年十月至三十九年十月免	闰三月迁 **同 兴** 十六年闰三月至十九年七月来京(章煦署) **陈 豫** 十九年七月至二十三年四月降 **和舜武** 二十三年四月至二十四年三月卒 **程国仁** 二十四年三月至二十五年三月病解 **钱 臻** 二十五年三月至道光元年六月降

续表

	顺治时代	康熙时代	雍正时代	乾隆时代	嘉庆时代
				杨景素 三十九年十月至四十二年正月迁 **郝　硕** 四十二年正月未任至十一月迁 **国　泰** 四十二年正月署十一月授至四十七年四月革 **明　兴** 四十七年四月（诺穆亲暂署）至五十二年二月召 **长　麟** 五十二年二月至五十五年九月革 **惠　龄** 五十五年九月（胡季堂护）至五十六年十一月迁五十八年八月再任九月迁 **吉　庆** 五十六年十一月至五十八年八月迁 **福　宁** 五十八年九月代至五十九年八月迁	

续 表

	顺治时代	康熙时代	雍正时代	乾隆时代	嘉庆时代
				穆和蔺 五十九年八月末任 **毕　沅** 五十九年八月代至六十年正月迁 **玉　德** 六十年正月至嘉庆元年六月迁	
山　西	**马国柱** 顺治元年七月巡抚山西至二年十月迁 **申朝纪** 二年十月至四年七月迁 **祝世昌** 四年七月至七年二月卸 **刘宏遇** 七年二月至十一年二月降 **陈应泰** 十一年二月至十二年十二月调 **白如梅** 十二年十二月至十八年九月迁 **杨　熙** 十八年九月至康熙七年正月免	**杨　熙** 康熙七年正月免 **觉罗阿塔** 七年正月至八年九月降 **马雄镇** 八年十月至十一月 **达尔布** 八年十一月至十五年十月罢 **图克善** 十五年十月至十九年八月病免 **穆尔赛** 十九年闰八月至二十四年九月罢 **图　纳** 二十四年九月至二十五年九月迁 **马　齐** 二十五年九	**德　音** 雍正元年四月召 **诺　岷** 元年四月至三年正月免 **伊都立** 三年正月署至十月迁布兰泰代旋伊都立兼管巡抚至四年三月召 **高成龄** 四年三月寻回任 **德　明** 四年十一月至五年六月迁 **觉罗石麟** 五年六月至乾隆五年闰六月忧	**觉罗石麟** 乾隆五年闰六月忧 **喀尔吉善** 五年闰六月至八年迁 **刘于义** 八年二月至十月迁 **傅　恒** 八年十月至十一年九月调 **爱必达** 十一年九月至十二年五月免 **准　泰** 十二年五月至十三年闰七月迁 **阿里衮** 十三年闰七月至十五年十一月迁 **阿思哈** 十五年十一月至十七年十	**蒋兆奎** 嘉庆二年十一月休 **倭什布** 二年十一月至三年三月迁 **伯　麟** 三年三月至九年七月迁 **同　兴** 九年七月至十一年九月来京 **成　宁** 十一年九月至十四年七月迁 **金应琦** 十四年七月至八月疾十一月迁 **初彭龄** 十四年八月署十一月补十二月迁 **衡　龄** 十四年十二

续　表

	顺治时代	康熙时代	雍正时代	乾隆时代	嘉庆时代
		月至二十七年三月迁 **叶穆济** 二十七年三月至三十二年二月病免 **噶尔图** 三十二年二月至三十四年五月罢 **温　保** 三十四年六月至三十五年十二月忧免 **倭　伦** 三十五年十二月至三十八年七月降 **噶　礼** 三十八年七月至四十八年四月迁 **苏克济** 四十八年四月至六十年十二月忧免 **德　音** 六十年十二月署六十一年十二月补至雍正元年四月召		月召 **定　长** 十七年十月至十八年八月召 **胡宝瑔** 十八年八月至十月迁 **恒　文** 十八年十月至二十一年二月迁 **明　德** 二十一年二月至二十二年六月迁 **定　长** 二十二年六月至七月忧 **塔永宁** 二十二年七月至二十四年十月卒 **鄂　弼** 二十四年十月至二十七年五月迁 **明　德** 二十七年五月至二十八年五月迁 **和其衷** 二十八年五月至三十年正月迁 **彰　宝** 三十年正月至三十三年正	月至十六年八月忧十一月又署至二十二年七月降 **成　宁** 十六年八月至十一月迁 **和舜武** 二十二年七月至十二月迁 **成　格** 二十二年十二月至道光元年十二月降

续 表

	顺治时代	康熙时代	雍正时代	乾隆时代	嘉庆时代
				月迁 **苏尔德** 三十三年正月至九月降 **鄂　宝** 三十三年九月至三十六年十月召 **三　宝** 三十六年十月至三十八年正月迁 **鄂　宝** 三十八年正月再任(未到任前巴延三暂署)至十一年七月迁 **巴延三** 四十一年七月至四十四年十二月迁 **雅　德** 四十四年十二月至四十五年四月迁 **喀宁阿** 四十五年四月至四十六年二月忧 **雅　德** 四十六年二月再任至十二月迁谭尚忠代寻迁 **农　起** 四十六年十二月至五十年	

续 表

	顺治时代	康熙时代	雍正时代	乾隆时代	嘉庆时代
				八月卒 **伊桑阿** 五十年八月至五十一年六月忧福崧署九月忧 **勒　保** 五十一年九月至五十三年七月差梁肯堂署郑源琦护 **海　宁** 五十三年七月至五十五年八月迁 **书　麟** 五十五年八月至五十六年四月迁 **冯光熊** 五十六年四月（未任前郑源琦护）至五十七年五月召 **长　麟** 五十七年五月至十二月迁 **蒋兆奎** 五十七年十二月至嘉庆二年十一月休	

续 表

	顺治时代	康熙时代	雍正时代	乾隆时代	嘉庆时代
河 南	**罗绣锦** 顺治元年七月巡抚河南至二年一月迁 **吴景道** 二年十一月至十年八月调 **雷 兴** 十年八月至十一月 **亢得时** 十年十一月至十四年九月迁 **贾汉复** 十四年九月至十七年六月免 **彭有义** 十七年八月至康熙元年二月休	**彭有义** 康熙元年二月休 **张自德** 元年二月至七年十一月休假 **郎廷相** 八年三月至十一年七月忧免 **佟凤彩** 十一年闰七月至十三年十二月乞休复留至十六年卒 **董国兴** 十六年七月至二十一年二月调 **王日藻** 二十一年二月至二十五年七月迁 **章钦文** 二十五年七月至二十七年正月罢 **丁思孔** 二十七年二月至六月调 **阎兴邦** 二十七年六月至三十一年调 **顾 汧** 三十一年十二月至三十四年四月降	**杨宗义** 雍正元年正月忧免 **牟钦元** 元年正月署 **嵇曾筠** 元年二月署 **石文倬** 元年三月至二年调 **田文镜** 二年八月至十年十一月病免 **孙国玺** 十年十一月署至十一年四月迁 **王士俊** 十一年四月兼管至十三年十一月召 **富 德** 十三年十一月至乾隆二年三月召	**富 德** 乾隆二年三月召 **尹会一** 二年三月至四年十一月免 **雅尔度** 四年十一月至八年闰四月召 **硕 色** 八年闰四月至十三年十月迁 **鄂容安** 十三年十月至十六年八月迁 **舒 辂** 十六年八月至十月迁 **陈宏谋** 十六年十月至十七年三月迁 **蒋 炳** 十七年三月至二十年五月卸 **图尔炳阿** 二十年五月至二十一年十月迁蒋炳署十二月图仍留至二十二年四月革蒋炳再授刘慥暂护旋图尔炳阿仍留六月召	**景 安** 嘉庆三年三月迁 **倭什布** 三年三月至四年三月迁 **吴熊光** 四年三月至六年四月迁 **顾 检** 六年四月至七年四月迁 **马慧裕** 七年四月至十二年十二月迁 **清安泰** 十二年十二月至十四年四月革 **恩 长** 十四年四月(钱楷护)至十六年五月降 **长 龄** 十六年五月至十八年七月迁 **方受畴** 十八年七月至二十一年六月迁 **阮 元** 二十一年六月至十一月迁 **文 宁** 二十一年十一月至二十二年十二月解

续　表

	顺治时代	康熙时代	雍正时代	乾隆时代	嘉庆时代
		李祥祖 三十四年四月至三十五年迁 **李国亮** 三十五年七月至三十九年九月休 **徐　潮** 三十九年九月至四十三年十月迁 **赵宏燮** 四十三年十月至四十四年调 **汪　灏** 四十四年十一月至四十八年九月病免 **鹿　祐** 四十八年九月至五十三年十二月病休 **李　锡** 五十三年十二月至五十五年十一月迁 **张圣佐** 五十五年十二月至五十七年四月罢 **杨宗义** 五十七年五月至雍正元年正月忧免		**胡宝瑔** 二十三年六月（未任前刘慥暂护）至二十五年十二月迁 **吴达善** 二十五年十二月至二十六年四月迁 **常　钧** 二十六年四月至八月迁 **胡宝瑔** 二十六年八月再代至二十八年正月卒 **叶存仁** 二十八年正月至十一月迁 **阿思哈** 二十八年十一月至三十三年十二月迁旋仍留至三十四年三月迁 **喀宁阿** 三十四年三月（吴嗣爵暂护）至十月迁 **富呢汉** 三十四年至三十五年三月召 **永　德** 三十五年三月至三十六年	**和舜武** 二十二年十二月至二十三年四月迁 **陈若霖** 二十三年四月至二十四年三月迁 **琦　善** 二十四年三月至二十五年三月革 **姚祖同** 二十五年三月至道光二年七月迁

续 表

	顺治时代	康熙时代	雍正时代	乾隆时代	嘉庆时代
				五月迁 **何　熠** 三十六年五月至三十九年九月差(荣柱暂护)十月卒 **徐　绩** 三十九年十月(未任前荣柱护)至四十三年正月召 **郑大进** 四十三年正月至四十四年正月迁 **陈辉祖** 四十四年正月至十二月迁 **荣　柱** 四十四年十二月至四十五年四月迁 **杨　魁** 四十五年四月至十月忧 **雅　德** 四十五年十月至四十六年二月迁诺穆亲署 **富勒浑** 四十六年二月至四十七年九月迁 **李世杰** 四十七年九月至四十八年四月迁	

续　表

	顺治时代	康熙时代	雍正时代	乾隆时代	嘉庆时代
				何裕城 四十八年四月至五十年二月迁 **毕　沅** 五十年二月至五十一年六月迁江兰为河南巡抚十月降毕沅代至五十三年七月迁 **伍拉纳** 五十三年七月（惠龄署旋迁梁肯堂代）至五十年正月迁 **梁肯堂** 五十四年正月至五十五年二月迁 **穆和蔺** 五十五年二月至五十九年八月迁福宁河南巡抚旋迁穆仍回至十一月革 **阿精阿** 五十九年十一月至六十年五月回京 **景　安** 六十年五月（吴璥暂署）至嘉庆三年三月迁	

续　表

	顺治时代	康熙时代	雍正时代	乾隆时代	嘉庆时代
陕西附延绥 康熙元年九月裁	**雷　兴** 顺治二年四月巡抚陕西至四年正月调 **黄尔性** 四年正月至七年五月降 **马之先** 七年七月至十一年四月迁 **陈极新** 十一年四月至十六年闰三月降 **张自德** 十六年闰三月至十七年三月免 **张　瑃** 十七年四月至康熙元年二月降（延绥巡抚） **王正志** 顺治二年五月巡抚延绥至六年三月因延安榆林陷死之 **董宗圣** 六年四月至十一年罢 **冯圣兆** 十一年九月至十五年正月养 **周召南** 十五年正月	**张　瑃** 康熙元年二月降 **贾汉复** 元年二月至七年正月召 **白清额** 七年正月至八年九月降 **达尔布** 八年十月至十一月调 **鄂　善** 九年四月至十一年迁 **阿席熙** 十一年四月至十二年六月迁 **杭　爱** 十二年七月至十九年调 **鄂　恺** 十九年二月至二十五年降 **图尔震** 二十五年四月至二十六年正月迁 **布雅努** 二十六年二月至二十七年九月休改 **萨弼图** 二十七年十月至三十一年二月罢	**噶什图** 雍正元年赴西宁 **范时捷** 元年四月署至二年十一月召 **石文倬** 二年十一月至三年四月调 **图理琛** 三年四月署至四年八月召 **岳钟琪** 四年八月兼署至十月 **法　敏** 四年十月至五年六月免 **张　保** 五年六月至十一月迁 **西　琳** 五年十一月至六年十二月免 **张廷栋** 六年十二月署至七年二月卸 **武　格** 七年二月至九年七月召 **马尔泰** 九年七月署史贻直协办至十年十一月差	**硕　色** 乾隆二年三月迁 **崔　纪** 二年三月至三年三月迁 **张　楷** 三年三月至六年六月迁 **岱　奇** 六年六月至七年十月卒 **塞楞额** 七年十月至八年十月迁 **陈宏谋** 八年十月至十一年九月迁 **徐　杞** 十一年九月至十二年二月召 **陈宏谋** 十二年二月再授至十六年十月迁 **舒　辂** 十六年十月至十七年二月卒 **钟　音** 十七年二月至十九年五月迁 **陈宏谋** 十九年五月三任至二十年	**秦承恩** 嘉庆四年正月守制 **永　保** 四年正月署（马慧裕护）八月逮问 **台　布** 四年八月至五年九月迁 **陆有仁** 五年九月至七年十一月卒 **祖之望** 七年十一月至八年八月迁 **方维甸** 八年八月至十四年七月迁 **成　宁** 十四年七月至十二月革 **初彭龄** 十四年十二月至十五年二月降 **董教增** 十五年二月至十八年十月迁 **朱　勋** 十八年十月至道光元年九月迁

续 表

	顺治时代	康熙时代	雍正时代	乾隆时代	嘉庆时代
	至十六年二月罢 **张仲第** 十六年三月至十八年五月免 **林天擎** 十八年六月至康熙元年九月裁	**布　喀** 三十一年二月至十月罢 **吴　赫** 三十一年十月至三十三年十月迁 **党　爱** 三十三年十月至三十六年三月免 **巴　锡** 三十六年三月至三十七年十二月迁 **贝和诺** 三十七年十二月至三十九年调 **华　显** 三十九年五月至四十年迁 **齐世武** 四十年十月寻调 **鄂　海** 四十年十月至四十九年十月迁 **雍　泰** 四十九年十月至五十四年卒 **噶什图** 五十四年六月至雍正元年赴西宁	**史贻直** 十年十一月署至十一年迁 **硕　色** 十一年十二月至乾隆二年三月迁	三月迁 **台　柱** 二十年三月署至十二月召 **卢　焯** 二十年十二月至二十一年十月迁 **陈宏谋** 二十一年十月四任至二十二年六月迁 **明　德** 二十二年六月至十月革 **永　贵** 二十二年十月(吴士功护)至二十三年三月赴军营 **钟　音** 二十三年三月再任至二十七年五月迁 **鄂　弼** 二十七年五月至二十八年六月迁 **明　山** 二十八年六月(阿里衮暂护)至十一月迁 **明　德** 二十八年十一月至三十年正月迁	

续　表

	顺治时代	康熙时代	雍正时代	乾隆时代	嘉庆时代
				和其衷 三十年正月至三十一年二月逮 **明　山** 三十一年二月再任至三十三年十二月迁 **阿思哈** 三十三年十二月未任 **文　绶** 三十三年十二月至三十六年九月迁 **勒尔谨** 三十六年九月至三十七年六月迁 **富勒浑** 三十七年六月旋迁 **巴延三** 三十七年六月至三十八年正月迁 **毕　沅** 三十八年正月至四十一年三月迁(富纲暂署)寻仍任至四十四年十二月忧 **刘秉恬** 四十四年十二月至四十五年四月迁	

续 表

	顺治时代	康熙时代	雍正时代	乾隆时代	嘉庆时代
				杨　魁 四十五年四月旋迁 **雅　德** 四十五年四月代十月迁 **毕　沅** 四十五年十月再署至五十年二月迁 **何裕城** 五十年二月至九月迁 **永　保** 五十年九月至五十一年九月迁 **巴延三** 五十一年九月再任至五十四年迁 **秦承恩** 五十四年七月至嘉庆四年正月制	
甘肃附宁夏 康熙四年五月裁宁夏巡抚乾隆二十九年三月裁甘肃巡抚	**黄图安** 顺治二年四月巡抚甘肃至三年七月罢 **周伯达** 三年七月署至四年三月调 **张文衡** 四年八月至五年卸	**刘斗康** 康熙九年四月迁 **花　善** 九年五月至十六年卒 **鄂　善** 十六年七月至十八年五月罢	**卢　询** 雍正元年三月迁 **傅　德** 元年三月署绰奇代 **绰　奇** 元年三月至二年十月迁 **胡期恒** 二年十月至	**许　容** 乾隆元年二月免 **刘于义** 元年二月至三年九月召 **元展成** 三年九月至六年九月革 **陈宏谋** 六年九月旋迁	

续 表

	顺治时代	康熙时代	雍正时代	乾隆时代	嘉庆时代
	周文叶 五年六月至十三年七月病免 **佟延年** 十三年七月至十八年迁 **刘　斗** 十八年十月至康熙九年四月迁 （宁夏巡抚） **焦安民** 顺治二年四月巡抚宁夏至三年四月遇害 **张　尚** 三年四月至十月罢 **胡全才** 三年十月至六年二月罢 **李　鉴** 六年二月至八年十二月卒 **孙茂兰** 九年二月至十一年二月免 **黄图安** 十一年二月至十六年四月降 **刘秉政** 十六年四月至康熙四年五月裁	**巴　锡** 十八年六月至二十二年十一月迁 **叶穆济** 二十二年十二月至二十七年调 **伊　图** 二十七年三月至三十年十一月迁 **布　喀** 三十年十一月至三十一年调 **吴　赫** 三十一年二月至十月调 **严　泰** 三十一年十月至三十四年卒 **舒　树** 三十四年二月至三十五年 **郭　洪** 三十五年十月至三十六年七月罢 **喀　拜** 三十六年七月至三十九年四月忧免（华显已命未任）旋在任守制至四十年十月罢 **齐世武** 四十年十月	三年三月罢五月召 **岳钟琪** 三年三月兼理 **石文焯** 三年四月代（彭振翼署）至五年调钟保护九月罢 **莽鹄立** 五年十月至六年八月免 **刘世明** 六年八月至十月调 **许　容** 六年十月至乾隆元年二月免	**黄廷桂** 六年九月至十三年九月召 **瑚　宝** 十三年九月署至十一月迁 **鄂　昌** 十三年十一月至十六年八月迁 **杨应琚** 十六年八月至十七年六月忧 **鄂乐舜** 十七年六月至十九年五月迁 **鄂　昌** 十九年五月再任至二十年三月召 **陈宏谋** 二十年三月再命五月迁 **吴达善** 二十年五月至二十四年正月迁 **明　德** 二十四年正月至四月忧（杨应琚兼管）二十五年十二月回任至二十七年五月迁 **常　钧** 二十七年五	

续 表

	顺治时代	康熙时代	雍正时代	乾隆时代	嘉庆时代
		至四十七年四月迁 **舒　图** 四十七年五月至四十九年三月免 **鄂　奇** 四十九年三月至十月迁 **乐　拜** 四十九年十月至五十三年卒 **绰　奇** 五十三年六月至五十八年十月差 **花　鄯** 五十八年十月署至六十年九月降 **卢　询** 六十年十月至雍正元年三月迁		月至二十八年十一月迁 **杨应琚** 二十八年十一月兼署至二十九年三月裁	
江　苏(江宁) 顺治二年七月初命土国宝为江宁巡抚康熙二十七年四月改令洪之杰为江苏巡抚	**土国宝**（江宁） 顺治二年七月巡抚江宁至四年二月降 **周伯达** 四年三月(刘今尹署)至五年闰四月卒 **土国宝** 五年五月又任至八年十月罢十二月自缢 **周国佐** 八年十二月至十一年八月免	**韩世琦** 康熙八年免 **马　祐** 八年八月至十五年卒 **慕天颜** 十五年七月至二十年降 **余国柱** 二十年十二月至二十三年正月迁 **王新命** 二十三年正月至五月迁	**吴存礼** 雍正元年三月罢 **何天培** 元年三月署至三年三月迁 **张　楷** 三年三月至四年八月召 **陈时夏** 四年八月署至六年五月免 **张坦麟** 六年五月署至八月调	**高其倬** 乾隆元年正月免 **顾　琮** 元年正月署至十月忧 **邵　基** 元年十月至二年八月卒 **杨永斌** 二年八月至三年五月召 **许　容** 三年五月至四年正月假(徐	**费　淳** 嘉庆二年七月迁九月又代至四年二月迁 **康基田** 二年七月至九月迁(费淳代) **宜　兴** 四年二月至七月解 **岳　起** 四年七月至八年五月迁

续 表

	顺治时代	康熙时代	雍正时代	乾隆时代	嘉庆时代
	张中元 十一年八月至十六年正月病免 **蒋国柱** 十六年三月至八月罢 **朱国治** 十七年正月至十八年罢 **韩世琦** 十八年十月至康熙八年免	**汤　斌** 二十三年六月至二十五年二月迁 **赵士麟** 二十五年四月至二十六年四月迁 **田　雯** 二十六年四月至二十七年调 **洪之杰**（江苏） 二十七年四月为江苏巡抚至二十九年五月罢 **郑　端** 二十九年六月至三十一年卒 **宋　荦** 三十一年六月至四十四年十一月迁 **于　准** 四十四年十一月至四十八年十一月罢 **张伯行** 四十八年十一月至五十四年十一月免 **吴存礼** 五十四年十二月至雍正元年三月罢	**尹继善** 六年八月署至七年二月补（王玑署七月罢彭维新署）至九年七月迁 **王国栋** 九年七月署至九月调 **乔世臣** 九年九月代署至十一年入觐 **孙国玺** 十一年六月署至九月卸 **高其倬** 十一年九月署至乾隆元年正月免	士林护）二月忧 **张　渠** 四年二月至五年七月迁 **徐士林** 五年七月至六年六月免 **陈大受** 六年六月至十一年九月迁 **安　宁** 十一年九月至十三年闰七月召尹继善兼理 **鄂　昌** 十三年闰七月至九月迁 **雅尔哈善** 十三年九月署至十五年十一月迁 **王　师** 十五年十一月至十六年八月卒 **庄有恭** 十六年八月至二十一年十一月忧 **爱必达** 二十一年十一月兼署至二十二年六月迁 **陈宏谋** 二十二年六月至十二月迁 **托恩多** 二十二年十二月至二十三	**汪志伊** 八年五月至十一年八月迁 **汪日章** 十一年八月至十四年七月革 **蒋攸铦** 十四年七月至八月迁 **章　煦** 十四年八月至十七年三月迁 **朱　理** 十七年三月至十九年三月迁 **张师诚** 十九年三月至六月假（初彭龄署）二十年正月回任至二十一年四月革 **胡家克** 二十一年四月至二十二年九月卒 **李尧栋** 二十二年九月由云南调十月仍留本任 **陈桂生** 二十二年十月至二十五年十一月来京 **魏元煜** 二十五年十一月至道光二年九月迁

续　表

	顺治时代	康熙时代	雍正时代	乾隆时代	嘉庆时代
				年三月迁 **庄有恭** 二十三年三月署至四月迁 **陈宏谋** 二十三年四月兼管至二十七年十月迁 **庄有恭** 二十七年十月至三十年正月迁 **明　德** 三十年正月至三十三年二月迁 **彰　宝** 三十三年二月至三十四年三月忧 **明　德** 三十四年三月(高晋兼管)至十月革 **永　德** 三十四年十月至三十五年三月迁 **萨　载** 三十五年三月署十月召(李湖护)至四十一年三月迁 **杨　魁** 四十一年三月至四十五年四月迁	

续 表

	顺治时代	康熙时代	雍正时代	乾隆时代	嘉庆时代
				吴　坛 四十五年四月至八月召 **闵鹗元** 四十五年八月至五十五年四月免 **福　崧** 五十五年四月至十月迁 **长　麟** 五十五年十月署至五十七年五月迁 **奇丰额** 五十七年五月至六十年五月革 **费　淳** 六十年五月（张诚基护）至嘉庆二年七月迁	
安　徽 顺治二年初命为安庐池太巡抚三年改安徽巡抚六年五月裁十三年十一月命蒋国柱提督操江巡抚安徽十八年四月命张朝珍安徽操江巡抚康熙十年六月命靳辅为安徽巡抚	**刘应宾**（安庐池太） 顺治二年七月巡抚安庐池太至三年十月罢 **李栖凤**（安徽） 三年十月至四年九月降 **王　懩** 四年十月至五年五月调 **刘宏遇** 五年五月至六年五月裁	**张朝珍** 康熙十年五月忧免 **靳　辅** 十年六月至十六年迁 **徐国相** 十六年三月至二十三年二月迁 **薛柱斗** 二十三年二月至二十六年五月迁 **杨素蕴** 二十六年六	**李成龙** 雍正三年八月迁 **魏廷珍** 三年八月至八年五月调 **程元章** 八年五月至十年七月迁 **徐　本** 十年七月署至十一年十二月迁 **王　纮** 十一年十二月至十二年十	**孙国玺** 乾隆元年至四年十一月卒 **陈大受** 四年十一月至六年六月迁 **张　楷** 六年六月至七年十二月召 **喀尔吉善** 七年十二月至八年三月迁 **范　灿** 八年三月至九年六月召	**汪　新** 嘉庆元年六月迁 **张诚基** 元年六月至八月迁二年三月再任至四月迁万宁暂署 **朱　珪** 元年八月至二年三月调（胡季堂暂署）四月兼至四年正月来京 **陈用敷** 四年正月至

续 表

	顺治时代	康熙时代	雍正时代	乾隆时代	嘉庆时代
附凤阳 顺治六年五月裁十七年二月复设康熙四年五月又裁 操　江 顺治二年七月始设操江提督兼巡抚四年改巡抚十三年与安徽合称提督操江巡抚安徽十八年改安徽操江巡抚康熙十年去操江但为安徽巡抚	**蒋国柱** 十三年十月提督操江巡抚安徽 **朱衣助** 十六年三月至八月调 **宜永贵** 十六年八月至十八年四月病免 **张朝珍** 十八年四月至康熙十年五月忧免(凤阳巡抚) **赵福星** 顺治二年五月巡抚凤阳至十月罢 **陈之龙** 二年十一月至五年五月降 **赵福星** 五年五月又任至八月 **王一品** 五年八月代至六年五月裁 **林起龙** 十七年二月至十八年迁 **张尚贤** 十八年十月至康熙四年五月裁(操江巡抚) **陈　锦** 顺治二年七	月至二十七年调 **江有良** 二十七年十月至三十一年十二月调 **高承爵** 三十二年正月至三十三年调 **佟国佐** 三十三年二月至三十四年卒 **线一信** 三十四年九月至三十五年调 **陈汝器** 三十五年正月至三十七年十一月免 **李　钠** 三十七年十一月至三十九年五月病免 **高承爵** 三十九年五月再任至四十年十月免 **喻成龙** 四十年十二月至四十二年四月迁 **刘光美** 四十二年五月至四十八年九月降	一月迁 **赵国麟** 十二年十一月至十三年	**准　泰** 九年六月至十年四月迁 **魏定国** 十年四月至十一年五月迁 **潘思榘** 十一年五月至十二年九月迁 **纳　敏** 十二年九月至十四年四月迁 **卫哲治** 十四年四月至十二月召十五年七月再任至十一月迁十六年二月又任至三月忧 **图尔炳阿** 十四年十二月代至十五年七月迁 **定　长** 十五年七月至十六年二月迁 **张师载** 十六年三月代至十八年八月革 **卫哲治** 十八年八月四任至十九年十月迁 **鄂乐舜** 十九年十月	八月病免 **荆道乾** 四年八月至六年十月病免 **和　宁** 六年十月至十二月调 **王汝璧** 六年十二月代至九年十二月迁 **长　龄** 九年十二月至十年十一月迁 **成　宁** 十年十一月至十一年九月迁 **初彭龄** 十一年九月至十二年五月忧免 **董教增** 十一年五月至十二月迁(鄂云布护)旋留至十五年三月迁 **广　厚** 十五年三月至十六年七月迁 **钱　楷** 十六年七月至十七年八月卒 **胡家克** 十七年八月

续 表

	顺治时代	康熙时代	雍正时代	乾隆时代	嘉庆时代
	月提督操江兼巡抚至四年十二月迁 **李日芃** 四年十二月巡抚操江至十二年十一月卒 **秦世祯** 十二年十二月至十三年九月降 **蒋国柱** 十三年十月至十六年三月调	**叶九思** 四十八年九月至五十年七月迁 **梁世勋** 五十年八月至五十五年十月迁 **李成龙** 五十五年十月至雍正三年八月迁		至二十年十一月迁 **高　晋** 二十年十一月至二十六年三月迁 **托　庸** 二十六年三月至三十年十一月迁 **冯　钤** 三十年十一月至三十四年二月免 **富呢汉** 三十四年二月陈辉祖暂护十月迁 **胡文伯** 三十四年十月至三十五年七月降 **斐宗锡** 三十五年七月至四十年五月迁 **李质颖** 四十年五月至四十一年三月迁 **闵鹗元** 四十一年三月至四十五年八月迁 **农　起** 四十五年八月至四十六年十二月迁 **谭尚忠** 四十六年十	至二十一年四月迁 **康绍镛** 二十一年四月至二十四年闰四月迁 **姚祖同** 二十四年闰四月至二十五年四月迁 **吴邦庆** 二十五年六月至十二月来京 **李鸿宾** 二十五年十二月至道光元年六月迁

续 表

	顺治时代	康熙时代	雍正时代	乾隆时代	嘉庆时代
				二月至四十七年六月降 **富 躬** 四十七年六月至四十九年六月病免 **书 麟** 四十九年六月至五十二年十一月迁 **陈用敷** 五十二年十一月至五十四年十二月降 **穆和蔺** 五十四年十二月至五十五年二月迁 **康基田** 五十五年二月至四月革 **何裕城** 五十五年四月代至七月卒 **朱 珪** 五十五年七月至五十九年五月迁 **陈用敷** 五十九年五月至十月迁 **惠 龄** 五十九年十月至六十年四月赴军营费淳代五月迁惠龄仍任旋卸 **汪 新** 六十年五月至嘉庆元年六月迁	

续 表

	顺治时代	康熙时代	雍正时代	乾隆时代	嘉庆时代
浙 江	**萧起元** 顺治二年十月巡抚浙江至十一年降 **秦世桢** 十一年四月至十二年十二月调 **陈应泰** 十二年十二月至十五年五月病免 **佟国器** 十五年六月至十七年二月罢 **史纪功** 十七年三月至十八年正月休致 **朱昌祚** 十八年四月至康熙三年六月迁	**朱昌祚** 康熙三年六月迁 **蒋国柱** 三年六月至七年卒 **范承谟** 七年十二月至十年七月病免袁懋功已命未任旋留任至十一年十月迁 **田逢吉** 十一年十月至十三年十一月病免 **达 都** 十三年十一月至十二月陈秉直代 **陈秉直** 十三年十二月至十八年八月免 **李本晟** 十八年九月至二十一年卒 **王国安** 二十一年六月至二十三年迁 **赵士麟** 二十三年二月二十五年四月调 **金 鋐** 二十五年四月至二十八年三月罢	**李 馥** 雍正二年二月免 **黄叔琳** 二年二月至八月免佟吉图署石文倬调署十一月调 **法 海** 二年十一月至三年六月召 **甘国奎** 三年六月署八月法敏署十月李卫代 **李 卫** 三年十月至七年三月入觐 **蔡仕舢** 七年三月署至九年九月罢 **王国栋** 九年九月署至十年七月召 **程元章** 十年七月兼至十三年十二月免 **嵇曾筠** 十三年十二月以总督兼管至乾隆三年裁	**卢 焯** 乾隆三年九月至六年六月免 **德 沛** 六年六月署至十二月卸 **常 安** 六年十二月至十二年九月免 **顾 琮** 十二年九月至十三年三月迁 **爱必达** 十三年三月旋迁 **方观承** 十三年三月至十四年七月迁 **永 贵** 十四年七月至十六年闰十二月革 **雅尔哈善** 十六年闰十二月至十九年五月召 **鄂乐舜** 十九年五月至十月迁 **周人骥** 十九年十月至廿一年二月革 **杨廷璋** 二十一年二	**吉 庆** 嘉庆元年六月罢 **玉 德** 元年六月至四年八月迁(书麟护) **阮 元** 四年十月至十年闰六月忧 **清安泰** 十年闰六月至十二年十二月迁 **阮 元** 十二年十二月再任至十四年八月来京 **蒋攸铦** 十四年八月(庆保护)至十五年十一月迁十二月仍回至十六年九月迁 **同 兴** 十五年十一月至十二月蒋回任 **铁 保** 未任高代 **高 杞** 十六年九月至十八年三月迁 **方受畴** 十八年三月至七月迁 **李奕寿** 十八年七月

续 表

	顺治时代	康熙时代	雍正时代	乾隆时代	嘉庆时代
		张鹏翮 二十八年三月至三十五年调 **线一信** 三十五年正月至三十六年十一月罢 **张　勄** 三十六年十一月至三十九年十月休 **张志栋** 三十九年十月至四十一年调 **赵申乔** 四十一年正月至十二月调 **张泰交** 四十一年十二月代至四十五年卒 **王　然** 四十五年二月至四十七年十二月病休 **黄秉中** 四十七年十二月至四十九年调 **王度昭** 四十九年九月至五十三年十二月迁 **徐元梦** 五十三年十二月至五十六年正月迁		月至二十四年三月迁 **明　山** 二十四年三月署寻卸 **庄有恭** 二十四年四月至二十七年十月迁 **熊学鹏** 二十七年十月至三十三年二月忧 **永　德** 三十三年二月至三十四年十月迁 **熊学鹏** 三十四年十月再任至三十五年十一月忧 **富勒浑** 三十五年十一月至三十七年六月迁 **熊学鹏** 三十七年六月再署至三十八年正月迁 **三　宝** 三十八年正月至四十二年五月迁 **王亶望** 四十二年五月至四十五年三月忧 **李质颖** 四十五年三	至十九年四月迁 **许兆椿** 十九年四月至五月疾免 **陈　豫** 十九年五月至七月迁 **颜　检** 十九年七月至二十年十二月革 **孙玉庭** 二十年十二月至二十一年五月迁 **张映汉** 二十一年五月至六月迁 **杨　頀** 二十一年六月至二十三年七月降 **程国仁** 二十三年七月至二十四年三月迁 **陈若霖** 二十四年三月至二十五年十二月调 **承　瀛** 二十五年十二月至道光四年九月忧

续 表

	顺治时代	康熙时代	雍正时代	乾隆时代	嘉庆时代
		朱 轼 五十六年二月至五十九年十一月迁 **屠 沂** 五十九年十一月至六十一年六月病免 **吕犹龙** 六十一年六月至十月李馥代 **李 馥** 六十一年十月至雍正二年二月免		月(三宝兼署)至四十六年正月召 **陈辉祖** 四十六年正月兼至四十七年九月革 **福 崧** 四十七年十月至五十一年三月召 **伊龄阿** 五十一年三月至九月召 **琅 玕** 五十一年九月至五十四年觐(顾学潮护)至五十五年八月免 **海 宁** 五十五年八月至十月卒 **福 崧** 五十五年十月再任至五十七年十二月召 **长 麟** 五十七年十二月至五十八年八月迁 **吉 庆** 五十八年八月至嘉庆元年六月罢	

续 表

	顺治时代	康熙时代	雍正时代	乾隆时代	嘉庆时代
江西附南赣 顺治二年设巡抚南赣汀韶三年改南赣巡抚康熙四年五月裁	**李翔凤** 顺治二年十月巡抚江西至三年十月卒 **章于天** 三年十月至五年 **朱延庆** 五年五月至七年九月卒 **夏一鹗** 八年正月至九年二月卒 **蔡士英** 九年四月至十二年二月降 **郎廷佐** 十二年二月至十三年闰五月迁 **张朝璘** 十三年闰五月至十八年迁 **董卫国** 十八年九月至康熙十三年迁 （南赣巡抚） **苗胙土** 顺治二年十月巡抚南赣汀韶至三年罢 **刘武元** 三年十二月巡抚南赣至十年闰六月病免 **宜永贵** 十年七月至十二年三月调	**董卫国** 康熙十三年七月迁 **白色纯** 十三年七月至十四年卒 **郎廷相** 十四年十一月旋佟代 **佟国桢** 十四年十一月至十八年五月罢 **安世鼎** 十八年六月至二十年罢 **刘如汉** 二十年四月至五月忧免 **李士桢** 二十年五月至十二月调 **佟康年** 二十年十二月至二十二年卒 **安世鼎** 二十二年闰六月再任至二十六年十一月罢 **王　骘** 二十六年十二月至二十七年三月迁 **宋　荦** 二十七年四月至三十一年调	**裴率度** 雍正元年正月至四年五月迁 **汪　漋** 四年五月至十月免（万柱署） **伊立都** 四年十一月至五年五月召 **布兰泰** 五年五月至六年八月召 **张坦麟** 六年八月至七年闰七月来京 **谢　旻** 七年闰七月署至十一年十二月迁 **常　安** 十一年十二月至十三年十一月召 **俞兆岳** 十三年十一月至乾隆元年十月迁	**俞兆岳** 乾隆元年十月迁 **岳　浚** 元年十月至五年十一月免 **包　括** 五年十一月至六年九月回原任 **陈宏谋** 六年九月至八年十月迁十一年九月再任十月迁 **塞楞额** 八年十月至十一年九月迁 **开　泰** 十一年十月至十三年十月迁 **唐绥祖** 十三年十月至十四年四月迁 **阿思哈** 十四年四月至十五年十月迁 **舒　辂** 十五年十月至十六年八月迁 **鄂　昌** 十六年八月至十七年十月召	**陈　淮** 嘉庆元年十一月革逮 **苏凌阿** 元年十一月兼至二年正月回 **台　吉** 二年正月至四月迁 **张诚基** 二年四月至七年十一月革 **秦承恩** 七年十一月至十年闰六月迁清安泰为江西巡抚旋迁秦承恩署十月来京 **温承惠** 十年十月至十一年二月迁 **李殿图** 十一年二月至三月来京 **景　安** 十一年三月至五月迁 **张师诚** 十一年五月至十月迁 **金光悌** 十一年十月至十三年十二月迁 **吉　纶** 十三年十二月至十四年正

续 表

	顺治时代	康熙时代	雍正时代	乾隆时代	嘉庆时代
	佟国器 十二年三月至十五年六月调 **苏宏祖** 十五年六月至康熙元年二月休 **胡文华** 康熙元年二月至九月 **林天擎** 元年九月至四年五月裁	**马如龙** 三十一年六月至四十一年卒 **张志栋** 四十一年正月至四十三年二月罢 **李基和** 四十三年二月至四十四年留京 **郎廷极** 四十四年四月至五十一年十月迁 **佟国勷** 五十一年十月至五十六年七月罢 **白　潢** 五十六年七月至五十九年七月迁 **王企靖** 五十九年七月至雍正元年正月召		**鄂容安** 十七年十月至十八年九月迁 **范时绶** 十八年九月至二十年二月召 **胡宝瑔** 二十年二月至二十二年六月迁 **阿思哈** 二十二年六月署至二十五年十一月革常钧暂署 **胡宝瑔** 二十五年十二月至二十六年八月迁 **常　钧** 二十六年八月（汤聘暂署）至二十七年五月迁（明山署） **汤　聘** 二十七年八月至二十八年五月革 **明　德** 二十八年五月至十一月迁 **辅　德** 二十八年十一月至三十年闰二月卒 **明　山** 三十年闰二月至三十一年	月迁 **先　福** 十四年正月至十九年三月迁 **阮　元** 十九年三月至二十一年六月迁 **钱　臻** 二十一年六月至二十五年三月迁 **瑺　弼** 二十五年三月至道光元年七月卒

续 表

	顺治时代	康熙时代	雍正时代	乾隆时代	嘉庆时代
				二月迁 **吴绍诗** 三十一年二月至三十四年七月迁 **海　明** 三十四年七月至三十七年五月迁 **海　成** 三十七年五月至四十二年十一月革 **郝　硕** 四十二年十一月至四十九年四月召 **李　绶** 四十九年四月旋迁 **伊星阿** 四十九年四月至五十年五月免(舒常署) **永　保** 五十年五月至九月迁 **何裕城** 五十年九月至五十五年四月迁 **姚　棻** 五十五年四月至五十七年六月忧 **陈　淮** 五十七年六月至嘉庆元年十一月革逮	

续　表

	顺治时代	康熙时代	雍正时代	乾隆时代	嘉庆时代
湖广湖北 雍正元年正月改湖广为湖北巡抚 附郧阳 初为郧阳抚治康熙三年四月裁十五年五月复设十九年二月又裁	**何鸣銮** 顺治二年七月巡抚湖广寻罢 **高士俊** 三年六月至五年罢 **迟日益** 五年闰四月至十一年二月罢 **林天擎** 十一年二月至十三年九月降 **张长庚** 十三年十一月至十七年罢 **杨茂勋** 十七年六月至十八年迁 **刘兆麒** 十八年十二月至康熙七年正月迁（郧阳抚治） **潘士良** 顺治二年七月抚治郧阳至四年二月罢 **赵兆麟** 四年三月至十年正月病免 **朱国柱** 十年正月至十一年二月病免 **胡全才** 十一年二月	**刘兆祺** 康熙七年正月迁 **林天擎** 七年正月再任至九年七月病免 **董国兴** 九年八月至十一年正月休致 **徐化成** 十一年三月至十二年五月降 **张朝珍** 十二年六月至十九年卒 **王新命** 十九年四月至二十三年调 **慕天颜** 二十三年二月至九月迁 **石琳** 二十三年九月至二十五年调 **张汧** 二十五年十二月至二十六年十二月罢 **柯永昇** 二十五年十二月至二十六年十二月罢 **柯永昇** 二十六年十二月至二十七	**纳齐哈**（湖北）雍正元年正月为湖北巡抚至三年卒 **法敏** 三年五月至十二月调 （李成龙杨宗仁兼署） **郑任钥** 四年二月至十月迁 **宪德** 四年十月至五年五月调 **马会伯** 五年五月至七年四月差 **赵宏恩** 七年四月署至十一月迁 **费金吾** 七年十一月至八年罢 **魏廷珍** 八年五月至九年四月召 **王士俊** 九年四月至十年十一月迁 **法龄** 十年十一月至十二年五月差 **杨馥** 十二年五月署至十三年正月调	**吴应棻** 乾隆元年四月召 **高其倬** 元年四月至六月迁 **钟保** 元年六月至二年三月召 **杨永斌** 二年三月至八月迁 **张楷** 二年八月至三年三月迁 **崔纪** 三年三月至五年五月召 **班第** 五年五月兼署 **张渠** 五年七月至十二月卒 **范灿** 五年十二月至八年三月迁 **晏斯盛** 八年三月至九年正月迁二月仍任至十年十一月告养 **许容** 九年正月至二月免 **开泰** 十年十一月至十一年十月迁	**英善** 嘉庆元年六月迁 **汪新** 元年六月至三年四月卒 **高杞** 三年四月至四年二月来京 **倭什布** 四年二月至六年四月解 **全保** 六年四月至九年九月忧 **湖图礼** 九年九月至十一年十一月迁 **章煦** 十一年十一月至十二年十二月假（董教增署）至十三年六月迁 **常明** 十三年六月至十五年二月迁 **同兴** 十五年二月至十一月迁 **钱楷** 十五年十一月至十六年四月来京 **张映汉** 十六年四月至二十一年五

续 表

	顺治时代	康熙时代	雍正时代	乾隆时代	嘉庆时代
	至十三年十月迁 **张 尚** 十三年十月至十七年三月免 **白秉真** 十七年四月至康熙元年二月迁 **王来任** 康熙元年二月至三年四月裁	年六月包子作乱投井死 **丁思孔** 二十七年六月代至九月迁 **杨素蕴** 二十七年九月至二十八年十月罢 **吴 琠** 二十八年十月至三十一年九月忧免 **桑 额** 三十一年九月至十月调 **年遐龄** 三十一年十月至四十三年二月病免 **刘殿衡** 四十三年三月至四十七年忧免 **陈 诜** 四十七年十二月至五十年四月迁 **刘殿衡** 五十年四月再任至五十六年十二月卒 **张连登** 五十七年二月至雍正元年正月召（郧阳抚治） **杨茂勋** 康熙十五年	**吴应棻** 十三年正月署至乾隆元年四月召	**陈宏谋** 十一年十月至十二年十二月迁 **彭树葵** 十二年十二月至十四年四月迁 **唐绥祖** 十四年四月至十五年十二月免 **严瑞龙** 十五年十二月护至十六年二月革阿里衮兼管 **恒 文** 十六年四月至十八年十月迁 **张若震** 十八年十月至十一年十月卒 **卢 焯** 二十一年十月至二十二年六月革 **庄有恭** 二十二年六月至二十三年三月迁四月又署至二十四年四月迁 **冯 钤** 二十三年三月至四月迁	月迁六月回至二十五年四月迁 **杨 䥣** 二十一年五月至六月迁 **毓 岱** 二十五年四月至道光元年七月迁

续 表

	顺治时代	康熙时代	雍正时代	乾隆时代	嘉庆时代
		五月为郧阳抚治十八年四月迁		**周 琬** 二十四年四月至二十六年八月革 **汤 聘** 二十六年八月(未任前爱必达兼管)至二十七年八月迁 **宋邦绥** 二十七年八月至二十八年五月免 **辅 德** 二十八年五月至十一月迁 **常 钧** 二十八年十一月至二十九年六月迁 **王 检** 二十九年六月至三十年闰二月迁 **李因培** 三十年闰二月至十一月迁 **汤 聘** 三十年十一月至三十一年二月迁 **刘 藻** 三十一年二月旋革 **鄂 宁** 三十一年二月至十二月迁	

续 表

	顺治时代	康熙时代	雍正时代	乾隆时代	嘉庆时代
				鄂 宝 三十一年十二月至三十二年五月迁定长暂署 **范时绶** 三十二年五月至十一月召 **鄂 宝** 三十二年十一月又任至三十三年二月迁 **程 焘** 三十三年二月至十二月降 **揆 义** 三十三年十二月至三十四年七月察议 **梁国治** 三十四年七月至三十六年九月迁 **陈辉祖** 三十六年九月至四十四年正月迁 **郑大进** 四十四年正月至四十六年十一月迁 **姚成烈** 四十六年十二月至四十九年七月迁 **李 绶** 四十九年七月至五十年正月迁	

续 表

	顺治时代	康熙时代	雍正时代	乾隆时代	嘉庆时代
				吴　垣 五十年正月至五十一年二月卒 **图萨布** 五十一年二月至五月迁 **李　封** 五十一年五月至五十二年三月留京 **姜　晟** 五十二年三月至五十三年七月迁 **惠　龄** 五十三年七月至五十五年九月迁 **福　宁** 五十五年九月(毕沅兼署)至五十八年九月迁 **惠　龄** 五十八年九月至五十九年九月召 **姚　棻** 五十九年九月署十月四任 **陈用敷** 五十九年十月至六十年正月迁 **英　善** 六十年正月至嘉庆元年六月迁	

续　表

	顺治时代	康熙时代	雍正时代	乾隆时代	嘉庆时代
偏沅湖南 康熙五十二年改偏沅为湖南巡抚五十四年又复名偏沅雍正元年又改名湖南	**高斗光** 顺治二年七月巡抚偏沅至四年十月降 **线　缙** 四年十月至六年正月罢 **金廷献** 六年正月至十年十一月病免 **冯圣兆** 十年十二月未任 **袁康宇** 十一年正月至十八年闰七月休 **周召南** 十八年闰七月至康熙八年罢	**周召南** 康熙八年八月罢 **卢　震** 八年八月至十三年二月罢 **韩世琦** 十三年二月至二十二年调 **丁思孔** 二十二年九月至二十七年调 **兴永朝** 二十七年二月至二十八年五月迁 **郑　端** 二十八年五月至二十九年调 **于养志** 二十九年六月至三十年罢 **王　樑** 三十年正月至三十三年二月迁 **董国升** 三十三年二月至三十四年七月迁 **杨凤起** 三十四年七月至三十七年八月罢 **金　玺** 三十七年八月至四十一年	**魏廷珍**（湖南） 雍正元年正月至二年六月罢 **王朝恩** 二年六月至三年十月迁 **布兰泰** 三年十月至五年五月调 **王国栋** 五年五月至七年九月召 **赵宏恩** 七年九月至十一年九月迁 **钟　保** 十一年九月署十三年十一月授至乾隆元年六月迁	**钟　保** 乾隆元年六月迁 **高其倬** 元年六月至三年二月任 **张　渠** 三年二月至四年二月迁 **冯光裕** 四年二月至五年闰六月卒 **许　容** 五年闰六月至八年闰四月免 **蒋　溥** 八年闰四月至十年四月迁 **杨锡绂** 十年四月至十三年十月忧 **开　泰** 十三年十月至十五年十月迁 **杨锡绂** 十五年十月再任至十六年十月又忧 **范时绶** 十六年十月至十八年九月迁 **杨锡绂** 十八年九月三任至十月迁二十年二月四任至五月迁	**姜　晟** 嘉庆五年正月迁 **祖之望** 五年正月至九月迁 **马慧裕** 五年九月至七年四月迁 **高　杞** 七年四月至八年十二月来京 **阿林保** 八年十二月（赓音布署）至十一年五月迁 **景　安** 十一年五月至十六年七月病免 **广　厚** 十六年七月至二十年八月卒 **巴哈布** 二十年八月至二十三年九月召 **吴邦庆** 二十三年九月至二十四年六月迁 **李尧栋** 二十四年六月至二十五年十一月召 **左　辅** 二十五年十

续 表

	顺治时代	康熙时代	雍正时代	乾隆时代	嘉庆时代
		十二月迁 **赵申乔** 四十一年十二月至四十九年十二月迁 **潘宗洛** 五十年正月至五十二年九月罢 **李发甲**（湖南） 五十二年九月为湖南巡抚至十二月忧免 **李锡正** 五十三年正月至十二月调 **陈　瑸** 五十三年十二月至五十四年十二月调 **李发甲**（偏沅） 五十四年十二月偏沅巡抚至五十六年卒 **王之枢** 五十六年十一月至雍正元年正月迁		**胡宝瑔** 十八年十月至二十年二月迁 **陈宏谋** 二十年五月至二十一年十月迁 **图尔炳阿** 二十一年十月至十二月蒋署 **蒋　炳** 二十一年十二月至二十二年四月迁旋仍回九月革 **富勒浑** 二十二年九月至二十三年四月 **冯　钤** 二十三年四月至二十七年十月迁 **陈宏谋** 二十七年十月再任至二十八年五月迁 **乔光烈** 二十八年五月至二十九年十月革 **图尔炳阿** 二十九年十月至三十年三月卒 **冯　钤** 三十年三月	一月至道光三年二月来京

续 表

	顺治时代	康熙时代	雍正时代	乾隆时代	嘉庆时代
				再任至十一月迁 **李因培** 三十年十一月至三十一年二月迁 **常 钧** 三十一年二月至十二月召 **鄂 宁** 三十一年十二月至三十二年二月迁 **方世儁** 三十二年二月至三十四年十二月免 **宫兆麟** 三十四年十二月至三十五年三月迁 **吴达善** 三十五年三月兼署（德福署十月迁）至三十六年五月迁 **永 德** 三十六年五月至九月迁 **梁国治** 三十六年九月至三十八年十一月召 **巴延三** 三十八年十一月（敦福护）至四十一年七月迁	

续 表

	顺治时代	康熙时代	雍正时代	乾隆时代	嘉庆时代
				鄂　宝 四十一年七月至十月迁 **敦　福** 四十一年十月至四十二年二月迁 **颜希深** 四十二年二月至四十三年三月迁 **李　湖** 四十三年三月至四十五年三月迁 **刘　墉** 四十五年三月至四十六年十一月迁 **李世杰** 四十六年十一月署至四十七年九月迁 **查　礼** 四十七年九月(舒常兼署)至四十八年正月卒 **伊星阿** 四十八年正月至四十九年四月迁 **李　绶** 四十九年四月至七月迁 **陈　耀** 四十九年七月至五十年七月病免	

续 表

	顺治时代	康熙时代	雍正时代	乾隆时代	嘉庆时代
				浦 霖 五十年七月至五十五年十一月迁 **冯光熊** 五十五年十一月至五十六年四月迁 **姜 晟** 五十六年四月(王懿德护)至嘉庆五年正月迁	
四 川 乾隆十八年九月班第召即不复设	**李国英** 顺治五年闰四月巡抚四川至十四年九月迁 **高民瞻** 十四年九月至十七年七月罢 **佟凤彩** 十七年九月至康熙二年十二月忧免	**佟凤彩** 康熙二年十二月忧免 **刘 格** 二年十二月至七年二月更名张德地至十年罢 **罗 森** 十年六月至十三年正月降吴三桂 **张德地** 十三年二月再任至十九年罢 **杭 爱** 十九年正月至二十二年卒 **韩世琦** 二十二年八月至二十四年七月忧免	**蔡 珽** 雍正二年五月免 **塞尔图** 二年五月署六月王代 **王景灏** 三年六月至三年十二月免 **法 敏** 三年十二月至四年十月调 **马会伯** 四年十月至五年五月调 **宪 德** 五年五月至七年十月迈柱兼理旋回至十一年罢 **鄂 昌** 十一年十二月至十三年免	**杨 馝** 乾隆元年四月召(王士俊署六月革逮)七月馝仍任至四年六月 **方 显** 四年六月至五年七月迁 **硕 色** 五年七月至八年闰四月迁 **纪 山** 八年闰四月至十三年八月革 **班 第** 十三年八月暂署(九月鄂昌任至十一月迁)旋代至十四年正月革仍署至十八年九月召	

续 表

	顺治时代	康熙时代	雍正时代	乾隆时代	嘉庆时代
		姚缔虞 二十四年八月至二十七年罢 **噶尔图** 二十七年六月至三十二年二月调 **于养志** 三十二年二月至三十九年正月免 **齐世武** 三十九年正月署至五月罢 **贝和诺** 三十九年五月代至四十三年二月迁 **能 泰** 四十三年二月至四十八年八月迁 **叶九思** 四十八年八月至九月调 **年羹尧** 四十八年九月至六十年正月迁 **色尔图** 六十年五月至六十一年罢 **蔡 珽** 六十一年七月至雍正二年五月免	**杨 馝** 十三年正月至乾隆元年召	**鄂 昌** 十三年九月再任十一月迁策楞兼班第代	

续　表

	顺治时代	康熙时代	雍正时代	乾隆时代	嘉庆时代
福　建 乾隆元年以闽浙总督专管福建至三年又设巡抚	**佟国鼐** 顺治四年二月巡抚福建至三年罢 **张学圣** 三年八月至十年二月罢 **佟国器** 十年四月至十二年三月调 **宜永贵** 十二年三月至十三年闰五月病免 **刘汉祚** 十三年闰五月至十六年休 **徐永祯** 十六年正月至十八年三月休致 **许世昌** 十八年四月至康熙五年十一月免	**许世昌** 康熙五年十一月免 **刘秉政** 五年十一月至十三年三月降耿 **杨　熙** 十三年七月至十七年五月休 **吴兴祚** 十七年五月至二十一年二月 **董国兴** 二十一年二月至二十二年二月病免 **金　鋐** 二十二年三月至二十五年调 **张仲举** 二十五年四月至二十九年六月罢 **卞永誉** 二十九年六月至三十六年三月忧免 **宫梦仁** 三十六年四月至三十七年十一月免 **张志栋** 三十七年十一月至三十九年调 **梅　鋗** 三十九年十	**黄国材** 雍正三年七月免 **毛文铨** 三年七月至四年十二月迁 **常　赉** 四年十二月至六年正月调 **朱　纲** 六年正月寻卒 **刘世明** 六年十月至八年五月迁 **陈世倕** 八年五月至十二年十月调 **卢　焯** 十二年十月至十三年裁	**王士任** 乾隆三年九月福建巡抚至五年五月革 **王　恕** 五年五月至七年三月免 **刘于义** 七年三月至八年二月迁 **孙嘉淦** 八年二月署至四月召 **周学健** 八年四月至十一年九月迁 **陈大受** 十一年九月至十二年九月迁 **潘思榘** 十二年九月至十七年三月卒 **陈宏谋** 十七年三月至十九年五月迁 **钟　音** 十九年五月至二十三年正月迁 **周　琬** 二十三年正月至三月忧 **吴士功** 二十三年三月（杨应琚兼管）至二十六年五月革	**魁　伦** 嘉庆元年六月迁 **姚　棻** 元年六月至二年四月病免 **田凤仪** 二年四月至七月忧免 **费　淳** 二年七月（陈奉兹护）至九月迁 **汪志伊** 二年九月至六年十二月病免 **李殿图** 六年十二月至十一年二月迁 **温承惠** 十一年二月至十月迁 **阮　元** 十一年十月旋病免 **张师诚** 十一年十月至十九年三月迁 **陈　豫** 十九年三月至五月迁 **王绍兰** 十九年五月至二十二年五月革 **史致光** 二十二年五月至二十四年

续 表

	顺治时代	康熙时代	雍正时代	乾隆时代	嘉庆时代
		月至四十三年十月迁 **李斯义** 四十三年十月至四十六年卒 **张伯行** 四十六年三月至四十八年调 **许嗣兴** 四十八年十一月至四十九年九月免 **黄秉中** 四十九年九月至五十年十月罢 **绰 奇** 五十年十月旋忧免 **觉罗满保** 五十年十一月至五十四年十一月迁 **陈 瑸** 五十四年十二月至五十七年十一月卒 **吕犹龙** 五十七年十二月至六十一年六月调 **石文倬** 六十一年六月署十月卸 **黄国材** 六十一年十月至雍正三年七月免		**定 长** 二十六年五月至三十一年二月迁 **李因培** 三十一年二月至八月降 **庄有恭** 三十一年八月至三十二年七月卒 **崔应阶** 三十二年七月至三十三年正月迁 **富呢汉** 三十三年正月迁 **鄂 宝** 三十三年二月至三月迁 **钟 音** 三十三年三月至六月迁 **鄂 宁** 三十三年六月至三十四年四月革 **温 福** 三十四年四月(崔应阶兼署)至三十五年闰五月迁 **钟 音** 三十五年闰五月至三十六年五月迁 **余文仪** 三十六年五月至四十一年十月迁	五月迁 **李尧栋** 二十四年五月至六月迁 **吴邦庆** 二十四年六月至九月迁 **韩克均** 二十四年九月至二十五年十二月迁 **颜 检** 二十五年十二月至道光二年正月迁

续 表

	顺治时代	康熙时代	雍正时代	乾隆时代	嘉庆时代
				德 保 四十一年十月至四十三年九月迁 **黄 检** 四十三年九月至四十四年二月召 **增 福** 四十四年二月至五月召 **富 纲** 四十四年五月至四十六年五月召 **杨 魁** 四十六年五月至四十七年三月病免 **雅 德** 四十七年三月至五十年七月迁 **浦 霖** 五十年七月旋调 **徐嗣曾** 五十年七月至五十五年十月卒 **浦 霖** 五十五年十月至六十年四月召 **姚 棻** 六十年四月(魁伦署)至六月免 **魁 伦** 六十年四月署六月兼至嘉庆元年六月迁	

续　表

	顺治时代	康熙时代	雍正时代	乾隆时代	嘉庆时代
广　东	**李栖凤** 顺治六年五月巡抚广东至十五年六月迁 **董应魁** 十五年七月至十八年三月休致 **卢兴祖** 十八年五月至康熙四年二月迁	**卢兴祖** 康熙四年二月迁 **王来任** 四年三月至六年十一月罢 **刘秉权** 六年十二月至十四年卒 **佟养钜** 十四年正月至十五年四月降尚 **金　儁** 十六年十二月至二十年 **李士桢** 二十年十二月至二十六年十一月休 **朱宏祚** 二十六年十一月至三十一年迁 **江有良** 三十一年十二月至三十二年十二月罢 **高承爵** 三十三年正月至三十五年忧免 **萧永藻** 三十五年十二月至三十九年十二月调 **彭　鹏** 三十九年十二月至四十三年卒	**年希尧** 雍正元年七月实授至三年四月迁 **杨文乾** 三年四月至五年二月假 **常　赉** 五年二月署 **阿克敦** 五年七月署至九月调 **石礼哈** 五年九月至六年八月 **傅　泰** 六年八月至八年召 **鄂弥达** 八年五月至十年二月迁 **杨永斌** 十年二月至乾隆二年三月迁	**杨永斌** 乾隆二年三月迁 **王　謩** 二年三月至五年十一月召 **王安国** 五年十一月至九年正月迁 **策　楞** 九年正月至十年四月迁 **准　泰** 十年四月至十二年五月策楞兼管 **岳　濬** 十二年正月至二十四年十二月迁 **苏　昌** 十四年十二月至十八年十一月召 **鹤　年** 十八年十一月至二十一年十月迁 **周人骥** 二十一年十月至二十三年正月迁 **钟　音** 二十三年正月至三月迁 **托恩多** 二十三年三月至二十七年八月忧 **明　山** 二十七年八	**朱　珪** 嘉庆元年六月迁 **英　善** 元年六月至八月(吉庆兼署) **张诚基** 元年八月至二年三月迁 **陈大文** 二年四月(未任前吉庆兼署至四年迁) **陆有仁** 四年六月至五年二月迁 **瑚图礼** 五年二月至七年十一月迁 **铁　保** 七年十一月至八年正月迁(那彦成暂署) **瑚图礼** 八年正月回任至八月病免 **祖之望** 八年八月至九月假 **孙玉庭** 八年九月至九年十一月迁 **百　龄** 九年十一月至十年六月迁 **孙玉庭** 十年六月再任至十三年十月迁

续 表

	顺治时代	康熙时代	雍正时代	乾隆时代	嘉庆时代
		石文晟 四十三年三月至四十四年八月迁 **范时崇** 四十四年九月至四十九年八月迁 **满　丕** 四十九年八月至五十三年十二月迁 **杨　琳** 五十三年十二月至五十五年十月迁 **法　海** 五十五年十月至五十七年十一月病免 **杨宗仁** 五十七年十一月至六十一年十一月迁 **年希尧** 六十一年十一月署至雍正元年七月补		月署至二十八年六月迁 **阿思哈** 二十八年六月至十一月迁 **明　山** 二十八年十一月再任至三十年闰二月迁 **王　检** 三十年闰二月至三十二年八月免 **钟　音** 三十二年八月再任至三十三年三月迁良卿广东巡抚四月钱度代六月迁钟音仍任至三十四年十二月 **德　保** 三十四年十二月至四十年十二月迁 **熊学鹏** 四十年十二月至四十一年三月革 **李质颖** 四十一年三月至四十五年三月迁 **李　湖** 四十五年三月至四十六年十二月卒	**永　保** 十三年十月至十一月迁 **韩　崶** 十三年十一月至十八年十月迁 **董教增** 十八年十月至二十二年三月迁 **陈若霖** 二十二年三月至二十三年四月迁 **李鸿宾** 二十三年四月至二十四年闰四月迁 **康绍镛** 二十四年闰四月至道光元年六月来京

续 表

	顺治时代	康熙时代	雍正时代	乾隆时代	嘉庆时代
				雅　德 四十六年十二月至四十七年三月迁 **尚　安** 四十七年三月至四十九年正月忧 **孙世毅** 四十九年正月至五十一年五月迁 **图萨布** 五十一年五月至五十四年六月病免 **郭世勋** 五十四年六月至五十九年五月病免 **朱　珪** 五十九年五月至嘉庆元年六月迁	
广　西	**郭肇基** 六年五月巡抚广西至七年罢 **王一品** 七年二月至八年十二月病免 **陈维新** 九年正月至十一年十月免 **于时跃** 十二年正月至十八年迁 **屈尽美** 十八年十月至康熙三年迁	**屈尽美** 康熙三年迁 **金光祖** 三年正月至九年二月迁 **马雄镇** 九年二月至十三年二月孙延龄附吴被执 **陈洪明** 十三年六月至十五年四月降吴 **傅宏烈** 十六年五月至十八年十二月差	**孔毓珣** 雍正元年八月以广西总督兼管巡抚至二年四月迁 **李　绂** 二年四月至三年八月迁 **鄂尔泰** 三年八月至十月调 **汪　漋** 三年十月至四年调 **甘汝来** 四年五月至八月入觐	**金　珙** 乾隆元年八月召 **杨超增** 元年八月至三年十月迁 **安　图** 三年十月至五年七月召 **方　显** 五年七月至六年正月免 **杨锡绂** 六年正月至九年三月召 **托　庸** 九年三月至	**成　宁** 嘉庆二年四月来京 **台　布** 二年四月至四年八月迁 **谢启昆** 四年八月至七年七月卒 **孙玉庭** 七年七月至八年九月迁 **百　龄** 八年九月至九年十一月迁 **孙玉庭** 九年十一月

续 表

	顺治时代	康熙时代	雍正时代	乾隆时代	嘉庆时代
		麻勒吉 十八年十二月署至十九年十二月 **郝　浴** 十九年十二月至二十二年卒 **施天裔** 二十二年十月至二十四年二月罢 **范承勋** 二十四年二月至二十五年闰四月迁 **王起元** 二十五年闰四月至三十八年四月降 **彭　鹏** 三十八年四月至三十九年十二月调 **萧永藻** 三十九年十二月至四十五年四月迁 **梁世勋** 四十五年五月至五十年八月调 **陈元龙** 五十年八月至五十七年九月迁 **宜思恭** 五十七年十一月至五十九年卒	**韩良辅** 四年八月署至五年二月实授至九月免 **阿克敦** 五年九月署十一月祖代 **祖秉圭** 五年十一月至六年卸 **金　珙** 六年五月至乾隆元年召	十一年四月革 **鄂　昌** 十一年四月至十三年闰七月迁 **舒　辂** 十三年闰七月至十五年十一月迁 **卫哲治** 十五年十一月至十六年二月迁 **定　长** 十六年二月至十七年十月迁 **李锡泰** 十七年十月至十九年十月免 **卫哲治** 十九年十月再任至二十年十月迁 **鄂　宝** 二十年十月至二十六年二月召 **托　庸** 二十六年二月再授三月迁 **熊学鹏** 二十六年三月至二十七年十月迁 **冯　钤** 二十七年十月至三十年三月迁	(恩长暂护)至十年六月迁 **汪日章** 十年六月至十一年八月迁 **恩　长** 十一年八月至十四年四月迁 **许兆椿** 十四年四月至十二月迁 **钱　楷** 十四年十二月至十五年十一月迁 **成　林** 十五年十一月至十九年二月迁 **台裴音** 十九年二月至二十年二月卒 **庆　保** 二十年二月至二十二年九月迁 **叶绍楏** 二十二年九月至二十三年十月解 **赵慎畛** 二十三年十月至道光二年八月迁

续 表

	顺治时代	康熙时代	雍正时代	乾隆时代	嘉庆时代
		高其倬 五十九年八月至六十一年二月迁 **孔毓珣** 六十一年二月至雍正元年八月以广西总督兼管巡抚		**宋邦绥** 三十年三月至三十三年罢 **钱　度** 三十三年六月至三十四年罢 **陈辉祖** 三十四年十二月至三十六年九月迁 **永　德** 三十六年九月至三十八年正月免 **熊学鹏** 三十八年正月再任至四十年十二月迁 **吴虎炳** 四十年十二月至四十四年五月卒 **李世杰** 四十四年五月至十一月忧 **姚成烈** 四十四年十一月至四十六年十二月迁 **朱　椿** 四十六年十二月至四十八年三月迁 **刘　峨** 四十八年三月至五月迁 **孙士毅** 四十八年五月至四十九年正月迁	

续 表

	顺治时代	康熙时代	雍正时代	乾隆时代	嘉庆时代
				吴　垣 四十九年正月至五十年正月迁 **孙永清** 五十年正月至五十五年六月卒 **陈用敷** 五十五年六月至五十九年五月迁 **姚　棻** 五十九年五月署九月迁成林暂兼署棻寻回至六十年二月迁 **成　宁** 六十年二月至嘉庆二年四月来京	
贵　州	**赵廷臣** 顺治十五年六月巡抚贵州至十六年正月迁 **卞三元** 十六年正月至十八年迁 **罗绘锦** 十八年九月至康熙六年十一月休	**罗绘锦** 康熙六年十一月休 **佟凤彩** 六年十二月至十年正月养 **曹申吉** 十年正月至十二月降吴 **杨雍建** 十八年二月贵州巡抚至二十三年八月迁 **慕天顾** 二十三年九月至二十六年三月迁 **马世济** 二十六年三	**金世扬** 雍正元年十一月迁 **毛文铨** 元年十一月至三年四月召 **石礼哈** 三年四月至八月 **张　谦** 三年八月至十一月 **何世璂** 三年十一月至五年十月入觐 **祖秉年** 五年十月至十一月调	**孙绍武** 乾隆十二年为贵州巡抚至十三年罢 **爱必达** 十三年三月至十五年十月迁 **开　泰** 十五年十月至十八年三月迁八月回任九月又迁 **定　长** 十八年八月署九月授至二十二年六月迁 **周　琬** 二十二年六	**冯光熊** 嘉庆四年二月迁 **琅　玕** 四年二月至五年九月迁 **伊桑阿** 五年九月至六年三月罢 **孙日秉** 六年三月至七月罢 **常　明** 六年七月至七年八月解 **富尼善** 七年八月兼至九月卒

续 表

	顺治时代	康熙时代	雍正时代	乾隆时代	嘉庆时代
		月至二十七年三月迁 **田 雯** 二十七年三月至三十年八月忧免 **卫既齐** 三十年九月至三十一年十二月罢 **阎兴邦** 三十一年十二月至三十七年卒 **王 燕** 三十七年三月至四十二年九月病免 **高起龙** 四十二年九月至四十三年四月病免 **于 准** 四十三年四月至四十四年调 **陈 诜** 四十四年十一月至四十七年十二月调 **刘荫枢** 四十七年十二月至五十五年三月差十月回任至五十六年九月免 **白 潢** 五十五年闰三月至十月	**沈廷正** 五年十一月至六年六月调 **张广泗** 六年六月旋差沈廷正留署张回任至十年二月迁 **元展成** 十年二月署至十二月补至十三年十一月罢 **张广泗** 十三年十一月再任乾隆元年改贵州总督	月至二十三年正月迁 **周人骥** 二十三年正月至二十七年正月免 **乔光烈** 二十七年正月至二十八年五月迁 **崔应阶** 二十八年五月至六月迁 **图尔炳阿** 二十八年六月至二十九年十月迁 **方世儁** 二十九年十月至三十二年二月迁 **汤 聘** 三十二年二月至五月革 **鄂 宝** 卅二年五月至十一月迁 **良 卿** 三十二年十一月至三十三年三月迁 **钱 度** 三十三年三月至四月迁 **良 卿** 三十三年四月仍回至三十四年十月免吴达善暂兼署	**福 庆** 七年九月(初彭龄署十月迁百龄护)至十三年九月降 **章 煦** 十三年九月至十月迁 **孙玉庭** 十三年十月(福庆暂护)至十四年四月革 **初彭龄** 十四年四月任(章煦署)五月留京 **鄂云布** 十四年五月至十六年二月降 **顾 检** 十六年闰三月至十七年五月来京 **景 敏** 十七年五月至十八年三月卒 **许兆椿** 十八年三月至十九年正月迁 **庆 保** 十九年正月至二十年二月迁 **曾 燠** 二十年二月

续 表

	顺治时代	康熙时代	雍正时代	乾隆时代	嘉庆时代
		黄国材 五十六年九月至五十八年十月免 **金世扬** 五十八年十月至雍正元年十一月迁		**喀宁阿** 三十四年十月至三十五年三月召 **宫兆麟** 三十五年三月至十一月免 三宝护 **李　湖** 三十五年十二月至三十七年正月迁 **图思德** 三十七年正月至三十九年五月迁 **韦谦恒** 三十九年五月暂护至四十年十月革 **裴宗锡** 四十年十月(袁守侗署)至四十二年正月回原任 **图思德** 四十二年正月至四十四年三月迁 **舒　常** 四十四年三月至四十五年三月召李本署 **顾希深** 四十五年四月至七月卒	至二十一年三月终养 **文　宁** 二十一年三月至十一月免 **朱　理** 二十一年十一月至二十四年四月卒 **韩克均** 二十四年四月至九月迁 **毓　岱** 二十四年九月至二十五年四月迁 **明　山** 二十五年四月至道光二年六月迁

续 表

	顺治时代	康熙时代	雍正时代	乾隆时代	嘉庆时代
				李　本 四十五年七月授至四十九年二月卒 **永　保** 四十九年二月至五十年五月迁 **陈用敷** 五十年五月至七月忧 **李庆棻** 五十年七月至五十四年正月卒 **郭世勋** 五十四年正月至六月迁 **陈步瀛** 五十四年六月至十一月卒 **额勒春** 五十四年十一月至五十六年十一月召 **陈　淮** 五十六年十一月至五十七年六月迁 **冯光熊** 五十七年六月至五十八年三月迁 **英　善** 五十八年三月至六十年正月迁	

续 表

	顺治时代	康熙时代	雍正时代	乾隆时代	嘉庆时代
				陈用敷 六十年正月再任至二月革 **姚棻** 六十年二月代闰二月迁 **冯光熊** 六十年闰二月至嘉庆四年二月迁	
云南	**林天擎** 顺治十六年正月巡抚云南至十七年正月罢 **袁懋功** 十七年三月至康熙六年十一月忧免	**袁懋功** 康熙六年十一月忧免 **李天浴** 七年正月至十年四月养 **朱国治** 十年五月至十二年十二月吴三桂反被杀 **李天浴** 十八年二月再任至十九年卸 **伊辟云** 十九年六月至二十年卒 **王继文** 二十年六月至二十五年十月忧免 **石琳** 二十五年十一月至二十八年七月迁 **王继文** 二十八年七	**杨名时** 雍正三年十月迁鄂尔泰云南巡抚杨仍兼管至五年二月罢 **朱纲** 五年二月至六年正月调 **常赉** 六年正月至六月罢 **沈廷正** 六年六月至八年八月迁 **张允随** 八年八月至乾隆五年六月迁	**张允随** 乾隆五年六月迁 **庆复** 五年六月兼管至八年闰四月迁 **张允随** 八年闰四月兼至十二年三月迁 **图尔炳阿** 十二年三月至十四年十二月迁 **岳浚** 十四年十二月至十五年七月革 **图尔炳阿** 十五年七月再任至十月革 **爱必达** 十五年十月至二十年六月迁	**江兰** 嘉庆四年五月迁 **初彭龄** 四年五月至六年三月来京 **伊桑阿** 六年三月至七月逮问 **孙日秉** 六年七月至七年十月另简 **初彭龄** 七年十月署 **永保** 七年十一月至十三年十月调 **章煦** 十三年十月至十四年八月迁 **同兴** 十四年八月至十五年二月迁

续 表

	顺治时代	康熙时代	雍正时代	乾隆时代	嘉庆时代
		月再任至三十三年九月迁 **石文晟** 三十三年九月至四十三年调 **佟毓秀** 四十三年三月至四十五年三月召 **郭　瑮** 四十五年四月至四十九年十月迁 **吴存礼** 四十九年十月至五十三年十二月忧免 **施世纶** 五十三年十二月至五十四年二月迁 **甘国璧** 五十四年二月至五十九年九月罢 **杨名时** 五十九年九月署至十一月补雍正三年十月迁		**郭一裕** 二十年六月至二十二年七月免 **刘　藻** 二十二年七月至二十九年六月迁 **常　钧** 二十九年六月至三十一年二月迁 **汤　聘** 三十一年二月至三十二年二月迁 **鄂　宁** 三十二年二月至三十三年二月迁 **明　德** 三十三年二月至三十四年正月迁 **喀宁阿** 三十四年正月至三月迁 **彰　宝** 三十四年三月署至十月迁 **明　德** 三十四年十月再署至三十五年七月卒 **诺穆亲** 三十五年七月署三十七年正月召	**孙玉庭** 十五年二月至二十年十二月迁 **陈若霖** 二十年十二月至二十二年三月迁 **李尧栋** 二十二年三月至九月迁十月仍留至二十四年五月迁 **李銮宣** 二十二年九月至十月卒 **史致光** 二十四年五月至二十五年十二月迁 **韩克均** 二十五年十二月至道光五年九月调

续 表

	顺治时代	康熙时代	雍正时代	乾隆时代	嘉庆时代
				李　湖 三十七年正月署至四十年二月革 **李　瀚** 四十年二月至五月卒 **裴宗锡** 四十年五月至十月迁 **图思德** 四十年十月至四十二年正月回原任 **裴宗锡** 四十二年正月回任至四十四年七月卒 **孙士毅** 四十四年七月至四十五年三月革 **颜希深** 四十五年三月署至四月迁 **刘秉恬** 四十五年四月至五十一年闰七月迁 **谭尚忠** 五十一年闰七月至五十八年三月迁 **冯光熊** 五十八年三月至六十年闰二月迁	

续 表

	顺治时代	康熙时代	雍正时代	乾隆时代	嘉庆时代
				姚　棻 六十年闰二月至四月迁 **江　兰** 六十年四月至嘉庆四年五月迁	

(四) 巡抚(下)——道咸同光宣五代

	道光时代	咸丰时代	同治时代	光绪时代	宣统时代
江　苏	**魏元煜** 道光二年九月迁 **韩文绮** 二年九月至四年闰七月降 **张师诚** 四年闰七月(十二月诚端护)至五年五月调 **陶　澍** 五年五月至十年六月迁 **卢　坤** 十年六月至十一月调 **程祖洛** 十年十一月至十二年二月调 **林则徐** 十二年二月至十七年正月调	**傅绳勋** 咸丰元年二月免 **杨文定** 元年二月至三年二月调联英暂理旋免倪良耀代办 **许乃钊** 三年三月至四年六月革 **吉尔杭阿** 四年六月至六年五月殉 **赵德辙** 六年五月至八年十二月免 **徐有壬** 八年十二月至十年四月殉 **薛　焕** 十年五月至同治元年三月罢	**薛　焕** 同治元年三月罢 **李鸿章** 元年三月至四年四月迁 **刘郇膏** 四年四月护至五年四月罢 **郭柏荫** 五年四月署至六年二月迁仍护 **丁日昌** 六年十二月至九年闰十月罢 **张之万** 九年闰十月至十年九月迁 **何　璟** 十年九月至十一年二月迁(恩锡署)	**吴元炳** 光绪四年二月调勒方锜署五年五月元炳回十二月调谭钧培护六年六月元炳回至七年五月忧免 **黎培敬** 七年五月(谭钧培暂署) **卫荣光** 七年十一月至十二年五月迁 **崧　骏** 十二年五月至十四年十月迁十五年正月卸黄彭年护 **刚　毅** 十四年十月命十五年九月任至十八年四月迁	**陈启泰** 宣统元年五月卒 **瑞　澂** 元年五月至十月迁 **宝　棻** 元年十月至二年三月调 **程德全** 二年三月(陆钟琦护)至三年九月以苏州附革命军

续 表

	道光时代	咸丰时代	同治时代	光绪时代	宣统时代
	陈 銮 十七年正月至十九年三月调 **裕 谦** 十九年三月署至二十一年闰三月迁(二十年七月调邵甲名署十二月程矞采署) **梁章钜** 二十一年闰三月至十二月免 **程矞采** 二十一年十二月至二十二年九月革 **孙宝善** 二十二年九月至二十五年正月免 **李星沅** 二十五年正月(陈继昌署)至二十六年八月迁 **陆建瀛** 二十六年八月(陆荫署九月程矞采署)至二十九年四月迁 **傅绳勋** 二十九年四月(程焕署)至咸丰元年二月免		**张树声** 十一年七月至十月迁(恩锡署)至十三年九月罢 **吴元炳** 十三年九月(李宗羲兼署)至光绪四年二月调	**奎 俊** 十八年四月至二十一年三月迁 **赵舒翘** 二十一年三月至二十三年七月迁 **奎 俊** 二十三年七月复任至二十四年五月迁 **德 寿** 二十四年五月至二十五年六月迁 **鹿传霖** 二十五年六月(聂缉椝护十二月陆元鼎护)至二十六年九月迁 **松 寿** 二十六年九月至二十七年正月迁 **聂缉椝** 二十七年正月至十月迁 **恩 寿** 二十七年十月至三十年四月调 **端 方** 三十年四月署至九月迁效曾护 **陆元鼎** 三十年十二月至三十二年	

续 表

	道光时代	咸丰时代	同治时代	光绪时代	宣统时代
				正月免 **陈夔龙** 三十二年正月(濮子潼护)至三十三年七月迁 **张曾敭** 三十三年七月未任 **陈启泰** 三十三年七月至宣统元年五月卒	
安　徽	**李鸿宾** 道光元年六月迁 **孙尔准** 元年六月至八月迁张师诚代十月丁忧孙回任至三年正月调 **陶　澍** 三年正月至四年十二月觐(徐承恩护)至五年五月调 **张师诚** 五年五月至六年四月召 **邓廷桢** 六年四月至十五年七月调 **色卜星额** 十五年七月(佟景文护)至十九年十一月卒	**王　植** 咸丰元年五月迁 **蒋文庆** 元年五月至三年正月被害周天爵署 **李嘉瑞** 三年二月至九月革 **江忠源** 三年九月(刘钤暂署)至十二月殉 **福　济** 三年十二月至六年六月假(毕承昭署)寻回至八年六月革 **翁同书** 八年六月(李孟群暂署)至十一年正月来京	**李续宜** 同治元年七月假 **唐训方** 元年七月至二年十二月罢 **乔松年** 二年十二月至五年八月迁 **英　翰** 五年八月至六年十一月假(张兆栋护)寻回至七年二月卸(吴坤修署)寻回至十三年九月迁 **吴元炳** 十三年九月未任 **裕　禄** 十三年九月至光绪五年闰三月入觐	**裕　禄** 光绪五年闰三月入觐(傅庆贻暂护)八月回至十年六月忧免 **卢士杰** 十年六月至十一年二月 **吴元炳** 十一年二月至十二年五月卒 **陈　彝** 十二年五月(张端卿护八月阿克达春代护)至十四年十月召十五年八月卸 **沈秉诚** 十四年十月命十五年八月任至十六年十月调	**朱家宝** 宣统三年九月革命军入安庆去职

续 表

	道光时代	咸丰时代	同治时代	光绪时代	宣统时代
	程懋采 十九年十一月至二十三年十一月调 **王　植** 二十三年十一月至咸丰元年五月迁	**李续宜** 十一年正月至九月卸十二月仍任至同治元年七月假 **彭玉麟** 十一年九月命未任贾臻署十二月开缺		**阿克达春** 十六年十月护至十七年四月卸 **沈秉诚** 十七年四月回任至二十年四月免 **李秉衡** 二十年四月（德寿暂署）至七月迁 **福　润** 二十年七月（员凤林护）至二十二年七月病免 **邓华熙** 二十二年七月至二十五年十月迁二十六年四月卸 **王之春** 二十五年十月命二十六年四月任至二十七年十月开缺 **聂缉椝** 二十七年十月至二十八年九月迁二十九年八月卸 **饶应祺** 二十八年九月未任卒 **诚　勋** 二十八年十二月命二十九年八月任至三十二年二月迁	

续 表

	道光时代	咸丰时代	同治时代	光绪时代	宣统时代
				恩 铭 三十二年二月至三十三年五月被戕 **冯 煦** 三十三年五月至三十四年六月免 **朱家宝** 三十四年六月(继昌护八月卒沈曾植护)至宣统三年九月革命军入安庆去职	
山 东	**钱 臻** 道光元年六月降 **琦 善** 元年六月至二年十二月忧 **程含章** 二年十二月(杨健护)至三年三月调 **琦 善** 三年三月又署至四年十二月假(讷尔经额暂护)至五年五月调 **伊里布** 五年五月至六月忧讷尔经额护 **武隆阿** 五年九月至六年七月差	**陈庆偕** 咸丰元年九月假(刘源灏署)至二年二月免 **李 僡** 二年二月(刘源灏暂署)至三年八月卒 **张亮基** 三年八月(崇恩署)至四年卸 **崇 恩** 五年至七年五月陛见(吴廷栋署)至九年八月来京 **文 煜** 九年八月至十年八月入援(清盛署)十月回任至十一年	**谭廷襄** 同治元年七月迁 **阎敬铭** 元年七月至六年二月病免 **丁宝桢** 六年二月至十二年十月假(文彬署)寻回任至光绪二年八月迁	**丁宝桢** 光绪二年八月迁 **文 格** 二年八月至五年闰三月降 **周恒祺** 五年闰三月至七年五月迁 **任道镕** 七年五月至八年十二月迁 **陈士杰** 八年十二月至十二年五月召 **张 曜** 十二年五月至十七年七月卒 **福 润** 十七年七月至十八年正月	**袁树勋** 宣统元年五月迁 **孙宝琦** 元年五月至三年十月免(独立) **胡建枢** 三年十月至十二月免(张广建署)

续 表

	道光时代	咸丰时代	同治时代	光绪时代	宣统时代
	陈中孚 六年七月署（讷尔经额护）至十一月卒 **程含章** 六年十一月署至七年闰五月来京长龄暂署 **卢　坤** 七年七月至八月调 **琦　善** 七年八月至九年三月来京 **讷尔经额** 九年三月至十二年八月调 **钟　祥** 十二年八月至十六年七月调 **经额布** 十六年七月（刘斯嵋护）至十九年八月迁 **托浑布** 十九年八月至二十二年五月差 **麟　魁** 二十二年五月署至十二月 **程矞采** 二十二年十二月旋调 **梁宝常** 二十二年十二月至二十三	正月迁 **谭廷襄** 十一年正月（清盛署）至同治元年七月迁		入觐（汤寿铭护）四月回任至二十年七月迁 **李秉衡** 二十年七月至二十三年九月迁 **张汝梅** 二十三年九月至二十五年二月免 **毓　贤** 二十五年二月至十一月召 **袁世凯** 二十五年十一月至二十七年五月忧胡廷干暂护 **张人骏** 二十七年九月至二十八年迁 **周　馥** 二十八年正月至三十年九月迁 **胡廷干** 三十年九月署（尚其亨护）至十二月迁 **杨士骧** 三十年十二月至三十三年七月迁 **吴廷斌** 三十三年七月至三十四年二月袁大化署	

续 表

	道光时代	咸丰时代	同治时代	光绪时代	宣统时代
	年十二月调 **崇 恩** 二十三年十二月至二十四年十月觐(王驾护)至二十七年十一月来京 **张澧中** 二十七年十一月(陈孚恩署)至二十八年六月卒 **徐泽醇** 二十八年六月至二十九年九月迁 **陈庆偕** 二十九年九月(刘源灏署)至咸丰二年二月免			**袁树勋** 三十四年三月至宣统元年五月迁	
山 西	**成 格** 道光元年十二月降 **邱树棠** 元年十二月(叶世倬护)至四年六月降 **张师诚** 四年六月(苏成额护)至闰七月调 **朱桂贞** 四年闰七月旋忧 **福 绵** 四年闰七月至七年八月调	**兆那苏图** 咸丰二年八月卒 **常大淳** 二年八月至十二月未任 **郭梦龄** 二年八月署至十二月 **易 棠** 二年八月至三年五月迁 **哈 芬** 二年十二月署至三年五月补至八月革郭梦龄署	**英 桂** 同治二年十月迁 **沈桂芬** 二年十月署至四年六月假王榕吉护 **曾国荃** 四年六月至五年正月迁 **赵长龄** 五年正月至七年二月罢 **郑敦谨** 七年二月至八年五月迁	**鲍源深** 光绪二年八月免 **曾国荃** 二年八月至六年六月入觐(葆亨护)十一月革松椿护 **卫荣光** 六年十二月至七年十一月迁 **张之洞** 七年十一月至十年三月入觐(奎斌护)四月迁	**宝 棻** 宣统元年十月调 **丁宝铨** 元年十月至三年五月病免 **陈宝琛** 三年五月未任六月留京 **陆钟琦** 三年六月至九月革命军据太原死之 **吴禄贞** 三年九月署寻被刺

续 表

	道光时代	咸丰时代	同治时代	光绪时代	宣统时代
	卢　坤 七年八月至八年八月调 **徐　炘** 八年八月十年九月调 **阿勒精阿** 十年九月至十二年九月解 **尹济源** 十二年九月(邱鸣泰护旋降鄂顺安署)至十三年四月调 **鄂顺安** 十三年四月至十五年九月降 **申启贤** 十五年九月至十九年十月卒 **杨国桢** 十九年十月至二十一年十二月迁 **梁萼涵** 二十一年十二月至二十五年八月调 **吴其浚** 二十五年八月至二十六年十二月免 **王兆琛** 二十六年十二月(潘铎署)至二十九年五月革逮	**恒　春** 三年八月至四年十一月迁 **王庆云** 四年十一月至七年六月迁 **恒　福** 七年六月至十二月陛见(常绩署)至八年八月调 **英　桂** 八年八月至十年八月入援(常绩署)至同治二年十月迁	**李宗羲** 八年五月至九年七月罢 **何　璟** 九年七月至十年九月迁 **鲍源深** 十年九月至光绪二年八月免	**奎　斌** 十年四月署至十一年二月 **刚　毅** 十一年二月至十四年十月迁 **卫荣光** 十四年十月再任至十五年十月病免 **豫　山** 十五年十月至十六年闰二月卒 **刘瑞琪** 十六年闰二月(潘骏文护)至十七年十月卒 **奎　俊** 十七年十月至十八年正月入觐(胡聘之护)四月迁 **阿克达春** 十八年四月至闰六月免 **张　煦** 十八年闰六月至二十一年正月入觐(胡聘之署)八月卒 **胡聘之** 二十一年八月(员凤林护)至二十五年正月入觐(何枢护)四月回至	**张锡銮** 三年九月代未任

续 表

	道光时代	咸丰时代	同治时代	光绪时代	宣统时代
	季芝昌 二十九年五月(兆那苏图署)至八月迁 **龚 裕** 二十九年八月至十一月调湖北 **兆那苏图** 二十九年十一月至咸丰二年八月卒			八月免 **王之春** 二十五年八月(何枢护)至十月迁 **邓华熙** 二十五年十月至二十六年二月迁 **毓 贤** 二十六年二月至七月召(李廷箫护)闰八月免 **锡 良** 二十六年闰八月至二十七年正月开缺 **岑春煊** 二十七年正月至二十八年五月迁 **丁振铎** 二十八年五月(赵尔巽护)至十二月 **俞廉三** 二十八年十二月授二十九年正月病免 **吴廷斌** 二十八年十二月护至二十九年正月 **张曾敭** 二十九年正月至三十一年六月调 **张人骏** 三十一年六月至三十二年	

续 表

	道光时代	咸丰时代	同治时代	光绪时代	宣统时代
				正月调河南 **恩 寿** 三十二年正月至三十三年八月迁 **张曾敭** 三十三年八月至十二月 **宝 棻** 三十三年十二月至宣统元年十月调	
河 南	**姚祖同** 道光二年七月迁 **程祖洛** 二年七月(王鼎署)至七年九月忧 **杨国桢** 七年九月至十四年七月免 **桂 良** 十四年七月(栗毓美护)至十九年三月调 **朱 澍** 十九年三月至四月调 **周天爵** 十九年四月至六月调 **牛 鉴** 十九年六月至二十一年九月迁 **鄂顺安** 二十一年九月署至二十八	**潘 铎** 咸丰元年八月降 **李 僡** 元年八月(蒋霨远署)至二年二月迁 **柏 贵** 二年二月至四月 **陆应穀** 二年四月署十一月迁琦善署十二月陆应穀授至三年九月革 **英 桂** 三年九月至四年三月假(郑敦谨署)至八年四月假瑛棨署 **恒 福** 八年八月至九年二月迁 **瑛 棨** 九年二月至	**郑元善** 同治元年十一月罢 **张之万** 元年十一月至四年四月迁 **吴昌寿** 四年四月至五年正月罢 **李鹤年** 五年正月至十年十一月迁 **钱鼎铭** 十年十一月至光绪元年五月卒	**钱鼎铭** 光绪元年五月卒 **刘齐贤** 元年六月署至十一月卸 **李庆翱** 元年十一月至三年十一月免 **涂定瀛** 三年十一月(李鹤年兼署)至七年二月入觐(李鹤年兼)五月回任八月迁 **李鹤年** 七年八月再授至九年二月革 **鹿传霖** 九年二月(成孚护)至十一年二月迁 **边宝泉** 十一年二月	**吴重憙** 宣统元年三月病免 **宝 棻** 元年三月至三年十月病免 **齐耀琳** 三年十月革命军起

续 表

	道光时代	咸丰时代	同治时代	光绪时代	宣统时代
	年八月革 **潘　铎** 二十八年八月(钟祥署)至咸丰元年八月降	十年正月降 **廉　庆** 十年正月至八月入援(贾臻署) **严树森** 十年十月(贾赞汤署)至十一年十二月迁 **郑元善** 十一年十二月至同治元年十一月罢		至十三年五月病免 **倪文蔚** 十三年五月至十六年六月卒 **裕　宽** 十六年六月(廖寿丰护)至二十年七月祝嘏(刘树棠暂护)十一月免 **刘树棠** 二十年十一月至二十四年十月迁 **裕　良** 二十四年十月至二十五年二月入觐(景星护)四月回任至二十六年闰八月迁 **于荫霖** 二十六年闰八月至二十七年正月迁 **松　寿** 二十七年正月至十一月随扈 **锡　良** 二十七年十一月兼署至二十八年正月迁 **张人骏** 二十八年正月至二十九年三月调	

续 表

	道光时代	咸丰时代	同治时代	光绪时代	宣统时代
				陈夔龙 二十九年三月至三十二年正月调江苏 **张人骏** 三十二年正月又任(瑞良护)至三十三年七月迁 **林绍年** 三十三年七月(袁大化护)至三十四年八月迁 **吴重熹** 三十四年八月(朱寿镛护)至宣统元年三月病免	
陕 西	**朱 勋** 道光元年九月迁至二年五月卸 **卢 坤** 元年九月署至二年九月补至五年四月忧 **程祖洛** 二年五月至七月迁 **程国仁** 二年七月至九月迁 **伊里布** 五年四月至五月调 **鄂 山** 五年五月至九月邓廷桢护	**张祥河** 咸丰三年十一月召 **王庆云** 三年十一月至四年十一月迁 **吴振棫** 四年十一月(载龄署)至六年八月迁 **谭廷襄** 六年八月至十二月 **曾望顾** 六年十二月至九年十月迁 **谭廷襄** 九年十月署至十一年正月迁	**瑛 棨** 同治二年七月罢 **刘 蓉** 二年七月(张集馨署)至四年八月罢五年正月又暂署 **赵长龄** 四年八月署至五年正月迁 **乔松年** 五年八月至七年二月病免 **刘 典** 七年二月署至八年十二月罢 **蒋志章** 八年十二月	**邵亨豫** 光绪元年二月免 **曾国荃** 元年二月未任 **谭钟麟** 元年二月至五年五月陛见(王思沂护)八月迁 **冯誉骥** 五年八月至九年十月革 **边宝泉** 九年十月命(叶伯英护)至十年四月任至十一年二月迁	**恩 寿** 宣统三年闰六月病免 **金诚格** 三年闰六月钱能训护 **杨文鼎** 三年闰六月未任 **钱能训** 三年闰六月护至九月民军起被执 **升 允** 三年九月署未任

续 表

	道光时代	咸丰时代	同治时代	光绪时代	宣统时代
	十月鄂山回任至六年七月调七年回至十年九月调 **徐　炘** 六年七月护十年九月署旋来京顾伯焘署 **史　谱** 十一年至十三年九月调 **杨名飏** 十三年九月至十六年九月革汤金钊暂署 **富呢扬阿** 十六年九月至二十二年三月迁 **壁　昌** 二十二年三月(陶廷杰署)至九月迁 **李星沅** 二十二年九月至二十五年正月调 **惠　吉** 二十五年正月至二月调 **邓廷桢** 二十五年二月(李星沅署)至二十六年三月卒 **林则徐** 二十六年三月(裕康署十一月假杨以垣	**邓尔恒** 十一年正月(瑛棨署) 五月尔恒被杀 **瑛　棨** 十一年五月至同治二年七月罢	至十年十一月卒 **翁同爵** 十年十一月至十二月罢 **邵亨豫** 十年十二月署至十一年正月谭钟麟护八月亨豫仍回至光绪元年二月免	**鹿传霖** 十一年二月至十二年七月病免 **叶伯美** 十二年七月至十四年九月卒 **张　煦** 十四年九月(陶朴护)至十五年十二月迁十六年正月卸 **鹿传霖** 十五年十二月命十六年闰二月始任至二十一年三月迁 **奎　俊** 二十一年三月(张汝梅护)至七月忧 **胡聘之** 二十一年七月至八月迁 **魏光焘** 二十一年八月命至二十二年六月始任至二十五年八月入觐(李有棻护九月端方代护) **岑春煊** 二十六年闰八月至二十七年正月迁(端方护二月迁) **升　允** 二十七年二	

续 表

	道光时代	咸丰时代	同治时代	光绪时代	宣统时代
	护）至二十七年三月调 **杨以增** 二十七年三月至二十八年九月迁 **陈士枚** 二十八年九月至十二月革恒春署 **张祥河** 二十八年十二月至咸丰三年十一月召			月至八月随扈李绍棻护二十八年正月回至三十年十一月调 **夏　旹** 三十年十一月至三十一年正月免 **曹鸿勋** 三十一年正月至三十三年八月召 **恩　寿** 三十三年八月至宣统三年闰六月病免	
福　建 光绪十一年九月裁设台湾巡抚	**顾　检** 道光二年正月迁 **叶世倬** 二年正月至三年正月休 **孙尔准** 三年正月至五年九月调 **韩克均** 五年九月至十一年正月休 **魏元烺** 十一年正月至十九年四月来京 **吴文镕** 十九年四月至二十年十二月调 **刘鸿翱** 二十年十二	**徐继畬** 咸丰元年三月召 **裕　泰** 元年三月署至五月 **王懿德** 元年五月（季芝昌兼署九月假庆端署）至四年正月迁 **吕佺孙** 四年正月至六年十一月假至七年正月免 **庆　端** 六年十一月署七年正月授至八年六月调（瑞瑸署）九年四月迁	**徐宗干** 同治元年正月（厉恩官署）至五年十一月卒 **李福泰** 五年十一月（周开锡护）至六年十一月迁 **卞宝第** 六年十一月至八年正月假（英桂兼署）寻回至九年迁 **何　璟** 九年七月旋迁山西 **王凯泰** 九年七月至十二年十二月调至光绪元年十一月卒	**王凯泰** 光绪元年十一月卒 **丁日昌** 元年十一月（葆亨护）至三年七月假 **葆　亨** 三年七月署至四年六月卸 **吴赞诚** 四年六月至十月免 **裕　宽** 四年十月（李署） **李明墀** 四年十月至五年四月迁 **勒方锜** 五年四月（何璟兼署）至	

续 表

	道光时代	咸丰时代	同治时代	光绪时代	宣统时代
	月至二十五年二月免 **惠　吉** 二十五年二月徐继畬署 **吴其浚** 二十五年四月至八月调 **郑祖琛** 二十五年八月至二十六年十二月 **徐继畬** 二十六年十二月至咸丰元年三月召	**罗遵殿** 九年四月授未任 **瑞　瑸** 九年四月署至十一月假(庆端兼署)至同治元年正月罢	**李鹤年** 十二年十二月兼署寻王仍任	七年四月迁 **岑毓英** 七年四月至八年五月调 **张兆栋** 八年五月(何璟兼署)至十年九月革旋暂署至十一年六月 **刘铭传** 十年九月命由张兆栋暂署 **杨昌濬** 十一年六月兼至九月裁	
台　湾				**刘铭传** 光绪十一年九月为台湾巡抚至十七年三月免 **邵友濂** 十七年四月(沈应奎护)至二十年九月迁 **唐景崧** 二十年九月署至二十二年割于日本	
浙　江	**承　瀛** 道光四年九月忧 **黄鸣杰** 四年九月至五年三月来京 **程含章** 五年三月至	**常大淳** 咸丰二年五月迁 **黄宗汉** 二年五月(春寿署)至四年九月迁	**左宗棠** 同治二年三月迁仍兼署 **曾国荃** 二年三月至三年病免 **马新贻** 三年九月(左	**杨昌濬** 光绪三年二月革 **梅启照** 三年二月至五年八月召 **谭钟麟** 五年八月至	**增　韫** 宣统三年革命军入杭州被执

续　表

	道光时代	咸丰时代	同治时代	光绪时代	宣统时代
	六年十一月调 **刘彬士** 六年十一月(富呢扬阿护)至十年十月降 **富呢扬阿** 十年十月至十四年十一月迁 **乌尔恭额** 十四年十一月至二十年六月革 **刘韵珂** 二十年六月(宋其沅护)至二十二年五月假卞士云署二十三年五月韵珂迁 **吴其浚** 二十三年五月至闰七月调 **管遹群** 二十三年闰七月至十一月卸 **王　植** 二十三年十一月旋调 **程楙采** 二十三年十一月至十二月卒 **梁宝常** 二十三年十二月至二十六年十月觐(存兴护)至二十	**何桂清** 四年九月至六年十一月病免 **晏端书** 六年十一月至八年七月来京 **胡兴仁** 八年七月至九年九月来京 **罗遵殿** 九年九月至十年三月殉 **王有龄** 十年三月至十一年十二月殉 **左宗棠** 十一年十二月至同治二年三月迁	宗棠兼署)至六年十二月迁 **李瀚章** 六年十二月至八年十二月迁 **杨昌濬** 八年十二月至光绪三年二月革	七年八月迁 **陈士杰** 七年八月(德馨护)至八年十二月迁 **任道镕** 八年十二月(德馨护)旋召 **刘秉璋** 八年十二月至十二年五月迁 **卫荣光** 十二年五月(许应锛护)至十四年十月迁 **崧　骏** 十四年十月至十八年二月入觐(刘树棠护)八月回至十九年十一月卒 **廖寿丰** 十九年十二月命至二十年四月任至二十四年十月免二十五年正月卸 **刘树棠** 十九年十二月护二十年四月卸二十四年十月授二十五年 正月任至二十六年十月免 **恽祖翼** 二十六年十	

续 表

	道光时代	咸丰时代	同治时代	光绪时代	宣统时代
	八年六月忧 **傅绳勋** 二十八年六月刘尧海署 **吴文镕** 二十八年六月至三十年十一月迁 **常大淳** 三十年十一月至咸丰二年五月迁			月(余联沅署)至二十七年四月 **任道镕** 二十七年四月至二十八年九月免 **聂缉椝** 二十八年九月诚勋暂护至二十九年四月卸翁曾桂护八月缉椝始任至三十一年九月免 **张曾敭** 三十一年九月(瑞兴兼署)至三十三年七月迁 **冯汝骙** 三十三年七月(信勤署)至三十四年三月迁 **柯逢时** 三十四年三月至四月免 **增 韫** 三十四年四月至宣统三年九月民军入杭州被执	

续 表

	道光时代	咸丰时代	同治时代	光绪时代	宣统时代
江 西	**常 弼** 道光元年七月卒 **毓 岱** 元年七月至二年五月病免 **阿 霖** 二年五月至三年三月召 **程含章** 三年三月至四年二月调嵩溥护 **毓 岱** 四年三月再任至八月免 **成 格** 四年八月至五年八月调 **武隆阿** 五年八月至九月调 **韩文绮** 五年九月至九年十月迁 **吴光悦** 九年十月至十一年十二月 **吴邦庆** 十一年十二月至十二年二月调 **周之琦** 十二年二月至十六年二月免 **陈 銮** 十六年二月至十七年正月调	**陆应榖** 咸丰元年九月召 **王 植** 元年九月署至二年三月免 **陆元烺** 二年三月至八月 **罗绕典** 二年八月旋迁 **张 芾** 二年八月至四年正月革 **陈启迈** 四年正月至五年七月革 **文 俊** 五年七月(陆元烺署)至七年三月来京 **耆 龄** 七年三月至九年九月迁 **恽光宸** 九年九月至十年三月假 **毓 科** 十年三月至十一年十二月降 **沈葆桢** 十一年十二月至同治四年二月假	**沈葆桢** 同治四年二月假(孙长绂护) **刘坤一** 四年五月至十三年十二月迁 **刘秉璋** 十三年十二月至光绪二年二月陛见(李文敏护)六月回至四年乞养	**刘秉璋** 光绪二年二月陛见(李文敏护)六月回至四年七月乞养 **李文敏** 四年七月至八年十月免 **潘 霨** 八年十月至十年九月召 **德 馨** 十年九月(刘瑞芬护)至十三年二月入觐(李嘉乐护)九月回至十九年三月入觐(方汝翼护)九月回至二十一年七月革 **德 寿** 二十一年七月至二十四年五月迁 **松 寿** 二十四年五月(翁曾桂护)至二十六年九月迁 **李兴锐** 二十六年九月(张绍华护)至二十八年七月调 **柯逢时** 二十八年七月护至二十九	**冯汝骙** 宣统三年九月革命军入南昌出走九江死

续 表

	道光时代	咸丰时代	同治时代	光绪时代	宣统时代
	裕　泰 十七年正月至十八年九月调 **钱宝琛** 十八年九月（赵炳吉护）至二十一年五月调 **吴文镕** 二十一年五月至二十八年六月调 **傅绳勋** 二十八年六月至二十九年四月调 **费开绶** 二十九年四月至三十年八月开缺 **陈　阡** 三十年八月（陆元烺暂署）至十二月革			年闰五月迁 **夏　旹** 二十九年闰五月至三十年十一月迁 **胡廷干** 三十年十二月至三十二年三月免 **吴重憙** 三十二年三月署至十二月迁 **瑞　良** 三十二年十二月至三十四年二月病免 **冯汝骙** 三十四年三月至宣统三年九月革命军入南昌汝骙走九江死	
湖　北 光绪二十四年七月裁九月复设三十年十一月裁十二月由总督兼管	**毓　岱** 道光元年七月迁江西 **杨懋恬** 元年七月至六年七月来京嵩孚兼署 **杨　健** 六年十二月至十年十一月降	**龚　裕** 咸丰二年五月议 **常大淳** 二年五月至八月迁十二月殉 **罗绕典** 二年八月至十月迁 **崇　纶** 二年十月（骆	**严树森** 同治三年四月罢 **吴昌寿** 三年四月（唐训方署）至四年四月迁 **郑敦谨** 四年四月至十一月迁 **李鹤年** 四年十一月	**翁同爵** 光绪三年八月卒 **李瀚章** 三年八月兼署 **邵亨豫** 三年十一月至四年三月迁 **潘　霨** 四年三月至五年四月	

续 表

	道光时代	咸丰时代	同治时代	光绪时代	宣统时代
	杨怿曾 十年十一月至十三年正月免 **麟 庆** 十三年正月至三月迁 **鄂顺安** 十三年三月至四月尹代 **尹济垣** 十三年四月至十六年二月免 **周之琦** 十六年二月至十八年四月忧 **伍长华** 十八年四月至二十年十二月革 **吴文镕** 二十年十二月(裕泰兼署)至二十一年五月调 **钱宝琛** 二十一年五月至七月免 **赵炳言** 二十一年八月至二十四年十月觐(裕泰兼署)至二十九年闰四月调 **罗绕典** 二十九年闰四月至十一月忧	秉章署)至四年二月忧 **青 麐** 四年二月至六月正法 **杨 霈** 四年六月至九月迁曾国藩署 **陶恩培** 四年九月至五年三月殉 **胡林翼** 五年三月至十一年八月假(李续宜兼署)至九月卒 **李续宜** 十一年九月至十一月迁 **严树森** 十一年十二月至同治三年四月罢	至五年正月迁 **曾国荃** 五年正月至六年十一月病免 **郭柏荫** 六年十一月(何璟护)至十二年十二月病免 **吴元炳** 十二年十二月至十三年九月迁 **翁同爵** 十三年九月(李瀚章兼署)至光绪三年八月卒	**邵亨豫** 五年四月再任至六年迁 **彭祖贤** 六年正月至十一年十月卒 **谭钧培** 十一年十月授十二年四月任至五月迁 **裕 禄** 十一年十月兼署至十二年四月卸 **奎 斌** 十二年五月至十五年十一月迁 **谭继洵** 十五年十二月至十九年十一月赴四川(张之洞兼署)二十年二月回至二十三年三月入觐(张之洞兼署)四月回任至二十四年七月裁 **曾 龢** 光绪二十四年九月为湖北巡抚至十二月革 **于荫霖** 二十四年十二月至二十六年闰八月迁河南张之洞兼署	

续 表

	道光时代	咸丰时代	同治时代	光绪时代	宣统时代
	龚 裕 二十九年十一月至咸丰二年五月议处			**裕 长** 二十六年闰八月至九月免 **景 星** 二十六年九月至十二月迁 **聂缉椝** 二十六年十二月至二十七年正月迁 **于荫霖** 二十七年正月再任至二月锡代 **锡 良** 二十七年二月至三月免 **端 方** 二十七年三月至三十年四月调张之洞兼署十一月裁	
湖 南	**左 辅** 道光三年二月来京 **嵩 孚** 三年二月至五年八月迁 **康绍镛** 五年八月至十年六月来京 **程祖洛** 十年六月至十一月调 **苏成额** 十年十一月至十一年八月迁	**骆秉章** 咸丰二年五月召三年三月再任至十年八月赴川 **张亮基** 二年五月至十二月迁 **潘 铎** 二年十二月至三年三月免 **翟 诰** 十年八月署至十一年二月来京	**毛鸿宾** 同治二年五月调 **恽世临** 二年五月至四年二月罢 **李瀚章** 四年二月(石赞清护)至六年正月迁 **刘 琨** 六年正月至十年十月罢 **王文韶** 十年十月至光绪三年十月	**王文韶** 光绪四年二月迁 **卫荣光** 四年二月旋忧免 **邵亨豫** 四年三月至五年四月迁 **李明墀** 五年四月至七年八月来京 **涂宗瀛** 七年八月至八年三月迁	**岑春煊** 宣统二年三月议革 **杨文鼎** 二年三月署至三年闰六月改 **余格诚** 三年闰六月至九月革命军入长沙去职

续 表

	道光时代	咸丰时代	同治时代	光绪时代	宣统时代
	吴荣光 十一年八月至十六年正月降 **裕 泰** 十六年正月至十七年正月调 **讷尔经额** 十七年正月至九月来京 **钱宝琛** 十七年九月(龚绶护)至十八年九月调 **裕 泰** 十八年九月至二十年十一月调 **吴其浚** 二十年十一月至二十三年五月调 **陆费瑔** 二十三年五月至二十九年闰四月忧 **赵炳言** 二十九年闰四月至七月迁 **冯德馨** 二十九年七月至三十年二月来京万贡珍署 **骆秉章** 三十年三月至咸丰二年五月召	**毛鸿宾** 十一年二月(文格暂署)至同治二年五月调	陛见（崇福暂护）至四年二月迁	**卞宝第** 八年三月至九年五月迁 **潘鼎新** 九年五月至十年三月迁 **庞际云** 十年三月署至十一年二月被劾 **卞宝第** 十一年二月再任至十四年二月迁 **王文韶** 十四年二月再任至十五年六月迁 **邵友濂** 十五年六月至十一月忧 **张 煦** 十五年十一月(沈晋祥护)至十八年闰六月迁 **吴大澂** 十八年闰六月至二十年召七月卸王濂护邵友濂调署至二十一年闰五月大澂开缺 **德 寿** 二十一年闰五月至七月迁 **陈宝箴** 二十一年七月至二十四年八月革	

续 表

	道光时代	咸丰时代	同治时代	光绪时代	宣统时代
				俞廉三 二十四年八月至二十五年八月入觐(锡良护)十二月回至二十八年十二月迁 **赵尔巽** 二十八年十二月至二十九年三月任至三十年四月召 **陆元鼎** 三十年四月署(张绍华护)至十一月卸 **瑞　方** 三十年十一月至三十一年六月入觐 **庞鸿书** 三十一年六月至三十二年七月调 **岑春煊** 三十二年七月至宣统二年三月议	

续 表

	道光时代	咸丰时代	同治时代	光绪时代	宣统时代
广 东 光绪二十四年七月裁九月复设至三十一年六月复裁以两广总督兼署	**康绍镛** 道光元年六月来京 **张师诚** 元年六月至八月迁 **孙尔准** 元年八月至十月迁 **嵩 孚** 元年十月至二年六月迁 **罗含章** 二年六月至十二月调 **陈中孚** 二年十二月至五年八月调 **成 格** 五年八月至八年八月迁 **卢 坤** 八年八月至十年八月调 **朱桂桢** 十年八月(李鸿宾兼署)至十三年七月免 **祁 埙** 十三年七月至十八年二月迁 **怡 良** 十八年二月(邓廷桢兼署)至二十年九月暂署两广总督至二十一年八月差	**叶名琛** 咸丰二年七月调 **柏 贵** 二年七月至五年十月觐见(叶名琛兼署)至七年十二月调(江国霖暂署)至八年五月假(毕承昭署)至九年四月卒 **劳崇光** 九年四月(毕承昭署)至九月迁 **耆 龄** 九年九月至同治元年正月赴福建	**耆 龄** 同治元年正月赴福建(劳崇光兼署) **黄赞汤** 元年七月至二年六月罢 **郭嵩焘** 二年六月至五年二月罢 **蒋益澧** 五年二月至六年十一月罢 **李福泰** 六年十一月至九年十一月迁 **瑞 麟** 九年十一月兼署至十年四月 **刘长佑** 十年四月至六月迁 **张兆栋** 十年六月至光绪五年正月免	**张兆栋** 光绪五年正月免 **裕 宽** 五年正月(刘坤一兼署)至九年九月病免 **倪文蔚** 九年九月至十二年四月入觐(张之洞兼署) **谭钧培** 十二年五月至十一月迁 **吴大澂** 十二年十一月至十四年七月迁 **张之洞** 十四年七月兼署至十五年正月免兼 **刘瑞芬** 十五年正月(游智开署至十六年李瀚章兼署)至十八年四月卒 **刚 毅** 十八年四月(李瀚章兼署)至二十年六月祝嘏十月迁(李瀚章兼署) **马丕瑶** 二十年十月命二十一年正月任至九月卒	

续 表

	道光时代	咸丰时代	同治时代	光绪时代	宣统时代
	梁宝常 二十一年八月至二十二年十二月调 **程矞采** 二十二年十二月至二十五年正月调 **黄恩彤** 二十五年正月至二十六年十二月革 **徐广缙** 二十六年十二月（耆英兼署）至二十七年十二月调 **叶名琛** 二十七年十二月护至咸丰二年七月调			**谭钟麟** 二十一年九月兼署至二十二年四月卸 **许振祎** 二十一年十二月授二十二年四月任至二十四年七月裁 **鹿传霖** 二十四年九月为广东巡抚至二十五年六月迁 **德　寿** 二十五年六月（谭钟麟兼署）至二十八年五月迁 **岑春煊** 二十八年五月署至七月迁 **李兴锐** 二十八年七月至二十九年三月迁 **张人骏** 二十九年三月至三十一年六月调缺裁	

续 表

	道光时代	咸丰时代	同治时代	光绪时代	宣统时代
广 西	**赵慎珍** 道光二年八年迁 **卢 坤** 二年八月至九月调 **成 格** 二年九月至三年十一月迁 **毓 岱** 三年十一月(嵩溥署)至四年三月调 **康绍镛** 四年三月至五年八月调 **苏成额** 五年八月至十年十一月调 **祁 埙** 十年十一月至十三年七月调 **惠 吉** 十三年七月至十六年四月来京 **梁章钜** 十六年四月至二十一年闰三月调 **周之琦** 二十一年闰三月至二十六年十月免 **徐继畬** 二十六年十月至十二月调	**周天爵** 咸丰元年三月免 **劳崇光** 元年三月署旋卸二年四月授至九年四月迁 **邹鸣鹤** 元年三月至二年四月革 **曹树钟** 九年四月至十年闰三月办理军务 **刘长佑** 十年闰三月至同治元年闰八月迁	**刘长佑** 同治元年闰八月迁 **张凯嵩** 元年闰八月至六年二月迁 **郭柏荫** 六年二月吴昌寿署 **苏凤文** 六年七月至九年十一月卸 **李福泰** 九年十一月署至十年四月卒(康国器护) **刘长佑** 十年六月再任至光绪元年十一月迁	**刘长佑** 光绪元年十一月迁 **严树森** 元年十一月至二年三月卒 **涂宗瀛** 二年三月(庆爱护)至三年十一月迁 **杨重雅** 三年十一月至五年闰三月召 **张树声** 五年闰三月至十一月迁 **庆 裕** 五年十一月至八年正月迁 **倪文蔚** 八年正月至九年九月迁 **徐延旭** 九年九月至十年三月革逮 **潘鼎新** 十年三月至十一年二月革李秉衡护 **张 曜** 十一年五月至十二年五月迁 **李秉衡** 十二年五月护至十三年七月	**张鸣歧** 宣统二年九月迁 **沈秉堃** 二年九月(魏景桐护)至三年九月以桂林附于民军

续 表

	道光时代	咸丰时代	同治时代	光绪时代	宣统时代
	郑祖琛 二十六年十二月至三十年十月革 **林则徐** 三十年十月暂署至十一月卒 **周天爵** 三十年十一月署(劳崇光暂署)至咸丰元年三月免			**沈秉成** 十三年七月至十四年十月迁至十五年六月卸 **高崇基** 十四年十月命十五年六月任至七月卒 **马丕瑶** 十五年七月至十八年二月忧 **张联桂** 十八年二月至十九年正月入觐(黄槐森护)六月回任至二十一年闰五月免 **史念祖** 二十一年六月至二十三年九月革 **黄槐森** 二十三年九月至二十七年二月免 **于荫霖** 二十七年二月旋免 **李经羲** 二十七年三月至四月迁 **丁振铎** 二十七年四月至二十八年五月迁 **王之春** 二十八年五	

续 表

	道光时代	咸丰时代	同治时代	光绪时代	宣统时代
				月至二十九年闰五月革 **柯逢时** 二十九年闰五月（丁体常护）至三十年四月改 **李经羲** 三十年四月至三十一年九月病免 **林绍年** 三十一年九月至三十二年九月召 **柯逢时** 三十二年九月再授至十一月迁 **张鸣岐** 三十二年十一月至宣统二年九月迁	
云　南 光绪二十四年七月裁九月复设	**韩克均** 道光五年九月调 **伊里布** 五年九月至十五年二月迁 **何　煊** 十五年二月至十七年四月卒 **颜伯焘** 十七年四月至二十年九月迁 **张澧中** 二十年九月	**张亮基** 咸丰二年五月迁 **黄宗汉** 二年五月旋迁 **吴振棫** 二年五月至四年十一月迁 **舒兴阿** 四年十一月至七年六月来京 **桑春荣** 七年六月至八年六月来京	**徐之铭** 同治二年三月罢 **贾洪诏** 二年三月至三年八月罢 **林鸿年** 三年八月至五年正月罢 **刘岳昭** 五年正月至七年二月迁 **岑毓英** 七年二月至光绪二年三月忧	**岑毓英** 光绪二年三月忧 **文　格** 二年三月至八月迁 **潘鼎新** 二年三月署八月授至三年八月留京 **杜瑞联** 三年八月至九年六月召 **唐　炯** 九年六月至十年三月革逮	

续 表

	道光时代	咸丰时代	同治时代	光绪时代	宣统时代
	至二十三年闰七月来京 **吴其浚** 二十三年闰七月至二十五年四月调 **惠 吉** 二十五年四月旋迁 **郑祖琛** 二十五年四月至八月调 **梁萼涵** 二十五年八月至二十六年正月免 **陆建瀛** 二十六年正月至八月调 **张日晸** 二十六年八月至九月忧 **徐广缙** 二十六年九月至十二月调 **程矞采** 二十六年十二月至二十九年七月迁 **张日晸** 二十九年七月至三十年八月卒 **张亮基** 三十年八月至咸丰二年五月迁	**张亮基** 八年六月再任至十一月迁 **徐之铭** 八年十一月至同治二年三月罢		**张凯嵩** 十年三月至十二年十一月卒 **谭钧培** 十二年十一月(岑毓英兼署)至二十年十二月卒 **崧 蕃** 二十年十二月(岑毓英护)至二十一年七月迁 **魏光焘** 二十一年七月至八月迁二十二年六月卸 **黄槐森** 二十一年八月授二十二年六月任至二十三年十月迁 **裕 祥** 二十三年十月至二十四年七月裁 **丁振铎** 二十四年九月为云南巡抚至二十七年四月迁 **李经羲** 二十七年四月至二十八年四月开缺 **林绍年** 二十八年四月(魏光焘兼	

续 表

	道光时代	咸丰时代	同治时代	光绪时代	宣统时代
				署）至三十年十一月卸 **丁振铎** 三十年十一月兼管	
贵 州	**明 山** 道光二年六月迁 **嵩 孚** 二年六月至三年二月调 **程国仁** 三年二月至四年八月忧 **苏阿明** 四年八月至五年九月降 **嵩 溥** 五年九月（吴荣光护十月假富呢扬阿护）至十三年九月调 **史 谱** 十三年九月至十一月迁 **裕 泰** 十三年十一月至十六年正月调 **贺长龄** 十年正月至二十五年四月迁 **乔用迁** 二十五年四月至二十八年九月觐（罗绕典署）至咸丰元年十月卒	**乔用迁** 咸丰元年十月卒 **蒋蔚远** 元年十月（吕佺孙署）至九年十二月假（海瑛署）至十年二月卒 **刘源灏** 十年二月至十月迁 **邓尔恒** 十年十月至十一年正月迁 **何冠英** 十一年正月署八月卒 **江忠义** 十一年八月田署 **田兴恕** 十一年八月署至十二月韩署 **韩 超** 十一年十二月至同治元年十一月罢	**韩 超** 同治元年十一月罢 **张亮基** 元年十一月署至六年八月罢 **曾璧光** 六年八月至光绪元年八月卒	**曾璧光** 光绪元年八月卒 **黎培敬** 元年八月至四年十月入觐（林肇元护）至五年正月降 **张树声** 五年正月（林肇元仍护）至闰三月迁 **岑毓英** 五年闰三月至七年四月迁 **勒方锜** 七年四月至八月迁 **林肇元** 七年八月至九年十月议处 **张凯嵩** 九年十月至十年三月迁 **李用清** 十年三月署至十一年六月来京 **潘 霨** 十一年六月至十六年觐（黄槐森护）至十七年五月免 **崧 蕃** 十七年五月	**庞鸿书** 宣统三年四月病免 **沈瑜庆** 三年四月至九月革命军入贵阳去职

续 表

	道光时代	咸丰时代	同治时代	光绪时代	宣统时代
				(黄仍护)至二十年十二月迁 **德　寿** 二十年十二月(嵩崑护)至二十一年闰五月迁 **嵩　崑** 二十一年闰五月至二十三年二月革 **王毓藻** 二十三年二月(邵积诚署)至二十六年二月卒 **邓华熙** 二十六年二月(邵护)至二十八年十月病免至二十九年四月卸(曹鸿勋护) **李经羲** 二十八年十月署二十九年十二月任至三十年四月调 **曹鸿勋** 三十年四月署十一月林绍年代署 **林绍年** 三十年十一月代至三十一年九月迁 **岑春煊** 三十一年九月至三十二年七月迁	

续 表

	道光时代	咸丰时代	同治时代	光绪时代	宣统时代
				庞鸿书 三十二年七月(兴禄护)至宣统三年四月病免	
甘肃新疆 光绪十年十月设				**刘锦棠** 光绪十年十月为甘肃新疆巡抚至十五年正月假 **魏光焘** 十五年正月护至十七年二月 **陶　模** 十七年二月(刘锦棠代)至二十一年十月迁 **饶应祺** 二十一年十月署新疆巡抚十一月任至二十八年九月迁 **潘效苏** 二十八年九月至三十一年八月革 **联　魁** 三十一年八月命(吴引荪署)三十二年闰四月任至宣统二年七月病免	**联　魁** 宣统二年七月病免 **何彦昇** 二年七月至十月卒 **袁大化** 二年十月至三年

续 表

	道光时代	咸丰时代	同治时代	光绪时代	宣统时代
江　淮 光绪三十年十二月改漕运总督为江淮巡抚三十一年三月裁改设江北提督				**恩　寿** 光绪三十年十二月为江淮巡抚至三十一年六月裁卸	
奉　天 光绪三十三年三月设				**唐绍仪** 光绪三十三年三月奉天巡抚至三十四年六月差至宣统元年五月免	**锡　良** 宣统元年三月兼署 **程德全** 元年六月至二年三月调
吉　林 光绪三十三年三月设				**朱家宝** 光绪三十三年三月署吉林巡抚至三十四年六月迁 **陈昭常** 三十四年六月至宣统三年	**陈昭常** 宣统三年革命军起
黑龙江 光绪三十三年三月设				**段芝贵** 光绪三十三年三月署黑龙江巡抚旋被劾 **程德全** 三十三年三月至三十四年二月病免 **周树模** 三十四年二月署至宣统三年罢	**周树模** 宣统三年罢 **宋小濂** 宣统三年十二月

清代学者著述表第六

（一）本表所列，重在著述，凡著述有名称可寻者，无论已刊未刊，概行甄录。惟清代学者累千，遗著綦繁，搜求不易，势难尽窥。今只能就目录卷帙大略记之，其有书名卷数传锓不同者，择要附说。至版本源流，须待专籍，不能详焉。

（一）学者次序，悉按生年排列，借以明其时代之先后，其有生年不详知者，乃意次于同辈之间，容有参差，当无大谬。

（表中生卒之年，所注西历，系据普通年表。惟中西历法不同，西历岁首，恒在中历岁暮，多者差五十余日，少者差二十余日，若月日较迟，则纪年恒有一岁之差。例如施闰章生于万历四十六年，即西历一六一八年，然闰章之生在十一月二十一日，以西历纪之，当为一六一九年一月六日。苟欲精确推算，自非对照月日不可。大约生卒在十一月望日以后者，恒为西历次年之元月，本表为年表，故不能详也。）

（一）本表属草时，友人顾颉刚先生以所著《清籍考》稿本见假，参稽甚便，省力不少，颉刚雅意应志感谢。

（一）生于明末时期者

人名	籍贯	生卒	著述
沈国模 字求如辟姚江书院与史子虚（孝咸）管霞标（宗圣）讲良知学弟子有韩仁父（孔当）王金如（朝式）史弟子有邵子唯（曾可）	浙江余姚	生明万历三年（1575） 卒清顺治十三年（1656） 年八十二	理学家不重著述其书传者甚少姚江学派在清初东南颇有影响特录沈氏以为代表以后邵廷采之史学皆从此派衍出者也（廷采系曾可孙）

续 表

人 名	籍 贯	生 卒	著 述
钱谦益 字受之号牧斋晚年自署蒙叟又号东涧遗老	江苏常熟	生明万历十年(1582) 卒清康熙三年(1664) 年八十三	初学集一百十卷。有学集五十二卷。投笔集一卷。列朝诗集八十一卷。列朝诗集小传。大方语范。明史断略。吾炙集。牧斋集外诗。牧斋尺牍。杜工部诗注二十卷。国初群雄事略。绛云楼书目附牧斋遗事一卷。牧斋性理钞珍。黄山游记一卷。楞严蒙钞。牧斋文钞。牧斋诗钞
孙奇逢 字启泰一字钟元晚讲学苏门之夏峰学者称夏峰先生	直隶容城	生明万历十二年(1584) 卒清康熙十四年(1675) 年九十二 按历代名人年谱孙生万历十年年九十四误 兹据疑年录汇编及清史稿本传	夏峰先生集十六卷。四书近指。读易大旨五卷。尚书近指。圣学录。两大案录。甲申大难录。家礼酌。岁寒居答问。孝友堂家训一卷。畿辅人物考八卷。中州人物考八卷。取节录。孙文正公年谱。乙丙记事。理学宗传附诸儒考
顾梦麟 字麟士学者称织帘先生	江苏太仓	生明万历十三年(1585) 卒清顺治十年(1653) 年六十九	四书说约。诗经说约。四书十一经通考。织帘居诗文集
王 铎 字觉斯谥文安	河南孟津	生明万历二十年(1592) 卒清顺治九年(1652) 年六十一	拟山园帖
王时敏 字逊之号烟客	江苏太仓	生明万历二十年(1592) 卒清康熙十九年(1680) 年八十九	西田集

续 表

人名	籍贯	生卒	著述
杜越 字君异	直隶定兴	生明万历二十四年(1596) 卒康熙二十一年(1682) 年八十七	紫峰集十四卷
项圣谟 字孔彰号易庵又号胥山樵	浙江秀水	生明万历二十五年(1597) 卒清顺治十五年(1658) 年六十二	朗云堂集若干卷
王鉴 字圆照自号湘碧又号染香庵主	江苏太仓	生明万历二十六年(1598) 卒清康熙十六年(1677) 年八十	
王猷定 字于一号轸石	江西南昌	生明万历二十六年(1598) 卒康熙元年(1662) 年六十五	四昭堂集若干卷
陈洪绶 字章侯	浙江诸暨	生明万历二十七年(1599) 卒清顺治九年(1652) 年五十四	宝纶堂集若干卷
毛晋 原名凤苞字子九后改名晋字子晋号潜在	江苏常熟	生明万历二十七年(1599) 卒清顺治十六年(1659) 年六十一	和古今人诗。野外诗题跋。虞乡杂记。隐湖小志。海虞古今文苑。毛诗名物考。宋词选。明诗记事。词苑英华。僧宏秀集。隐秀集。汲古阁书目。共数百卷
顾梦游 字兴治	江苏江宁	生明万历二十七年(1599) 卒清顺治十七年(1660) 年六十二	茂绿轩集若干卷

续 表

人 名	籍 贯	生 卒	著 述
费经虞 先名经野入学时名经纬中式时乃名经虞字仲若号鲜民门人私谥孝贞先生	四川成都	生明万历二十七年(1599) 卒清康熙十年(1671) 年七十三	四书广训一卷。毛诗广义三十卷。字学十卷。古韵拾遗一卷。雅伦一卷。扬州府志作:毛诗广义二十卷。四书字义一卷。雅伦三十卷。临池懿训三卷。注周易参同契一卷。江都县志则作:剑阁芳华集二十卷。雅伦二十卷
朱之瑜 字鲁屿号舜水	浙江余姚	生明万历二十八年(1600) 卒清康熙二十一年(1682) 年八十三	舜水遗集。 舜水先生行实(日本今井弘济安积觉合撰)
恽日初 字仲升号逊庵刘宗周弟子	江南武进	生明万历二十九年(1601) 卒清康熙十七年(1678) 年七十八	刘子(宗周)节要十四卷。驳陆桴亭论性书一卷。野乘五卷。见则堂四书讲义。语录。逊庵诗文集
李　清 字心水号映碧晚号天一居士	江苏兴化	生明万历三十年(1602) 卒清康熙二十二年(1683) 年八十二	澹宁斋集。史论。女世说。史略正误。南北史合注一百五卷。正史外史摘要诸史同异六十八卷。南唐书合注二十五卷。南渡录。三垣笔记三卷附识三卷。明史杂著。历代不知名姓录。袁督师斩毛文龙始末一卷(按王重民有李清著述考)
万寿祺 字介若一字内景世称年少国变后祝发名慧寿自号明志道人	江苏铜山	生明万历三十一年(1603) 卒清顺治九年(1652) 年五十	隰西草堂集十卷(道光四年高邮刻本系孙运锦编辑凡文三卷诗五卷后罗振玉印本增拾遗一卷董士恩刻本凡文三卷诗五卷墨表一卷遗拾一卷并附有年谱及遁渚唱和集)
阎尔梅 字调鼎一字用卿号古古又号白耷山人	江苏沛县	生明万历三十一年(1603) 卒清康熙十八年(1679) 年七十七	阎古古全集六卷(张相文新编定本内有白耷山人年谱)。徐州二遗民集十卷(按此为白耷山人集与隰西草堂集合刻本)

续 表

人 名	籍 贯	生 卒	著 述
刁 包 字蒙吉晚号用六居士	直隶祁州	生明万历三十一年(1603) 卒清康熙八年(1669) 年六十七	易酌十四卷。四书翼注四十二卷(大学五卷。中庸三卷。论语二十卷。孟子十四卷)。斯文正统十二卷。辨道录八卷。潜室札记二卷。用六集十二卷
陈 确 字乾初	浙江海宁	生明万历三十二年(1604) 卒清康熙十六年(1677) 年七十四	性解。禅障。大学辨。葬论一篇
宋朝瑛 字美之别号康流又号罍庵	浙江海宁	生明万历三十三年(1605) 卒清康熙九年(1670) 年六十六	五经略记。文集。(以上藏于家)罍庵杂述。金陵游草
傅 山 初名鼎臣字青竹后改名山又名真山字青主一字仁仲又字侨山又字啬庐别署朱衣道人又署曰公之它亦曰石道人	山西阳曲	生万历三十三年(1605) 卒康熙二十四年(1685) 年八十一 按三续疑年录作万历三十年生康熙二十二年卒年八十二年谱万历三十四年生康熙二十四年卒年八十一续疑年录及汇录均万历三十三年生无年寿及卒年兹据中国文学年表	霜红龛集十二卷。子眉诗附(眉字寿髦)。外医书多种。女科上下卷。产后上下卷(海山仙馆丛书本)
朱鹤龄 字长儒号愚庵	江苏吴江	生明万历三十四年(1606) 卒清康熙二十二年(1683) 年七十八	尚书埤传。禹贡长笺十卷。读左日钞十二卷。补二卷。毛诗通义二十卷。春秋集说二十二卷。易广义略四卷。愚庵小集十二卷。愚庵杂著。群贤梅苑十卷。寒山集。杜工部集辑注二十三卷。李义山集笺注三卷补注一卷

续　表

人　名	籍　贯	生　卒	著　述
陈启源 字长发	江苏吴江	明诸生康熙年间卒	毛诗稽古篇三十卷。尚书辨略二卷。读书偶笔二卷。存耕堂诗稿四卷。无事公诗余若干卷
胡承诺 字君信号石庄	湖北天门	生明万历三十五年(1607) 卒清康熙二十年(1681) 年七十五	绎志六十一篇。读书说。菊佳轩诗。各若干卷
刘翼明 字子羽	山东诸城	生明万历三十五年(1607) 卒清康熙二十七年(1688) 年八十二	所著诗文无力剞劂藏于家
吴伟业 字骏公号梅村	江苏太仓	生明万历三十七年(1609) 卒清康熙十年(1671) 年六十三	梅村集四十卷(诗集十八卷,诗余二卷,文集二十卷)。梅村诗话一卷。乐府杂剧三卷。鹿樵记闻三卷(四库著录绥寇记略非原书)。春秋地理志十六卷。春秋氏族志二十四卷。吴都文献四十卷。梅村家藏稿五十八卷补一卷年谱三卷(今人董康刊,四部丛刊本)
彭士望 本姓危字躬庵一字树庐	江西南昌一作江西宁都	生明万历五十八年(1610) 卒清康熙二十二年(1683) 年七十四	手评通鉴二百九十四卷。春秋五传四十一卷。耻躬堂诗文集四十卷
黄宗羲 字太冲学者号梨洲先生	浙江余姚	生明万历三十八年(1610) 卒清康熙三十四年(1695) 年八十六	南雷文案十一卷。南雷文定三十二卷。南雷诗历四卷。南雷文约四卷。明文案二百十七卷。明文授读六十二卷。明文海四百八十二卷。宋文鉴。元文钞。姚江文略。姚江逸诗十五卷。吾悔集四卷。择杖集四卷。蜀山集四卷。明史案二百四十四卷。宋史补遗三卷。行朝录六卷(隆武纪年,赣州失事,绍武之立,鲁纪年,舟山兴废,四明山寨,日本乞师,沙定

续 表

人 名	籍 贯	生 卒	著 述
			洲之乱,赐姓始末,江右记变,张元箸先生事略,郑成功传)。汰存录一卷。思旧录二卷。留书一卷。明儒学案六十二卷。宋元学案百卷。六家蓍法六卷,易学象数论六卷。孟子师说四卷。授书随笔一卷。今水经一卷。金石要例一卷。四明山志九卷。匡庐游录二卷。台宕记游一卷,四明山九题考一卷。海外恸哭记一卷。西台恸哭记注。明夷待访录二卷。深衣考一卷。黄氏丧服制一卷。黄氏攟残集七卷。勾股图说一卷。开方命算一卷。测圜要义一卷。律吕新义二卷。时宪历法解二卷。春秋日含历一卷。新推交食法授时历一卷(或作交食法圜解)。西历假如一卷。回回历假如一卷。大统历法辨四卷。故授时历假如一卷(或无故字)。割圜八线解一卷,授时历注一卷,大统历推法一卷。气运算法。子刘子行状二卷。姚江琐事。补唐诗人传。病榻随笔。黄氏宗谱。自著年谱。历代甲子考
陆世仪 字道威号桴亭又号刚斋别号眉史氏学者又称文潜先生私谥尊道	江苏太仓	生明万历三十九年(1611) 卒清康熙十一年(1672) 年六十二	宗礼典礼折衷。城守要略。先儒语录集成,明儒语录集成。礼衡、易窥、诗鉴、书鉴、春秋考论。读史笔记。考德录。陆子遗书:文集六卷,诗集十卷,思辨录前后集三十五卷,论学酬答四卷,志学录一卷,性善图说一卷,虚斋格致传补正一卷,四书讲义辑存一卷,淮云问容辑存一卷,八阵发明月道疏一卷附月行九道图并解,分野说一卷,治乡三约一卷,制科议一卷,甲申臆议一卷,苏松浮粮考一卷,娄江条议一卷,桑梓五防一卷,常平权法一卷,家祭礼一卷,支更说一卷,避地三策一卷附改折始末论

续 表

人 名	籍 贯	生 卒	著 述
张履祥 字考夫居桐乡之杨园村学者称杨园先生	浙江桐乡	生明万历三十九年(1611) 卒清康熙十三年(1674) 年六十四	杨园先生全集:文集二十四卷,问目一卷,愿学记三卷,读易笔记一卷,读史偶记,读诸文集偶记读心法偶记读语录偶记共一卷,言行见闻录四卷,经正录一卷(学规附),初学备忘二卷,近鉴一卷,备忘录四卷,近古录四卷,训子语二卷,补农书二卷,丧葬杂录一卷(葬亲社约附)训门人语三卷。(以上据江南书局刻本万氏重编,按全集祝氏原刊本十六目采辑不足。)张杨园先生遗集:愿学记补遗一卷,备忘录补遗二卷,书补遗五卷,文补遗五卷,诗补遗一卷,读书偶记补遗一卷
黄周星 字九烟少育于湘潭周氏	江苏上元	生明万历三十九年(1611) 卒清康熙十九年(1680) 年七十	刍狗斋集
杜 濬 字于皇号茶村	湖北黄冈	生明万历三十九年(1611) 卒康熙二十六年(1687) 年七十七	变雅堂文集五卷。变雅堂诗集十卷。茶村诗钞五卷。补遗一卷附录二卷
冒 襄 字辟疆号巢民	江苏如皋	生明万历三十九年(1611) 卒清康熙三十二年(1693) 年八十三	先世前徽录。六十年师友诗文同人集十二卷。朴巢文集。朴巢诗选。水绘园诗文集六卷。铸错轩诗集。芥茶类钞。宣炉歌注。兰言。影梅庵忆语
张尔岐 字稷若号蒿庵	山东济阳	明万历四十年生(1612) 卒清康熙十六年(1677) 年六十六	夏小正传注一卷。仪礼郑注句读十七卷附监本正误一卷石经正误一卷。吴氏仪礼考注订误一卷。弟子职注一卷。周易说略四卷。春秋传义四卷。蒿庵集三卷。蒿庵闲话二卷。诗说略五卷。老子说略二卷。济阳县志九卷

续 表

人名	籍贯	生卒	著述
钱澄之 字饮光原名秉镫字幼光自号田间老人	安徽桐城	生明万历四十年(1612) 卒清康熙三十二年(1693) 年八十二	田间遗书:易学十二卷,诗学十二卷,诗集二十八卷,文集三十卷,庄屈合诂。未刻遗书:藏山阁存稿诗十六卷,藏山阁存稿文四卷,尺牍三卷(案萧穆藏山阁集序谓前十四卷为古今体诗内分过江集生还集行朝集失路吟行脚吟诗余,六卷为书疏议论及记事杂文)。所知录三卷。五代史注
谷应泰 字赓虞	直隶丰润	顺治进士	明史纪事本末八十卷。筑益堂集若干卷
周亮工 字元亮一字减斋别号栎园学者称栎下先生	河南祥符 (原籍江宁)	生明万历四十年(1612) 卒清康熙十一年(1672) 年六十一	著书百余卷,晚年尽焚之(据林佶撰传)。有先刻诗文行世者
杨光先 字长公	安徽歙县	生明万历间 卒清康熙初	不得已书二卷。
道 济 字石涛号清湘老人一云清湘陈人一云清湘遗人又号大涤子又号苦瓜和尚又号瞎尊者	明楚藩后		论画一卷(见清代学者象传)。苦瓜和尚画语录(见中国人名大辞典)
李 渔 字笠翁	浙江兰溪 (寓居金陵)	生明万历三十九年(1611) 卒清康熙十九年(1680)后 年六十余	笠翁十种曲(奈何天、比目鱼、蜃中楼、美人香、风筝误、慎鸾交、凰求凤、巧团圆、玉搔头、意中缘)。万年欢。偷甲记。四元记。双锤记。鱼篮记。万全记。虎口余生记(一名铁冠图)。 笠翁十二楼(合影楼、夺锦楼、三与楼、夏宜楼、归正楼、萃雅楼、拂云楼、十卺楼、鹤归楼、奉先楼、生我楼、闻过楼)。肉蒲团

续 表

人　名	籍　贯	生　　卒	著　　述
钱陆灿 字尔弢一字湘灵号圆沙	江苏常熟	生明万历四十年(1612) 卒清康熙三十七年(1698) 年八十七	文苑英华律赋选四卷。两汉书文钞二卷。韵经注五卷。调运斋集。铁牛语录。圆砚居士集。圆沙集。各若干卷。常熟县志二十六卷。凤凰山志
陈　瑚 字言夏号确庵	江苏太仓	生明万历四十一年(1613) 卒清康熙十四年(1675) 年六十三 (或作十五年卒)	圣学入门。蔚村讲规。社学事宜。开江筑围书。菊窗随笔。荒政全书。周易传义参。讲学全规。求道录。切己录。同善会语。社学宜事。确庵集。隐湖倡和诗二卷。大学日程一卷。淮云问答一卷。续编一卷
顾炎武 初名绛字宁人号亭林自署蒋山佣	江苏昆山	生明万历四十一年(1613) 卒清康熙二十年(1681) 年六十九	音学五书三十九卷(音论,诗本音,易音,唐韵正,古音表)。左传杜解补正三卷。九经误字一卷。韵补正二卷。顾氏谱系考一卷。历代帝王宅京记二十八卷(一作历代都城宫阙考二十一卷,又或作二十卷)。营平二州地名记一卷(或作营平事六卷)。天下郡国利病书一百二十卷。昌平山水记二卷。山东考古录一卷。京东考古录一卷。谲觚十事一卷。求古录一卷。金石文字记六卷。石经考一卷。日知录三十二卷。录余四卷。菰中随笔三卷。救文格论一卷。杂录一卷。经世篇十二卷(以上均收入四库全书)。五经同疑三卷。亭林集六卷。亭林诗集五卷。二十一史年表十卷。十九陵图志六卷。唐宋韵补异同。海道经。圣安记事(一作本纪)六卷。万岁山考证一卷。明季实录一卷。肇域志一百卷。北平古今记十卷。建康古今记十卷。诗律蒙告一卷。下学指南一卷。当务书六卷。官田始末考一卷。岱岳记八卷。茀录十五卷。熹庙谅阴记一卷。(苏州府志曰一作三朝记事阙文二十卷。)(以上见年谱)亭林余集一卷。亭

续 表

人 名	籍 贯	生 卒	著 述
			林轶诗一卷。亭林杂录(附见救文格论)。附年谱。同志赠言。神道表。(以上见目睹书录)区言五十卷未刊(见耆献类征)。又亭林遗书二十七卷(潘丰编)。遗书补遗十三卷(朱记荣编)。仅各录十种
曹 溶 字洁躬又字秋岳号倦圃又号钼菜翁	浙江秀水	生明万历四十一年(1613) 卒康熙二十四年(1685) 年七十三	静惕堂书目一卷(八千卷楼钞本)。静惕堂宋元人集书目一卷
彭 珑 字云客自号一庵又称信好老人子定求	江苏长洲	生明万历四十一年(1613) 卒清康熙二十八年(1689) 年七十七	志矩斋集若干卷
法若真 字汉儒号黄石一号黄山	山东胶州	生明万历四十一年(1613) 卒清康熙三十五年(1696) 年八十四	黄山诗留若干卷
冯 班 字定远	江苏常熟	生明万历四十二年(1614) 卒清康熙十年(1671) 年六十八	钝吟集。壁论三卷。读古心鉴。葫芦私语。画论。钝吟书要。钝吟杂录十卷。冯氏小集。冯定远集二卷
宋 琬 字玉叔号荔裳一号无今	山东莱阳	生明万历四十二年(1614) 卒清康熙十年(1671) 年六十八	安雅堂文集三十卷

续 表

人 名	籍 贯	生 卒	著 述
俞汝言 字右吉	浙江嘉兴	生明万历四十二年(1614) 卒清康熙十八年(1679) 年六十六	浙川集十卷。先儒语要二卷。春秋平义十二卷。四传纠正一卷。京房易图。晋军将佐表。礼服沿革。汉宫差次考。宋元举要。历纪年。同声录。崇祯大臣年表。卿贰表。明世家考。寇变略。弇州三述补。品级广考。西平县志。嵩山志。谥法考。补双湖杂录。本草摘要
邱维屏 字邦士魏禧姊婿	江西宁都	生明万历四十二年(1614) 卒康熙十八年(1679) 年六十六	易剿说。易数历。时古文各百数十篇
谢文洊 字秋水号约斋	江西南丰	生明万历四十三年(1615) 卒康熙二十年(1681) 年六十七	初学先言。大臣法则。左传济变录。诗文集
应㧑谦 字嗣寅号潜斋	浙江仁和	生明万历四十三年卒清康熙二十二年年六十九 (各书所记不同兹从清史列传及疑年录汇编)	周易集解。诗传翼。书传拾遗。春秋传考。礼学汇编。古乐书。论孟拾遗。学庸本义。孝经辨定。幼学蒙养编。朱子集要。潜斋文集十卷。教养全书四十一卷。性理大中二十八卷。王学考一卷(原为论次阳明言行附性理后陆陇其表而出之题今名)
王余佑 字介祺号五公山人私谥文节先生夏峰弟子	直隶新城	生明万历四十三年(1615) 卒清康熙二十三年(1684) 年七十	居诸编十卷。八阵图一卷。万胜车图说一卷。兵民经络图一卷。十三刀法。涌幢草三十卷。文集三十二卷
李生光 字暗章别号汾曲遗民	山西绛州		儒教辨正。崇正黜邪汇编。正气犹存。西山阁笔。友于集

续 表

人名	籍贯	生卒	著述
黄晋良 字朗伯别号处安	福建石鼓	生明万历四十三年(1615) 卒清康熙二十八年(1689) 年七十五	唐诗剩义四十卷。诗文集六十卷
党成 字宪公号冰壑居士	山西绛州	生明万历四十三年(1615) 卒清康熙三十一年(1692) 年七十八	日知录。学庸澹言。学思二编。儒者十知。致知阶略。朱陆同异辨
盛符升 字珍示	江南昆山	生明万历四十三年(1615) 卒清康熙三十九年(1700) 年八十六	诚斋诗稿。及昆山县志各若干卷
郑与侨 字惠人号确庵又号荷泽	山东济宁	生明万历年间 卒清康熙年间 年八十四	确庵稿。客途偶记。丹照集。争光集。俭戚说。济宁遗事。济上名园记。秦边记要。蒙难偶记
范明征 字仲亮别字雪崖	山东沾化	卒康熙年间 年八十	天文图。文庙崇祀考。雪崖诗文集若干卷
王宏撰 字山史	陕西华阴	与三李同时	周易筮述八卷。正学隅见述一卷。山志六卷。砥斋集若干卷
王建常 字仲复	陕西朝邑	生明万历四十三年(1615) 卒清康熙间 年八十余	律吕图说二卷。小学句读记四卷。大学直解一卷。论语辑说十卷。诗经会编五卷。尚书要义六卷。春秋要义四卷。太极图集解一卷。四礼慎行一卷。思诚录一卷。复斋录六卷别录一卷。日记二卷。余稿六卷
柴绍炳 字虎臣晚号省轩	浙江仁和	生明万历四十四年(1616) 卒清康熙九年(1670) 年五十五	省轩文钞。青凤堂诗。柴氏古韵通。白石轩杂稿。通考辑略。省过记年录。家诫。家传

续 表

人 名	籍 贯	生 卒	著 述
魏象枢 字环极一字庸斋晚号寒松老人谥敏果	山西蔚州	生明万历四十四年(1616) 卒清康熙二十五年(1686) 年七十一	寒松堂奏疏。寒松堂集。寒松堂庸言。儒宗录。知言录
魏裔介 字石生号贞庵一号昆林谥文毅	直隶柏乡	生明万历四十四年(1616) 卒清康熙二十五年(1686) 年七十一	约言录内外篇。圣学知统录二卷。知统翼录二卷。致知格物解二卷。论性书二卷。重订周程张朱正脉。薛文清读书录纂要。易经大全纂要。四书经义汇解。惺心篇直解。孝经注义。经世编七十二卷。鉴语。布贤录。多识集。雅说集。资麈新闻。昆林小品。兼济堂奏疏。兼济堂文集。屿舫集
黄宗炎 字晦木世称立谿先生又称鹧鸪先生	浙江余姚	生明万历四十四年(1616) 卒清康熙二十五年(1686) 年七十一	周易象辞二十一卷。寻门余论二卷。图书辨惑二卷。诗集若干卷(二晦集、山楼集)
陆元辅 字翼王号鞠隐	江苏嘉定	生明万历四十五年(1617) 卒清康熙三十年(1691) 年七十五	礼记陈氏集说补正三十八卷。鞠隐集
侯方域 字朝宗	河南商丘	生明万历四十六年(1618) 卒清顺治十一年(1654) 年三十七	壮悔堂文集十卷。四忆堂诗集六卷。文集遗稿若干卷
宋徵舆 字直方一字辕文	江苏华亭	生明万历四十六年(1618) 卒清康熙六年(1667) 年五十	林屋诗文稿若干卷

续 表

人 名	籍 贯	生 卒	著 述
沈 昀 字朗思原名兰先字甸华	浙江仁和	生明万历四十六年(1618) 卒清康熙十九年(1680) 年六十三	士丧礼说荟。四子略。五子要言。家法论。升降编。言行录。居求编
施闰章 字尚白一字屺云号愚山	安徽宣城	生明万历四十六年(1618) 卒清康熙二十二年(1683) 年六十六	学余文集二十八卷,诗集五十卷,别集四卷,外集二卷,附施氏家风述略,年谱四卷。青原志略补辑十三卷。试院冰渊一卷。拟明史五卷
吴嘉纪 字宾贤号野人与汪楫孙枝蔚同时相友善受知于王士禛或曰周亮工盛称之遂著名	江苏泰州	生明万历四十六年(1618) 卒清康熙二十四年(1685) 年六十八	陋轩集四卷
尤 侗 字同人更字展成别字悔庵晚自号艮斋	江苏长洲	生明万历四十六年(1618) 卒清康熙四十三年(1704) 年八十七	西堂杂俎三集二十四卷,附拟明史乐府一卷。艮斋杂记。鹤楼堂文集
王夫之 字而农号姜斋晚归衡阳之石船山筑土室曰观生居学者称船山先生	湖南衡阳	生明万历四十七年(1619) 卒清康熙三十一年(1692) 年七十四	周易内传六卷发例一卷,周易大象解一卷,周易稗疏四卷,周易考疑一卷,周易外传七卷。尚书稗疏四卷,尚书考异(未见),尚书引义六卷。诗经稗疏四卷,诗经考异一卷,叶韵辨一卷,诗广传五卷。礼记章句四十九卷。春秋家说三卷,春秋世论五卷,续春秋左氏传博议二卷。四书训义三十八卷,四书详解(未见),读四书大全说十卷,四书稗疏一卷,四书考异一卷。说文广义三卷。永历实录二十六卷。读通鉴论三十卷。宋论十五卷。莲峰志五卷。张子正蒙注九卷,近思录释(未见),思问录内外篇二卷。俟解一

续 表

人 名	籍 贯	生 卒	著 述
			卷。噩梦一卷。吕览释(未见),淮南子注(未见)。黄书一卷。识小录一卷。搔首问(未见),龙源夜话一卷。老子衍一卷。庄子解三十三卷。庄子通一卷。愚鼓辞一卷,相宗络索三卷。三藏法师八识规矩论赞(未见)。楚辞通释十四卷。姜斋文集十卷。买薇稿(未见),漧涛园初集(未见)。姜斋五十自定稿一卷,姜斋六十自定稿一卷,姜斋七十自定稿一卷。柳岸吟一卷,落花诗一卷,遣兴诗一卷,和梅花百咏一卷,洞庭秋一卷,雁字诗一卷,仿体一卷。岳余集一卷(剩稿附)。船山鼓棹初集一卷,船山鼓棹二集一卷,潇湘怨一卷,诗绎一卷。夕堂永日绪论内篇一卷,夕堂永日绪论外篇一卷。南窗漫记一卷,南窗外记一卷。忆得一卷。夕堂永日八代文选评(未见或曰十九卷),夕堂永日八代诗选评六卷,夕堂永日四唐诗选评七卷,夕堂永日明诗选评七卷。词选一卷。龙舟会杂剧一卷。船山经义一卷,船山制义(未见)。姜斋诗剩稿一卷,姜斋诗编年稿一卷,姜斋诗分体稿四卷。姜斋文集补遗四卷
刘原渌 字昆石号直斋	山东安丘	生明万历四十七年(1619) 卒清康熙三十九年(1700) 年八十二	读书日记六卷。近思续录四卷。冷语三卷
魏际瑞 原名祥字善伯号东房	江西宁都	生明万历四十八年(1620) 卒清康熙十六年(1677) 年五十八	魏伯子文集十卷,杂俎五卷

续表

人名	籍贯	生卒	著述
耿介 字介石号逸庵初名冲	河南登封	顺治九年进士 卒康熙二十七年	理学正经。性理要旨。中州道学编。孝经易知。敬恕堂存稿
张沐 字仲诚号起庵	河南上蔡	卒年八十三	图书秘典溯流。史学钞。一隅解。道一录。学道六书
徐邻唐 字迩黄田兰芳师	河南商丘	卒年六十九	我庵语略(田兰芳辑)
李腾蛟 字力负别号咸斋私谥贞惠先生	江西宁都	与彭躬庵士望邱邦士维屏林确斋时益魏善伯祥魏冰叔禧彭中叔任曾青藜灿魏和公礼为易堂九子	诗文集。周易剩言
薛镕 字子燮一字依南	福建福清	明季侯官贡生	南窗草存六卷。南窗草又存十卷。存存草十卷。草腴二卷。�阳诗集二卷。箨书十卷。礼经微解十卷。先儒语录钞十卷
申涵光 字孚孟号凫盟	直隶永年	生明万历四十八年(1620) 卒清康熙十六年(1677) 年五十八	聪山诗集八卷。文集四卷。荆园小语一卷。进语一卷。说杜一卷。性习图。义利说
黄澂之 初名师先晚易今名改字波民	福建建阳	史可法幕宾康熙初年卒	遗稿不存,诗散见于遗民诗感旧集等
马骕 字聪御一字宛斯	山东邹平	生明泰昌元年(1620) 卒清康熙十二年(1673) 年五十四	左传事纬十二卷附录八卷。绎史一百六十卷。十三代纬书若干卷
孙枝蔚 字豹人	陕西三原	生明泰昌元年(1620) 卒清康熙二十六年(1687) 年六十八	溉堂前集九卷,续集六卷,后集六卷,诗余二卷

续 表

人 名	籍 贯	生 卒	著 述
李念慈 字屺瞻	陕西泾阳	顺治十五年进士康熙十八年与孙枝蔚同举博学鸿儒	谷口山房十卷
毛 骙 初名先舒字稚黄	浙江钱塘	生明泰昌元年(1620) 卒康熙二十七年(1688) 年六十九	白榆堂诗。铖心慎钞。韵学指归。唐韵四声表。词韵。南曲韵。思古堂集。匡林巽书。螺峰说录。毛稚黄集。小匡文钞。圣学真语。格物问答。东苑文钞。东苑诗钞。蕊云集。晚唱。诗辨坻。韵白。鸾情集选。填词名解
汪 佑 字启我与汪知默汪德元江恒胡渊讲学紫阳书院崇尚朱子	安徽休宁		易传阐要。礼记问答。大乐嘉成。四书讲录。五子近思录。星溪文集。明儒通考
吴曰慎 字徽仲号敬庵	安徽歙县	卒年七十四	周易本义、爻征、周易翼义、集粹,共数十卷
施 璜 字虹玉	安徽休宁		思诚录。小学发明。近思录发明。紫阳书院志十卷
张 夏 字秋绍高世泰弟子	江苏无锡	卒年八十余	孝经衍义。小学瀹注。雒闽源流录十九卷。杨文靖年谱二卷。锡山宦贤考略三卷
许 友 初名宰字有介一字瓯香倪元璐弟子	福建侯官		米友堂诗集
汪 璲 字文仪别号默庵	安徽休宁	卒年七十四	读易质疑二十卷。语余漫录。文集。悠然草。诗集。仪典堂文集。大学章句绎义。周易补注。便读月课,问答。各若干卷
黄与坚 字庭表号忍庵	江南太仓	卒年七十余吴伟业选娄东十子诗以与坚为冠其余九人为周肇许旭顾湄王揆(时敏子原祁父)王撰王抃王摅(皆揆弟)王昊王曜昇(昊弟)	忍庵诗文集等各若干卷。附周肇著有东冈集。许旭著有秋水集。顾湄著有水乡集。王揆著有芝廛集。王撰著有三余集。王抃著有健庵集。王摅著有芦中集。王昊著有硕园集。当恕轩随笔。王曜昇著有东皋集

续 表

人 名	籍 贯	生 卒	著 述
汤之锜 字世调人称默斋先生	江苏宜兴	生明天启元年(1621) 卒清康熙二十一年(1682) 年六十二	偶然云集十卷
刘 丁 字先庚	江西南昌	生明天启元年(1621) 卒清康熙三十一年(1692) 年七十二	诗古文八卷。家居便览。历代典略。正学粹言。各若干卷
曹本荣 字欣木又字厚庵	湖北黄冈	生明天启二年(1622) 卒清康熙四年(1665) 年四十四	五大儒语录。周张精义。王罗择编。居要录。切问录
李文允 字邺嗣以字行别号杲堂	浙江明州	生明天启二年(1622) 卒清康熙十九年(1680) 年五十九	仿元遗山中州集例,以诗为经,以传为纬,集甬上耆旧诗,搜寻残帙,心力俱枯(黄梨洲撰传语)
徐 枋 字昭法号俟斋自署秦余山人	江南长洲	生明天启二年(1622) 卒康熙三十三年(1694) 年七十三	居易堂集二十卷。廿一史文汇。通鉴记事类聚。读史稗语。读史杂钞。建元同文录。管见等各干卷
俞 昱 字宣夏号忝庵	浙江秀水	生明天启二年(1622) 卒清康熙四十五年(1706) 年八十五	南凉,茗柯,忝庵,霜露,诸诗集共十二卷。耻声集六卷。庭说十卷。闲窗随笔四卷。续笔二卷。牖日杂钞十六卷。禅悦辑略二卷。正宗指南二卷。禅余玉屑二卷。众香杂俎二卷
黄 生 字扶孟	安徽歙县	生明天启二年(1622)	字诂一卷。义府二卷
刘 淇 字武仲号南田	山东济南		助字辨略五卷。卫园集若干卷

续 表

人 名	籍 贯	生 卒	著 述
李 铠 字公凯	江苏山阳	顺治十八年进士 康熙十八年试鸿博授编修	史断。读书杂述。悝庵集
张贞生 字篑山一字干臣	江西卢陵	生明天启三年(1623) 卒清康熙十四年(1675) 年五十三	庸书二十卷。圣门戒律八条。玉山遗响集
叶 封 字井叔自号退翁	湖北黄陂	生明天启三年(1623) 卒清康熙二十六年(1687) 年六十五	嵩志二十一卷。嵩阳石刻集二卷。慕庐集。嵩游集
笪重光 字在辛号江上外史一称郁冈扫叶道人	江苏句容	生明天启三年(1623) 卒清康熙三十一年(1692) 年七十	书筏。画筌等
梅 清 字润公号瞿山	安徽宣城	生明天启二年(1623) 卒清康熙三十六年(1697) 年七十五	天延阁前后集。梅氏诗异。瞿山诗略三十三卷
毛奇龄 字大可一字齐于又名甡字初晴又号秋晴晚晴学者称西河先生	浙江萧山	生明天启三年(1623) 卒清康熙五十五年(1716) 年九十四 按清史列传作康熙五十二年卒年九十一疑年录宋元明清儒学年表中国文学年表皆作九十四汇编并有附注考证甚详	西河全集:仲氏易三十卷,推易始末四卷,河图洛书原舛编一卷,太极图说遗义一卷,易小帖五卷,易韵四卷。古文尚书冤词八卷,尚书广听录五卷,舜典补亡一卷。国风省篇一卷,毛诗写官记四卷,诗扎二卷,伪诗传诗说驳议五卷,白鹭洲主客说诗一卷,续诗传鸟名三卷。昏礼辨正一卷,庙制折衷二卷,大小宗通绎一卷,北郊配位尊西向议一卷,辨定嘉定大礼议一卷,辨定祭礼通俗谱五卷,丧礼吾说篇十卷。曾子问讲录四卷,仪礼疑义二卷。春秋毛

续 表

人 名	籍 贯	生 卒	著 述
			氏传三十六卷,春秋属词比事记四卷,春秋条贯篇十一卷,春秋占筮书三卷,春秋简书刊误二卷。四书索解四卷,论语稽求篇七卷,大学证文四卷,大学知本图说一卷,中庸说五卷。四书剩言四卷,四书剩言补二卷。圣门释非录四卷。逸讲笺三卷。圣谕乐本解说二卷,竟山乐录四卷,皇言定声录八卷,李氏学乐录二卷。孝经问一卷。周礼问二卷。大学问一卷。郊社禘祫问一卷。经问补三卷。胜朝彤史拾遗记六卷。武宗外记一卷。后鉴录七卷。蛮司合志十五卷。古今通韵十二卷。后观石录二卷。越语肯綮录一卷。萧山县志刊误三卷。湘湖水利志三卷。杭州志三诘三误辨一卷。杭州治火议一卷。诗话八卷。词话三卷。天问补注一卷。韵学要指十一卷。策问三卷。表一卷。杂说十卷。文一百三十三卷。诗五十六卷。四书改错廿一卷(四书正事八卷即改错前稿)。唐人试帖四卷
孙学稼 字君实	福建侯官	康熙二十年卒	兰雪轩集三十卷。十六国年表并论四卷。群言汇钞四十卷(并亡)
周 篔 初名筠字公贞又字青士又字筜谷	浙江嘉兴	生明天启三年(1623) 卒清康熙二十六年(1687) 年六十五	采山堂集二十四卷。词纬三十卷。今词综十卷。析津日记三卷。投壶谱一卷
王 翃 字介人	浙江嘉兴		灵兰馆集若干卷
朱一是 字近修	浙江嘉兴	崇祯壬午举人国变后披缁衣授徒	可堂集若干卷

续 表

人名	籍贯	生卒	著述
沈进 字山子	浙江嘉兴		蓝村集。文言会粹二卷。行国录一卷
朱彝鉴 字千里彝尊弟	浙江秀水		笏在堂遗稿若干卷
周篁 别字鸥堂篔从弟	浙江嘉兴		鸥堂诗集若干卷
顾祖禹 字景范学者称宛溪先生	江苏无锡	生明天启四年(1624) 卒清康熙十九年(1680) 年五十七	读史方舆记要一百廿卷。形势记要九卷。舆图要览四卷。古本方舆书目一卷。又分修一统志
黄仪 字子鸿	江苏常熟		水经注图。分修一统志
魏禧 字冰叔号裕斋又号勺庭	江西宁都	生明天启四年(1624) 卒清康熙十九年(1680) 年五十七	叔子文集二十二卷。日录三卷。左传经世。叔子诗集八卷
汪琬 字苕文号钝翁又号玉遮山樵晚居尧峰学者称尧峰先生	江苏长洲	生明天启四年(1624) 卒清康熙二十九年(1690) 年六十七	钝翁类稿一百十八卷。尧峰文集五十卷。读书正讹一卷。兵饷一览。震川先生年谱一卷。汪来虞先生年谱一卷。归文辨诬一卷。归诗考异。汪氏说铃。尧峰志。汪氏族谱
计东 字甫草号改亭	江苏吴江	生明天启五年(1625) 卒清康熙十五年(1676) 年五十二	读庄日记。广说铃。名家英华。甫草诗集六卷。汝款集,竹林集,中州集。改亭文集十六卷

续 表

人 名	籍 贯	生 卒	著 述
陈维崧 字其年号迦陵贞慧子	江苏宜兴	生明天启五年(1625) 卒清康熙二十一年(1682) 年五十八 历代名人年谱作天启四年生康熙二十一年卒 年五十九	湖海楼全集五十一卷。乌丝词。妇人集。箧衍集。各若干卷
费 密 字此度号燕峰门人私谥中文先生	四川成都	生明天启五年(1625) 卒清康熙四十年(1701) 年七十七	中传正记百廿卷。弘道书十卷。圣门旧章廿四卷。文集廿卷诗钞廿卷。河洛古文一卷。尚书说一卷。周礼(清史列传作官)注论一卷。二南偶说一卷。瓮录一卷。中庸大学驳论(清史列传作义)一卷。太极图记八卷。圣门学脉中旨录一卷。古史正十卷。史记补笺四卷(清史列传作十卷无补字)。历代记年四卷。四礼补录(清史列传作篇)十卷。古文旨要二卷。蚕北遗录二卷。答箮归来晚暇记四卷。奢乱记略一卷。费氏荒书四卷。历代贡举九十卷。二氏论一卷。题跋六卷尺牍六卷。诗余二卷。杂著二卷。费氏家训四卷。祀先仪礼一卷。长沙发挥一卷。王氏疹论一卷。金匮本草六卷,伤寒口义二卷。集外杂存八卷。补剑阁芳华集二十卷。雅伦廿六卷。中旨定论一卷。中旨正录(清史列传作定)二卷。中旨辨录五卷。中旨统论二卷。中旨申惑二卷(定录辨录申惑三书清史列传皆作四卷,兹从胡适文存二集)。历代贡(清史列传作选)举合议二卷。朝野争论二卷。志农记事二卷。天涯知己录一卷。全唐诗选十卷

续 表

人名	籍贯	生卒	著述
王士禄 字子底号西樵山人私谥节孝先生	山东新城	生明天启六年(1626) 卒清康熙十二年(1673) 年四十八	读史蒙拾。然脂集。表余堂诗存。十笏山房幸甲,上浮诸集
汪楫 字舟次	安徽休宁	生明天启六年(1626) 卒清康熙二十八年(1689) 年六十四	中州沿革志。琉球奉使录。悔斋诗文集。山闻正续集,观海集
李经世 字函子	河南禹州	生明天启六年(1626) 卒清康熙三十七年(1698) 年七十三	寻乐集。一得录
汤斌 字孔伯一字荆岘号潜庵谥文正	河南睢州	生明天启七年(1627) 卒清康熙二十六年(1687) 年六十一	洛学编。睢州志。潜庵语录诗文集(有选辑为汤子遗书者凡十卷)
朱用纯 字致一号柏庐私谥孝定	江苏昆山	生明天启七年(1627) 卒清康熙三十七年(1698) 年七十二	愧讷集。大学中庸讲义。治家格言
李颙 字中孚自署曰二曲土室病夫	陕西盩厔	生明天启七年(1627) 卒清康熙四十四年(1705) 年七十九	二曲全集:历年记略一卷,潜确录一卷,二曲集二十二卷,四书反身录七卷,反身续录二卷。十三经注疏纠谬。廿一史纠谬。易说象数蠡测。富平答问
林侗 字同人号来斋又自称于野	福建侯官	生明天启七年(1627) 卒清康熙五十三年(1714) 年八十八	来斋金石考。古历列星距度。古文选体。集古帖。昭陵石迹考略。李忠定年谱。井野识途。荔水庄诗草

续 表

人名	籍贯	生卒	著述
孙旸 字赤崖号蔗庵	江南常熟	顺治十四年举人 晚年与徐健庵尤西堂秦留仙为耆年之会 卒年七十余	蔗庵集若干卷
丁澎 字飞涛号药园	浙江仁和	顺治十二年进士	扶荔堂集。信美堂诗选
李子金 原名之铲以字行	河南鹿邑	生天启间 卒康熙间 年八十余	隐山鄙事十二种三十余万言(曰律吕心法。曰书学慎余。曰算法通义。曰天弧象限表。曰几何易简集。曰历范。曰闲居五操。曰传声谱。曰解环谱。曰周易后天图说。曰狂夫之言。曰蛩鸣录)
陈芳迹 字亮工	江苏虞山		历代地理沿革表四十七卷
叶方蔼 字子吉号讱庵谥文敏	江苏昆山	顺治十六年一甲三名进士 卒康熙二十一年(1682)	读书斋偶存稿若干卷
王锡阐 字寅旭	江苏吴江	生明崇祯元年(1628) 卒清康熙二十一年(1682) 年五十五	字母原始。大统西历启蒙五卷。推步交朔一卷。测日小记。三辰晷志。圜解二卷。日月左右旋问答。南北两极图。浑天歌筹算一卷。五星行度解一卷。丁未历稿。晓庵新法六卷。历说五篇。汉书日食辨。续唐诗本记四卷。职方表四卷。读史贯索十六卷。浩然堂集。困亨斋集二卷
薛凤祚 字仪甫	山东淄川	卒康熙十九年(1680)	圣学心传。天步真原。天学会通十余种。两河清汇(陆耀切问斋文钞记薛书有河防辑要大概即此书)
姜宸英 字西溟号湛园	浙江慈溪	生明崇祯元年(1628) 卒清康熙三十八年(1699) 年七十二	湛园札记一卷。湛园集八卷。苇间诗集五卷。江防总论一卷。海防总论一卷。西溟文钞若干卷

续 表

人 名	籍 贯	生 卒	著 述
田兰芳 字梁紫一字伍众号箕山	河南睢州	生明崇祯元年(1628) 卒清康熙四十年(1701) 年七十四	逸德轩前后集。闰一集。逸德轩遗文遗诗。睢州志。各若干卷
詹明章 字峨士	福建海澄	生明崇祯元年(1628) 卒清康熙五十九年(1720) 年九十三	易经提要,易义,先后卦说,河洛通解,洛范启要,四书提要等二十余种
黄虞稷 字俞邰	福建晋江(寄籍南京)	生明崇祯二年(1629) 卒清康熙三十年(1691) 年六十三	千顷堂书目三十二卷。楮园杂志。我贵轩集。朝爽阁集。蝉窠集
魏 礼 字和公号吾庐	江西宁都	生明崇祯二年(1629) 卒清康熙三十三年(1694) 年六十六	季子诗文集
朱彝尊 字锡鬯号竹垞又号驱舫晚称小长庵钓鱼师	浙江秀水	生明崇祯二年(1629) 卒清康熙四十八年(1709) 年八十一	经义考三百卷。日下旧闻四十二卷。曝书亭集八十卷,附录一卷。明诗综一百卷。瀛洲道古录。五代史补注。禾录。曝书亭集外诗五卷,词一卷,文二卷。金石文字跋尾六卷
吕留良 字庄生又名光纶字用晦号晚村削发后名耐可字不昧号何求老人	浙江石门	生明崇祯二年(1629) 卒清康熙二十二年(1683) 年五十五	刻宋诗钞(与吴之振合编)。诗文集及讲义均以文字狱被毁。民国后始有印行遗集者
李 柏 字雪木与李颙李因笃并称三李	陕西郿县	生明崇祯三年(1630) 卒年六十余	槲叶集若干卷

续 表

人名	籍贯	生卒	著述
陆陇其 字稼书初名龙其谥清献	浙江平湖	生明崇祯三年(1630) 卒清康熙三十一年(1692) 年六十三	陆清献公全书:古文尚书考一卷,读书志疑(未见),读礼志疑六卷,礼经会元(未见)。四书大全四十卷,四书困勉录三十七卷,松阳讲议十二卷,战国策去毒二卷。灵寿县志。读朱随笔四卷。三鱼堂剩言十二卷。松阳钞存二卷。呻吟语质疑(未见),卫滨日钞(未见),问学录四卷。三鱼堂文集十二卷外集六卷附录一卷。治家格言一卷。莅嘉遗迹一卷。四书讲义二十卷。日记十卷
屈大均 初名绍隆字翁山又字介子削发后名今种字一灵又字骚余	广东番禺	生明崇祯三年(1630) 卒清康熙三十五年(1696) 年六十七	翁山诗外二十卷。文外。文钞。广东新语。易外。四书补注。广东文选。广东文集。十八代诗选。李杜诗选。今文笺。今诗笺。翁山六选。道援堂集。道援堂词(亦称骚屑词)
唐　甄 字铸万号圃亭原名大陶	四川达县	生明崇祯三年(1630) 卒清康熙四十三年(1704) 年七十五	潜书八卷。圃序集。毛诗传笺合义。春秋述传。日记。各若干卷
吴兆骞 字汉槎	江苏吴江	生明崇祯四年(1631) 卒清康熙二十三年(1684) 年五十四	秋笳集三卷。西曹杂诗一卷。前集一卷。杂体诗一卷。后集一卷。杂著一卷
杨　宾 字可师	浙江山阴		柳边记略。诗集存一卷
吴任臣 字志伊一字尔器初字征鸿号托园	浙江仁和		十国春秋一百十四卷。山海经广注。字汇补。周礼大义补。礼通。春秋正朔考辨。托园诗文集
张　弨 字力臣号亟斋	江苏山阳		瘗鹤铭辨。昭陵六骏图赞

续 表

人 名	籍 贯	生 卒	著 述
徐乾学 字原一号健庵	江苏昆山	生明崇祯四年(1631) 卒清康熙三十三年(1694) 年六十四	读礼通考一百二十卷。资治通鉴后编一百八十四卷。澹园文集二十四卷。外集四卷。诗集十卷。传是楼书目。历代宗庙考。修史条议一卷。班马异同辨。舆地备考。舆地志余。舆地记要。教习堂条约一卷。大清一统志。古文渊鉴(奉敕修)
彭孙遹 字骏孙号羡门	浙江海盐	生明崇祯四年(1631) 卒清康熙三十九年(1700) 年七十	松桂堂集若干卷
陈恭尹 字元孝一字半峰晚号独漉子陈邦彦子	广东顺德	生明崇祯四年(1631) 卒清康熙三十九年(1700) 年七十	独漉堂诗文集三十二卷
徐嘉炎 字胜力号华隐初名炎	浙江秀水	生明崇祯四年(1631) 卒清康熙四十二年(1703) 年七十三	抱经斋集二十卷
梁佩兰 字芝五号药亭	广东南海	生明崇祯五年(1632) 卒清康熙四十七年(1708) 年七十七	六莹堂前后集十二卷
程可则 字周量一字湟溱号石臞	广东南海		海日堂集。遥集楼草。萍花草
顾蔼吉 字畹先号天山又号南原	江苏长洲		隶辨八卷。经疑八卷。南原诗文稿十卷。又纂修佩文斋书画谱

续 表

人 名	籍 贯	生 卒	著 述
方殿元 字蒙章	广东番禺	与梁佩兰程可则陈恭尹王邦畿暨殿元长子还次子朝同以诗鸣人称岭南七子	九谷集。环书。还著有灵洲集。朝著有勺园集
凌嘉印 字文衡应抝谦弟子	浙江钱塘	生明崇祯五年(1632) 卒清康熙三十七年(1698) 年六十七	注礼书若干卷
吴农祥 字庆百一字星叟	浙江钱塘	生明崇祯五年(1632) 卒清康熙四十七年(1708) 年七十七	古今体诗一百三十四卷。古文一百四十卷。骈体文四十卷。诗余二十四卷。他杂著一百六十八卷
沈士则 字志可应抝谦弟子	浙江仁和	卒康熙四十年	以礼律身,即以礼为教。尤详于丧礼
李 寅 字露祯号东崖私谥文孝	江苏吴江	卒康熙四十年左右年七十一	文集八卷。淇园集六卷。易说要旨八卷。学庸要旨六卷。
吴 历 字渔山因所居有言子墨井故号墨井道人	江南常熟	生明崇祯五年(1632) 卒清康熙五十七年(1718) 年八十七	墨井画跋。墨井诗草若干卷
王 翚 字长谷号耕烟外史(一作散人)又号乌目山人晚号清晖老人	江南常熟	生明崇祯五年(1632) 卒清康熙五十六年(1717) 年八十六 疑年录云卒年八十九或有误兹据画学全史	清晖赠言十卷。尺牍二卷
李因笃 字天生更字孔德又字子德	陕西富平	生明崇祯六年(1633) 疑年录汇编据续录无卒年	古今韵考四卷。诗说。春秋说。寿祺堂集

续 表

人 名	籍 贯	生 卒	著 述
李 楷 字叔则	陕西朝邑	得名在三李前	河滨全集若干卷
王又旦 字幼华从孙枝蔚游	陕西郃阳		黄湄诗集若干卷
万斯大 字充宗号跛翁泰第六子梨洲高弟	浙江鄞县	生明崇祯六年(1633) 卒清康熙二十二年(1683) 年五十一	礼记偶笺二卷。学礼质疑二卷。学春秋随笔十卷。周官辨非二卷。仪礼商二卷附录一卷。万氏家谱十卷。纪元会考四卷(书目答问曰未见传本)。礼记集解三百卷。春秋三传明义二百四十卷(毁于火)。丁灾甲阳草各一卷
文 点 字与也晚自号南云山樵	江苏长洲	生明崇祯六年(1633) 卒清康熙四十三年(1704) 年七十二	文集四卷。诗集十卷。文氏族谱
毛际可 字会侯号鹤舫	浙江遂安	生明崇祯六年(1633) 卒清康熙四十七年(1708) 年七十六	春秋三传考异十二卷。安序堂文钞二十卷。松皋文集十卷。松皋诗选二卷。拾余诗稿四卷。浣雪词钞二卷。黔游日记一卷
徐秉义 字彦和号果亭乾学弟	江南昆山	生明崇祯六年(1633) 卒清康熙五十年(1711) 年七十九	耘圃培林堂代言集若干卷
胡 渭 初名渭生字朏明号东樵	浙江德清	生明崇祯六年(1633) 卒清康熙五十三年(1714) 年八十二	易图明辨十卷。禹贡锥指二十卷,图二十七篇。洪范正论五卷。明大学翼真七卷。又与黄仪顾祖禹阎若璩等分纂大清一统志
张鹏翼 字蜚子晚号警庵	福建连城	生明崇祯六年(1633) 卒清康熙五十四年(1715) 年八十三	说略。理学入门。后四书。相将谏三谱。史案。中华世统图说

续 表

人　名	籍　贯	生　　卒	著　　述
梅文鼎 字定九又字勿庵仲弟文鼐字和仲与鼎共著步五星式六卷季弟文鼏字尔素辑中西经星同异考一卷授时步交食法一卷南极诸星考一卷几何类求若干卷	安徽宣城	生明崇祯六年(1633) 卒清康熙六十年(1721) 年八十九	勿庵历算书目(计历学书六十二种算学书二十六种)。历字骈枝六卷,元史天经注补二卷。古今天法通考七十余卷,春秋以来冬至考一卷,庚午元法考一卷,郭太史法草补注二卷,大统立成注二卷,平定三差详说一卷,回回法补注三卷,西域天文书补注二卷,三十杂星考一卷,四省表景立成一卷,周髀算经补注一卷,浑盖通宪图说订补一卷,西国日月考一卷,七政细草补注三卷,交食蒙求订补二卷,交食蒙求附说二卷。交食图法订误一卷,求赤道宿度法一卷,交食管见一卷,日差原理一卷,火纬本原图说一卷,七政前均简法一卷。上三星轨迹成绕日圆象一卷,黄赤距纬图辨一卷,太阴表影辨一卷,帝星句陈经纬考异一卷,略晷真度一卷,明史历志拟稿三卷,历志赘言一卷,历学疑问三卷,方田通法,方程论六卷,勿庵筹算七卷,弧三角法五卷,平三角法五卷,王寅旭书补注,答刘文学天象一卷。几何补编四卷,少广拾遗一卷。算笔五卷,古历列星距度考一卷,环中黍尺五卷,堑堵测量二卷,度算释例二卷
恽　格 字寿平以字行一字正叔又号东园草园草衣生一号白云溪外史晚称南田老人父日初	江苏武进	生明崇祯六年(1633) 卒清康熙二十九年(1690) 年五十八	南田诗钞及画跋等各若干卷
王士禛 字贻上号阮亭别号渔洋山人	山东新城	生明崇祯七年(1634) 卒清康熙五十年(1711) 年七十八	渔洋山人著述:渔洋诗集二十二卷。渔洋诗续集十六卷,蚕尾集十卷,蚕尾续集二卷,蚕尾后集二卷,南海集二卷,雍益集一卷。精华录十二卷。渔洋文略十四卷。唐贤三昧集三卷。香祖笔记十二卷。唐诗十选十

续　表

人　名	籍　贯	生　　卒	著　　述
			七卷。唐人万首绝句选七卷。池北偶谈二十六卷,居易录三十四卷,分甘余话四卷,皇华记闻四卷,粤行志一卷,南来志一卷,北归志一卷,蜀道驿程记二卷,秦蜀驿程后记二卷,陇蜀余闻一卷,长山录一卷。梧溪考一卷,载书图一卷,谥法考一卷。考工集选一卷(西樵著),抱山诗选一卷(礼吉著),古钵集选一卷(士祜著),高徐二家诗选二卷,华泉集选四卷。萧亭诗选六卷,历仕录一卷(曾祖之垣著),陇首集一卷(世父与允著),二如亭群芳谱二十八卷(祖象晋撰),翦桐载笔一卷,清寝斋心赏编一卷(象晋)。(以上通称三十八种)广州游览志一卷,渔洋诗话三卷,五代诗话十卷(郑方坤补编)。古夫于亭杂录六卷。古欢录八卷。古诗选。又渔洋晚年编次诗文为带经堂集九十二卷
徐　善 字敬可	浙江秀水	生明崇祯七年(1634) 据清史列传年十一值国变推算	春秋地名考略十四卷。徐氏四易十二卷。易论。庄子注。蘁谷集等各若干卷
李良年 字武曾初名法远又名兆璜	浙江嘉兴	生明崇祯八年(1635) 卒清康熙三十三年(1694) 年六十	秋锦山房集若干卷
颜　元 字浑然号习斋	直隶博野	生明崇祯八年(1635) 卒清康熙四十三年(1704) 年七十	书正误六卷。四存编十一卷:存学编四卷,存性篇二卷,存治篇一卷,存人编四卷。言行录二卷。辟异录二卷。年谱二卷。朱子语类评一卷。礼文手抄五卷。习斋记余十卷。遗著一卷(四存学会颜李丛书本)

续 表

人 名	籍 贯	生 卒	著 述
田 雯 字纶霞又字紫纶别号山薑子晚号蒙斋	山东德州	生明崇祯八年(1635) 卒清康熙四十三年(1704) 年七十	古欢堂诗文集。黔书。长河志籍考。年谱。诗传备义。历代诗选。文选。寒绿堂山薑分诗体。读诗定本等各若干卷
徐世沐 字尔浣晚号青麓又号青牧	江苏江阴	生明崇祯八年(1635) 卒清康熙五十六年(1717) 年八十三	惜阴录(著四子书易书诗仪礼周礼春秋孝经小学及礼记诸编统名之)
阎若璩 字百诗号潜邱又字玚次	山西太原寄籍山阳	生明崇祯九年(1636) 卒清康熙四十三年(1704) 年六十九	尚书古文疏证八卷。四书释地四卷。余论若干篇。孟子生卒年月考一卷。潜邱札记六卷。毛朱诗说一卷。日知录补正。丧服翼注。博学堂录(或作博湖掌录)。宋刘攽李焘马端临王应麟四家逸事。眷西堂集。又分纂一统志
徐 釚 字电发号拙存一号菊庄又号虹亭晚号枫江渔父计东弟子	江南吴江	生明崇祯九年(1636) 卒清康熙四十七年(1708) 年七十三	鞠庄乐府。南州草堂集三十卷。词苑丛谈十二卷。续本事诗十二卷
陈梦雷 字则震一字省斋	福建闽县	康熙九年进士 卒雍正间	周易浅述八卷。松鹤山房集十六卷。天一道人集百卷。闲止书堂集二卷。又编辑图书集成
冉觐祖 字永光	河南中牟	生明崇祯十年(1637) 卒清康熙五十七年(1718) 年八十二	天理主敬图一卷。性理纂要八卷。正蒙补训四卷。为学大指十八则。一本论三篇。四书玩注详说。易书诗礼春秋详说。孝经详说。阳明疑。孔子生卒考。及诗文杂著等
顾贞观 字华封号梁汾	江苏无锡	生明崇祯十年(1637) 疑年录汇编据五续无卒年	弹指词。滤(清史列传作纻)塘集。积书岩集

续 表

人 名	籍 贯	生 卒	著 述
邵长蘅 字子湘号青门山人	江苏武进	生明崇祯十年(1637) 卒清康熙四十三年(1704) 年六十八	青门簏稿凡文十卷,诗六卷(康熙戊午以前)。青门旅稿凡文四卷,诗二卷(己未迄辛未)。青门剩稿文五卷,诗三卷(壬申以后)
秦松龄 字汉石又字次椒号留仙一号对岩晚号苍岘山人	江南无锡	生明崇祯十年(1637) 卒清康熙五十三年(1714) 年七十八	毛诗日笺六卷。苍岘山人文集六卷,诗集五卷。微云词一卷
邱象升 字曙戒弟象随(字季贞)时称二邱	江苏山阳	卒年六十一	岭海、彀音、入燕、白云草堂诸集。象随著有西山纪年集
吴之振 字孟举号橙斋别号黄叶村农	浙江石门	生明崇祯十三年(1640) 卒清康熙五十六年(1717) 年七十八	黄叶村庄诗集八卷,续集一卷,后集一卷。辑宋诗钞一百六卷(与吕留良合编)
万斯同 字季野学者称石园先生私谥贞文泰第八子梨洲高弟	浙江鄞县	生明崇祯十一年(1638) 卒清康熙四十一年(1702) 年六十五	石经考(汉魏一卷唐宋一卷)。补历代史表五十九卷。纪元集汇考四卷。宋季忠义录十六卷。南宋六陵遗事一卷。庚申君遗事一卷。河源考二卷。河渠考十二卷。儒林宗派八卷。石鼓文考二卷。群书疑辨十二卷。书学汇编二十二卷。周正汇考八卷。历代宰辅汇考八卷。石园诗文集二十卷。明史稿五百卷(署王鸿绪撰实斯同手定也)。读礼通考(徐乾学撰斯同与参定)。丧礼辨疑四卷。庙制折衷二卷。明开国以后至唐桂功臣将相内外诸大臣年表
李光地 字晋卿号厚庵又号榕村谥文贞	福建安溪	生明崇祯十五年(1642) 卒清康熙五十七年(1718) 年七十七	李文贞公著书:大学古本说一卷,中庸章段一卷,中庸余论一卷,论孟札记四卷,周易观象十二卷,周易通论四卷,尚书七篇解义二卷,诗所八卷,礼记纂编,朱子礼纂五卷,古乐

续 表

人 名	籍 贯	生 卒	著 述
			经传五卷,离骚经注一卷,参同契章句注一卷,阴符经注一卷,历象本要一卷,二程子遗书纂二卷,朱子语类四纂五卷,通书注一卷,正蒙注二卷。榕村讲授三卷,古文精藻二卷,韩子粹言一卷,易义笺选三卷,名文笺选六卷。程墨笺选三卷,榕村藏稿四卷,榕村诗选八卷,榕村语录三十卷,榕村全集四十卷,榕村别集五卷,礼约四际约言。卜书补义,韵笺。榕村全书除著书所举外(惟礼记礼约卜书韵笺全书所无)尚有:周易观象大指二卷,洪范说一卷,春秋毁余四卷,律诗四辨四卷,仪礼纂录二卷,榕村道南讲授十三卷,榕村谱录合考二卷,榕村韵书五卷,榕村续集七卷,附文贞公年谱二卷,榕村字墨辨讹一卷。亦有全集多以下数种者:孝经注一卷,周礼纂训二十一卷,经书源流,三礼仪制,帝王世系歌诀各一卷
李鼎征 字安卿光地次弟	福建安溪		方程论序(为梅文鼎刻方程论于泉州)
王原祁 字茂京号麓台	江苏太仓	生明崇祯十五年(1642) 卒清康熙五十四年(1715) 年七十四	罨画楼集若干卷
孙致弥 初名翙字恺似号松坪	江南嘉定	生明崇祯十五年(1642) 卒清康熙四十八年(1709) 年六十八	秋左堂集。朝鲜采风录。及词集等若干卷

续 表

人 名	籍 贯	生 卒	著 述
王顼龄 字颛士号瑁湖	江苏华亭	生明崇祯十五年(1642) 卒清雍正三年(1725) 年八十四	世恩堂诸集若干卷
康乃心 字孟谋	陕西郃阳	生明崇祯十六年(1643) 卒清康熙四十六年(1707) 年六十五	毛诗笺。家祭私议。莘野集。韩城县志。平遥县志
游 艺 字子六	福建建宁		天经或问前后集
马世俊 字章民	江苏溧阳	顺治十八年一甲一名进士	匡庵诗文集
刘青霞 字啸林与王心敬最相契	湖北襄阳	生清顺治十七年(1660) 卒康熙五十六年(1717) 年五十八	慎独轩文集八卷。史论十二卷
揭 宣 字子宣	江西广昌	年八十余	写天新语
孔兴泰 字林宗	河南睢州		大测精义
袁士龙 字为之受星学于黄宏宪	浙江钱塘		西域天文三十杂星考
毛乾乾 字心易一字用九初名惕	江西南康	卒康熙四十八年	乐述三卷。易述。大学中庸述。测天偶述。推算偶述。诗经音韵。延陵书院会语。语录诗文集等若干卷
张雍敬 字简庵	浙江秀水		定历玉衡。宣城游学记
邵远平 字戒三号吕璜	浙江仁和	康熙三年进士	元史类编四十二卷。戒庵诗集若干卷

续 表

人名	籍贯	生卒	著述
曹贞吉 字升六号实庵	山东安丘	康熙三年进士	珂雪集(有朝天爪鸿黄山记游等集)
高愈 字紫超攀龙兄孙与高汇旃世泰(攀龙从子)讲学梁溪绍东林之绪	江苏无锡	卒年七十八	朱子小学纂注六卷。周易偶存。春秋经传日抄。春秋类。春秋疑义。仪礼丧服或问。高注周礼二十二卷
惠周惕 字元龙原名恕号砚溪自号红豆主人子士奇孙栋	江苏吴县	康熙十七年举博学鸿儒科未试三十年成进士	诗说三卷附录一卷。易传二卷。三礼问六卷。春秋问五卷。东篱草。阳山草堂集。研溪遗集二卷。扶风惠氏世谱二卷
文赤 字周篔点次子	江苏长洲	卒康熙四十三年	石室山人集五卷。读史记疑二十卷

(二)生于顺康雍时期者

人名	籍贯	生卒	著述
吴雯 字天章渔洋门人	山西蒲州(原奉天辽阳籍)	生顺治元年(1644) 卒康熙四十三年(1704) 年六十一	莲洋集二十卷
魏世杰 字兴士祥子	江西宁都	生顺治二年(1645) 卒康熙十六年(1677) 年三十三	梓室文稿
周靖 字敉宁号讱斋	江苏吴县	生顺治二年(1645) 卒康熙四十九年(1710) 年六十六	篆隶考异八卷

续 表

人 名	籍 贯	生 卒	著 述
卞永誉 字会之号仙容	汉军镶红旗	生顺治二年(1645) 卒康熙五十一年(1712) 年六十八	式古堂书画汇考
彭定求 字访廉号南昀绍升曾祖	江苏长洲	生顺治二年(1645) 卒康熙五十八年(1619) 年七十五	学易纂录。孝经纂注。儒门法语。明儒蒙正录二卷。密证录。不谖录。阳明释毁录。小学纂注。仁孝先生事略附录一卷。周忠介公遗事。汤潜庵文集节要八卷。南昀文集十二卷,诗集二十七卷。文星阁小志
王鸿绪 字季友号横云顼龄弟	江苏华亭	生顺治二年(1645) 卒雍正元年(1723) 年七十九	明史稿二百八卷。横云山人集。赐金园集各若干卷
陶元淳 字紫笥一作子师	江苏常熟	生顺治三年(1646) 卒康熙二十七年(1698) 年五十三	南厓集。明史传。广东志凡数十卷。浮粮考一卷
梅　庚 字藕长王士禛门人	安徽宣城	康熙二十年举人(主考朱彝尊)	天逸阁集若干卷
潘　耒 字次耕号稼堂晚号止止居士	江苏吴江	生顺治三年(1646) 卒清康熙四十七年(1708) 年六十三	遂初堂诗集十六卷。文集二十卷。列集八卷。类音八卷。五朝史稿三十卷。救狂砭语。稼堂杂抄
华学泉 字天沐号霞峰	江苏金匮	生顺治三年(1646) 卒康熙五十九年(1720) 年七十五	仪礼丧服或问。春秋周礼及楞严道德经各有成书凡数百卷
姚际恒 字立方号首源又号善夫	安徽休宁寄籍杭州	生顺治四年	九经通论一百七十卷(易传通论。古文尚书通论。周礼通论。诗经通论)。庸言录(四库存目无卷数)。好古堂书画记二卷。续记一卷。好古堂书目四卷。古今伪书考十卷

续 表

人 名	籍 贯	生 卒	著 述
孔尚任 字聘之一字季重号东塘又号云亭山人	山东曲阜	生清顺治五年(1648) 卒清康熙四十七年(1708) 年六十一	桃花扇传奇四十二出。阙里志若干卷
王 源 字昆绳一字或庵	顺天大兴	生顺治五年(1648) 卒康熙四十九年(1710) 年六十三	易书十卷。平书二卷。或庵文集。评选五种:文章练要十卷,公羊传评二卷,穀梁传评一卷,孟子评四卷,庄子评六卷
刘献廷 字君贤号继庄	江苏吴江寄籍大兴	生顺治五年(1648) 卒康熙三十四年(1695) 年四十八	新韵谱。明初官制一卷。广阳杂记四卷。继庄集
邵廷采 字念鲁	浙江余姚	生顺治五年(1648) 卒康熙五十年(1711) 年六十四	思复堂集二十卷。姚江书院志略四卷。东南记事十二卷。西南记事十二卷
陈厚耀 字泗源号曙峰	江苏泰州	生顺治五年(1648) 卒康熙六十一年(1722) 年七十五	礼记分类。春秋左传分类。十七史正讹。(皆不传)续增新法比例四十卷。春秋长历十卷。春秋世族谱一卷。春秋战国异辞五十四卷,通表二卷,摭遗一卷
沈朝初 字洪生号东田	江苏吴县	生顺治六年(1649) 卒康熙四十一年(1702) 年五十四	不遮山阁稿若干卷
查 昇 字仲韦号声山	浙江海宁	生顺治七年(1650) 卒康熙四十六年(1707) 年五十八	澹远堂集若干卷
陈 讦 字言扬侄世仁字元之号焕吾生康熙丙辰四十七岁卒	浙江海宁	生顺治七年(1650) 卒康熙六十一年(1722) 年七十三	勾股术二卷。勾股引蒙五卷。侄世仁著有少广补遗一卷

续 表

人 名	籍 贯	生 卒	著 述
方中通 字位伯一作位白密之(以智)次子弟中履	安徽桐城		数度衍二十六卷(数原律衍几何约珠算笔算尺算筹算诸法)。物理小识十二卷。浮山文集。弟中履著有古今释疑十八卷
杜知耕 字端甫	河南柘城	康熙二十年作数学钥又六年中丁卯举人生卒不详	数学钥六卷。几何论约七卷
臧 琳 字玉林	江苏武进	生顺治七年(1650) 卒康熙五十二年(1713) 年六十四	经义杂记三十卷,叙录一卷。尚书集解百二十卷。郑氏六艺论一卷。汇刻拜经堂丛刻与元孙庸合
查慎行 初名嗣琏字夏重号他山后更慎行字悔余号初白又号查田	浙江海宁	生顺治七年(1650) 卒雍正五年(1727) 年七十八	敬业堂集五十卷。人海记二卷
张伯行 字孝先晚号敬庵谥清恪	河南仪封	生顺治八年(1651) 卒雍正三年(1725) 年七十五	道统录二卷,附录一卷。二程语录十八卷。朱子语类八卷。廉洛关闽书十九卷。近思录十四卷。广近思录十四卷。困学录集粹八卷。小学集解六卷。濂洛风雅九卷。学规类编二十七卷。养正类编十三卷。居济一得八卷。正谊堂文集十二卷。正谊堂续集八卷。唐宋八大家文钞十九卷。正蒙(未见)。伊洛渊源续录二十卷(未见)。性理正宗四十卷。续近思录十四卷。小学衍义八十六卷。家规类编。三朝名臣言行录(四种未刊)。编集正谊堂全书四百七十八卷(一作五二四卷)
冯 景 字山公号少渠	浙江钱塘	生顺治九年(1652) 卒康熙五十四年(1715) 年六十四	解春文十二卷。补遗二卷。解春诗钞二卷
窦克勤 字敏修	河南柘城	生顺治十年(1653) 卒康熙四十七年(1708) 年五十六	理学宗传十五卷。孝经阐义。四书阐义。泌阳学条规。事亲庸言。寻乐堂家规文集等各若干卷

续 表

人 名	籍 贯	生 卒	著 述
戴名世 字田有号褐夫别号忧庵	安徽桐城	生顺治十年(1653) 卒康熙五十二年(1713) 年六十一	南山集
查嗣瑮 字德尹慎行弟	浙江海宁	生顺治十年(1653) 卒雍正十二年(1734) 年八十二	查浦诗钞。查浦辑闻。南北史识小录。音类通考
李来章 本名灼然以字行	河南襄城	生顺治十一年(1654) 卒康熙六十年(1721) 年六十八	衮影录。达天人录,洛学编。紫云连山两书院记。连阳八排风土记。岭海拾遗。京华见闻录随笔等。礼山园集八卷
纳兰性德 一作纳喇纳腊初名成德字容若明珠子	满洲正黄旗	生顺治十二年(1653) 卒康熙二十四年(1685) 年三十三	饮水词。侧帽词。通志堂集。饮水诗集二卷。又刻通志堂经解一千八百余卷
劳 史 字麟书学者称余山先生	浙江余姚	生顺治十二年(1655) 卒康熙五十二年(1713) 年五十九	余山先生遗书:格物录。大学中庸广义。迩言及辨论杂文等
胡 煦 字沧晓谥文良	河南光山	生顺治十二年(1655) 卒乾隆元年(1736) 年八十二	周易函书约存十八卷(或作二十四卷)。约注十八卷。别集十六卷(或作八卷)。卜法详考四卷
徐元梦 字善长一字蝶园姓舒穆禄氏	满洲白旗	生顺治十二年(1655) 卒乾隆六年(1741) 年八十七	蝶园诗集
王心敬 字尔缉号丰川二曲门人	陕西鄠县	生顺治十三年(1656) 卒乾隆三年(1738) 年八十三	丰川易说十卷。丰川诗说二十卷。尚书质疑八卷。礼记汇编八卷。春秋原经四卷。丰川全集二十八卷,续集三十四卷,二曲先生历年记略附。关学汇编五卷。文献揽要

续 表

人名	籍贯	生卒	著述
康吕赐 字一峰号复斋	陕西武功	与心敬同时	大学中庸日录二卷。南阿集二卷
蒋 元 字大始	浙江乍浦	卒年六十余	古文载道编。丧祭杂说。广人谱。救荒书。战国策编年。毛西河集纠缪。丛桂堂杂说。丛桂堂诗文集。杨园先生年谱
洪 昇 字昉思号稗畦	浙江钱塘	生顺治二年(1645) 卒康熙四十三年(1704) 年六十	稗村集。天涯泪。四婵娟。回文锦。回龙院。锦绣图。闹高唐。孝节坊。舞霓裳。沉香亭。长生殿传奇
李士瑸 字文伯	陕西同州	卒年约九十	文学正谱二卷。群书举要二卷。孝经要义二卷。四书要谛四卷。小学纳言一卷。理学宗言二卷。王陈宗言二卷。诗余小谱一卷。问疑录一卷。玉山前后集十卷
曹 寅 字子清一字荔轩号楝亭	汉军正白旗	生顺治十五年(1658) 卒康熙五十一年(1712) 年五十五	楝亭诗钞八卷。文钞一卷。诗钞别集四卷。词钞一卷。词钞别集一卷。居常饮馔录一卷。刊楝亭十二种:梅苑。声画集。法书考。琴史。墨经。砚笺。刘后村千家诗。禁扁。钓矶立谈。都城纪胜。糖霜谱。录鬼簿
刘宗泗 字恭叔	河南襄城	康熙二十九年举人卒年七十七	中州道学存真录。恕斋语录。抱膝庐文集
汪士鋐 字文升号退谷	江苏长洲	生顺治十五年(1658) 卒雍正元年(1723) 年六十六	长安宫殿考。全秦艺文志。三秦纪闻。玉堂掌故。瘗鹤铭考。华岳志。元和郡县志补阙。近光集。四六金桴。赋体丽则。秋泉居士集
顾 鳌 字隽生晚自号恒惺	江苏无锡	生顺治十六年(1659) 卒康熙五十五年(1716) 年五十八	

续 表

人 名	籍 贯	生 卒	著 述
李 塨 字刚主号恕谷	直隶蠡县	生顺治十六年(1659) 卒雍正十一年(1733) 年七十五	颜习斋先生年谱二卷。廖志编二卷。续论一卷。附后一卷。附李恕谷年谱五卷。周易传注七卷。筮考一卷。郊社考辨一卷。论语传注二卷。大学传注一卷。中庸传注一卷。传注问一卷。李氏学乐录一卷。大学辨业四卷。圣经学规纂二卷。小学稽业五卷。恕谷集十三卷。论学二卷。经说六卷。学礼录四卷。拟太平策一卷。射学
万 经 字授一别字九沙斯大子	浙江鄞县	生顺治十六年(1659) 卒乾隆六年(1741) 年八十三	增补礼记集解。续纂春秋。尚书说。重修历代纪年。明史举要。分隶偶存
郑元庆 碑传集盛百二撰郑先生传作庆元或系误刊字子余一字芷畦	浙江归安	生顺治十七年(1660) 卒雍正间 年七十余	礼记集说参同八十卷。海运议一卷。行水金鉴一百七十五卷(代傅泽宏撰)。石柱记笺释五卷。周易集说。诗序传同异。官礼经典参同。家礼经典参同。丧服古今异同考。春王正月考。湖州重赋考。小谷口会蕞。两河薛镜。七省漕程。今水学。(以上四种附行水金鉴中)二十一史约编。湖录(即湖州府志)
杨名时 字宾实一字凝斋谥文定	江苏江阴	生顺治十七年(1660) 卒乾隆元年(1736) 年七十七	杨氏全书:易经札记三卷。诗经札记四卷。经书言学指要一卷。大学讲义二卷。中庸讲义一卷。程功录四卷。文集十二卷。别集六卷。附录一卷
王 苹 字秋史晚号蓼谷山人	山东历城	生顺治十八年(1661) 卒康熙五十九年(1720) 年六十	二十四泉草堂集十二卷

续 表

人　名	籍　贯	生　　卒	著　　述
何　焯 字屺瞻晚号茶仙学者称义门先生	江苏长洲	生顺治十八年(1161) 卒康熙六十一年(1722) 年六十二	义门读书记六十卷。困学纪闻补笺二十卷。道古斋识小录。义门先生集
赵执信 字伸符号秋谷晚号饴山老人	山东益都	生康熙元年(1662) 卒乾隆九年(1744) 年八十三	饴山堂文集六卷。诗集十七卷。声调集一卷。谈龙录一卷。海鸥小谱一卷。因园集十三卷
李钟伦 字世德光地子	福建安溪	生康熙二年(1663) 卒康熙四十五年(1706) 年四十四	黄道求赤道图论。又制器以象之
陆奎勋 字聚侯号坡星又号陆堂世阶子	浙江平湖	生康熙二年(1663) 卒乾隆三年(1738) 年七十六	戴记绪言四卷。陆堂易学十卷。陆堂诗学十二卷。今文尚书说三卷。春秋义存余十二卷。文集二十卷。诗集二十四卷。鲁诗补亡
蔡德晋 字仁锡	江苏无锡		礼经本义十七卷。礼传本义二十卷。通礼五十卷
朱　轼 字若瞻号可亭谥文端	江西高安	生康熙四年(1665) 卒乾隆元年(1736) 年七十二	朱文端公藏书十三种:周易传义合订十二卷。春秋钞十卷。孝经三本管窥三卷。仪礼节略二十卷。大戴礼记十三卷。礼记纂言二十卷。吕氏四礼翼一卷。张子全书十五卷。颜氏家训二卷。温公家范十卷。名儒传八卷。续五卷。名臣传三十五卷。循吏传八卷。朱文端公文集四卷。补编四卷。附年谱一卷。朱文端公奏疏
印光任 字黻昌	江苏宝山		澳门纪略二卷
储大文 字六雅	江苏宜兴	生康熙四年(1665) 卒乾隆八年(1743) 年七十九	存砚楼集十六卷

续 表

人 名	籍 贯	生 卒	著 述
朱泽沄 字湘陶别号止泉	江苏宝应	生康熙五年(1666) 卒雍正十年(1732) 年六十七	诗文语录杂著若干卷。学旨。朱子圣学考略一编。朱子诲人编。三学辨。先儒辟佛考。阳明晚年定论辨。凡若干卷。吏治集览。师表集览。保厘集览
徐文靖 字位山	安徽当涂	生康熙六年(1667) 卒乾隆二十二年左右(1757) 年九十余	天下山河两戒考十四卷。禹贡会笺十二卷。竹书纪年统笺十二卷。管城硕记三十卷。经言拾遗十四卷。诗赋全集一卷。天文考异一卷
王懋竑 字与中号白田	江苏宝应	生康熙七年(1668) 卒乾隆六年(1741) 年七十四	白田草堂集二十四卷。朱子年谱四卷。考异四卷,附录二卷。白田杂著八卷。读史记疑
方　苞 字凤九号灵皋学者称望溪先生	安徽桐城	生康熙七年(1668) 卒乾隆十四年(1749) 年八十二	望溪全集:周官集注十二卷。周官辨一卷。周官析疑三十六卷。丧礼或问一卷。礼记析疑四十八卷。春秋通论四卷。春秋比事目录四卷。春秋直解十二卷。左传义法举要一卷。史记补注一卷。删定荀子一卷。删定管子一卷。离骚正义一卷。望溪文集
顾嗣立 字侠君	江苏长洲	生康熙八年(1669) 卒康熙六十一年(1722) 年五十四	依园会艺。闾邱辨囿。诗林韶濩四十卷。元诗选四集。闾邱诗集二十卷。书馆闲吟十卷。罗浮集七卷。书馆续吟一卷。河西集四卷。殿西集二卷。秋风棹歌一卷。寒厅集一卷。长干集一卷。畅轩集一卷。话雨轩集一卷。芜城集一卷。学诗楼集二卷。宜静居集二卷。病间吟稿一卷。桂林集八卷。嵩代集三卷(更名味蔗诗集)。戊子消夏集一卷。闾邱文类二卷。寒厅诗话二卷

续 表

人 名	籍 贯	生 卒	著 述
陈景云 字少章私谥文道先生	江苏吴江	生康熙九年(1670) 卒乾隆十二年(1747) 年七十八	文道十种:读书记闻十二卷(未刊)。纲目订误四卷。两汉书举正五卷(答问曰未刊)。三国志举正四卷(未刊)。昌黎集点勘。柳集点勘四卷(未刊)。文选举正六卷(未刊)。通鉴胡注举正一卷。纪元要略二卷。文集四卷。群经刊误
张尚瑗 字宏蘧一字损持	江苏吴江		左传折诸二十八卷(或作折衷三十卷)。公羊折诸六卷。穀梁折诸六卷(或皆作七卷)。二语折诸十八卷。读战国策随笔。诗经辨度。潋水志林。赣州府志。兴国县志。石里诗集十四卷。文集十六卷。合组集二卷。石里杂识
盛世佐 字庸三	浙江秀水	乾隆十三年进士	仪礼集编四十卷
任启运 字翼圣学者称钓台先生	江苏宜兴	生康熙九年(1670) 卒乾隆九年(1744) 年七十五	肆献祼馈食礼三卷。宫室考十三卷。四书约旨十九卷。周易洗心十卷。尚书约注五卷。经筵讲义六十篇。礼记章句十卷。孝经章句。白虎通正讹。女教经传通纂一卷。家礼酌。竹书证传。任氏世录。清芬楼遗稿四卷
惠士奇 字仲孺一字天牧晚年自号半农居士学者称红豆先生周惕子	江苏吴县	生康熙十年(1671) 卒乾隆六年(1741) 年七十一	易说六卷。礼说十四卷。春秋说十五卷。交食举隅二卷。琴笛理数考四卷。红豆斋小草一卷。咏史乐府一卷。红豆斋诗文集十二卷(南中采莼归耕集各一卷。时术录一卷。人海诗集文集各四卷)。红豆斋笔记二卷
张朝晋 字莘皋晚自号北湖	浙江海昌	生康熙十一年(1672) 卒乾隆十九年(1754) 年八十三	省克录。闻丧杂录。六有斋札记。读书记疑。读史记疑(以上多毁)杨园未刻稿(辑录)

续 表

人 名	籍 贯	生 卒	著 述
黄叔琳 字宏献号昆圃本歙县程氏子	顺天大兴	生康熙十一年(1672) 卒乾隆二十一年(1756) 年八十五	史通训故补二十卷。砚北易钞。诗经统说。夏小正传注。文心雕龙辑注十卷。颜氏家训节钞。砚北杂录。御史题名录。周礼节训。宋元春秋解提要。昆圃文集
姚培谦 字平山	江苏华亭	生康熙 卒乾隆 年月不详	春秋左传杜注补辑三十卷。类腋五十一卷。御制乐善堂诗注四卷。李义山诗集笺十六卷。离骚九歌招魂解。经说。经史臆见。朱子年谱。文心雕龙笺注。松桂读书堂集
沈德潜 字确士号归愚谥文慤	江苏长洲	生康熙十二年(1673) 卒乾隆三十四年(1769) 年九十七	历代诗别裁集(选)。诗学源流。竹啸轩诗钞。归愚集
李 绂 字巨来号穆堂	江西临川	生康熙十二年(1673) 卒乾隆十五年(1750) 年七十八	穆堂类稿五十卷。续稿五十卷。春秋一是。朱子晚年全论。陆子学谱。阳明学录
崔渭源 字清夫号肖玉蔚林(字玉阶)次子	直隶新安	生康熙十三年(1674) 卒雍正八年(1730) 年五十七	蔚林著有四书讲义及易解。渭源笃志暗修,重日用伦常,以孝闻
陈祖范 字亦韩号见复	江苏常熟	生康熙十四年(1675) 卒乾隆十八年(1753) 年七十九	陈司业集:经咫一卷。掌录一卷。见复文集四卷。诗集四卷
高其倬 字章之号芙沼	汉军镶白旗	生康熙十五年(1676) 卒乾隆三年(1738) 年六十三	味和堂诗集八卷。奏疏十卷

续 表

人 名	籍 贯	生 卒	著 述
杨 椿 字农先大鹤子	江苏武进	生康熙十五年(1676) 卒乾隆十八年(1753) 年七十八	孟邻堂集二十六卷。别集六卷。古周易尚书定本。诗经释辨。春秋类考。周礼订疑。明史剩稿长编。稽古录。水经注广释。古今类纂
茅星来 字岂宿坤七世孙	浙江归安	生康熙十七年(1678) 卒乾隆十三年(1748) 年七十一	近思录集注十四卷。钝叟文集若干卷
沈炳震 字寅驭号东甫	浙江归安	生康熙十八年(1679) 卒乾隆二年(1737) 年五十九	二十一史四谱五十四卷。历代帝系纪元歌一卷。新旧唐书合钞二百六十卷。九经辨字渎蒙十二卷。唐诗金粉十卷。井鱼听编十六卷。增默斋诗八卷。杂著十卷
顾栋高 字震沧又字复初	江苏无锡	生康熙十八年(1679) 卒乾隆二十四年(1759) 年八十一	春秋大事表五十卷。舆图一卷。附录一卷。大儒粹语二十八卷。毛诗类释二十一卷。尚书质疑二卷
蓝鼎元 字玉霖号鹿洲	福建漳浦	生康熙十九年(1680) 卒雍正十一年(1733) 年五十四	鹿洲初集二十卷。鹿洲公案二卷。东征集六卷。平台纪略一卷。修史试笔二卷。棉阳学准五卷。女学六卷。附鹿洲奏疏一卷
屈 复 字见心号悔翁	陕西蒲城	乾隆元年举博学鸿词不赴	弱水集。江东瑞草集。李义山诗笺若干卷。楚词新注八卷
王兆符 字龙篆别字隆川源子方苞弟子	顺天大兴	生康熙二十年(1681) 卒雍正元年(1723) 年四十三	古今变异论九篇。他著有诗古文集及批解史汉战国策诸书(多未成)

续 表

人 名	籍 贯	生 卒	著 述
梅㲄成 字玉汝号循斋谥文穆	安徽宣城	生康熙二十年(1681) 卒乾隆二十八年(1763) 年八十三	增删算法统宗十一卷。赤水遗珠一卷。操缦卮言一卷
张 庚 原名焘字溥三后更今名字浦山一字公之又号瓜田逸史又号弥伽居士晚又号白苎村桑者	浙江秀水	生康熙二十年(1681) 卒乾隆二十一年(1756) 年七十六 疑年录作康熙二十四年生乾隆二十五年卒此据盛百二张征君墓志铭乾隆二十一年九月十一日卒推算中国画学全史作乾隆丙辰卒年四十二大误按丙辰系元年庚以是年举博学鸿词	通鉴纲目释地纠缪六卷。通鉴纲目释地补注六卷。图画指意识二卷。国朝画征录及续录共六卷。强恕斋诗文钞十卷。十九首解一卷。今画偶录。香树斋文集。耕砚田斋笔记。(以下藏于家)周礼封建井田疆域诸考。五经臆二卷。太极一气流行图说一卷。罔极草二卷。瓜田词一卷。题跋二卷。蜀南记行略三卷。短檠琐记二卷
江 永 字慎修	安徽婺源	生康熙二十年(1681) 卒乾隆二十七年(1762) 年八十二	仪礼释宫谱增注一卷。仪礼释例一卷。礼记训义择言六卷。周礼疑义举要六卷。深衣考误一卷。春秋地理考实四卷。群经补义五卷。乡党图考十卷。律吕新论二卷。河洛精蕴九卷。历代纪元部表二卷。礼经纲目八十卷。律吕阐微十一卷。读书随笔十二卷。古韵标准六卷。四声切韵表四卷。音学辨微一卷。推步法解五卷。七政衍一卷。金水二星发微一卷。冬至权度一卷。恒气注历辨一卷。岁实消长辨一卷。历学补论一卷。中西合法拟草一卷。近思录集注十四卷。阐述宋五子书数十卷。算剩一卷。正弧三角疏义一卷。孔子年谱一卷。四书典林三十卷。四书古人典林十二卷

续 表

人 名	籍 贯	生 卒	著 述
窦容邃 字闻子	河南柘城	生康熙二十一年(1682) 卒乾隆十九年(1754) 年七十三	孝经管窥。二思编。敬义堂集
吴廷华 字仲林号东壁	浙江仁和	生康熙二十一年(1682) 卒乾隆二十年(1755) 年七十四	仪礼章句十七卷。周礼疑义四十四卷。仪礼疑义五十卷。礼记疑义七十二卷。曲台小录。东壁书庄集
向 璿 字荆山号惕斋	浙江山阴	生康熙二十一年(1682) 卒雍正九年(1731) 年五十	四书记疑。志学后录
蔡世远 字闻之	福建漳浦	生康熙二十二年(1683) 卒雍正十二年(1734) 年五十二	历代名儒传八卷。历代名臣传三十五卷,续编五卷。历代循吏传八卷(均与朱轼合撰)。古文雅正四卷。二希堂集
高凤翰 字西园号南村晚号南阜老人尝自称老阜又号尚左生归云老人	山东胶州(一作济宁)	生康熙二十二年(1683) 卒乾隆八年(1743) 年六十一	砚史。击林,湖海,岫云,鸿爪,归云,青莲等集若干卷
童能灵 字龙俦晚号寒泉	福建连城	生康熙二十二年(1683) 卒乾隆十年(1745) 年六十三	理学疑问。朱子为学考。周易剩义。乐律古义。河洛太极辨微
陈 梓 字俯恭又字古铭一作古民号一斋	浙江秀水	生康熙二十二年(1683) 卒乾隆二十四年(1759) 年七十七	四书质疑。志仁。困知记疑。重辑杨园年谱及诗文集

续 表

人 名	籍 贯	生 卒	著 述
黄 任 字子莘号莘田妻月鹿夫人妾金樱女叔窕（字姒洲）叔畹（字纫佩）皆擅吟咏	福建永福	生康熙二十二年（1683） 卒乾隆三十三年（1768） 年八十六	（初名）十砚斋集。（继名）秋江诗集。（最后总名）香草斋集。销夏录各若干卷
庄亨阳 字复斋	福建南靖	生康熙二十五年（1686） 卒乾隆十一年（1746） 年六十一	庄氏算学（一名秋水堂算法）。秋水堂集。河防算法书
汪 沆 字师李一字西灏号槐塘少从厉鹗学	浙江钱塘	年八十一 疑年录无生卒年汇编列康熙二十三年间按汪曾举乾隆十二年博学鸿词报罢	温州府志三十卷（与齐召南同撰）。湛华轩杂录。小眠斋读书日札。新安纪程。全闽采风录。蒙古民族略。识小录。泉亭锁事。汪氏文献录。小眠斋稿。槐堂诗文集
陈世佶 字士常号纯斋讦第六子	浙江海宁	生康熙二十五年（1686） 卒乾隆十四年（1749） 年六十四	弧矢割圆一卷。开方捷法一卷。勾股演法一卷。少广补遗发明一卷
诸 锦 字襄七号草唐少从厉鹗学	浙江秀水	生康熙二十五年（1686） 卒乾隆三十四年（1769） 年八十四	飨礼补亡一卷。毛诗说。夏小正注。绛跗阁集
钱陈群 字主敬号香树	浙江嘉兴	生康熙二十五年（1686） 卒乾隆三十九年（1774） 年八十九	香树斋诗文集若干卷
金 农 字寿门号冬心又号司农一称稽留山民又署昔耶居士	浙江仁和	生康熙二十六年（1687） 卒乾隆二十九年（1764） 年七十八	冬心诗钞若干卷。冬心先生题竹记一卷。寿门遗集十种。冬心先生集四卷。杂著八种

续 表

人 名	籍 贯	生 卒	著 述
吴玉搢 字山夫一字籍五	江苏山阳	乾隆间游京师秦蕙田延校五礼通考	山阳志遗。金石存十六卷。说文引经考二卷。六书部叙考若干卷。别雅五卷。天发神谶碑考一卷
宋 鉴 字元衡号半塘能传潜邱之学	山西安邑	乾隆十三年进士	尚书考辨四卷。说文解字疏证。易见。尚书汇钞。汉书地理考。诗文集等
沈 彤 字冠云一字果堂	江苏吴江	生康熙二十七年(1688) 卒乾隆十七年(1752) 年六十五	果堂全集:尚书小疏一卷,仪礼小疏十一卷,春秋左传小疏一卷,周官禄田考三卷,内经本论,气穴考略,释骨一卷,果堂集十二卷,果堂杂著
张鹏翀 字天霏号南华	江苏嘉定	生康熙二十七年(1688) 卒乾隆十年(1745) 年五十八	南华山房集三十卷
马曰琯 字秋玉号嶰谷与弟半槎同以诗名与卢雅雨全谢山符幼鲁陈楞山厉樊榭金寿门陶篁村陈授衣等结邗江吟社	江苏江都	生康熙二十七年(1688) 卒乾隆二十年(1755) 年六十八	沙河逸老集若干卷
卢见曾 字抱孙号雅雨	山东德州	生康熙二十九年(1690) 卒乾隆三十年后据清史列传云乾隆三十年七十六岁	(刻)雅雨堂丛书。周易述。金石三例。(自著)雅雨堂诗八卷文十余卷。出塞集一卷。渔洋山人感旧集小传。山左诗钞。后人刻雅雨堂诗二卷,文四卷
赵 昱 字功千号谷林与弟信(字辰垣号意林)有二林之目	浙江仁和	生康熙二十八年(1689) 卒乾隆十二年(1747) 年五十九	爱日堂集十六卷。信著有醯略。秀砚斋吟稿
吴 鼒 字岱严一字大年	江苏金匮	乾隆元年进士	老子解。老子别录。三正考二卷。易象约言。非志

续 表

人 名	籍 贯	生 卒	著 述
吴 鼎 字尊彝号易堂鼐弟	江苏金匮	乾隆九年举人	东莞学案。易例举要二卷。十家易象集说九十卷,附录十卷
姚之骃 字鲁斯	浙江钱塘	康熙六十年进士改翰林院庶吉士	后汉书补逸二十一卷:东观汉纪八卷,谢承后汉书四卷,薛莹后汉书,张璠后汉记,华峤后汉书,谢沈后汉书,袁崧后汉书各一卷。司马彪续汉书四卷。元明事类钞四十卷。类林新咏若干卷
厉 鹗 字太鸿号樊榭	浙江钱塘	生康熙三十年(1691) 卒乾隆十九年(1754) 年六十四	樊榭山房集二十八卷。游仙词一卷。东城杂记二卷。玉台书史四卷。湖船录一卷。南宋杂事诗七卷。宋诗纪事百卷。辽史拾遗四卷
程延祚 字启生号绵庄自号青疑居士	江苏上元	生康熙三十年(1691) 卒乾隆三十二年(1767) 年七十七	晚书订疑三卷。易通。大易择言三十卷。象爻求是说六卷。冤冤词。尚书通议三十卷。青溪诗说三十卷。鲁论说四卷。春秋识小录三卷。礼说二卷。文集三十卷。诗集三十卷
汪由敦 字师茗号谨堂谥文端	安徽休宁	生康熙三十一年(1692) 卒乾隆二十三年(1758) 年六十七	诗文集若干卷。时晴斋法帖
汪 绂 字灿人号双池	安徽婺源	生康熙三十一年(1692) 卒乾隆二十四年(1759) 年六十八	易经诗经尚书铨义各十五卷。春秋集传十六卷。礼记章句十卷。礼记或问四卷。读礼志疑二卷。孝经章句一卷。乐经律吕通解五卷。乐经或问三卷。读阴符经一卷。读参同契一卷。读近思录一卷。读书录一卷。读困知记一卷。读问学录一卷。先儒晤语一卷。理学逢源十二卷。山海经存九卷。诗韵析六卷。物诠八卷。帯略四卷。琴谱一卷。医林辑略探源九卷。戊笈谈兵。六壬数论。大风集四卷。诗文集十二卷

续 表

人 名	籍 贯	生 卒	著 述
徐大椿 字灵胎晚自号洄溪老人	江苏吴江	生康熙三十二年(1697) 卒乾隆三十六年(1771) 年七十九	神农本草经百种录一卷。兰台轨范八卷。伤寒类方一卷。晋学源流论二卷。难经经释二卷。医贯砭二卷。慎疾刍言。洄溪经义。道德经注二卷。阴符经注一卷。待问编。述恩记略。水利策稿。画眉泉杂咏。乐府传声。洄溪道情
任 瑗 字恕庵号东涧	江苏山阳	生康熙三十二年(1693) 卒乾隆三十九年(1774) 年八十二	纂注朱子文类一百几卷。论语困知录二卷。中庸困知录二卷。续编一卷。补遗一卷。易学象数传心录一卷。太极图析疑一卷。通书测二卷。读经管见一卷。小泉笔记一卷。困学恐闻二卷。经说一卷。阳明传习录辨二卷。小泉集一卷。知言札记二卷。朱子年谱一卷。读史衡说二卷。史记论文一卷。史记笔谈一卷。六溪山房文稿五卷。六有轩存稿二卷。寒山吟漫录四卷。附缶集二卷。和陶一卷。六有轩诗漫钞二卷。呓林一卷。大学困知录若干卷。周易笔解若干卷
张 照 字得天号泾南又号天瓶居士	江苏华亭	生康熙三十三年(1694) 卒乾隆十年(1745) 年五十二	天瓶斋集若干卷
郑 燮 字克柔号板桥	江苏兴化	生康熙三十二年(1693) 卒乾隆三十年(1765) 年七十三	板桥全集
王 峻 字次山号艮斋	江苏常熟	生康熙三十三年(1694) 卒乾隆十六年(1751) 年五十八	汉书辨误四卷。昆山新阳合志。艮斋诗文集。水经广注

续 表

人 名	籍 贯	生 卒	著 述
王安国 字书城号春圃谥文肃	江南高邮	生康熙三十三年(1694) 卒乾隆二十二年(1757) 年六十四	(修)大清通礼。大清会典。又诗文集若干卷
丁 敬 字敬身号钝丁又号梅农晚号龙泓山人	浙江钱塘	生康熙三十四年(1695) 卒乾隆三十年(1765) 年七十一	武林金石录。龙泓山馆诗钞若干卷
胡天游 字稚威一名骙字云持先从方姓	浙江山阴	生康熙三十五年(1696) 卒乾隆二十三年(1758) 年六十三	石笥山房文集六卷。补遗一卷。诗集十二卷
陈宏谋 字汝咨号榕门谥文恭	广西临桂	生康熙三十五年(1696) 卒乾隆三十六年(1771) 年七十六	培远堂全集:文檄四十八卷。大学衍义辑要二卷。大学衍义补辑要十二卷。司马文正公传家集八十卷。养正遗规三卷。教女遗规三卷。训俗遗规四卷,补二卷。学仕遗规。从政遗规二卷。培远堂偶存手札三卷。课士直解六卷。三通序目。资治通鉴三编二十卷。在官法戒录四卷。培远堂诗文偶存稿十卷。纲鉴正史约四卷(一作三十六卷)。吕子节录四卷,补遗二卷。年谱二卷
王文清 字廷鉴号九溪陈宏谋抚楚时勒碑所居曰经学之乡	湖南宁乡	生康熙 卒乾隆 年九十二 (雍正二年进士)	考古源流六百二十八卷。考古略八卷。仪礼分节句读。周礼会要六卷。锄经诗文略余草。三礼图五卷。丧服解十卷。祭礼解十卷。乐制考十卷。乐律问对四卷。周易中旨。阴符经发微。校定五代史。行己录。家训。治生要术

续 表

人 名	籍 贯	生 卒	著 述
杭世骏 字大宗号堇甫	浙江仁和	生康熙三十五年(1696) 卒乾隆三十七年(1772) 年七十七	礼例。续卫氏礼记集说一百卷。石经考异二卷。续方言两卷。史记考异。汉书疏证。补晋书传赞一卷。北齐书疏证。经史质疑。词科掌录十七卷。榕城诗话三卷。桂堂诗话。两浙经籍志。续经籍考。道古堂文集四十八卷,诗集二十六卷。金史补百余卷。诸史然疑一卷。汉书蒙拾三卷。文选课虚四卷。赋汇题解。三国志补注六卷。伍公山志。蒜市杂志记
钱 琦 字相人号玙沙晚号耕石老人	浙江仁和	生康熙卒乾隆(四十年左右?) 年八十余	澂碧斋诗钞十四卷
惠 栋 字定宇号松崖士奇次子	江苏元和	生康熙三十六年(1697) 卒乾隆二十三年(1758) 年六十二	周易述二十二卷。明堂大道录八卷。禘说二卷。易汉学八卷。易例二卷。左传春秋补注六卷。九经古义十六卷。渔洋山人精华录训纂二十四卷。后汉书补注二十四卷。九曜斋笔记二卷。松厓笔记二卷。周易本义辨证五卷。松厓文钞二卷。诸史会最。竹南漫录。惠氏读说文记十五卷。古文尚书考二卷。屈原赋注。太上感应篇注二卷。新本郑氏周易三卷。山海经训纂十八卷。续汉志考
雷 鋐 字贯一一字翠庭	福建宁化	生康熙三十六年(1697) 卒乾隆二十五年(1760) 年六十四	学术辨。象山阳明禅学考二篇。自耻录。闻见偶录。读书偶记。校士偶存。经笥堂诗文集等
刘大櫆 字耕南一字才甫号海峰	安徽桐城	生康熙三十七年(1698) 卒乾隆四十五年(1780) 年八十三 清史列传云卒四十四年 年八十二	海峰文集十八卷(清史列传作八卷)。南堂诗钞若干卷

续 表

人 名	籍 贯	生 卒	著 述
法坤宏 字直方一字境野号迂斋	山东胶州	生康熙三十七年(1698) 卒乾隆五十年(1786) 年八十七	春秋取义测。学古编。顾目要略
陈兆仑 字星斋号句山	浙江钱塘	生康熙三十九年(1700) 卒乾隆三十六年(1771) 年七十二	紫竹山房诗文集三十二卷
沈大成 字沃田一字学子	江苏华亭	生康熙三十九年(1700) 卒乾隆三十六年(1771) 年七十二	学福斋文集二十卷。诗集三十八卷。读经随笔。(未成)(校定)十三经注疏。史记。前后汉书。南北史。五代史。杜氏通典。文献通考。昭明文选。说文。玉篇。广韵。顾氏音学五书。梅氏历算丛书
吴敬梓 字敏轩一字文木	安徽全椒	生康熙四十年(1701) 卒乾隆十九年(1754) 年五十四	文木山房诗集七卷,文五卷,诗说七卷。儒林外史(吴晋芳吴敬梓传作五十卷,金和跋作五十五卷,天目山樵评本五十六卷,齐省堂本六十卷)
沈廷芳 字畹叔一字荻林号椒园	浙江仁和	生康熙四十一年(1702) 卒乾隆三十七年(1772) 年七十一	十三经正字八十一卷。隐拙斋诗文集
秦蕙田 字味经号树峰谥文恭	江苏金匮	生康熙四十一年(1702) 卒乾隆二十九年(1764) 年六十三	观象授时十四卷。五礼通考二百六十二卷。周易象义笺。味经窝类稿。
吴颖芳 字西林	浙江仁和	生康熙四十一年(1702) 卒乾隆四十六年(1781) 年八十	吹豳录五十卷。说文理董四十卷。音韵诗论四卷。文字源流六卷。金石文释六卷

续 表

人 名	籍 贯	生 卒	著 述
姚 范 字姜坞	安徽桐城	生康熙四十一年(1702) 卒乾隆三十六年(1771) 年七十	援鹑堂全集:诗集七卷,文集六卷,经史子集笔记三十四卷
陈黄中 字和叔号东庄景云子	江苏吴江	生康熙四十二年(1703) 卒乾隆三十二年(1767) 年六十五	新唐书刊误三卷。纪元要略补注一卷。宋史稿一百七十卷。国朝谥法考三卷。殿阁部院年表。督抚年表六卷。诗文集四卷
齐召南 字次风号琼台晚号息园	浙江天台	生康熙四十二年(1703) 卒乾隆三十三年(1768) 年六十六	注疏考证六卷。历代帝王年表十三卷。宝纶堂集八卷。水道提纲二十八卷。宝纶堂诗钞六卷。史汉功臣侯第考一卷。后汉公卿表一卷。宋史目录。温州府志三十卷
全祖望 字绍衣号谢山	浙江鄞县	生康熙四十四年(1705) 卒乾隆二十年(1755) 年五十一	经史问答十卷。校水经注三十卷。续宋元学案百卷。续甬上耆旧集若干卷。范氏天一阁碑目。困学记闻三笺。丙辰公车征士小录。词科摭言。汉书地理志稽疑六卷。古今通志年表。读易别录三卷。沧田录。孔子弟子姓名表。句余土音。鲒埼亭文集三十八卷。外集五十卷。诗集十卷
牛运震 字皆平号真谷又号空山	山东滋阳	生康熙四十五年(1706) 卒乾隆二十三年(1758) 年五十三	空山堂十七史论。空山堂集。空山堂春秋传二十卷。空山易解四卷
陈 道 字绍洙号凝斋	江西新城	生康熙四十六年(1707) 卒乾隆二十五年(1760) 年五十四	左氏记事本末。凝斋集八卷(门人鲁九皋裒辑)。春秋五传(未成)

续 表

人 名	籍 贯	生 卒	著 述
钱 载 字坤一号箨石又号瓠尊晚号万松居士	浙江秀水	生康熙四十七年(1708) 卒乾隆五十八年(1793) 年八十六	箨石斋诗文集若干卷
涂 瑞 字荣诏号切庵	江西新城	生康熙四十八年(1709) 卒乾隆三十九年(1774) 年六十六	东里文集。经疑编。经济编。史论编。理学编
吴元音 字立安又字逊牧	浙江海盐	卒年五十八	四书宗宋明辨大全四十卷。音学条辨。天璇图说。延陵家训。吴氏祭款。求放斋诗文集
任思谦 字纯二号复生	江苏吴江	卒年八十四	易要若干卷
李 锴 字铁君	汉军正黄旗	卒乾隆间	睫巢诗集十卷。睫巢文集十卷。原易三卷。春秋通义十八卷。尚史七十卷
裘日修 字叔度一字漫士号诸皋	江西新建	生康熙五十年(1711) 卒乾隆三十八年(1773) 年六十二	灌亭诗钞若干卷
庄有恭 字容可号滋圃	广东番禺	生康熙五十二年(1713) 卒乾隆三十二年(1767) 年五十五	
王元启 字宋贤号惺斋	浙江嘉兴	生康熙五十三年(1714) 卒乾隆五十一年(1786) 年七十三	惺斋杂著(律书一卷。历书一卷。律历志二卷。)周易讲义。四书讲义十卷。弟子职补注一卷。史记正讹。汉书正讹。先圣庙志。校正朝邑志一卷。济宁图记。唐鉴偶评。读扬子法言。读陶随笔。读韩记疑十卷。读欧记疑。嘉佑集记疑。曾集记疑。荆公集记疑。龟山集正讹。豫章集偶评。震川集偶评。祭

续 表

人名	籍贯	生卒	著述
			法记疑二卷。历法记疑。股衍。角度衍。祇平居士集三十卷。九章杂论。孙可之集正讹。校正经传沿革例。读书杂跋。惺斋论文一卷(除杂著所收数种外未刻者多)
朱仕琇 字梅厓	福建建宁	生康熙五十四年(1715) 卒乾隆四十五年(1780) 年六十六	梅厓居士集
袁枚 字子才号简斋	浙江钱塘	生康熙五十五年(1716) 卒嘉庆二年(1797) 年八十二	随园全集:小仓山房文集三十五卷,诗集三十七卷,外集八卷,补遗二卷,袁太史稿一卷,随园尺牍十卷,牍外余言一卷,随园诗话十六卷。诗话补遗十卷。随园随笔二十八卷。新齐谐(一名子不语)二十四卷,续新齐谐十卷。随园食单一卷。女弟子诗选六卷。续同人集十五卷。随园八十寿言六卷
褚寅亮 字搢升号鹤侣	江苏长洲	生康熙五十四年(1715) 卒乾隆五十五年(1790) 年七十六	仪礼管见三卷。公羊释例三十卷。勾股广问三卷。周礼公羊异义二卷。十三经笔记十卷。诸史笔记八卷。诸子笔记二卷。诸名家文集笔记七卷。重订朱子年谱一卷。四书自课录补遗二十卷。宗郑山房古文八卷,四六赋三卷,古今体诗十六卷
翟灏 字大川一字晴江	浙江仁和	乾隆十九年进士 卒年五十三	尔雅补郭六卷。四书考异七十二卷。艮山杂志二卷。附录一卷。通俗编三十八卷。湖山便览十二卷。家语发覆。周书考证。山海经道常。说文经证。汉书艺文补志。太学石鼓补考。无不宜斋诗文稿

续 表

人 名	籍 贯	生 卒	著 述
胡匡衷 字朴斋	安徽绩溪	卒年七十四	周易传义疑三十二卷。三礼札记。周礼井田图考。井田出赋考。郑氏仪礼目录校证。仪礼释官九卷。左传翼服。论语古本证异。论语补笺。庄子集评。离骚集注。朴斋文集
卢文弨 字绍弓一号石鱼又号抱经	浙江余姚寄居仁和	生康熙五十六年(1717) 卒乾隆六十年(1795) 年七十九	抱经堂汇刻书;经典释文考证三十卷。孟子音义二卷。仪礼注疏详校十六卷。贾谊新书十卷。春秋繁露十七卷。荀卿子二十卷。白虎通四卷。逸周书孔晁注十卷。方言十三卷。独断二卷。西京杂记二卷。颜氏家训七卷。三水小牍二卷。解春文钞十二卷。补遗二卷。诗钞二卷。钟山札记四卷。龙城札记三卷。抱经堂文集三十四卷。读史札记一卷。附论学札记十则
万光泰 字循初	浙江秀水	生康熙五十六年(1717) 卒乾隆二十年(1755) 年三十九 生卒据本传举词科时方弱冠推算盖泰举博学鸿词系乾隆元年事也	转注绪言二卷。汉音存正二卷。遂初堂类音辨一卷。柘坡居士集若干卷
邵齐焘 字荀慈号叔宀	江苏昭文	生康熙五十七年(1718) 卒乾隆三十四年(1769) 年五十二	玉芝堂文集六卷。诗集三卷。昭文邵氏联珠集五卷
顾 镇 字佩九号古湫又号虞东	江苏常熟	生康熙 卒乾隆 年七十三 疑年三续及汇录据小仓山房集列邵叔宀后	虞东学诗十二卷。毛诗札记。三礼札记。钱法考。虞东文集十二卷。诗集三卷。支溪小志

续 表

人 名	籍 贯	生 卒	著 述
刘星炜 字映榆号圃三	江苏武进	生康熙五十七年(1718) 卒乾隆三十七年(1772) 年五十五	思补堂集若干卷
程晋芳 字鱼门号蕺园初名廷钫	安徽歙县	生康熙五十七年(1718) 卒乾隆四十九年(1784) 年六十七	周易知旨。尚书今文释义。左传翼录。礼记集释。勉行斋文十卷。蕺园诗三十卷
庄存与 字方耕	江苏阳湖	生康熙五十八年(1719) 卒乾隆五十三年(1788) 年七十	味经斋遗书:彖传论一卷,彖象论二卷,系辞传论二卷,八卦观象解附卦气二卷,尚书说一卷,毛诗说四卷,周官说五卷,周官记五卷,春秋正辞十一卷,春秋举例一卷,春秋要指一卷。周官说补。乐说。四书说。算法约言。味经斋文稿
冯 浩 字养吾号孟亭	浙江桐乡	生康熙五十八年(1719) 卒嘉庆六年(1801) 年八十三	孟亭诗文集各若干卷
刘 墉 字崇如号石庵谥文清统勋子	山东诸城	生康熙五十八年(1719) 卒嘉庆八年(1803) 年八十五	遗诗二十卷(道光初年从孙喜海刻)
窦光鼐 字元调号东皋	山东诸城	生康熙五十九年(1720) 卒乾隆六十年(1795) 年七十六	省吾斋诗文集
王太岳 字基平号芥子	直隶定兴	康熙六十一年(1722) 卒乾隆五十年(1785) 年六十四	泾渠志。清虚山房集。芥子先生集。共二十四卷

续表

人名	籍贯	生卒	著述
王鸣盛 字凤喈号礼堂又号西庄晚号西沚	江苏嘉定（迁居苏州）	生康熙六十一年(1722) 卒嘉庆二年(1797) 年七十六	周礼军赋说四卷。尚书后案三十卷附尚书后辨二卷。十七史商榷一百卷。蛾术篇一百卷。耕养斋诗文集四十卷。西庄始存稿。西沚居士集
盛百二 字秦川号柚堂	浙江秀水	乾隆二十一年举人	柚堂全集：柚堂文存四卷。皆山阁吟稿四卷。尚书释天六卷。观录四卷。问水漫录四卷。增订教稼书二卷。柚堂笔谈四卷。续笔谈八卷。古文征信录
江　声 字叔沄一字鳣涛晚号艮庭惠栋弟子	江苏吴县	生康熙六十一年(1722) 卒嘉庆四年(1799) 年七十八	尚书集注音疏十二卷。附尚书经师系表一卷。六书说一卷。恒星说一卷。论语竢质三卷。释名疏证八卷。补遗一卷。续释名一卷。艮庭词三卷。经史子字准绳。艮庭小慧一卷。尚书逸文二卷
赵一清 字诚夫号东潜昱子全祖望弟子	浙江仁和	生康熙末叶	三国志补注六十五卷。水经注释四十卷。刊误十二卷。东潜诗文稿。直隶河渠志一百三十二卷（戴震删为百二卷）
周嘉猷 字两塍	浙江钱塘		南北史菁华八卷。南北史表六卷
陈伦炯 字资斋	福建同安		海国见闻略附图二卷
檀　萃 字默斋	安徽望江	乾隆二十六年进士	大戴礼注疏。穆天子传注六卷。逸周诗注。俪藻外集。楚庭稗珠录。滇海虞衡志。滇南诗话。滇南文集。书法十卷。说苗。说蛮。及武定、录劝、番禺各州县志
戴　震 字东原	安徽休宁	生雍正元年(1723) 卒乾隆四十二年(1777) 年五十五	戴氏遗书：东原集十卷，毛郑诗考正四卷，诗经补注二卷，考工记图注二卷，孟子字义疏证三卷，声韵考四卷，声类表十卷，原善三卷，原象一卷，续天文略二卷，水地记一卷，方言疏证十三卷，戴校水经注四十卷，

续 表

人 名	籍 贯	生 卒	著 述
			策算一卷,勾股割圜记三卷,古历考二卷,历问一卷。大学补注一卷,仪礼考正一卷,六书论三卷,尔雅文字考十卷,屈原赋注九卷,直畿河渠书百十卷。绪言三卷。经考五卷。转语,中庸补注一卷。尚书义考二卷。戴校算经十书三十七卷。汾州府志。汾阳县志
陆 燿 字青来一字朗夫	江苏吴江	生雍正元年(1723) 卒乾隆五十年(1785) 年六十三	切问斋集十二卷。切问斋文钞三十卷。山东运河备览六卷。济南信谳四卷。甘薯录一卷。大学合钞六卷。任城漫录一卷
纪 昀 字春帆一字晓岚晚号石云谥文达	直隶献县	生雍正二年(1724) 卒嘉庆十年(1805) 年八十二	纪文达公遗集:文集十六卷,诗集十六卷。文心雕龙评本。史通削繁。苏文忠公诗集。镜烟堂十种:沈氏四声考,陈后山诗,唐人试律说,张为主客图,正删二冯才调集,审定风雅遗音,删正瀛奎律髓,庚辰集,李义山诗,馆课存稿。(非尽自著)四库全书总目提要。阅微草堂笔记
王 昶 字德甫一字琴德号兰泉晚号述庵	江苏青浦	生雍正二年(1724) 卒嘉庆十一年(1806) 年八十三	春融堂杂记八卷。金石萃编一百六十卷。湖海诗传四十六卷。湖海文传七十五卷。春融堂诗文集六十八卷。明词综十二卷。国朝词综四十八卷,二集八卷。三家词钞。春融堂杂著八种。西湖竹枝词。三家绝句。词综补二卷。蜀石经残字十一卷。云南铜政全书。青浦县志四十卷。太仓州志。天下书院志。朝闻录。归葬小志。属车杂志二卷。滇轺纪程一卷。豫章行程记一卷。雪鸿再录一卷
赵文哲 字损之号璞函	江苏上海	生雍正三年(1725) 卒乾隆三十八年(1773) 年四十九	媕雅堂、藏海庐、陬隅等集

续 表

人 名	籍 贯	生 卒	著 述
蒋士铨 字心余一字苕生号清容其先钱氏母钟号甘荼老人著有柴车倦游集子知廉知让	江西铅山	生雍正三年(1725) 卒乾隆四十九年(1784) 年六十一	忠雅堂文集十六卷。诗集三十卷。铜絃词二卷。填词九种。知廉著有弗如堂诗集,知让著有妙吉祥诗集
汪 缙 字大绅号受唐	江苏吴县	生雍正三年(1725) 卒乾隆五十七年(1792) 年六十八	汪子文录十卷。汪子二录二卷。汪子三录三卷。汪氏诗录十卷。四十偈私记。染香别录。长元节孝词志
王 杰 字伟人号惺园一号畏堂	陕西韩城	生雍正三年(1725) 卒嘉庆十年(1805) 年八十一	葆醇阁集。惺园易说。各若干卷
程瑶田 初名易以字行更字易田又字易畴	安徽歙县	生雍正三年(1725) 卒嘉庆十九年(1814) 年九十	通艺录:论学小记一卷。论学外篇一卷。宗法小记一卷。仪礼丧服文足征记十卷。释宫小记一卷。考工创物小记一卷。磬折古义一卷。沟洫疆理小记一卷。禹贡三江考三卷。水地小记一卷。解字小记一卷。声律小记一卷。九穀考四卷。释草小记一卷。数度小记一卷。九势碎事一卷。释虫小记一卷。修词余钞一卷。附让堂亦政录。乐器三事能言。困学纪闻笺。读书求解。琴音记。濠上吟。莲饮集。藤笈编。非能编。(以上六种有目无书)诗集十八卷
王延年 字介眉	浙江钱塘	雍正四年举人乾隆元年举博学鸿词	补通鉴纪事本末(有杭世骏序。书目答问曰:书已进呈。未见传本)浙江通志沿革离合表
汪梧凤 字在湘号松溪与戴震同出婺源江门	安徽歙县	生雍正四年(1726) 卒乾隆三十六年(1771) 年四十六	诗学女为。松溪文集

续 表

人 名	籍 贯	生 卒	著 述
洪腾蛟 字鳞雨	安徽婺源	生雍正四年(1726) 卒乾隆五十六年(1791) 年六十六	寿山存稿十二卷。稽年录十二卷。寿山丛录二卷。郭丛常谈二卷。婺源埤乘三卷。思问录五卷
赵 佑 字启人号鹿泉	浙江仁和	生雍正五年(1727) 卒嘉庆五年(1800) 年七十四	清献堂全编:诗文集十卷。尚书质疑二卷。尚书异读考六卷。逸书考。读书杂识三卷。诗细十二卷。陆氏草木虫鱼疏校正二卷。朱传异同考三卷,读春秋存稿四卷。春秋三传杂案十卷。四书温故录十一卷
赵 翼 字云崧一字耘松号瓯北	江苏阳湖	生雍正五年(1727) 卒嘉庆十九年(1814) 年八十八	瓯北全集:廿二史札记三十六卷,补遗一卷。陔余丛考四十三卷。簷曝杂记六卷,续一卷。皇朝武功纪盛四卷。瓯北诗钞二十卷。瓯北诗话十二卷。瓯北文集五十三卷
阮葵生 字宝诚号厝山	江苏山阳	生雍正五年(1727) 卒乾隆五十六年(1791) 年六十五	茶余客话。七录斋集
钱大昕 字及之又字晓征号辛楣又号竹汀	江苏嘉定	生雍正六年(1728) 卒嘉庆九年(1804) 年七十七	潜研堂全书:经典文字考异三卷。唐五经考异一卷。声类四卷。二十二史考异一百卷。附修唐书史臣表一卷。辽金元三史拾遗五卷。诸史拾遗五卷,南北史隽一卷。唐学士年表一卷。五代学士年表一卷。宋中兴学士年表一卷。元史氏族表三卷。补元史艺文志四卷。通鉴胡注辨正二卷。孱守斋年谱五种(洪文惠洪文敏陆放翁王伯厚王弇洲)。天一阁碑目二卷。疑年录四卷。吴兴旧德录四卷。先德录四卷。日记六十卷。金石文字跋尾六卷,续七卷,又续六卷,三续六卷。金石文字目录八卷,附识一卷。十驾斋养新录

续　表

人　名	籍　贯	生　　卒	著　　述
			二十卷,续录三卷。三统术衍三卷。风俗通义逸文二卷。恒言录十卷。文集五十卷。诗集十卷。词垣集四卷。元诗纪事五十卷。地球图说。宋辽金元四史朔闰考二卷。元史稿一百卷。困学纪闻校补
康基田 字仲耕号茂园	山西兴县	生雍正六年(1728) 卒嘉庆十八年(1813) 年八十六	诗文集及河渠纪闻各若干卷
鲍廷博 字以文号渌饮	安徽歙县 (家于钱塘)	生雍正六年(1728) 卒嘉庆十九年(1814) 年八十七	花韵轩咏物诗存。校刻知不足斋丛书二十八集
朱　筠 字竹君一字美叔号笥河	顺天大兴	生雍正七年(1729) 卒乾隆四十六年(1781) 年五十三	笥河文集四卷。十三经文字同异。纂诂。方音。礼意。仪礼释例。(四种皆未成)五代史补注(为人误毁)
周　春 字松霭号芚兮晚号黍谷居士	浙江海宁	生雍正七年(1729) 卒嘉庆二十年(1815) 年八十七	周松霭遗书:十三经音略十二卷。小学余论二卷。古文孝经一卷。附孝经一卷。代北姓谱二卷。辽金元姓谱一卷。杜诗双声叠韵谱括略八卷。选材录一卷。辽诗话一卷。佛尔雅八卷
李文藻 字素伯一字茝畹号南涧为嘉定钱氏入室弟子	山东益都	生雍正八年(1730) 卒乾隆四十三年(1778) 年四十九	南涧文集二卷。刻贷园丛书。恩平集。潮阳集。桂林集
周永年 字书昌结茅林汲泉侧因称林汲山人	山东历城	生雍正八年(1730) 卒乾隆五十六年(1791) 年六十二	先正读书诀。刻贷园丛书。辑金楼子六卷(其学淹博无涯际,自谓之拙,不存稿,亦不著书)

续 表

人 名	籍 贯	生 卒	著 述
毕 沅 字湘衡一字弇庵号秋帆	江苏镇洋	生雍正八年(1730) 卒嘉庆二年(1797) 年六十八	传经表一卷。通经表一卷。夏小正考注一卷。经典文字辨正书五卷。说文解字旧音一卷。吴会英才集二十四卷。晋书地理志新补正五卷。释名补遗一卷。续释名一卷。中州金石记十五卷。音同义异辨一卷。续资治通鉴二百二十卷。关中胜迹图志三十二卷。山左金石志二十四卷。灵岩山人诗集四十四卷。自订经训堂集四十卷。西安府志八十卷。灵岩山人文集八卷。史籍考一百卷。河间书画舫四卷。三楚金石记三卷。湖广通志一百卷。(上五种未刊)老子道德经考异二卷。刻经训堂法帖十二卷。校墨子。吕氏春秋
周广业 字勤补号耕崖	浙江海宁	生雍正八年(1730) 卒嘉庆三年(1798) 年六十九	孟子四考四卷。意林注五卷。补遗一卷。广德州志。经史避名汇考四十六卷(未刊)
王文治 字禹卿号梦楼	江苏丹徒	生雍正八年(1730) 卒嘉庆七年(1802) 年七十三	梦楼诗集若干卷
汪辉祖 字焕曾号龙庄	浙江萧山	生雍正八年(1730) 卒嘉庆十二年(1807) 年七十八	元史本证。读史掌录。史姓韵编。九史同姓名略。二十四史同姓名录。二十四史希姓录。辽金元三史同名录。龙庄四六稿
严长明 字冬友一字道甫子观字子进	江苏江宁	生雍正九年(1731) 卒乾隆五十二年(1787) 年五十七	归求草堂诗文集。西清备对。毛诗地理疏证。五经算术补正。三经答问。三史答问。淮南天文太阴解。文选课读。文选声类。尊闻录。献征余录。知白斋金石类签。金石文字跋尾。石经考异。汉金石例。五岳贞珉考。五陵金石志。平原石迹表。吴兴石迹表。素灵发伏。墨缘小录。南宋鉴。奇觚类聚。八表停云录。养生家言。怀袖集。吴谐志。观著有元和郡县志补六卷。湖北金石诗一卷。江宁金石考十二卷

续 表

人 名	籍 贯	生 卒	著 述
曹仁虎 字来殷号莱婴又号习庵	江苏嘉定	生雍正九年(1731) 卒乾隆五十二年(1787) 年五十七	宛委山房诗集。蓉镜堂文集。二十四气七十二候考。转注古音考等各若干卷
彭元瑞 字掌仍号芸楣谥文勤	江西南昌	生雍正九年(1731) 卒嘉庆八年(1803) 年七十三	新五代史补注七十四卷。宋四六文选二十四卷。宋四六话十二卷。石经考文提要十三卷
朱 珪 字石君号南崖晚号盘陀老人谥文正	顺天大兴	生雍正九年(1731) 卒嘉庆十一年(1806) 年七十六	知足斋诗文集
朱 彭 字青湖	浙江钱塘	生雍正九年(1731) 卒嘉庆八年(1803) 年七十三	武林谈薮。南宋古迹考。(以上皆毁于火)吴越古迹考。南宋寓贤录。书画所见集。同岑诗选。抱山堂集
姚 鼐 字姬传一字梦穀学者称惜抱先生	安徽桐城	生雍正九年(1731) 卒嘉庆二十年(1815) 年八十五	惜抱轩十种:惜抱轩文集十六卷。文后集十卷。诗集十卷。诗后集一卷。诗外集一卷。法帖题跋三卷。春秋四传补注四卷(左传公羊穀梁国语)。笔记四卷。九经说十七卷。五七言今体诗十八卷。书录四卷。古文辞类纂七十五卷。老子章义一卷。庄子章义十卷
汪肇龙 字稚川号松麓与戴震郑用牧程易田汪在湘方稀原金蕊中六七人皆同出江永门下	安徽歙县	生雍正十年(1732) 卒乾隆五十五年(1790) 年五十九	精三礼。遗编未知成书否。据郑虎文撰传有石鼓文考一书
王鸣韶 原名廷锷字夔律鸣盛弟	江苏嘉定	生雍正十年(1732) 卒乾隆五十三年(1788) 年五十七	逸野堂文集十卷。春秋三传考。十三经异义。祖德述闻。竹窗琐碎
鲁九皋 原名仕骥字絜非号山木	江西新城	生雍正十年(1732) 卒乾隆五十九年(1794) 年六十三	山木居士集

续 表

人 名	籍 贯	生 卒	著 述
余萧客 字仲林别字古农惠栋弟子	江苏吴县	生雍正十年(1732) 卒乾隆四十三年(1778) 年四十七	注雅别钞八卷。畿辅水利志(方观承聘修)。尔雅释。文选纪闻三十卷。文选音义八卷。文选杂题三十卷。古经解钩沉三十卷。皇侃论语义疏。选音楼诗拾
罗 聘 字遁夫号两峰妇方氏号白莲女史亦工诗	安徽歙县	生雍正十一年(1733) 卒嘉庆四年(1799) 年六十七	香叶草堂诗存
吴 骞 字兔床号槎客	浙江海宁	生雍正十一年(1733) 卒嘉庆十八年(1813) 年八十一	诗补亡后订一卷。国山碑考一卷。桃溪客话五卷。阳羡名陶录二卷。蠡塘渔乃一卷续一卷。扶风传经录一卷。拜经楼诗集十二卷续编三卷。拜经楼集外诗一卷。愚谷文存续编二卷。惠阳山水纪胜四卷。吴兔床日记一卷。阳羡摩厓记略一卷
翁方纲 字正三号覃溪	顺天大兴	生雍正十一年(1733) 卒嘉庆二十三年(1818) 年八十六	苏斋丛书:两汉金石记二十二卷。渔洋古诗钞三十二卷。七言律钞十八卷。经义考补正十二卷。粤东金石略十二卷。苏斋兰亭考八卷。石洲诗话八卷。苏诗补注八卷。小石帆著录六卷。米海峰年谱一卷。元遗山先生年谱三卷。瘗鹤铭考一卷。通志堂经解目录一卷,十三经注疏姓氏一卷。春秋分年系传表一卷。咏物七律偶记一卷。栖霞小稿一卷。岚游小草一卷。青原小草一卷。汉石经残字考一卷。隶韵十卷考证二卷碑目考证一卷。苏斋唐碑选一卷。复初斋集三十五卷(或作六十二卷续集四卷)。苏斋题跋二卷。乐毅论翻刻表一卷。苏斋笔记
罗有高 字台山	江西瑞金	生雍正十二年(1734) 卒乾隆四十四年(1779) 年四十六	尊闻居士集八卷

续 表

人 名	籍 贯	生 卒	著 述
陆锡熊 字健男号耳山	江苏上海	生雍正十二年(1734) 卒乾隆五十七年(1792) 年五十九	篁邨诗集。奉敕编通鉴辑览。契丹国志。胜朝殉节诸臣录。唐桂二王始末。河源纪略。历代职官表。及永乐大典中佚书
钱 塘 字学渊大昕族子	江苏嘉定	生雍正十三年(1735) 卒乾隆五十五年(1790) 年五十六	溉亭述古录二卷。律吕古义六卷。易纬稽览考正一卷。左传古义六卷。春秋三传释疑十卷。说文声系二十卷。续汉书律历志补注二卷。(五种未刊)史记三书释疑三卷。淮南子天文训补注三卷。鹤原诗草。泮宫乐律释四卷。文庙乐律释二卷。说文稗传。四益斋诗钞三卷。默耕斋吟稿一卷。曝书亭集释注。溉亭诗文集。响山阁词。玉叶词
金 榜 字蕊中号檠斋	安徽歙县	生雍正十三年(1735) 卒嘉庆六年(1801) 年六十七	礼笺三卷。周易考古一卷
李 惇 字孝臣	江苏高邮	生雍正十二年(1734) 卒乾隆四十九年(1784) 年五十一	群经识小录八卷。历代官制考。工车制考。说文引书字异考。左通传释。杜氏长历补。浑天图说
段玉裁 字若膺一字懋堂	江苏金坛	生雍正十三年(1735) 卒嘉庆二十年(1815) 年八十一	经韵楼丛书:经韵楼文集十二卷。戴东原集十二卷附。古文尚书撰异三十二卷。毛诗故训传三十卷。周礼汉读考六卷。春秋名字古经一卷。声韵考四卷附。仪礼汉读考一卷。说文解字段氏注三十卷。六书音韵表五卷。富顺县志。戴东原年谱一卷。汉书地理志音释。诗经小学录四卷。汲古阁说文订一卷

续 表

人名	籍贯	生卒	著述
吴卓信 字项儒	江苏昭文		汉书地理志补注一百卷。澹成居文钞四卷。附丧礼经传约一卷。读诗余论。仪礼札记各若干卷。释亲广义二十五卷。汉三辅考二十四卷。三国志补注六卷。补表六卷。手定文稿十六卷(未刊)
庄 炘 字景炎	江苏武进	生雍正十三年(1735) 卒嘉庆二十三年(1818) 年八十四	文六卷。诗七百余首(著述为水所淹仅存诗文如上)
洪 榜 字汝登号初堂	安徽歙县	乾隆二十三年举人卒年三十五	四声韵和表五卷。易述赞二卷。示儿切语一卷。周易古录。书经释典。诗经古义录。诗经释典。仪礼十七篇书后。春秋公羊传释例。论语古义录。初堂读书记。许氏经义诸书
沈 初 字云椒谥文恪	浙江平湖	乾隆二十八年进士 卒嘉庆四年(1799) 年七十余	兰韵堂集若干卷
秦承恩 字芝轩	江苏江宁	乾隆二十六年进士卒嘉庆十四年	诗文集若干卷
秦承业 字补之号易堂谥文懿	江苏江宁	乾隆进士	养正书屋诗。瑞芝轩文集

(三) 生于乾嘉时期者

人名	籍贯	生卒	著述
桂 馥 字东卉一字未谷	山东曲阜	生乾隆元年(1736) 卒嘉庆十年(1805) 年七十	说文义证五十卷。说文谐声谱考证。说文系统图。札朴随笔十卷。晚学集十二卷。缪篆分韵五卷。续三十五举一卷(清史稿艺文志作补一卷)

续 表

人　名	籍　贯	生　　卒	著　　述
孙志祖 字诒穀号颐谷	安徽歙县	生乾隆二年(1737) 卒嘉庆六年(1801) 年六十五	读书脞录七卷。续编(摘本)二卷。家语疏证六卷。文选考异四卷。文选李注补正四卷。补正姚之骃辑谢承后汉书五卷。文选理学权舆补一卷。颐谷吟稿
谢启昆 字蕴山号苏潭	江西南康	生乾隆二年(1737) 卒嘉庆七年(1802) 年六十六	小学考五十卷。西魏书二十四卷。广西通志二百八十卷。粤西金石略十六卷。树经堂咏史诗八卷。树经堂诗续集
黄　模 字相圃号书崖	浙江钱塘		夏小正分笺四卷。夏小正异义二卷。三家诗补考。国语补韦。竹书详证。蜀书笺略。武林先雅。寿德堂诗集八卷
任大椿 字幼植又字子田	江苏兴化	生乾隆三年(1738) 卒乾隆五十四年(1789) 年五十二	深衣释例三卷。弁服释例八卷。释缯一卷。吴越备史注三十卷。小学钩沉二十卷。字林考逸八卷。诗集六卷。(校刻)列子张湛注八卷,附殷敬顺释又附考异一卷。刊正九经三传沿革例一卷(汇刻有燕禧堂五种未尽)
任兆麟 原名廷麟字文田号心斋大椿族弟	江苏震泽	嘉庆元年举孝廉方正	字林考逸补正。夏小正补注四卷。有竹居集十三卷。邃古堂述记四卷。石鼓文集释一卷。孟子时事略一卷。心斋诗稿二卷。纲目通论一卷。附弦歌古乐谱一卷。尚书古今叙录。毛诗通说二十卷。春秋本义十二卷。孝经本义一卷。朱子粹言四卷。小尔雅注一卷。弟子职注一卷。声音表。文田诗集。虎丘志。(辑刻)尸子三卷附录一卷。四民月令一卷。襄阳耆旧传三卷文章始一卷。寿者传三卷(以上五种加夏小正石鼓文孟子诗稿纲目汇刻为心斋十种)
刘玉麐 字又徐	江苏宝应	生乾隆三年(1738) 卒嘉庆二年(1797) 年六十	甓斋遗稿。尔雅补注残本一本。粤西金石录。桂林岩洞题刻记三册

续 表

人名	籍贯	生卒	著述
丁杰 字升衢一字小疋	浙江归安	生乾隆三年(1738) 卒嘉庆十二年(1807) 年七十	大戴礼记绎。小西山房文集。(校)方言注十三卷。(辑补)周易郑注十二卷。乾凿度郑注二卷
章学诚 字实斋	浙江会稽	生乾隆三年(1738) 卒嘉庆六年(1801) 年六十四	章氏遗书:文史通义内篇六卷(诸本多作五卷),外篇三卷。校雠通义内篇三卷,外篇一卷(或无外篇)。方志略例二卷。文集八卷(古学汇刊书目提要云百二十卷),外集二卷。湖北通志检存稿四卷。湖北通志未成稿一卷。乙卯札记一卷。丙辰札记一卷。知非日札一卷。阅书随札一卷。信摭一卷。文史通义补篇一卷。附抄刊本目录一卷。和州志四十二篇。和州文征八卷。永清县志二十五篇。文征四卷。常德府志。常德文征七卷。丛谈一卷。亳州志。天门县志。史籍考三百二十五卷。补经义考若干卷(二种未刊)
金日追 字对扬号璞园王鸣盛弟子	江苏嘉定		仪礼经注疏正讹十七卷
张燕昌 字芑堂号文渔又号金粟山人	浙江海盐	生乾隆三年(1738) 卒嘉庆十九年(1814) 年七十七	金石契。石鼓文释存。金粟笺释一卷。续鸳鸯湖棹歌。芑堂印存。古来飞白书考。附金粟逸人逸事
孔继涵 字体生一字诵孟号荭谷孔子六十九世孙	山东曲阜	生乾隆四年(1739) 卒乾隆四十八年(1783) 年四十五	微波榭遗书:红榈书屋诗集四卷。斫冰词二卷。杂体文稿七卷。同度记一卷。长巧经一卷,水经释地八卷。九经文字疑一卷。考工车度记一卷。补林氏考工记解一卷。勾股粟米法一卷。释数一卷。春秋闰例日食例。(校刊)朱本孟子赵注十四卷。孙奭音义二卷。戴校算经十书。休宁戴氏遗书

续 表

人 名	籍 贯	生 卒	著 述
钱 沣 字东注号南园	云南昆明	生乾隆五年(1740) 卒乾隆六十年(1795) 年五十六	钱南园先生遗集五卷
彭绍升 字允初号尺木	江苏长洲	生乾隆五年(1740) 卒嘉庆元年(1796) 年五十七	二林居集二十四卷。测海集六卷。一行居集。观河集。居士传。善女人传。阳秋阁诗录。二林居后集。净土圣贤录。无量寿经起信论
董 诰 字蔗林	浙江富阳	生乾隆五年(1740) 卒嘉庆二十三年(1818) 年七十九	诗文集若干卷
崔 述 字武承号东壁	直隶大名	生乾隆五年(1740) 卒嘉庆二十一年(1816) 年七十七	东壁遗书:考信录三十二卷。三代正朔考一卷。三代经界考一卷。禘祀通考一卷。读风偶识四卷。古文尚书辨伪二卷。王政三大典考三卷。论语余说一卷。读经余论二卷。五服异同汇考三卷。易卦图说一卷。与翼录十二卷。春秋类编四卷。东壁全书:考信录(同上),杂著(七种自读书偶识至易卦图说目同上)。文集:知非集三卷。无闻集五卷。细君诗文稿一卷。荍田杂笔二卷。志:桑梓文献志二卷。水木本源志二卷。存箧书:大怪谈一卷。桑梓外志。涉世杂谈一卷。余篇:荍田杂录二卷。荍田琐记二卷。荍田缀语二卷。赘篇:闻见杂记四卷。知味录二卷
潘奕隽 字守愚号榕皋晚号三松居士	江苏吴县	生乾隆五年(1740) 卒道光十年(1830) 年九十一	三松堂诗文集二十四卷。水云词二卷
朱孝纯 字子颖号思堂	汉军正红旗	卒嘉庆间	海愚诗钞十二卷

续 表

人 名	籍 贯	生 卒	著 述
冯应榴 字贻曾号星实晚号踵息居士孟亭子	浙江桐乡	生乾隆六年(1741) 卒嘉庆六年(1801) 年六十一	苏诗集注若干卷。踵息斋诗文集若干卷
汪 龙 字辰叔(人名辞典作叔辰号蛰泉)	安徽歙县	生乾隆七年(1742) 卒道光三年(1823) 年八十二	毛诗异义四卷。毛诗申成十卷
邵晋涵 字与桐一字二云	浙江会稽	生乾隆八年(1743) 卒嘉庆元年(1796) 年五十四	尔雅正义二十卷。孟子述义。穀梁正义。韩诗外传考一卷。皇朝大臣谥迹录。南江日记。南部事略。宋志。南江札记四卷。南江书录一卷。方舆金石编目。南江诗文稿。提要纂稿一卷。校辑旧五代史
邓石如 名琰以字行一字顽伯又号完白山人	安徽怀宁	生乾隆八年(1743) 卒嘉庆十年(1805) 年六十三	篆书为清代第一
秦 瀛 字凌沧一字小岘号遂庵	江苏无锡	生乾隆八年(1743) 卒道光元年(1821) 年七十九	小岘山人集三十六卷。己未词科录十卷。无锡金匮县志四十卷。淮海公年谱六卷
汪 中 字容甫	江苏江都	生乾隆九年(1744) 卒乾隆五十九年(1794) 年五十一	汪容甫所著书:经义知新记一卷。大戴礼记正误一卷。广陵通典十卷。述学内篇三卷外篇一卷补遗一卷别录一卷。春秋述义一卷。容甫先生遗诗五卷补遗一卷附录一卷。汪氏学行记。附汪容甫先生年谱一卷。年表一卷附寿母小记。周官征文。左氏春秋书释疑。国语校文。说文求端。秦蚕食六国地表。旧学蓄疑。疆识录。尚书考异。(校)尔雅。仪礼。荀子。墨子。新书。今文尚书卫包未改本
黄 易 字小松号秋盦	浙江钱塘	生乾隆九年(1744) 卒嘉庆七年(1802) 年五十九	小蓬莱阁诗钞。又金石文字等书各若干卷

续 表

人 名	籍 贯	生 卒	著 述
钱大昭 字晦之号竹庐又号可庐大昕弟	江苏嘉定	生乾隆九年(1744) 卒嘉庆十八年(1813) 年七十	可庐著述十种:诗古训十卷。尔雅释文补三卷。(均未刊)广雅疏议二十卷。说文统释六十卷。两汉书辨疑四十二卷。后汉书补表八卷。补续汉书艺文志一卷。后汉郡国令长考一卷。三国志辨疑三卷。迩言六卷。嘉定金石文字记四卷。说文徐氏新补新附考证一卷
庄有可 字大久	江苏武进	生乾隆九年(1744) 卒道光二年(1822) 年七十九	春秋注解十六卷。春秋字数义百四卷。春秋天道义九十四卷。春秋人伦义五十六卷春秋地理义十五卷。春秋物类义六卷。春秋字义本四卷。春秋小学一卷。春秋异文小学一卷。春秋地名考二卷。春秋人名考二卷。周易卦序数臆四卷。周易集说七卷。周易条析六卷。周易异文一卷。毛诗说五卷。毛诗说蕴上下四卷。毛诗字义五卷。毛诗异文字义一卷。毛诗序说一卷。毛诗异闻二卷。尚书今文集注六卷。尚书序说二卷。周官集说十二卷。周官指掌四卷。仪礼丧服经传分释图表二卷。礼记集说四十九卷。考工记集说一卷。各经传记小学十四卷。传记不载说文余字三卷
钱 坫 字献之号十兰大昕子塘弟	江苏嘉定	生乾隆九年(1744) 卒嘉庆十一年(1806) 年六十三	诗音表一卷。车制考一卷。尔雅释义十卷。释地四篇注一卷。论语后录五卷(以上汇刊钱氏四种)礼记内则注三卷。汉书十表注十卷。圣贤冢墓考十二卷。镜铭集录四卷。篆人录八卷。(均未刊)十经文字通正书十四卷。说文解字斠诠十四卷。附新斠注汉书地理志十六卷。朝邑县志古器款识四卷。骈体文二卷。金凤玉笙诗二卷。补史记注一百三十卷(未刊)

续 表

人 名	籍 贯	生 卒	著 述
王念孙 字怀祖号石臞	江苏高邮	生乾隆五年(1744) 卒道光十二年(1832) 年八十九	广雅疏证上下各十卷(清史列传作三十二卷)。读书杂志八十四卷。附汉隶拾遗一卷。(高邮王氏五种之一二)丁亥诗钞一卷
宋绵初 字守端	江苏高邮	乾隆四十二年拔贡生	释服二卷。韩诗内传征四卷。困知录若干卷。
詹应甲 字鳞飞号湘亭	江苏吴县(原籍安徽婺源)	卒年八十余	赐绮堂集三十八卷。独茧诗钞。扇底诗一卷。词余一卷。桐阴小录一卷
奚 冈 字纯章号铁生别号蒙泉外史又号鹤渚散人	浙江钱塘	生乾隆十一年(1746) 卒嘉庆八年(1803) 年五十八	冬花盦诗词集若干卷
王 谟 字仁圃	江西金溪	乾隆四十七年进士卒年七十六	汉魏遗书钞五百余种。经翼一门一百八种已刊行。汝麋玉屑二十卷。韩诗拾遗十六卷。逸诗诠三卷。夏小正传笺四卷。孟子古事案四卷。补孟子释文七卷。江右考古录一卷。豫章十代文献略五十二卷。汝麋诗钞八卷。文钞十二卷。三易通占。尚书杂说。左传异辞。论语管窥。尔雅后释。补史记世家。古今人表问。汉唐地理书。家语广注。读书引化等凡数十卷
王聘珍 字贞吾号实斋	江西南城	乾隆五十四年拔贡	周礼学。仪礼学。大戴礼记解诂十三卷。叙录一卷。九经学三卷。经义考补
武 亿 字虚谷号授堂	河南偃师	生乾隆十年(1745) 卒嘉庆四年(1799) 年五十五	授堂集:群经义证七卷。经读考异八卷补二卷。叙述二卷。金石三跋十卷。续跋十四卷。授堂文钞八卷。偃师金石记四卷。偃师金石遗文二卷附县志。安阳金石录十六卷附县志。三礼义证十二卷。授堂札记。读史金石集目。钱谱。郏县金石志。诗文集

续 表

人 名	籍 贯	生 卒	著 述
洪亮吉 字稚存号北江自号更生居士原名莲	江苏阳湖	生乾隆十一年(1746) 卒嘉庆十四年(1809) 年六十四	春秋左传诂十卷。公羊穀梁古义二卷。比雅十二卷。识子联笺释一卷。六书转注录八卷。汉魏音四卷。乾隆府厅州县图志五十卷。补三国疆域志二卷。东晋疆域志四卷。十六国疆域志十六卷。卷施阁文甲集十卷。乙集八卷。更生斋文甲集四卷。乙集四卷。四史发伏。宋书音义四卷。西夏国志十六卷。北江诗话六卷。玉尘集二卷。卷施阁诗集二十卷附鲒轩诗八卷。更生斋诗集二卷。泾县志。淳化县志。毛诗天文考一卷。传经表二卷。通经表二卷。国语韦昭注疏十六卷。卷施阁文甲集补遗一卷。乙集续编一卷。更生斋文续集二卷。诗续集十卷。两晋南北史乐府二卷。唐宋小乐府一卷。晓读书斋杂录八卷。伊犁日记一卷。天山客话一卷。外家纪闻一卷。长武邑志
李　元 字太初号浑斋	湖北京山	乾隆三十六年举人卒嘉庆二十一年	浑斋七种:蜀水经十六卷。音切谱十八卷。声韵谱十卷。寤索三卷。乍了日程琐记三卷。通俗八戒一卷。蠕范八卷。(以下未刊)春秋君国考。五礼撮要。历代甲子纪元表。西藏志。葭萌小乘。往哲心存补编。日书理学传授表。检验常说。拙氏算术辑。古算术小解。明文渊海。吟坛嘉话。(以下散佚)易学集解。阳明年谱考。浑斋全集
吴锡麒 字圣征号縠人	浙江钱塘	生乾隆十一年(1746) 嘉庆二十三年卒(1818) 年七十三	有正味斋全集五十三卷
赵　魏 字恪生号晋斋	浙江仁和	生乾隆十一年(1746) 卒道光五年(1825) 年八十	竹崦庵金石目

续 表

人 名	籍 贯	生 卒	著 述
王 復 字敦初号秋塍王穀原之子	浙江秀水	生乾隆十二年(1747) 卒嘉庆二年(1797) 年五十一	树萱堂诗。辑五经异义并驳义一卷。补遗一卷。郑志三卷。补遗一卷
赵秉冲 字谦士号研怀文哲子	江苏上海	乾隆钦赐举人	好金石书画之学
龚景瀚 字海峰	福建闽县	生乾隆十二年(1747) 卒嘉庆七年(1802) 年五十六	澹景斋全书:祭仪考四卷。禘祫考一卷。说裸二卷。邶风说二卷。离骚笺二卷。孔志三卷。循化厅志八卷。文钞六卷。外集二卷。诗钞六卷。读书录。访古录(未刊)
吴东发 字侃叔号耘庐又号芸父	浙江海盐	生乾隆十二年(1647) 卒嘉庆八年(1803) 年五十七	群经字考。书序镜。尚书后案质疑。商周文拾遗。石鼓读。金石文跋尾续。耘庐诗钞
赵怀玉 字亿孙一字味辛晚号牧庵	江苏阳湖	生乾隆十二年(1747) 卒道光三年(1823) 年七十七	亦有生斋诗文集。云溪乐府二卷
张云璈 字仲雅号简松晚号复丁老人	浙江钱塘	生乾隆十二年(1747) 卒道光九年(1829) 年八十三	选学胶言二十卷。简松堂诗集二十卷。简松堂文集二卷。蜡味小稿五卷。归船草一卷。知还草四卷。复丁老人草二卷。金牛湖渔唱一卷。三影阁筝语四卷。选藻八卷。四寸学六卷
胡 重 字菊圃	浙江秀水		说文字原。韵表二卷
戚学标 字鹤泉齐召南高弟	浙江太平	乾隆四十五年进士	汉学谐声二十三卷。总论一卷。附说文补考二卷。三台诗录。台州外书二十卷。太平县志十八卷。毛诗证读五卷(清史列传云不分卷)。诗声辨定阴阳谱四卷。四书偶谈内外编二卷。续谈内外编。集李三百首二卷。鹤泉文钞十一卷(清史列传作二卷)。溪山讲授二卷。鹤泉文钞续选九卷。风雅遗闻

续 表

人 名	籍 贯	生 卒	著 述
梁玉绳 字曜北自号清白士同书嗣子	浙江钱塘	卒年七十六	清白士集:古今人表考九卷。吕子校补二卷。元号略四卷。元号补遗一卷。志铭广例二卷。瞥记七卷。蜕稿四卷。附庭立纪闻四卷。史记志疑三十六卷
梁履绳 字处素玉绳弟	浙江钱塘	生乾隆十三年(1748) 卒乾隆五十八年(1793) 年四十六	左通补释三十二卷。左通驳证考异各若干卷。广传。古音。肊说(均未刊)
黎 简 字简民号二樵	广东顺德	生乾隆十三年(1748) 卒嘉庆四年(1799) 年五十二	五百四峰草堂诗文钞二十五卷。药烟阁词钞一卷。芙蓉亭乐府二册
黄景仁 字仲则一字汉卿子乙生字小仲治郑氏礼有声	江苏武进	生乾隆十四年(1749) 卒乾隆四十八年(1783) 年三十五	两当轩诗集(今人章衣萍有黄仲则评传)
赵希潢 字渭川	广东长宁	卒年六十余 与黄仲则交最密	四百三十二峰草堂诗集。研栰斋文集各若干卷
庄述祖 字葆琛存与弟子	江苏阳湖	生乾隆十五年(1750) 卒嘉庆二十一年(1816) 年六十七	珍蓺宧丛书:夏小正经传考释十卷。尚书今古文考证七卷。毛诗考证四卷。毛诗周颂义三卷。五经小学述二卷。历代载籍足征录一卷。弟子职集解一卷。汉铙歌句解一卷。说文古籀疏证六卷原目一卷(原名古文甲乙篇)。石鼓然疑一卷。文钞七卷。诗钞二卷。尚书记七卷。论语别记(未刊)
张宗泰 字登封	江苏甘泉	生乾隆十五年(1750) 卒道光十二年(1832) 年八十三	周官礼经注正误一卷。孟子七篇诸国年表二卷。尔雅注疏本正误五卷。竹书记年校补二卷。质疑删存三卷

续 表

人 名	籍 贯	生 卒	著 述
黄 钺 字壹斋号左田	安徽当涂	生乾隆十五年(1750) 卒道光二十一年(1841) 年九十二	壹斋集四十卷
许鸿磐 字渐逵	山东济宁	乾隆四十六年进士	方舆考证若干卷。雪帆杂著一卷。尚书札记四卷。六观楼遗文二卷
章宗源 字逢之	顺天大兴(祖籍山阴)	乾隆五十一年举人卒嘉庆五年 年未五十	随书经籍志考证。其稿已佚。仅有史部五卷。辑尸子二卷。燕丹子三卷。谯周古史考一卷
程际盛 原名炎字焕若	江苏长洲	乾隆四十五年进士	续方言补正一卷。骈字分笺二卷。说文古语考二卷。礼记古训考。周礼故书考。仪礼古文今文考。清河偶钞。稻香楼集。古韵异同
刘台拱 字端临	江苏宝应	生乾隆十六年(1751) 卒嘉庆十年(1805) 年五十五	刘端临遗书:论语骈枝一卷。荀子补注一卷。汉学拾遗一卷。(续刻)经传小记三卷。文集一卷。国语校补一卷。淮南子补校一卷。方言补校一卷
祁韵士 字鹤皋	安徽寿阳	生乾隆十六年(1751) 卒嘉庆二十年(1815) 年六十五	皇朝藩部要略十六卷,表四卷。西域释地一卷。西陲要略四卷。已庚编二卷
孔广森 字众仲又字㧑约号䫋轩孔子六十八代孙	山东曲阜	生乾隆十七年(1752) 卒乾隆五十一年(1786) 年三十五	䫋轩所著书七种:春秋公羊经传通义十一卷,叙一卷。大戴礼记补注十三卷,叙录一卷。诗声类十二卷,分例一卷。礼学卮言六卷。经学卮言六卷。少广正负术内外篇六卷。仪郑堂骈礼文三卷。仪郑堂遗稿一卷。残稿二卷

续 表

人 名	籍 贯	生 卒	著 述
孔广林 字丛伯广森弟	山东曲阜		孔丛伯经说稿:周礼臆测七卷。仪礼臆测十八卷。吉凶服名用篇九卷。禘祫觿解一卷。明堂亿一卷。仪礼笺一卷。通德遗书所见录:六艺论一卷。周易注十二卷。尚书中候注六卷。尚书大传注四卷。毛诗谱一卷。三礼目录一卷。答周礼难一卷。鲁礼禘祫义一卷。丧服变除一卷。箴左氏膏肓一卷。发公羊墨守一卷。释公羊废疾一卷。论语注十卷。论语篇目弟子一卷。驳五经异义十卷。孝经注一卷。叙录一卷
江德量 字秋史一字量殊	江苏仪征	生乾隆十七年(1752) 卒乾隆五十八年(1793) 年四十二	泉志三十卷。广雅疏(未成而卒)
邢　澍 字雨民号佺山	甘肃阶州	乾隆五十五年进士	寰宇访碑录(与孙星衍撰)。金石文字辨异十二卷。关右经籍考十一卷。司马法辑注。全秦艺文志。两汉希姓录。守雅堂诗文集各若干卷
赵绍祖 字琴士	安徽泾县	生乾隆十七年(1752) 卒道光十三年(1833) 年八十二	新旧唐书互证二十卷。古墨斋金石文跋六卷。金石文钞八卷。安徽金石文编八卷。安徽金石略十卷。泾川金石记一卷。通鉴注商十八卷(刻泾川丛书四十一种与弟绳祖合编校)
法式善 本名运昌字开文一字梧门号时帆姓乌尔济氏	蒙古正黄旗	生乾隆十八年(1753) 卒嘉庆十八年(1813) 年六十一	存素堂诗文集若干卷
杨芳灿 字才叔号蓉裳	江苏金匮	生乾隆十八年(1753) 卒嘉庆二十年(1815) 年六十三	芙蓉山馆集:诗八卷,补遗一卷,词二卷

续 表

人 名	籍 贯	生 卒	著 述
陈 鳣 字仲鱼	浙江海宁	生乾隆十八年(1753) 卒嘉庆二十二年(1817) 年六十五	经籍跋文一卷。对策六卷。续唐书七十卷。论语古训十卷。(辑)六艺论一卷。说文正义二十卷。说文声系十五卷
孙星衍 字伯渊一字渊如号季述	江苏阳湖	生乾隆十八年(1753) 卒嘉庆二十三年(1818) 年六十六	孙氏周易集解十卷。尚书今古文注疏三十卷。夏小正传校正三卷。孔子集语十七卷。(辑)括地志八卷。附补遗。尸子二卷。汉礼器制度一卷。汉官一卷。汉官解诂一卷。汉旧仪补遗二卷。汉官仪二卷。汉官典职仪式选用一卷。汉仪一卷。杨泉物理论一卷。仓颉篇三卷。建立伏博士始末二卷。魏三体石经残字考一卷。史记天官书考证十卷。京畿金石考二卷。平津馆金石粹编二十卷。孙氏家祠书目内篇四卷。外篇三卷。寰宇访碑录十二卷。晏子春秋音义二卷。续古文苑二十卷。芳茂山人诗录十卷。问字堂文稿五卷。岱南阁文稿五卷。沛上停云集一卷。平津馆文集二卷。五松园文稿一卷。嘉穀堂稿一卷附长离阁集一卷(星衍妻王采薇撰)。(以上阳湖孙氏所著书目次)三礼图三卷。谥法三卷。史记天官书补目一卷。春秋事证。急就章考异一卷。问字堂集。平津馆鉴藏记三卷。补遗一卷。续编一卷。泰岱石室考一卷。三水县志。春秋别典十五卷。郑康成年谱。燕丹子。补辑古文尚书逸文二卷。又孙渊如全集辑文集类颇备。明堂考三卷
唐仲冕 字六松号陶山	湖南善化	生乾隆十八年(1753) 卒道光七年(1827) 年七十五	岱览三十二卷。陶山诗文集各若干卷

续 表

人 名	籍 贯	生 卒	著 述
朱 彬 字武曹	江苏宝应	生乾隆十八年(1753) 卒道光十四年(1834) 年八十二	传经考证八卷。礼记训纂四十九卷
伊秉绶 字组似号墨卿	福建宁化	生乾隆十九年(1754) 卒嘉庆二十一年(1816) 年六十三	留春草堂集
李赓芸 字邨斋	江苏高邮	生乾隆十九年(1754) 卒嘉庆二十二年(1817) 年六十四	炳烛编四卷。稻香吟馆诗集
王学浩 字孟养号椒畦	江苏昆山	生乾隆十九年(1754) 卒道光十二年(1832) 年七十九	易画轩诗文集若干卷。山南论画
张敦仁 字古愚一作古余	山西阳城	生乾隆十九年(1754) 卒道光十四年(1834) 年八十一	校影宋抚州单注本礼记二十卷附考异二卷。辑古算经细算三卷。通鉴补识。盐铁论十卷考证三卷。求三算术三卷。开方补记六卷。资治通鉴刊本识误三卷
师 范 字端人号荔扉又号金华山樵	云南赵州	生乾隆十九年(1754)	滇系百卷。金华山樵诗文集若干卷
吴其濬 字瀹斋	河南固始	嘉庆二年进士 卒道光二十六年(1846)	植物名实图考三十八卷。长编二十二卷

续 表

人 名	籍 贯	生 卒	著 述
袁 钧 字秉国一字陶轩号西庐	浙江鄞县	乾隆拔贡 嘉庆初举孝廉方正	辑郑氏佚书二十三种:易注九卷。尚书注九卷。尚书中候注一卷。尚书大传注三卷。尚书五行传注一卷。尚书略说注一卷。毛诗谱三卷。三礼目录一卷。丧服变除一卷。鲁礼禘祫义一卷。答临硕难礼一卷。发墨守一卷。春秋传服氏注十二卷。孝经注一卷。论语注十卷。孔子弟子目录一卷。驳五经异义十卷(原辑已佚四世孙尧年补辑)。六艺论一卷。郑志八卷。郑纪一卷。附郑君纪年一卷。四明文献征。近体乐府
汪如洋 字润民号云壑	浙江秀水	生乾隆二十年(1755) 卒乾隆五十九年(1794) 年四十	葆冲书屋诗集
王芑孙 字念丰号德甫一号惕甫又号铁夫	江苏太仓(一作长洲)	生乾隆二十年(1755) 卒嘉庆二十二年(1817) 年六十三	碑版广例十卷。渊雅堂全集:编年诗稿二十卷。惕甫未定稿二十六卷。写韵轩小稿三卷。波余遗稿一卷。文续稿。诗外集。文外集四卷。读赋卮言。编年诗续集
吴 鼒 字及之一字山尊号柳庵	安徽全椒	生乾隆二十年(1755) 卒道光元年(1821) 年六十七	夕葵书屋集。八家四六文钞九卷
温汝适 字步容号筼坡弟汝遂(字遂之)	广东顺德	生乾隆二十年(1755) 卒道光元年(1821) 年六十七	曲江集考证。曲江年谱。携雪斋诗文钞。咫闻录。韵学纪闻。日下纪游略。汝遂著有梦痕录
沈梦兰 字谷春	浙江乌程	乾隆四十八年举人	周官学。易学。书学。诗学,孟子学。五省沟洫图说一卷
张士元 字翰宣自号鲈江	江苏震泽	生乾隆二十年(1755) 卒道光四年(1824) 年七十	嘉树山房集二十卷

续 表

人 名	籍 贯	生 卒	著 述
宋世荦 字卣勋号确山	浙江临海	乾隆五十三年举人	确山所著书:仪礼古今文疏证二卷。周礼故书疏证六卷。红杏轩诗钞十六卷。续一卷。确山骈体文四卷。(刻)台州丛书即名山堂丛书。两刻亦稍有异同。台州目:赤城志四十八卷。赤城集十八卷。广志绎五卷。石屏集十卷。见闻随笔二卷。文则二卷。名山目甲集即台州目后四种。乙集:赤城集及滇考二卷
刘凤诰 字金门	江西萍乡	乾隆五十四年一甲三名进士 卒道光元年	新五代史补注七十四卷。存悔斋集若干卷
初彭龄 字绍祖一字颐园	山东莱阳	乾隆四十五年进士 卒道光五年(1825)	
汪 照 原名景龙字翊青	江苏嘉定	在练川十二子之列	大戴礼记补注十三卷。三家诗义证。宋诗选略。陶春馆吟稿
包慎言 字孟开	安徽泾县		公羊传历谱
潘维城 字阆如钱大昕再传弟子	江苏吴县		论语古注集笺十卷(子锡爵卒其业)
胡祥麟 字仁圃	浙江秀水	嘉庆十八年举人 卒道光三年	虞氏消息图初说稿一卷。省过斋诗钞若干卷
王绍兰 字南陔	浙江萧山	乾隆进士惠庆间官至福建巡抚	管子地员篇注四卷。列女传补注正讹。读书杂记。周人经说佚存四卷。王氏经说六卷。汉书地理志校注二卷。盐铁论注(未刊)。说文段注订补十四卷。说文集注一百二十四册(未刊)。郑许学庐存稿

续 表

人 名	籍 贯	生 卒	著 述
马宗梿 字器之号鲁陈姚鼐甥瑞辰父	安徽桐城	嘉庆六年进士 卒嘉庆七年	春秋左传补注三卷。毛郑诗诂训考证。周礼郑氏注笺疏证。辑春秋左传贾服注。公羊补注一卷。穀梁传疏证。说文字义广注。战国策地理考。南海郁林合浦苍梧四郡沿革考。岭南诗钞。校经堂诗钞二卷
宋 湘 字焕襄号芷湾	广东嘉应	生乾隆二十一年(1756) 卒道光六年(1826) 年七十一	不易居斋诗集。丰湖漫草。燕台滇蹄诸集
石韫如 字执如号琢堂晚号独学老人	江苏吴县	生乾隆二十一年(1756) 卒道光十七年(1837) 年八十二	独学庐诗文集若干卷
凌廷堪 字次仲号仲子	安徽歙县(家于海州)	生乾隆二十二年(1757) 卒嘉庆十四年(1809) 年五十三	礼经释例十三卷。校礼堂文集三十六卷。燕乐考原六卷。诗集十四卷。元遗山年谱二卷。充渠新书二卷。(三种未刊)梅边吹笛谱二卷。魏书音义(未成)。晋泰始笛律匡谬一卷
恽 敬 字子居号简堂	江苏阳湖	生乾隆二十二年(1757) 卒嘉庆二十二年(1817) 年六十一	大云山房文集八卷。书事二卷。子居决事说四卷。大云山房杂记二卷。大云山房十二章图二卷
郝懿行 字恂九一字兰皋	山东栖霞	生乾隆二十二年(1757) 卒道光五年(1825) 年六十九	郝氏遗书:尔雅义疏二十卷。晋宋书故一卷。补宋书食货志一卷。补宋书刑法志一卷。春秋说略十二卷。山海经笺疏十八卷。图赞一卷订讹一卷。宋琐语一卷。附列女传注八卷。列仙传二卷(懿行妻王照园撰校)。荀子补注一卷。春秋比二卷。又光绪间郝联薇刊本较上目多出之书:易说十二卷。书说二卷。诗经拾遗一卷。礼记笺四十九卷

续 表

人名	籍贯	生卒	著述
			晏子春秋一卷。周书辑要一卷。竹书记年校正十四卷。宝训八卷。海错一卷。蜂衙小记一卷。附诗说二卷。诗问七卷(皆照园注)
徐养原 字新田号饴庵	浙江德清	生乾隆二十三年(1758) 卒道光五年(1825)年六十八	周官故书考四卷。仪礼今古文异同疏证五卷。论语鲁读考。顽石庐经说。法言李轨注十三卷
姚文田 字秋农谥文僖	浙江归安	生乾隆二十三年(1758) 卒道光七年(1827)年七十	易原。春秋月日表。说文声系十四卷。说文校议三十卷。说文解字考异二十九卷。邃雅堂学古录七卷
严如熤 字炳文号乐圃	福建溆浦	生乾隆二十四年(1759) 卒道光六年(1826)年六十八	三省边防备览十四卷。洋防辑要二十四卷。苗防备览二十二卷。诗文集若干卷
陈懋龄 字勉甫	江苏上元	生乾隆五十七年副贡生	经书算学天文考二卷。春秋闰朔交食考。六朝地理考
钮树玉 字蓝田号匪石子	江苏吴县	生乾隆二十五年(1760) 卒道光七年(1827)年六十八	说文解字校录三十卷。说文刊误一卷。说文玉篇校录一卷。段氏说文注订八卷。说文新附考六卷。续考一卷。急就章考证一卷。匪石遗文一卷。匪石日记钞一卷。匪石子一卷。匪石山人诗一卷。群经古义参证一卷。匪石居吟稿六卷(潘锡爵辑)
孙原湘 字子潇晚号心青	江苏常熟	生乾隆二十五年(1760) 卒道光九年(1829)年七十	天真阁集四十卷
夏　銮 字德音号朗斋	安徽当涂	生乾隆二十五年(1760) 卒道光九年(1829)年七十	徽州府志。删补四种遗规

续 表

人　名	籍　贯	生　卒	著　述
曾　燠 字庶蕃号宾谷	江西南城	生乾隆二十五年(1760) 卒道光十一年(1831) 年七十二	赏雨茆屋诗集二十二卷。骈体文二卷。国朝骈体正宗十二卷。江西诗征九十四卷
秦恩复 字敦夫一字澹生	江苏江都	生乾隆二十五年(1760) 卒道光二十二年(1843) 年八十四	(校刻)鬼谷子陶宏景注三卷。列子卢重元注八卷。隶韵十卷。考证二卷。碑目考证一卷。法言李轨注十三卷。音义一卷。骆丞集四卷。吕衡州集十卷。李元宾文编三卷。外编二卷补一卷。词学丛书:乐府雅词三卷。拾遗二卷。阳春白雪八卷。外集一卷。词源二卷。日湖渔唱一卷补遗一卷续补遗一卷。草堂诗余三卷。词林韵释一卷。秦氏吉金簿
钟　怀 字保岐一字蔵崖	江苏甘泉	生乾隆二十六年(1761) 卒嘉庆十年(1805) 年四十五	考古录四卷。汉儒考
王　昙 字仲瞿	浙江秀水	生乾隆二十六年(1761) 卒嘉庆二十三年(1818) 年五十八	经解三卷。史论三卷。西夏书四册。洪范五事官书五类。历代神史一百卷。居今稽古录二卷。读竺贯华三十卷。传家六法一卷。缁帘集一百卷。随园金石考四册。烟霞万古楼文集四十四卷。(李详窳记谓堕入恶道)诗集。又仲瞿诗录一卷。归农乐传奇。玉钩洞天传奇。葛花缘传奇。辽萧皇后十香传奇。鱼龙爨传奇
顾凤毛 字超宗钱塘弟子与焦循同学	江苏兴化	生乾隆二十七年(1762) 卒乾隆五十三年(1788) 年二十七	毛诗集解。董子求雨考。三代田制考。(上皆未成)楚词韵考。入声韵考。毛诗韵考

续 表

人 名	籍 贯	生 卒	著 述
张惠言 字皋文初名一鸣	江苏武进	生乾隆二十六年(1761) 卒嘉庆七年(1802) 年四十二	茗柯全书:周易虞氏义九卷。虞氏消息二卷。虞氏易礼二卷。虞氏易事二卷。虞氏易言二卷。虞氏易候一卷。周易荀氏九家义一卷。周易郑氏义二卷。易义别录十四卷。易纬略义三卷。易图条辨一卷。读仪礼记二卷。茗柯文集五卷。茗柯词一卷。拟名家制义一卷。(别行)仪礼图六卷。七十家赋钞五卷。札记五卷。词选二卷。说文谐声谱二十卷。上论释故。周易审义四卷。墨子经说解二卷。青囊天玉通义五卷
江 藩 字子屏一字节甫号郑堂	江苏甘泉	生乾隆二十六年(1761) 卒道光十一年(1831) 年七十一	节甫老人杂著:周易述补四卷。附易大义一卷。国朝汉学师承记八卷。附国朝经师经义目录一卷。宋学渊源记二卷附记一卷。隶经文四卷。江湖载酒词二卷。半毡斋题跋二卷。炳烛室杂文一卷。乐县考二卷。尔雅小笺三卷附河赋注一卷。乙丙集二卷
刘嗣绾 字芙初号醇甫	江苏阳湖	生乾隆二十七年(1762) 卒嘉庆二十五年(1820) 年五十九	尚絅堂集。文二卷。诗五十二卷。词二卷
戴 清 字静斋	江苏扬州	生乾隆二十七年(1762) 卒道光七年(1827) 年六十六	四书典故考辨十二卷。群经释地十卷。双柑草堂古今体诗八卷。古文二卷。骈体文二卷。经史管见四卷。史记说苑新序正误各一卷。韵辨三卷。左氏兵法集证二卷
钱 林 字东生	浙江钱塘	生乾降二十七年(1762) 卒道光八年(1828) 年六十七	文献征存录十卷。竹醉亭吟稿。玉山草堂续集六卷

续 表

人 名	籍 贯	生 卒	著 述
严可均 字景文号铁桥	浙江乌程	生乾隆二十七年(1762) 卒道光二十三年(1843) 年八十二	四录堂类集:京氏易八卷。韩诗二十一卷。(补辑)仪礼古今文异同说一卷。三礼图三卷。谥法三卷。郑氏注孝经一卷。郭璞尔雅图赞一卷。尔雅一切音注十卷。(五种严辑)说文长编七十卷(说文声类二卷,说文翼十五卷皆在内)。说文校议三十卷。段氏说文订一卷。毛氏四书改错改四卷。(以上经类)辑高士传一卷。风土记一卷。山海经图赞一卷。吴兴山墟名一卷。吴兴记一卷。南越志二卷。桂海虞衡志佚文一卷。(以上史类)古子二十余种后刻入全上古三代文中目不具录。明初写本北堂书钞五十五卷。初学记三十卷。惠松厓笔记三卷。九曜斋笔记三卷。集古录目十卷。古今残图三十卷。钱龙手鉴二卷。访碑续录一卷。平津馆金石萃编二十四卷续编四卷再续二卷三续一卷。铁桥金石跋四卷。(以上子类)全上古三代秦汉三国六朝文七百四十六卷。司马长卿集二卷。扬子云集四卷。蔡中郎集十四卷。陈思王集十卷。海珊外集八卷。鸾坡先生集三卷。孙渊如外集五卷。铁桥诗稿十三卷。文稿十六卷。铁桥漫稿八卷(以上集类)
黄丕烈 字荛圃	江苏吴县	生乾隆二十八年(1763) 卒道光五年(1825) 年六十三	士礼居藏书题跋记六卷。士礼居藏书题跋记续录二卷。再续记二卷。所见古书录。荛言。(校刻)影宋严州单注本仪礼十七卷,附校录一卷。宣和遗事二卷。舆地广记三十八卷,札记二卷。易林十六卷。博物志十卷。太平御览一千卷。士礼居丛书

续 表

人 名	籍 贯	生 卒	著 述
孙冯翼	直隶涿州		(辑刻)问经堂丛书:尔雅汉注三卷。明堂考三卷。五经异义并驳义一卷补遗一卷。箴膏肓一卷。起废疾一卷。发墨守一卷。郑志三卷补遗一卷。世本一卷。说文正字二卷。神农本草经三卷。尸子二卷。燕丹子一卷。许叔重淮南子注一卷。淮南万毕术一卷。桓子新论一卷。典论一卷。皇览一卷。司马彪庄子注一卷。补遗一卷。丧服注马王注一卷。马王易翼一卷。子夏易传一卷
臧寿恭 原名耀字眉卿一号梅溪严可均之婿	浙江长兴	卒道光二十六年	春秋左氏古义六卷。南史事略。春秋朔闰表。天步证验。勾股六术衍
焦 循 字里堂	江苏甘泉	生乾隆二十八年(1763) 卒嘉庆二十五年(1820) 年五十八	易学章句十二卷。易图略八卷。易通释二十卷。附易话二卷。易广记三卷(上易学三书)周易王氏注补疏二卷。尚书孔氏传补疏二卷。毛诗郑氏笺补疏五卷。春秋左传郑氏补疏三卷。礼记郑氏补疏三卷。论语何氏集解补疏三卷。(上六经补疏)群经宫室图二卷。禹贡郑注释一卷。孟子正义三十卷。毛诗地理释四卷(未刊)。论语通释一卷(未刊)。毛诗鸟兽草木虫鱼释十一卷。诗陆氏疏二卷。书义丛钞四十卷。里堂学算记:加减乘除法八卷。天元一释二卷。释弧三卷。释轮二卷。释椭一卷。北湖小志。附事略一卷。李翁医记一卷。扬州足征录一卷(未刊)。刊记六卷。礼堂道听录五十卷(未刊)。读书三十二赞一卷。雕菰楼集廿四卷。词三卷。诗话一卷。焦里堂先生佚文一卷。曲考。花部农谈一卷。易余籥录二十卷。(删订)舆地隅说四卷

续 表

人 名	籍 贯	生 卒	著 述
方 椿 字子桥	安徽歙县		楚颂山房诗文集十卷。歙艺文志四卷
莫与俦 字犹人一字桀夫友芝父	贵州独山	生乾隆二十八年(1763) 卒道光二十一年(1841) 年七十九	二南近说四卷。仁本事韵二卷。诗文集四卷。贞定遗集
严 杰 字厚民号鸥盟	浙江余姚	生乾隆二十八年(1763) 卒道光二十三年(1843) 年八十一	经义丛钞三十卷。小尔雅疏。蜀石经残本。毛诗考证二卷。皇清经解。经籍纂诂(均代阮元编)
钱 杜 字叔美号松壶初名榆	浙江仁和	生乾隆二十八年(1763) 卒道光二十四年(1844) 年八十二	松壶画赘二卷。松壶画忆二卷
李富孙 字香子一号芗沚	浙江嘉兴	生乾隆二十九年(1764) 卒道光二十三年(1843) 年八十	校经庼全书:李氏周易集解賸义三十卷。周易集解校异二卷。易异文释六卷。书异文释八卷。诗异文释十六卷。礼记异文释八卷。说文辨字正俗八卷。鹤征录八卷。鹤征后录十二卷。曝书亭词注七卷。梅里志十六卷。校经庼文稿十八卷。汉魏六朝墓铭纂例四卷
袁廷梼 字又恺号寿阶一号绶阶	江苏吴县	生乾隆二十九年(1764) 卒嘉庆十五年(1810) 年四十七	五砚楼书目。金石书画所见记。渔隐录。霜哺遗音集。红蕙山房诗集
张问陶 字仲冶号船山兄问安字亥白	四川遂宁	生乾隆二十九年(1764) 卒嘉庆十九年(1814) 年五十一	船山诗草二十卷。问安著有小琅环诗集

续 表

人名	籍贯	生卒	著述
鲍桂星 字双五号觉生	安徽歙县	生乾隆二十九年(1764) 卒道光五年(1825) 年六十二	进奉二文钞古今体诗十卷咏物诗四卷。咏史诗三卷怀旧诗二卷
程　敦 字彝斋	安徽歙县		秦汉瓦当文字一卷
阮　元 字伯元号云台谥文达	江苏仪征	生乾隆二十九年(1764) 卒道光二十九年(1849) 年八十六	诗书古训六卷。曾子注释四卷。十三经注疏校勘记二百四十三卷。车制图考一卷。积古斋钟鼎彝器款识十卷。畴人传四十六卷(罗士琳有续传诸可宝有三编)。两浙防护录二册。揅经室全集。石画记五卷。定香亭笔谈四卷。四库未收书目提要五卷。揅经室诗录五卷。广陵诗事十卷。华山碑考四卷。小沧浪笔谈八卷。两浙輶轩录四十卷。补遗十卷。石渠随笔八卷。诂经精舍文集十四卷。淮海英灵集六卷。国史儒林传。仪礼石经校勘记四卷。经籍纂诂一百十六卷。浙江通志。广东通志。郑康成年谱。两浙金石志十八卷。山左金石略二十四卷(与毕沅同撰)。学海堂经解十六卷。编刻皇清经解一千四百八卷。文选楼丛书。校勘十三经注疏四百十六卷。皇清碑版录。江苏诗征。又四史疑年录(文达妾刘文如作)
王　崧 字伯高一字乐山原名藩	云南浪穹	嘉庆四年进士	说纬六卷。乐山堂集二卷。云南备征志二十一卷
程同文 字春庐原名拱宇	浙江桐乡	嘉庆四年进士	修纂大清会典八十卷。密斋文集一卷。诗存四卷
谢兰生 字佩士又字澧浦	广东南海	嘉庆七年进士 卒年七十二	汉印分韵四卷。鸡肋草。常惺惺斋文集四卷。诗集四卷。北游记略二卷

续 表

人 名	籍 贯	生 卒	著 述
谢 震 字甸男	福建侯官	生乾隆三十年(1765) 卒嘉庆九年(1804) 年四十	礼案一卷。四书小笺一卷。四圣年谱一卷。谢氏家谱一卷。诗集一卷
汪光爔 字晋蕃父棣与惠定宇戴东原王述庵王西庄钱竹汀为莫逆交	江苏仪征	生乾隆三十年(1765) 卒嘉庆十二年(1807) 年四十三	辨惠氏易爻辰图之谬。黄稗释一卷
舒 位 字立人号铁云小字犀禅	顺天大兴	生乾隆三十年(1764) 卒嘉庆二十年(1815) 年五十一	瓶水斋诗集十七卷。皋检今雨集二卷
吴 修 字子修号思亭	浙江海盐	生乾隆三十年(1765) 卒道光七年(1827) 年六十三	青霞馆论画诗。吉祥居稿。湖山吟啸集。续疑年录。居易小草。思亭近稿。居易居文集。曝书亭诗集注。纪元甲子表。昭代名人尺牍小传。佳句录
赵 坦 字宽夫	浙江仁和	道光元年举孝廉方正 卒道光四年(?)	周易郑注引义十二卷。春秋三传异文笺十三卷。石经考绩。宝甓斋文集及札记各若干卷
金 鹗 字秋史一字诚斋	浙江临海	卒嘉庆二十四年	乡党正义一卷。求古录礼说十五卷(皆陈奂厘订)。礼说补遗二卷(潘祖荫汇刊)
朱大韶 字仲钧	江苏娄县		实事求是斋经说
洪颐煊 字旌贤号筠轩弟震煊	浙江临海	生乾隆三十年(1765) 卒道光十三年(1833) 年六十九	传经堂丛书:礼记宫室答问三卷。孔子三朝记注七卷目录一卷。夏小正疏义四卷附一卷。管子义证八卷。读书丛录二十四卷。平津读碑记八卷续记一卷再续一卷三续二卷。灵蘁老人诗稿四卷。地斋诗钞二卷。樾堂诗钞一卷。筠轩文钞八

续 表

人 名	籍 贯	生 卒	著 述
			卷。筠轩诗钞四卷。国朝名人词翰二卷。台州札记十二卷。诸史考异十八卷。附录校正穆天子传七卷。竹书纪年二卷。经典集林三十二卷。汉志水道疏证四卷(与弟震煊合刻)倦舫书目十卷。孝经记注补证一卷
吴士模 字晋望	江苏武进		谨心愧人语录若干卷。诗经申义若干卷。五家文。十家制义
王 甗 字瑶舟	江苏阳湖		学易五种若干卷。春秋王氏义若干卷
姚学塽 字晋堂学者称镜塘先生	浙江归安	生乾隆三十一年(1766) 卒道光六年(1826) 年六十一	竹素轩制义若干卷。姚兵部诗文集若干卷
王引之 字伯申谥文简念孙子	江苏高邮	生乾隆三十一年(1766) 卒道光十四年(1834) 年六十九	经义述闻三十二卷。经传释词十卷。字典考证八卷。春秋名字解诂二卷
何元锡 字敬祉号梦华又号蜨隐	浙江钱塘	生乾隆三十一年(1766) 卒道光九年(1829) 年六十四	秋神阁诗钞
吴嵩梁 字子山号兰雪两儒人三侍姬俱能诗	江西东乡	生乾隆三十一年(1766) 卒道光十五年(1835) 年七十	香苏山馆全集十六种各若干卷。(姬人范间间王素素典钗钏重刻)香馆丛录六卷(侍姬岳录春十九卒集哀悼之作)
吴德旋 字仲伦	江苏宜兴	生乾隆三十二年(1767) 卒道光三十年(1840) 年七十四	初月楼文钞四卷。闻见录十卷。续闻见录十卷

续 表

人 名	籍 贯	生 卒	著 述
江 沅 字子兰声孙	江苏吴县	生乾隆年间 卒道光年间 年七十二	说文解字音均表注十七卷。说文释例二卷。江先生文集四卷。染香阁词钞一卷。入佛问答。西归见闻录
臧 庸 字拜经初名镛堂琳元孙	江苏武进	生乾隆三十二年(1767) 卒嘉庆十六年(1811) 年四十五	拜经堂丛刻(与琳合):拜经日记十二卷。拜经文集四卷。补尚书集解。(校辑)月令杂说一卷。孝经考异一卷。乐记二十三篇注一卷。子夏易传一卷。诗考异四卷。韩诗遗说三卷。韩诗订讹一卷。卢植礼记解诂一卷。尔雅汉注三卷。说文旧音考三卷。蔡邕月令章句一卷。王肃礼记注一卷。圣证论一卷。帝王世纪一卷。尸子一卷。贾堂国语注一卷。萧该汉书音义二卷。郑康成易注二卷。郑氏三礼目录。孝经郑氏解一卷
郭 麐 字祥伯号频伽	江苏吴江	生乾隆三十二年(1767) 卒道光十一年(1831) 年六十五	灵芬馆全集:灵芬馆诗初集四卷。二集十卷。三集四卷。四集十二卷。续集九卷。灵芬馆词六卷。灵芬馆杂著二卷。灵芬馆诗话十二卷。续六卷。国志蒙拾二卷。爨余丛话四卷。金石补例二卷。江行日记一卷。樗园销夏录三卷。唐文粹补遗
欧阳辂 原名绍洛字念祖一字磵东	湖南新化	生乾隆三十二年(1767) 卒道光二十一年(1841) 年七十五	磵东诗钞十卷。沅湘耆旧集有诗三卷。夜谈追录,为李洽记其论诗之作
周仪暐 字伯恬与陆继辂并著盛名	江苏阳湖	生乾隆三十二年(1767) 卒道光二十六年(1846) 年八十	芙椒山馆诗集

续 表

人 名	籍 贯	生 卒	著 述
汪 莱 字孝婴	安徽歙县	生乾隆三十三年(1768) 卒嘉庆十八年(1813) 年四十六	衡斋算学七卷
李 锐 字尚之号四香	江苏元和	生乾隆三十三年(1768) 卒嘉庆二十二年(1817) 年五十	周易虞氏略例一卷。李氏遗书:召诰日名考一卷。汉三统术注三卷。汉四分术注二卷。汉乾象术注二卷。补修宋奉元术注一卷。补修宋占天术注一卷。日法朔余强弱考一卷。方程新术细草一卷。弧矢算术细草一卷。开方说二卷。观妙居遗诗
许宗彦 字积卿号周生	浙江德清	生乾隆三十三年(1768) 卒嘉庆二十三年(1818) 年五十一	鉴止水斋文集十二卷。鉴止水斋诗集八卷
彭兆荪 字湘涵号甘亭	江苏镇洋	生乾隆三十三年(1768) 卒道光元年(1821) 年五十四	忏磨录一卷。小谟觞馆集:文四卷,诗八卷,诗余二卷。潘澜笔记(未刊)。南北朝文钞二卷
陈鸿寿 字子恭别字翼庵号曼生	浙江钱塘	生乾隆三十三年(1768) 卒道光二年(1822) 年五十五	桑连理馆诗文词集若干卷。又杂著等若干卷(均未行世)
周中孚 字信之号郑堂	浙江乌程	生乾隆三十三年(1768) 卒道光十一年(1831) 年六十四	孝经汇解。郑堂读书记。金石小品录。山茨诗录。郑堂札记五卷
戴敦元 字金溪	浙江开化	生乾隆三十三年(1768) 卒道光十四年(1834) 年六十七	诗词集八卷。文集若干卷

续 表

人 名	籍 贯	生 卒	著 述
林伯桐 字同君号月亭	广东番禺	生乾隆三十三年(1768) 卒道光二十七年(1847) 年七十	修本堂丛书:毛诗通考三十卷。毛诗识小三十卷。冠昏丧祭仪考十二卷。史记蠡测一卷。供冀小言一卷。修本堂稿五卷。月亭诗钞一卷。古谚笺十一卷。学海堂志一卷。公车见闻录一卷。春秋左传风俗考二十卷。(以下未刻书)易象释例十二卷。易象雅训十二卷。毛诗传例二卷。三礼注疏考异二十卷。礼记识小二卷。说文经字本义二十卷。古音劝学三十卷。史学蠡测三十卷。读史可兴录十卷。两粤水经注四卷。粤风四卷。日用通考十四卷。性理约言四卷。修本堂文集四卷。修本堂骈体文钞二卷。禺阳山馆诗钞十二卷。耕话四卷。安宅规模四卷。(未刻书均于咸丰七年番禺志局失火时烧去,无副本)
陈用光 字硕士一字实思	江西新城	生乾隆三十三年(1768) 卒道光十五年(1835) 年六十八	衲披录若干卷。太乙舟诗文集。春秋属词会义各若干卷
张廷济 字叔未阮元入室弟子	浙江嘉兴	生乾隆三十三年(1768) 卒道光二十八年(1848) 年八十一	清仪阁金石题跋四册。国朝画家书题款。清仪阁所藏金石文字。清仪阁藏器目一卷。清仪阁印谱。清仪阁诗钞。桂馨堂集十三卷。眉寿堂集
张 鉴 字秋水	浙江乌程	生乾隆三十三年(1768) 卒道光三十年(1850) 年八十三	冬青馆甲乙集。西夏记事本末八卷

续 表

人 名	籍 贯	生 卒	著 述
李兆洛 字申耆亦号绅琦先 本王姓	江苏阳湖	生乾隆三十四年(1769) 卒道光二十一年(1841) 年七十三	历代纪元编三卷。历代地理志韵编今释二十卷。皇朝舆地韵编二卷。历代地理沿革图一卷。皇朝一统舆图一卷。(李氏五种合刊李鸿章刻。)合刻恒星赤道经纬度图一具。凤台县志十二卷。骈体文钞三十一卷。养一斋文集二十六卷。日知录集释。八代全文。辑皇朝文典七十卷。学庸孟子释故(与张惠言陆耀遹辑论语合为四书释故)海国纪闻。史略。研坑记。游记。日记。附暨阳问答二卷。年谱三卷。小德录一卷。(辑)旧言录三编。江左香草。所见帖石刻六卷。(铸)天球铜仪日月行度铜仪各一
庞大堃 字子方一字厚甫	江苏常熟	卒道光季年	唐韵辑略五卷。备考一卷。形声辑略一卷。备考一卷。古音辑略三卷。备考一卷。等韵辑略一卷
瞿中溶 字木夫	江苏嘉定	生乾隆三十四年(1769) 卒道光二十二年(1842) 年七十四	官印考证十七卷。吴郡金石志二十四卷。附瞿木夫先生年谱。续金石萃编。古泉山馆金石文编
朱 珔 字玉存号兰坡	安徽歙县	生乾隆三十四年(1769) 卒道光三十年(1850) 年八十二	国朝诂经文钞一百卷。国朝古文汇钞初编一百七十六卷二编一百卷。文选集释二十四卷。小万卷斋经进稿四卷,续四卷。说文假借义证二十八卷。经文广异十二卷。小万卷斋文集二十四卷。诗集三十二卷。续稿十二卷
洪震煊 字百里号檞堂	浙江临海	生乾隆三十五年(1770) 卒嘉庆二十年(1815) 年四十六	夏小正疏义五卷。檞堂诗钞一卷。石鼓文考异一卷

续 表

人 名	籍 贯	生 卒	著 述
李黼平 字子黼一字绣子	广东嘉应	生乾隆三十五年(1770) 卒道光十二年(1832) 年六十三	毛诗紬绎二十四卷。易刊误二卷。文选异义二卷。读杜韩笔记二卷。花庵集八卷。吴门集八卷。南归集四卷。续集四卷
丁履恒 字道久号若士	江苏武进	生乾隆三十五年(1770) 卒道光十二年(1832) 年六十三	春秋公羊例。左氏通义。毛诗名物志。说文谐声类篇。思贤阁诗稿文稿杂著札记各若干卷。望云听雨山房札记。守韵斋集
查　揆 又名初揆字伯葵	浙江海宁	生乾隆三十五年(1770) 卒道光十四年(1834) 年六十五	筼谷文集。菽原堂集各若干卷
顾广圻 字千里号涧蘋	浙江元和	生乾隆三十五年(1770) 卒道光十九年(1839) 年七十	列女传考证。说文考异五卷。附录一卷辨疑一卷。思适斋笔记。思适斋集十八卷。校嘉靖本周礼郑注十二卷。国语韦昭注二十一卷。战国策高诱注三十三卷。宋名臣言行录前集十卷,后集十四卷,续集八卷,别集二十六卷,外集十七卷。韩非子二十卷附识误三卷。骆丞集四卷。吕衡州集十卷。李元宾文编三卷外编二卷补一卷。文选。资治通鉴。唐文粹一百卷。一切经音义校订。广均集均校本。礼记郑注。说文解字。唐律疏义。单疏仪礼。盐铁论。古文范。晏子。杨子法言。列女传。焦氏易林。抱朴子内篇。华阳国志。黄帝本行经。轩辕黄帝传。吴元恭本尔雅(多为他人校刻)

续 表

人 名	籍 贯	生 卒	著 述
雷学淇 字介庵一字瞻叔父鐏字宗彝乾隆二十七年举人道光九年卒年九十	顺天通州	嘉庆十九年进士	九经集解九卷。雷氏所著书:古今服纬三卷。(雷鐏撰。其子学淇注释。附释问一篇。异同表二篇)夏小正经传考二卷。本义四卷。考订竹书纪年十四卷。校辑世本二卷。古经天象考十二卷附图说二卷。亦嚣斋经义考及文三十二卷
钱东垣 字既勤大昭子与弟绎侗皆潜研经史金石时称三凤	江苏嘉定	嘉庆三年举人	校郑志三卷。附录一卷。建元类聚考二卷。崇文总目辑释五卷。补遗一卷。吴兴著述类聚考二卷。五经异义辑存二卷。列代建元类聚考十卷。稽古录辨讹一卷。嘉定县志三十二卷。勤有堂文集六卷。勤有堂诗集六卷。孟子解谊十四卷。补经义考四十卷。续经义考二十卷。小尔雅校证二卷。钱志二卷。丰宫瓦当文考一卷(以上六种均未刊)
钱 绎 初名东墉字以成一字子乐号小庐居士东垣弟	江苏嘉定	生乾隆三十五年(1770) 卒咸丰五年(1855) 年八十六	方言笺疏十三卷(补侗著)。孟子义疏。释大一卷。释小一卷。释曲一卷。竹汀先生日记钞。信芳印存四卷。尔雅疏证十九卷。十三经断句说十三卷(毛岳生所作像赞作十三经汉学句读)。说文解字读若考三卷。说文解字阙疑补一卷。字诂类纂一百六十卷(五种均未刊)
李钟泗 字滨石	江苏甘泉	生乾隆三十六年(1771) 卒嘉庆十四年(1809) 年三十九	规规过(抑刘申杜焦里堂见而叹服)
刘履恂 宝楠之父	江苏宝应		秋槎杂记(收入阮氏经解)

续 表

人 名	籍 贯	生 卒	著 述
胡秉虔 字伯敬号春乔匡衷弟匡宪子	安徽绩溪	嘉庆四年进士	卦本图考一卷。尚书序录一卷。说文管见三卷。古韵论三卷。漢西京博士考二卷。周易小识六卷。尚书小识六卷。论语小识八卷。毛诗序录四卷。甘州明季成仁录四卷。河州景忠录三卷。(以下未刊)经义闻斯录。槐南丽泽编。月令小识。四书释名。小学卮言。对床夜话。惜分斋丛录。消夏录。诗文稾
陈寿琪 字恭甫	福建侯官	生乾隆三十六年(1771) 卒道光十四年(1834) 年六十四	左海全集:左海文集十卷。绛趺堂诗集八卷。左海乙集骈体文二卷。五经异义疏证三卷。左海经辨二卷。尚书大传三卷序录一卷。辨论一卷。洪范五行传辑本三卷。三家诗遗说考十五卷。东越儒林后传一卷。东越文苑后传一卷。东观存稿一卷
崔应榴 字秋谷	浙江海盐		吾亦庐稿。摊贩续谭
方观旭	安徽桐城(人名大辞典作仁和人)		论语偶记一卷
英 和 字煦斋号树琴夫人萨克达氏号介文	满洲正白旗	生乾隆三十六年(1771) 卒道光二十年(1840) 年七十	恩福堂诗集及笔记若干卷。介文著有观生阁诗集
朱为弼 字茮堂一作椒堂	浙江平湖	生乾隆三十六年(1771) 卒道光二十年(1840) 年七十	椒馨馆诗文钞
朱 枫 字近漪	浙江钱塘		雍州金石记十卷。古金待问录六卷

续 表

人 名	籍 贯	生 卒	著 述
陈文述 字云伯号碧城外史晚号退庵又称颐道先生亦称莲可居士一夫人三侍姬两女一妇皆诗坛飞将	浙江钱塘	生乾隆三十六年(1771) 卒道光二十三年(1843) 年七十三	碧城仙馆诗钞(晚删毁)。颐道堂集。颐道诗选十四卷
孙尔准 字平叔	江苏金匮	生乾隆三十七年(1772) 卒道光十二年(1832) 年六十一	泰云堂诗文集二十二卷。雕云词三卷
陆继辂 字祁生	江苏阳湖	生乾隆三十七年(1772) 卒道光十四年(1834) 年六十三	崇百药斋集二十卷。续集四卷。三集十二卷。合肥学舍札记。又修安徽省志
董士锡 字晋卿	江苏武进		修辑续行水金鉴。齐物论斋文集六卷。赋二卷。诗八卷。词三卷。外编三卷。盾甲通变录。形气正宗赋
方东树 字植之	安徽桐城	生乾隆三十七年(1772) 卒咸丰元年(1851) 年八十	仪卫堂文集十二卷。文外集一卷。诗集五卷。书林扬觯二卷。汉学商兑四卷。援鹑堂笔记刊误一卷。刊误补遗一卷
吴荣光 字伯荣号荷屋	广东南海	生乾隆三十八年(1773) 卒道光二十三年(1843) 年七十一	筠清馆金文五卷。筠清馆钟鼎款识五卷。吾学录初编二十四卷。辛丑消夏记五册。筠清馆金石记(未刊)石云山人集。帖镜六卷(未刊)历代名人年谱十一卷。白云山人诗稿
陶　樑 字凫芗	江苏长洲	生乾隆三十七年(1772) 卒咸丰七年(1857) 年八十六	红豆树馆诗集。词集。晚香唱和集。书画记仇补。又辑畿辅诗传各若干卷
刘喜海 字燕庭	山东诸城		金石苑数百卷(今传六卷)。嘉应簃论泉绝句二卷。嘉应簃藏器目一卷。长安获古篇二卷。补一卷。寰宇访碑录校本。手抄书目八十册。海东金石苑八卷。补遗六卷

续 表

人 名	籍 贯	生 卒	著 述
洪饴孙 字祐甫一字孟慈亮吉子	江苏阳湖	生乾隆三十八年(1773) 卒嘉庆二十一年(1816) 年四十四	三国职官表三卷。史目表二卷。世本辑补十卷。毘陵艺文志四卷。青埵山人诗十卷。汉书艺文志考证。隋书经籍志考证(二种未成)
黄本骥 字仲良号虎痴兄本骐字伯良嘉庆十三年举人	湖南宁乡	道光元年举人	圣城述闻二十八卷。皇朝经籍志六卷。郡县分韵考十卷。诗韵检字一卷。痴学八卷。古石志萃三十卷。金石萃编补目三卷。历代职官表(节本)六卷。辛丑消夏记(为吴荣光作)。避讳录五卷。镰山绀雪十二卷。三长物斋诗略五卷。文略六卷。本骐著有历代统系录六卷。历代纪元表一卷。贤母录四卷。三十六湾草庐稿十卷
陈 鹤 字稽亭孙克家道光二十四年举人咸丰十年殉难江南大营	江苏长洲	嘉庆元年进士	明纪六十卷(后八卷其孙克家续成)。桂门初稿。桂门续稿
严元照 字九能一作修能	浙江归安	生乾隆三十八年(1773) 卒嘉庆二十二年(1817) 年四十五	尔雅匡名二十卷。娱亲雅言六卷。悔庵学文八卷。柯家山馆遗诗六卷。词三卷。蕙櫋杂记一卷
叶维庚 字两垞	浙江秀水	生乾隆三十八年(1773) 卒道光八年(1828) 年五十六	纪元通考十二卷
端木国瑚 字鹤田晚号太鹤山人	浙江青田	生乾隆三十八年(1773) 卒道光十七年(1837) 年六十五	书周易指四十五卷。诗集十三卷。文集四卷

续 表

人 名	籍 贯	生 卒	著 述
董国华 字荣若号琴南	江苏吴县	生乾隆三十八年(1773) 卒道光三十年(1850) 年七十八	欲寡过斋诗赋钞。云寿堂文集。诗集。词钞。绿溪笔谈。守滇类记。海南笔记各若干卷(多未刊行)
姚元之 字伯昂一字荐青又号竹叶亭生	安徽桐城	生乾隆三十八年(1773) 卒咸丰二年(1852) 年八十	荐青山人诗文集若干卷。竹叶亭札记四卷
迮鹤寿 字兰宫	江苏吴江	生乾隆三十八年 道光六年进士	齐诗翼氏学四卷。夏殷周九州经界疏证百二十卷。帝王世纪地名衍
周为汉 字倬云一作箌云	浙江浦江	生乾隆三十九年(1774) 卒嘉庆十七年(1812) 年三十九	枕善斋集十六卷
庄绶甲 字卿珊	江苏阳湖	生乾隆三十九年(1774) 卒道光八年(1828) 年五十五	周官礼郑氏注笺十卷。尚书考异三卷(仅存十四篇,子润编成)
刘逢禄 字申受	江苏阳湖	生乾隆三十九年(1774) 卒道光九年(1829) 年五十六	书序述闻。尚书今古文集解。公羊何氏释例十卷。公羊何氏解诂笺一卷。发墨守评一卷。穀梁废疾申何一卷。左氏春秋考证二卷。箴膏肓评一卷。论语述何二卷。史记天官书疏证。甘石星经疏证。四书是训十五卷。虞氏易五述。庚辰大礼记注长编。诗声衍二十七卷。毛诗谱三卷。诗说二卷
张生洲 字渊甫号履初	江苏震泽	生乾隆三十九年(1774) 卒道光十五年(1835) 年六十二	宗法通考。丧礼辨误。容山教事录。课经偶记。炳烛记。诗文集

续 表

人 名	籍 贯	生 卒	著 述
罗士琳 字次璆号茗香	江苏甘泉	生乾隆三十九年(1774) 卒咸丰三年(1853) 年七十	春秋朔闰异同二卷。旧唐书校勘记六十六卷。比例会通四卷。交食图说举隅(未刊)。推算日食增广新术一卷(未刊)。勾股截积和较算例二卷。缀术辑补二卷。淮南天文训存疑。博能丛话(三种未刊)观我生室汇稿:勾股容三事拾遗三卷。附例一卷。三角和较算例一卷。四元玉鉴细草二十四卷。四元释例二卷。演元九式一卷。台椎积演一卷。校正算书启蒙三卷。校正国朝明安图割圜密率捷法四卷。续畴人传六卷。周无专鼎铭考一卷。弧矢算术补一卷
梅彦槐 字梦树号梅麓	安徽婺源	生乾隆三十九年(1774) 卒道光二十一年(1841) 年六十八	诗古文辞书画录凡百余卷
胡世琦 字伟人号玉樵	安徽泾县	生乾隆四十年(1775) 道光九年(1829)卒年五十五	小尔雅义证。学论。三经堂诗文集
汤洽名 字谊卿学于张惠言	江苏武进	年四十一	穀梁春秋例一卷。勾股算指一卷。太初术长编二卷。汉书分野星度斠误一卷。梁书艺文志一卷。补陈书艺文志一卷。山海经道里考一卷。北魏张渊观象赋补注一卷。赋稿一卷。杂文稿一卷。诗稿六卷
冯登府 字云伯号柳东	浙江嘉兴	嘉庆二十五年进士 卒道光二十年	十三经诂答问十卷。金石综例四卷。金石跋文一卷。三家诗遗说翼证二十卷。梅里词辑六卷。小滴仙馆摭言十卷。勺园全书:石经补考(清史列传作考异)十二卷。三家诗异文疏证六卷。补遗四卷。论语异文考证十卷。金石综例四卷。邝

续 表

人名	籍贯	生卒	著述
			砚倡酬集一卷。浙江砖录四卷。辑曝书亭集外诗五卷词一卷文二卷。石经阁文集八卷。竹拜龛诗存十卷。续集二卷。钓船笛谱一卷。月湖秋瑟二卷。种芝仙馆词二卷。石经阁丛书:石经补考。三家诗异文疏证。金石综例。清芬集八卷。曝书亭集。钓船笛谱。种芝词。石经阁文集(未刻)。论语异文疏证(即勺园本异文考)。唐宋词科题名一卷。玉台书史补六卷。福建盐法志三十卷。闽中金石志十四卷。金屑录四卷。石余录四卷。浙江砖录四卷(或作一卷)。梵雅一卷。酌史岩摭谭十卷
汪家禧 字汉郊号选楼	浙江仁和	生乾隆四十年(1775) 卒嘉庆二十一年(1816) 年四十二	三词志。东里生烬余集
凌　曙 字晓楼	江苏江都	生乾隆四十年(1775) 卒道光九年(1829) 年五十五	蜚云阁凌氏丛书:四书典故核六卷。公羊礼疏十卷。公羊礼说一卷。公羊问答二卷。春秋繁露注十七卷。礼论一卷
沈钦韩 字文起	江苏吴县	生乾隆四十年(1775) 卒道光十一年(1831) 年五十七	幼学堂遗书:春秋左氏传补注十二卷。考异十卷。汉书疏证三十六卷。后汉书疏证三十卷。三国志补训诂八卷。释地理八卷。水经注疏证四十卷。韩昌黎集补注四十卷。王荆公文集注四十四卷。幼学堂诗集十七卷。文集八卷。范石湖诗集注三卷。韩集补注一卷。苏诗查注补正四卷。王荆公诗集补注

续 表

人 名	籍 贯	生 卒	著 述
施彦士 字朴斋	江苏崇明	生乾隆四十年(1775) 卒道光十五年(1835) 年六十一	求己堂八种。海运图记。春秋日食考。春秋朔闰表发覆。求己堂集
俞正燮 字理初	安徽黟县	生乾隆四十年(1775) 卒道光二十年(1840) 年六十六	癸巳类稿十五卷。癸巳存稿十五卷。积精篇一卷
梁章钜 字闳中一字茝林	福建长乐	生乾隆四十年(1775) 卒道光二十九年(1849) 年七十五	经廛。夏小正通释。论语孟子三国志旁证。清书录。称谓录。金石书画题跋。浪迹丛谈等。共七十余种
包世臣 字慎伯	安徽泾县	生乾隆四十年(1775) 卒咸丰五年(1855) 年八十一	安吴四种:中衢一勺七卷。艺舟双楫六卷。附录三卷。管情三义八卷。齐民四术十二卷。安吴论书一卷。说储一卷。论语温故录
林春溥 字立源	福建闽县	生乾隆四十年(1775) 卒咸丰十一年(1861) 年八十七	竹柏山房十五种:开辟传疑二卷。古史纪年十四卷。古史考年异同表二卷附后说。武王克殷日记一卷。灭国五十考一卷。春秋经传比事二十二卷。战国纪年六卷附舆图一卷年表一卷。竹书纪年补证四卷。孔孟年表二卷。孔子世家补订一卷。孟子列传纂一卷。孟子外书补证一卷。四书拾遗五卷。古书拾遗四卷。开卷偶得十卷
朱 鸿 字云陆一字[illegible]号小梁	浙江秀水	嘉庆进士	考工记车制参解

续　表

人　名	籍　贯	生　卒	著　　述
沈　涛 字西雝	浙江嘉兴	嘉庆十五年举人	匏庐箸书：十经斋文集四卷。柴辟亭诗集四卷。论语孔注辨伪二卷。说文古本考十四卷。铜熨斗斋随笔四卷。交翠轩笔记四卷。瑟榭丛谈二卷。（一题沈西雝七种）常山贞石志二十四卷。江上遗闻一卷。诗话三卷
臧礼堂 字和贵庸弟	江苏武进	生乾隆四十一年（1776） 卒嘉庆十年(1805) 年三十	说文引经考十三卷。录传记孝子孝妇孝孙诸节行数百卷
胡承珙 字墨庄	安徽泾县	生乾隆四十一年（1776） 卒道光十二年（1832） 年五十七	墨庄遗书：毛诗后笺三十卷。仪礼古今文疏义十七卷。尔雅古义二卷。小尔雅义证十三卷。求是堂文集六卷。求是堂诗集。词一卷。骈体文二卷。春秋三传文字异同考证。奏折一卷。公羊古义。礼记别义（两种未成）
佟景文 字敬堂一字艾生	辽东人	生乾隆四十一年（1776） 卒道光十六年（1836） 年六十一	读性理修身说。絅斋札记等书
顾锡祉 字竹楼炎武裔孙藏宋元真迹甚富	江苏昆山	生乾隆四十一年（1776） 卒咸丰九年(1859) 年八十四	刻亭林先生宅京记
宋翔凤 字于庭	江苏长洲	生乾隆四十一年（1776） 卒咸丰十年(1860) 年八十五	浮溪精合丛书：卦气解一卷。尚书说一卷。论语郑注十卷。论语说义十卷。论语发微。孟子赵注补正六卷。孟子刘熙注一卷。大学古义说二卷。四书释地辨证二卷。四书纂言四十卷。尔稚释服一卷。小尔雅训纂六卷。五经要义一卷。过庭录十六卷。朴学斋札记。周易考异。尚书谱。帝王世纪集校十卷。石渠札议。月令说义。自治官书。朴学

续 表

人 名	籍 贯	生 卒	著 述
			斋文录四卷。忆山堂诗录。洞箫楼诗纪。乐府余论一卷。洞箫词一卷。香草词二卷
邓显鹤 字子立时称湘皋先生	湖南新化	生乾隆四十二年(1777) 卒咸丰元年(1851) 年七十五	辑资江耆旧集六十四卷。沅湘耆旧集二百卷。楚宝增辑考异四十五卷。宝庆府志百五十七卷。武冈州志三十四卷。周子遗书若干卷。召伯祠从祀诸人录一卷。朱子五忠祠传略考一卷。五忠祠续传一卷。南村草堂诗钞二十四卷。文钞二十卷。易述八卷。毛诗表二卷。校勘玉篇广韵札记二卷。自订年谱二卷
姚 椿 字子寿一字春木自号樗寮生	江苏娄县	生乾隆四十二年(1777) 卒咸丰三年(1853) 年七十七	通艺阁诗录八卷,续录八卷,和陶诗三卷。晚学斋文录十二卷。选国朝文录十二卷。诗后录若干卷,别录若干卷,文续录若干卷,词录若干卷。樗寮诗话三卷。樗寮随笔若干卷,茸城笔记若干卷,国朝学案(未成)。易传若干卷。选五朝长律偶钞。四朝七律偶存。七言绝句偶钞。国朝诸家七言长句选
王汝谦 字六吉号益斋	河南武陟	生乾隆四十二年(1777) 卒咸丰五年(1855) 年七十九	四书记悟。尚书管窥四卷。五子论文三卷。省过斋文集一卷
钱 侗 字同人	江苏嘉定	生乾隆四十三年(1778) 卒嘉庆二十年(1815) 年三十八	孟子正义十四卷。群经古音钩沉四卷。说文音均表五卷。说文孳乳表二卷。方言义证六卷。列代钞币图考二十卷。说文重文小笺二卷。古钱待访录二卷(上均未列)九经补韵考一卷。宋辽金元四史朔闰考二卷。崇文总目辑证。元诗纪事五卷。正名录四卷。释声八卷。吴语

续 表

人 名	籍 贯	生 卒	著 述
			诠六卷。至圣世系表一卷。钱氏世系表一卷,拟太仓州志人物传例一卷。续隶续三卷。金石录四十册。乐斯堂文集六卷。小泉来山馆诗集八卷词二卷。唐文集锦十卷。客杭日记二卷。日记四卷。读书日疏十卷。乐斯堂印存三卷。集古印存八卷
许桂林 字同叔号月南	江苏海州	生乾隆四十三年(1778) 卒道光元年(1821) 年四十四	许氏著书:易确二十卷,毛诗后笺八卷,春秋左传地名考,穀梁释例四卷,四书因论二卷,步纬简明法,宣西通三卷,算牖二卷,味无味斋文集诗集骈体文。壹籁词。许氏说音十二卷,说文后解十卷,礼记长义四卷(三种未列)
吴慈鹤 字韵皋号巢松	江苏吴县	生乾隆四十三年(1778) 卒道光六年(1826) 年四十九	岑华居士兰鲸录。凤巢山樵求是录。岑华馆词各若干卷
陶 澍 字子霖号云汀谥文毅	湖南安化	生乾隆四十三年(1778) 卒道光十九年(1839) 年六十二	印心石屋文集,奏议,各若干卷。陶桓公年谱。渊明集辑注。靖节年谱。蜀辅日记
汤贻汾 字若仪	江苏武进	生乾隆四十三年(1778) 卒咸丰三年(1853) 年七十六	画梅楼诗集若干卷
唐 鉴 字镜海仲冕(字六枳号陶山卒年七十五)子	湖南善化	生乾隆四十三年(1778) 卒咸丰十一年(1861) 年八十四	易牖。读易识。四经拾遗。读易反身录。读礼小事记。四砭斋省身日录。畿辅水利备览。平瑶纪略。朱子学案。国朝学案小识十五卷。镜海文集及补遗。仲冕著有岱览及陶山文集

续 表

人 名	籍 贯	生 卒	著 述
沈复粲 字霞西	浙江	生乾隆四十四年(1779) 卒道光三十年(1850) 年七十二	辑蕺山刘子全书四十卷。刘子书补遗二十四卷。王门弟子渊源录。辑施忠愍集。徐文长遗事四卷。越中金石广记。诗集。香火证因。朱太守事实。于越诗系。娥江诗辑。沈氏古今人表。瓜緥谱
吴兰修 字石华	广东嘉应	嘉庆举人 清史列传作十三年学者象传作十四年卒年五十余	南汉记五卷。南汉地理志一卷。端溪砚史三卷。荔支吟草二卷。桐华阁词一卷。南汉金石志二卷
徐　璈 字六骧	安徽桐城	生乾隆四十四年(1779) 卒道光二十一年(1841) 年六十三	诗广诂三十卷。樗亭诗集若干卷
陈　揆 字子准	江苏常熟	生乾隆四十五年(1780) 卒道光五年(1825) 年四十六	六朝水道疏(未竟)。琴川志注。续志十卷。虞邑遗文录十卷。补集五卷。虞阳金石录(未就)
管　同 字异之	江苏上元	生乾隆四十五年(1780) 卒道光十一年(1831) 年五十二	因寄轩文集十六卷。七经纪闻。孟子年谱。文中子考。战国地理考。皖水词存
刘　灿 字星若	浙江镇海	生乾隆四十五年(1780) 卒道光二十九年(1849) 年七十	续广雅。诗辑补义。钞大学中庸章句。钞论语集注。原书百篇。支雅十篇(释人、释礼、释舟、释车、释岁,系集名士所撰,释词、释官、释学、释兵、释物,系自撰)。小学校误。日知录记疑。诗古音考

续 表

人 名	籍 贯	生 卒	著 述
钱仪吉 字蔼人号衎石一号心壶陈群曾孙	浙江嘉兴	生乾隆四十五年(1780) 卒道光三十年(1850) 年七十一	补晋兵志一卷。三国志会要五册(未刊)。续良吏述一卷。三国志证闻三卷。钱文端公年谱三卷。碑传集一百六十四卷。衎石斋记事稿十卷。晋会要(未刊)。南北朝会要(未刊)。飏山楼集。刻楮集。旅逸集。闻游集。敝帚集。北郭集。澄观集。定庐集。又拟刊经苑四十一种,刻成者二十五种,皆通志堂未收者
杜 煦 字春晖号尺庄	浙江山阴	生乾隆四十五年(1780) 卒道光三十年(1850) 年七十一	诗文集若干卷
彭昱尧 字子穆号兰畹	广西平南	卒咸丰元年(1851)	怡云楼稿若干卷
郑 璜 字元吉号瘦山晚更号赘翁	江苏吴江	卒道光间 年六十一	春秋地理今释二十卷。三国志辨讹
沈 豫 字小甫号补堂	浙江萧山	卒道光末 年七十一	辑春秋服注(善作四六文)
孔继鑅 字宥函	直隶清河	咸丰间卒	心向往斋和陶诗,壬癸诗录
张维屏 字子树一字南山	广东番禺	生乾隆四十五年(1780) 卒咸丰九年(1859) 年八十	读经求义。经字异同。史镜。松心诗文集。国朝诗人征略六十卷
刘 开 字孟涂	安徽桐城	生乾隆四十六年(1781) 卒道光元年(1821) 年四十一	刘孟涂集四十四卷;文十卷。骈体文二卷。诗前集十卷。诗后集二十二卷

续 表

人 名	籍 贯	生 卒	著 述
周 济 字保绪一字介存号未斋晚号止庵	江苏荆溪	生乾隆四十六年(1781) 卒道光十九年(1839) 年五十九	晋略六十卷(或作八十卷)。词辨二卷。论词杂著一卷。宋四家词选一卷。求志堂存稿汇编:味隽斋史义二卷,介存斋文稿二卷,淮鹾问答一卷,介存斋诗六卷,存审轩词二卷。折肱录一卷。本传一卷。说文字系四卷。韵原四卷
张 澍 字介侯	甘肃武威	生乾隆四十六年(1781) 卒道光间	养素堂文集三十六卷,诗集二十六卷。姓氏五书:姓韵。辽金元三史姓录。附西夏姓(均未列)。姓名寻源。姓氏辨误。古今姓氏书目考证(未刊)。辑世本风俗通姓名篇。蜀典十二卷。诸葛武侯故事五卷。续黔书八卷。三古人苑。秦音若干卷。说文引经考证。编辑五凉旧闻四十卷。二酉堂丛书若干卷。诗小序翼
徐 松 字星伯	顺天大兴	生乾隆四十六年(1781) 卒道光二十八年(1848) 年六十八	汉书西域传补注二卷。宋会要辑本五百卷。新斠注地理志集解十六卷。西域水道记五卷。新疆识略十卷。(代松筠撰)新疆南北路赋注。唐两京城坊考五卷。宋中兴礼书二百三十一卷,续礼书六十四卷又半卷。唐登科记考三十卷。说文段注札记一卷。宋三司条例考若干卷。长春真人西游记考二卷
张海珊 字越来一字铁甫	江苏震泽	生乾隆四十七年(1782) 卒道光元年(1821) 年四十	小安乐窝诗古文集若干卷。日记一卷。丧礼问答一卷。火攻秘录一卷
胡培翚 字载平号竹邨匡衷孙	安徽绩溪	生乾隆四十七年(1782) 卒道光二十九年(1849) 年六十八	燕寝考三卷。仪礼正义四十卷。禘袷答问。仪礼宫室定制考。研六室文钞十卷。研六室杂著若干卷

续 表

人 名	籍 贯	生 卒	著 述
焦廷琥 字虎玉循子	江苏江都		焦虎玉所著书:益古演段补二卷,读诗小牍二卷,礼仪讲习录二卷,礼记讲习录二卷,冕服考四卷,春秋三传异同考四卷,地图说一卷,北湖旧族表四卷,密花馆诗钞四卷,文二卷,词一卷,尚书伸孔篇一卷,读书小记二卷
马瑞辰 字元伯宗琏子辰子俊字命之咸丰四年战死年三十五	安徽桐城	生乾隆四十七年(1782) 卒咸丰三年(1853) 年七十二	毛诗传笺通释三十二卷。辑注蔡邕月令章句二卷。俊著有马征君遗集
杨文荪 字芸士一字秀实	浙江海宁	生乾隆四十七年(1782) 卒咸丰三年(1853) 年七十二	希郑斋诗文。国朝古文汇钞。逸周书王会解广注。两汉会要补遗。南北朝金石文字考。南宋石经考
周之琦 字稚伯	河南祥符	生乾隆四十七年(1782) 卒同治元年(1862) 年八十一	金梁梦月词
张聪咸 字阮林一字小阮号傅岩	安徽桐城	生乾隆四十八年(1783) 卒嘉庆十九年(1814) 年三十二	左传杜注辨证五卷。经史质疑录一卷。汉书补注数十条。傅岩文集。傅岩诗集八卷(以上三种未刊)汉晋名家逸史(未成)
李贻德 字天彝号次白一号杏邨	浙江嘉兴	生乾隆四十八年(1783) 卒道光十二年(1832) 年五十	春秋左传贾服注辑述二十卷。十七史考异(未刊)。揽青阁诗钞。附早花集(妻吴氏作)。周礼賸义。诗考异。诗经名物考。梦春庐词存。邓氏姓氏辨证订正,钱氏史韵增补
苗 夔 字仙麓	直隶肃宁	生乾隆四十八年(1783) 卒咸丰七年(1857) 年七十五	苗氏说文四种:说文声订二卷。说文声读表七卷。说文建首字读一卷。毛诗韵订十卷。校说文系传四十卷附校勘记三卷。经均钩沉。续唐均正。歌麻古韵考四卷。韵补正(未刊)

续 表

人名	籍贯	生卒	著述
包世荣 字季怀	安徽泾县	生乾隆四十九年(1784) 卒道光六年(1826) 年四十三	学诗识小(毛诗训诂八卷,草木虫鱼四卷,舆地一卷)。诗礼征文十卷。吉凶典礼器服乐章十卷
徐卓 字荣生	安徽休宁		经义未详说五十卷
王筠 字贯山	山东安丘	生乾隆四十九年(1784) 卒咸丰四年(1854) 年七十一	说文释例二十卷。说文句读三十卷。说文系传校录。鄂宰四种。蛾术编。禹贡正字。礼记读。仪礼郑注句读刊误。四书说略
郭尚先 字元开号兰石又号伯抑父	福建莆田	生乾隆五十年(1785) 卒道光十二年(1832) 年四十八	进奉文一卷。经筵讲义一卷。增默庵文集八卷。诗集二卷。芳坚馆书帖题跋二卷。使蜀日记二卷
程恩泽 字云芬一字春海	安徽歙县	生乾隆五十年(1785) 卒道光十七年(1837) 年五十三	国策地名考二十卷。程侍郎遗集十卷
潘德舆 字彦辅一字四农	江苏山阳	生乾隆五十年(1785) 卒道光十九年(1839) 年五十五	养一斋诗文集二十四卷。外集十四卷。(未刊)诗余三卷。诗话十三卷。念石子一卷。春秋纲领一卷。丧礼正俗一卷。黜邪家诫一卷。传恭堂祭仪二卷。示儿长语一卷。养一斋札记九卷。四书义试帖共五卷。九经人表一卷。论语权疑三卷
林则徐 字元抚一字少穆晚号竢村老人谥文忠	福建侯官	生乾隆五十年(1785) 卒道光三十年(1850) 年六十六	林文忠公政书三十七卷(东河奏稿一卷,江苏奏稿八卷,湖广奏稿五卷,使粤奏稿八卷,两广奏稿四卷,陕甘奏稿一卷,云贵奏稿十卷)诗文集若干卷

续 表

人 名	籍 贯	生 卒	著 述
姚 莹 字石甫	安徽桐城	生乾隆五十年(1785) 卒咸丰二年(1852) 年六十八	东溟全集:文集六卷,外集四卷,后集十四卷,外集二卷。后湘诗集九卷,二集五卷,续集七卷,姚氏先德传六卷,奏稿四卷。中复堂五种:东渠奏稿四卷,识小录八卷,东槎纪略五卷,寸阴丛录四卷,康輶纪行十四卷
朱振采 字冕玉号铁梅	江西高安	嘉庆举人 道光间卒	服氏左传解义疏证。经典质疑。易图问答。诗征。礼记故。仪礼校正。周官辨非。驳四书释地。驳乡党图考。驳尔雅纂遗。说文举正。天官书详注。九芝仙馆诗文钞。江城旧事十五卷。豫章经籍志。江南诗话。道光高安志。平濠事迹考。说文骈珠。汉诗衷说。陶诗笺
王 鎏 初名仲鎏字子兼一字亮生	江苏吴县	生乾隆五十一年(1786) 卒道光二十三年(1843) 年五十八	乡党正义十六卷。四书地理考十四卷。毛诗多识编十二卷。圣学入门书衍义十二卷,文述第一集。壑舟园文稿
汪喜孙 字孟慈号荀叔后改名喜荀汪中子	江苏甘泉	生乾隆五十一年(1786) 卒道光二十七年(1847) 年六十二	孤儿篇。汪氏学行记,国朝名臣言行录。国朝经师言行录。尚友记。从政录。大戴礼记补注。且住庵文稿诗稿。汪容甫先生年谱一卷。年表一卷
梅曾亮 字伯言	江苏上元	生乾隆五十一年(1786) 卒咸丰六年(1856) 年七十一	柏岘山房集:文六十卷,诗十五卷
许 珩 字楚生	江苏仪征		周礼注疏献疑七卷

续 表

人 名	籍 贯	生 卒	著 述
陈 奂 字硕甫始从江沅治古学后受学于段玉裁	江苏长洲	生乾隆五十一年(1786) 卒同治二年(1863) 年七十八	诗毛氏传疏三十卷。释毛诗音四卷。毛诗说一卷。毛诗传义类一卷。郑氏笺考征一卷(以上并附传疏后)。诗语助义三十卷。公羊仪礼征一卷。毛诗九谷释义一卷。师友渊源记一卷。说文部目分韵一卷。三百堂文集若干卷。褅郊或问。宋本集韵校刊记(二种未刊)
张金吾 字慎旃别字月霄好藏书	江苏昭文	生乾隆五十二年(1787) 卒道光九年(1829) 年四十三 今关天彭儒学年表云光绪十三年张金吾撰爱日庐藏书志大误。	诒经堂续经解一千四百三十六卷。释冕,释弁,释龟,广释名。十七史引经考。两汉五经博士考。白虎通注。爱日精庐藏书志四十卷。金文最一百二十卷。文集若干卷。刊资治通鉴长编等
方 申 字端斋	江苏仪征	生乾隆五十二年(1787) 卒道光二十年(1840) 年五十四	诸家易象别录一卷。虞氏易象汇编一卷。周易卦象集证一卷。周易互体详述一卷。周易卦变举要一卷(上为易学五书)
瞿 镛 字子雍承父绍基(字荫棠)志收藏宋元善本十余万卷与聊城杨氏并峙同为道光时大藏书家世称南瞿北杨	江苏昭文		续金石萃编稿。集古印谱。铁琴铜剑楼书目。铁琴铜剑楼词稿。续海虞文苑诗苑稿
杨以增 字益之一字至堂谥端勤建海源阁藏书数十万卷推为北方第一与常熟瞿氏并称	山东聊城	生乾隆五十二年(1787) 卒咸丰五年(1855) 年六十九	刊海源阁丛书

续　表

人　名	籍　贯	生　　卒	著　　　述
许　梿 字叔夏号栅林	浙江海宁	生乾隆五十二年(1787) 卒同治元年(1862) 年七十六	说文解字疏笺(未成)。识字略。古均阁宝刻录。咽喉脉证通论。倪氏产宝徐评。外科正宗。古均阁遗著等。订洗冤录详义。选辑六朝文絜,流传颇广
钱师慎 字许庭大昕孙东壁子	江苏嘉定	生乾隆五十三年(1788) 卒嘉庆二十四年(1819) 年三十二	说文系传刊误二卷(未刊)。许庭诗钞二卷,词二卷,赋二卷
钱师征	江苏嘉定		说文系传刊误二卷。金石文字管见录二卷。汉玉刚卯考一卷。(以上均未刊)五代史记补注
薛传均 字子韵	江苏甘泉	生乾隆五十三年(1788) 卒道光九年(1829) 年四十二	说文答问疏证六卷。文选古字通十二卷
朱骏声 字丰芑号允倩	江苏元和	生乾隆五十三年(1788) 卒咸丰八年(1858) 年七十一	朱氏群书或题朱允倩所著书总目:诗集传改错四卷。春秋左传识小录二卷。仪礼经注一隅二卷。逸周书集训校释增校一卷。夏小正补传二卷。小尔雅约注一卷。说文通训定声十八卷。补遗二卷。检韵一卷。说雅十九篇。古今韵准一卷。离骚补注一卷。小学识余四卷。说文引书分录一卷。读韩非子管子晏子春秋列子老子庄子吕览新序说苑盐铁论风俗通义淮南子荀悦申鉴刘昼新论论衡简端记各一卷。汉书隽语四卷。石隐山人自订年谱一卷。山名今释。各府县人物志二十卷。说丛六卷。西厢评语二卷。苏语分韵。古今体诗选八卷。(以上已刻)易郑氏爻辰广义二卷。易消息升降图一卷。易经传互卦卮言一卷。易章句异同二卷。易学札记四卷。诗序

续 表

人 名	籍 贯	生 卒	著 述
			异同汇参四卷。诗地理今释二卷。春秋乱贼考一卷。春秋经传旁通十卷。春秋列女表一卷。春秋阙文考一卷。春秋地官人名考略二卷。三代礼损异考一卷。四书确解二卷。大戴礼记校正一卷。孔孟纪年二卷。传经表一卷。※六书假借经征四卷。七经纬韵一卷。井田贡税法一卷。经韵楼说文注商一卷。小字本说文简端记二卷。说文解商十卷。古说字形谬误二卷。释庙一卷。释车一卷。释帛一卷。释色一卷。释词一卷。释农具一卷。数度衍约四卷。晋代谢氏世系考一卷。十六国考二卷。朱氏世系考一卷。名人占籍今释四卷。俪语拾锦四卷。战国策评语四卷。轩岐至理四卷。李杜韩苏七言诗评选六卷。如语诗录一卷。选词九十调谱二卷。词说二卷。传经室文集八卷。传经室诗存四卷。临啸阁诗余四卷。赋一卷。诗传笺补十二卷。论孟悬解四卷。淮南书校正六卷。(以上已佚)六十四卦经解八卷。尚书古注便读八卷。春秋平议五卷。春秋三家异文核一卷。经史答问二十六卷。※岁星表一卷。天算锁记四卷。秦汉郡国考二卷(以上校定,有※号或有刻本)
宋稷辰 字通甫号涤楼	浙江会稽	生乾隆五十三年(1788) 卒同治六年(1867) 年八十	躬耻斋文钞二十四卷。诗钞二十八卷。四书体味录
胡元玉 字子瑞	湖南湘潭		胡氏杂著:驳春秋名字解诂一卷。雅学考一卷。汉音钩沉一卷叙例一卷附记一卷。郑许字义同异评二卷

续 表

人 名	籍 贯	生 卒	著 述
刘文淇 字孟瞻	江苏仪征	生乾隆五十四年(1789) 卒咸丰四年(1854) 年六十六	青溪书屋著述:春秋左传旧注疏证八十卷。春秋左传旧疏考证八卷。楚汉诸侯疆域志三卷。扬州水道记四卷。读书随笔二十卷。青溪旧屋文集十卷。诗集一卷
黄式三 字薇香	浙江定海	生乾隆五十四年(1789) 卒同治元年(1862) 年七十四	儆居遗书:释易四卷。尚书启幪四卷。春秋释二卷。论语后案二十卷。周季编略九卷。儆居集经说四卷。史说二卷。读通考二卷。读子集二卷。杂著三卷,外集四卷。音韵部略四卷。炳烛录二卷(二种未刊)。经外绪言三卷。郑君粹言一卷。朱吕问答一卷(二种未刊)。诗序说通。诗传笺考各二卷(未成),诗丛说一卷。黄氏宗谱
夏 炘 字欣伯父銮字德音生乾隆二十五年庚辰卒道光九年年七十以孝闻	安徽当涂	生乾隆五十四年(1789) 卒同治十年(1871) 年八十三	景紫堂全书:檀弓辨诬三卷。述朱质疑十六卷。三纲制服尊尊述义三卷。学礼管释十八卷。读诗札记八卷。诗章句考一卷。诗乐存亡谱一卷。朱子诗集传校勘记一卷。诗经二十二部古韵表集说二卷。学制统述二卷。六书转注说二卷。汉唐诸儒与闻录六卷。讦谟成竹一卷。息游咏歌一卷。(以上三种名养痾三编。)贾长沙政事疏考补一卷。陶主敬先生年谱一卷。春秋左传祛疑。春秋公谷存是。易学旁通。转音纪始。小窗日记。闻见一隅录。(六种均未刊。)景紫堂文集十四卷。易君子以录二卷
董祐诚 字方立初名曾臣嘉庆戊寅乡举后更名	江苏阳湖	生乾隆五十六年(1791) 卒道光三年(1823) 年三十三	割圜连比例图解三卷。椭圆求周术一卷。斜弧三边求角补术一卷,堆垛求积术一卷。三统术衍补一卷。水经注图说残稿四卷。文甲集二卷。文乙集二卷。兰石诗一卷

续 表

人 名	籍 贯	生 卒	著 述
刘宝楠 字楚桢	江苏宝应	生乾隆五十六年(1791) 卒咸丰五年(1855) 年六十五	释谷四卷。汉石例六卷。宝应图经六卷。胜朝殉扬录三卷。文安堤工录六卷。愈愚录。诗文集若干卷。清芬集十卷。宝应文征百余卷。论语正义(未卒业子恭冕成之)
陈 瑑 字聘侯一字恬生诗庭子	江苏嘉定	卒年五十九	说文引经考证七卷。春秋岁星算例。说文举例。国语翼解六卷。诗庭(字令华一字莲夫号妙士钱竹汀弟子)著说文声义八卷。读书证疑二十八卷。深柳居诗文集六卷
毛岳生 字生甫一字兰生	江苏宝山	生乾隆五十六年(1791) 卒道光二十一年(1841) 年五十一	元史后妃公主传。休复居诗文集十二卷
钱泰吉 字辅宜号警石与兄仪吉称钱氏二石	浙江嘉兴	生乾隆五十六年(1791) 卒同治二年(1863) 年七十三	甘泉乡人稿二十四卷。学职。禾人考。海昌备志。清芬世守录
龚自珍 字尔玉又字璱人号定庵先更名易简字伯足又更名巩祚丽正子	浙江仁和	生乾隆五十七年(1792) 卒道光二十一年(1841) 年五十	尚书马氏家法一卷。春秋决事比六卷。尚书序大义一卷。太誓答问一卷。定庵文集三卷。续集四卷。附余集一卷。龚定庵别集一卷。诗集定本二卷。词定本一卷。集外未刻诗词二卷。定庵书札辑一卷。题跋辑一卷。徽州府志。蒙古图志表。青海志。干禄新书。昇平分类读史雅诗。今方言。商周彝器文录。汉器文录(一题镜苑)瓦录(一题瓦韵)。乌梁海表。羽琌山馆金石墨本记五卷。群经写言答问。左氏春秋服注补义一卷。左氏决疣一卷。西汉君臣称春秋之义考一卷。龙藏考证七卷。汉官损益二篇。百王易从论一篇。平生师友小记一百六十一则。三普销文记七卷。龙树三桠

续 表

人 名	籍 贯	生 卒	著 述
			记。诗编二十七卷。附羽琌山民逸事一卷。孤虚表一卷。古今用兵孤虚图说一卷。诗非序一卷。诗非毛一卷。诗非郑一卷。典客道古录一卷。奉常道古录一卷。记游一卷。汉书补注(未成)。金石通考五十四卷(未成)。羽琌山典宝记二卷。泉文记一卷。布衣传一卷。吉金款识十二卷
仪克中 字协一号墨农	广东番禺	生乾隆五十八年(1793) 卒道光十四年(1834) 年四十二	剑光楼诗钞四卷。词钞二卷。文一卷(学海堂校刊)
汪 端 字允庄号小韫	陈裴之妻	生乾隆五十八年(1793) 卒道光十八年(1838) 年四十六	元明遗史八十卷(后毁其稿)。选明诗初二集各若干卷。著有自然好学斋诗钞十卷
朱绪曾 字述之藏书甲于江浙	江苏上元	道光举人	开有益斋经说若干卷。开有益斋读书志六卷。续志一卷。开有益斋金石文字记一卷。续宋文鉴。中论注。论语义证。金陵旧闻。金陵诗汇。笔谱。曹子建集考异。昌国典咏。续棠阴比事。北山集
柳兴恩 原名兴宗字宾叔	江苏丹徒	生乾隆五十八年(1793) 卒光绪四年(1898) 年八十六	穀梁春秋大义述三十卷。周易卦气辅四卷。虞氏逸象考二卷。尚书篇目考二卷。毛诗注疏纠补三十卷。续王应麟诗地理考二卷。群经异义四卷。刘向年谱二卷。仪礼释宫考辨二卷。史记汉书南齐书校勘记。说文解字校勘记。宿台斋诗文集若干卷
朱右曾 字尊鲁一字亮甫	江苏嘉定	道光进士	周书集训校释十卷。附逸文。诗地理征二卷。左传地理征二十卷。服氏解谊三十卷。汲冢记年存真。穆行堂随笔。春晖轩古文及吟草

续　表

人　名	籍　贯	生　　卒	著　　述
祁寯藻 字叔颖又字实甫学者称春圃先生谥文端	山西寿阳	生乾隆五十八年（1793） 卒同治五年（1866） 年七十四	䜾䯄亭集四十四卷
陈裴之 字孟楷号小云别号朗玉山人陈文述子	浙江钱塘	生乾隆五十九年（1794） 卒道光六年（1826） 年三十三	澄怀堂集十四卷。香畹楼忆语一篇（悼姬王子兰作）
汪远孙 字久也号小米	浙江仁和	生乾隆五十九年（1794） 卒道光十六年（1836） 年四十三	国语三君注辑存四卷。国语韦注发正二十一卷。国语明道本考异四卷。（三书合为国语校注本三种。）汉书地理志校本二卷。借闲生诗词稿。经典释文补续偶存一卷。借闲随笔一卷。水北题襟集。清尊集十六卷。诗考补遗。玉壶画史（继室汤漱玉辑）。列女传校注八卷（妻梁端著）
梅植之 字蕴生	江苏江都	生乾隆五十九年（1794） 卒道光二十三年（1843） 年五十	稽庵诗集六卷。续诗四卷。文集二卷
魏　源 字默深	湖南邵阳	生乾隆五十九年（1794） 卒咸丰六年（1856） 年六十三 清代学者象传云卒于咸丰七年年六十四	公羊古微十卷（未刊）。诗古微上编六卷，中编十卷，下编三卷。书古微十卷。曾子章句（或作发微）二卷。圣武记十四卷。海国图志定本百卷。春秋繁露注十二卷。清夜斋文集二十卷。皇朝经世文编一百二十卷。论学文选。老子章句二卷。附录一卷。子思子章句（或作发微）。清夜斋诗稿手迹。元史新编一百卷。蒙雅。古微堂文集。两汉今古文法考。小学古经。孔子年表。孟子年表。大学发微。明代兵食二政录

续 表

人 名	籍 贯	生 卒	著 述
丁 晏 字俭卿一字柘堂	江苏山阳	生乾隆五十九年(1794) 卒光绪元年(1875) 年八十二	颐志斋丛书:周易述传二卷。周易讼卦浅说一卷。尚书余论一卷。禹贡集释三卷。禹贡蔡传正误一卷。禹贡锥指正误一卷。毛郑诗释四卷。王氏诗考补注二卷。补遗一卷。郑氏诗谱考正一卷。毛诗陆疏校正二卷。仪礼释注二卷。周礼释注二卷。礼记释注四卷。孝经述注一卷。北宋汴学篆隶二体石经记一卷。金天德大钟款识一卷。子史粹言二卷。郑司农陈思王陶靖节陆宣公年谱四卷。百家姓韵语三编一卷。续经说一卷。史记毛本正误一卷。周易解故一卷。书蔡传附释一卷。诗集传附释一卷。佚礼扶微五卷。左传杜解集正八卷。春秋胡传申正四卷。论语孔注证伪四卷。孝经徵文一卷。易林释文二卷。楚辞天问笺一卷。淮亭脞录二卷。说文举隅一卷。枚陈合集二卷。张力臣先生遗集一卷。投壶考原一卷。淮南万毕术一卷。马班陈范四史余论五卷。学彀二卷。山阳诗征二十四卷。颐志斋碑帖叙录一卷。颐志斋诗文集十六卷。附柘翁七十自叙。又易经象类一卷。曹集铨评十卷。山阳县志二十一卷。校正吴山夫别雅
陈庆镛 字乾翔别字颂南	福建晋江	生乾隆六十年(1795) 卒咸丰八年(1858) 年六十四	籀经堂稿。齐侯罍铭通释
凌 堃 字仲讷	浙江乌程	生乾隆六十年(1795) 卒咸丰十一年(1861) 年六十七	尚书述。周易翼学。春秋理辩。德舆子

续 表

人 名	籍 贯	生 卒	著 述
徐继畬 字健南号松龛	山西五台	生乾隆六十年(1795) 卒同治十年(1873) 年七十九	退容斋诗文集。瀛寰志略十卷。松龛集(山西近刊)
翁大年 字叔均广平(字海琛生乾隆二十五年卒道光二十二年年八十三)子	江苏吴江		古兵志八卷。古兵符考二卷。泥封考二卷。陶斋金石考二卷。陶斋印谱二卷。瞿氏印考辨证一卷。秦汉印型二卷。旧馆坛碑考二卷。古官印志。广平著有:吾妻镜补。金石集录续。松陵文献。听莺居文钞
费士玑	江苏吴江		周易汉学通义。四书音证二卷。许氏说文重文补录。音韵表。家塾迩言二卷。帝王表见记。遂初轩吟稿
王 约 字简夫号西屿	浙江慈溪	卒道光三十年(1850)	诗学自怡录。说文新附踵考。段注说文私测。同文音义释要。不遮山楼杂著文(柯师评)。不遮山楼且存草(自订)。莲心小草且存。吴山樵唱且存。白云岑余草(皆柯师评)。兰畦小草(自订)
朱道文 字鲁存	安徽桐城	卒咸丰七年(1857)	朱鲁存遗集八卷
潘 谘 字诲叔一字少白	浙江会稽	卒咸丰三年(1853)(?)	文六卷。诗五卷。常语二卷
吴式芬 字子苾号诵孙	山东海丰	生嘉庆元年(1796) 卒咸丰六年(1856) 年六十一	双虚壶斋藏器目一卷。封泥考略一卷。攈古录金文三卷九册。金石汇目分编约四十卷
徐 堂 字澹人	江苏吴江	生嘉庆二年(1797) 卒道光十七年(1837) 年四十一	三家诗述十六卷。书古训若干卷。衍郑氏爻辰图

续 表

人 名	籍 贯	生 卒	著 述
钱 绮 字映江号竺生	江苏元和	生嘉庆二年(1797) 卒咸丰八年(1858) 年六十二	左札七卷。南明书三十六卷。苏城日晷表一卷
季锡畴 字菘耘	江苏太仓	咸丰间卒	藏书志若干卷
侯 康 原名廷楷字君模	广东番禺	生嘉庆三年(1798) 卒道光十七年(1837) 年四十	后汉书补注续一卷。三国志补注一卷。后汉三国晋宋齐梁陈魏北齐周十书艺文志(后汉三国成经史子三部)。穀梁礼证
沈 垚 字敦三号子敦	浙江乌程	生嘉庆三年(1798) 卒道光二十年(1840) 年四十三	全集共二十四卷。一至三为前集:六镇绎,新疆私议,漳北滱南诸水考。各一卷。四至六为后集:凡论序书启事略二卷。西游纪金山以东释一卷。七至二十三为外集:地道记十卷(即道光九域志初稿)。余为诗音考。梁书释官,后汉书注地名录。水经注地名录。校河南志注。西域小记等残篇。二十四为别集,附补遗一卷。台湾郑氏始末注四卷(在凌氏传经堂丛书中)
黄汝成 字庸玉号潜夫	江苏嘉定	生嘉庆四年(1799) 卒道光十七年(1837) 年三十九	日知录集释三十二卷。刊误二卷。岁实考校补、岁朔考校补各一卷。袖海楼文集六卷。国语疏(未就)
张际亮 字亨甫	福建建宁	生嘉庆四年(1799) 卒道光二十三年(1843) 年四十五	娄光堂稿。松寥山人集。南来录
侯 度 原名廷椿字子琴康弟	广东番禺	生嘉庆四年(1799) 卒咸丰五年(1855) 年五十七	述古轩家训(被毁)。说经文刻于学海堂集。算学著书亦散失
刘 淳 字孝长	湖北天门	咸丰间卒 年五十九	云中诗文集。辛侬长短句

续 表

人 名	籍 贯	生 卒	著 述
王振声 字宝之学者称文村先生	江苏昭文	生嘉庆四年(1799) 卒同治四年(1865) 年六十七	归文考异。诗古文稿若干卷
李可玖 字次玉号小香	江苏吴县	卒年三十六	愁红草一卷
马 钊 字燕郊号远林	江苏长洲	咸丰十年阵亡丹阳	集韵校勘记若干卷
王栢心 字子寿	湖北监利	生嘉庆四年(1799) 卒同治十二年(1873) 年七十五	枢言上下篇。导江三议。漆室吟。百柱堂诗通若干卷。子寿诗钞六卷。螺洲近稿六卷。文集二十卷(以上三种未刊)
吴 铤 字耶溪	江苏阳湖	生嘉庆五年(1800) 卒道光十二年(1832) 年三十三	古文稿若干卷
徐有壬 字君青一字钧卿谥忠敏	浙江乌程	生嘉庆五年(1800) 卒咸丰十年(1860) 年六十一	务民义斋算学七种:割圜密率三卷。椭圆正术一卷。弧三角拾遗一卷。朔食九服里差三卷。用表推日食三差捷法一卷。截珠解义一卷。附椭圆求周术一卷。造各表简法一卷。推採测圜等七种已佚
谭 莹 字兆仁号玉生子宗浚	广东海南	生嘉庆五年(1800) 卒同治十年(1871) 年七十二	校集岭南遗书六十二种三百四十三卷。粤十三家集一百八十二卷。粤雅堂丛书二十集一百八十种,千余卷。皆有跋尾。选刻楚庭耆旧遗诗七十二卷。乐志堂诗文集
陈 潮 字东之	江苏泰兴	生嘉庆六年(1801) 卒道光十五年(1835) 年三十五	遗书若干卷

续 表

人 名	籍 贯	生 卒	著 述
许 瀚 字印林	山东日照	道光十五年举人 同治间卒 年七十	别雅订五卷。印林遗著一卷。(刻入滂喜斋丛书。)攀古小庐文若干卷。补遗若干卷。韩诗外传勘误(校勘精审不减黄丕烈顾广圻)
汤 鹏 字海秋	湖南益阳	生嘉庆六年(1801) 卒道光二十四年(1844) 年四十四	浮丘子九十余篇四十余万言。海秋诗文集二十六卷。学术明林十六卷。七经补疏。止信笔初汇
吕缉熙 字敬甫	安徽六安	生嘉庆六年(1801) 卒道光二十九年(1849) 年四十九	求志编。诸子述醇。二程法言
戴 熙 字醇士号鹿床一号榆庵	浙江钱塘	生嘉庆六年(1801) 卒咸丰十年(1860) 年六十	尚书沿革表一卷。书三考四卷。古泉丛话三卷。诗文集。画絮。赐砚斋题画录各若干卷
郑献甫 名避文宗讳以字行别字小谷	广西象州	生嘉庆六年(1801) 卒同治十一年(1872) 年七十二	文集六卷。诗集八卷。家记四卷。家藏书目题解四卷。愚一录若干卷
汪士铎 字振庵别字梅村	江苏江宁	生嘉庆七年(1802) 卒光绪十五年(1889) 年八十八	礼服记。仪礼郑注今制疏证。水经注释文。南北史补志十四卷。水经注图二卷。附汉志释地略,汉志志疑各一卷。江宁府志十五卷。上江两县志二十九卷。梅村文十三卷。诗十五卷。词五卷。笔记六卷
朱 琦 字伯韩一字濂甫	广西临桂	生嘉庆八年(1803) 卒咸丰十一年(1861) 年五十九	怡志堂文集六卷。诗集八卷。来鹤山房诗稿
吴嘉宾 字子序	江西南丰	生嘉庆八年(1803) 卒同治三年(1864) 年六十二	周易说十四卷。丧服会通说四卷。书说四卷。诗说四卷。求自得之室文钞十二卷。尚絅庐诗存二卷

续 表

人 名	籍 贯	生 卒	著 述
洪齮孙 字子龄一作芝舲亮吉子	江苏阳湖	生嘉庆九年(1804) 卒咸丰九年(1859) 年五十六	补梁疆域志四卷。淳则斋骈文二卷
鲁一同 字通甫	江苏山阳	生嘉庆九年(1804) 卒同治二年(1863) 年六十	通甫类稿四卷。续编二卷。通甫诗存四卷。诗存之余二卷。右军年谱。邳州志。清河县志
徐时栋 字定宇一字同叔学者称柳泉先生	浙江鄞县	生嘉庆九年(1804) 卒同治十二年(1873) 年七十	逸汤誓考。三太誓考。诗音通。山中学诗记。春秋规万。舜典补亡驳义。四书毛说驳正。四明县志。偃王志。北宋谱疏证。言行记。思旧记。诗集十八卷。文集四十卷。新校广平学案
张 穆 字诵风本名瀛暹字石州一作硕洲	山西平定	生嘉庆十年(1805) 卒道光二十九年(1849) 年四十五	㐆斋文集八卷。㐆斋诗集四卷。顾亭林先生年谱四卷。阎潜邱先生年谱四卷。蒙古游牧记十六卷。北魏地形志十三卷(未卒业)
邹汉勋 字叔绩	湖南新化	生嘉庆十年(1805) 卒咸丰三年(1853) 年四十九	邹叔子遗书:读书偶志十卷附一卷。五均论二卷。颛顼历考二卷。红崖碑释文一卷。南高平物产记二卷。学艺斋文存八卷。学艺斋诗存二卷。附诗余一卷。学艺斋外集一卷。贵阳府志一百十二卷。大定府志六十卷。安顺府志五十卷。穀梁传例十四卷。广韵表十卷。说文谐声谱十六卷。夏小正义疏一卷。易象隐义二卷。杂卦图说一卷。卦象推广一卷。六国春秋二十四卷。帝系话一卷。诗序去害释滞发微四卷。左氏地图说博物类钞(佐伯兄纂),山经集谱(佐仲兄纂),蔡忠烈公遗集。王而农先生遗书。宝庆府志(与邓显鹤同编校)

续 表

人 名	籍 贯	生 卒	著 述
姚 燮 字梅伯晚号复庄	浙江镇海	生嘉庆十年(1805) 卒同治三年(1864) 年六十	大梅山馆集:复庄骈俪文榷初编八卷。二编八卷。诗问三十四卷。疏景楼词五卷。十洲记。玉枢雷经(或作玉枢经籥)。红犀仙馆诗。(以下未刻)散体文酌十二卷。疏景楼词续钞四卷。玉笛楼词二卷。瑶想集诗一卷。西沪棹歌八卷。蚶城游览唱和集一卷。息游园杂纂八卷。课儿四子书琐义一卷。胡氏禹贡锥指勘补十二卷。夏小正求是四卷。汉书日札四卷。四明它山图经十二卷。蛟川耆旧诗系三十二卷。今乐考证十卷,今乐府选五百卷。玉笛楼词学标准八卷。苦海航乐府一卷。琴谱雅音九奏一卷。抽茧录一卷。洋烟述考八卷。狙史八卷。退红衫传奇八卷,梅心传奇八卷
吴敏树 字本深自号南屏学者称南屏先生	湖南巴陵	生嘉庆十年(1805) 卒同治十二年(1873) 年六十九	史记别钞。柈湖文录,柈湖诗录。钓者风。(以下稿藏于家)大学中庸考义。春秋三传义求。孟子考义。周易注义补象。国风原指。柈湖诗话。湖上客谈。年谱
董兆熊 字敦临一字梦兰故王姓	江苏吴江	生嘉庆十一年(1806) 卒咸丰九年(1859) 年五十四	味无斋稿。南宋文录百卷。明遗民录二十卷。孝子传二卷。注厉鹗樊榭山房集二十卷。助辑金山县志三十卷
郑 珍 字子尹号柴翁	贵州遵义	生嘉庆十一年(1806) 卒同治三年(1864) 年五十九	仪礼私笺八卷。郑学录四卷。考工轮舆私笺二卷附图(子知同绘),考工凫氏图说。明堂沟洫图考述闻(知同代纂)。深衣考。(三种未刊)说文逸字考二卷附录一卷。说文新附考六卷。汉简笺正(三种知同订补)说隶。亲属记二卷。老子注(未刊)。母教录。樗茧谱一卷。播雅。荔波县志稿。巢经巢文钞。巢经巢诗钞九卷。巢经巢札记。遵义府志。巢经巢经说一卷。说文大

续 表

人 名	籍 贯	生 卒	著 述
			旨。转注考。说文谐声。释名证读。先秦古书读。(五种未成)世系一线图。巢经巢诗钞外集。明鹿忠节公无欲斋诗注。论语三十七家辑注四卷
朱次琦 字子襄号稚圭学者称九江先生	广东南海	生嘉庆十二年(1807) 卒光绪七年(1881) 年七十五	国朝名臣言行录。论史口说。五史实征录。晋乘。国朝逸民传。性学源流。蒙古闻见等书。(晚年尽焚之。)仅存:朱氏传芳集五卷。南海九江朱氏家谱十二卷。大雅堂诗集一卷。燔余集一卷。橐中集二卷
罗泽南 字仲岳号罗山谥忠节	湖南湘乡	生嘉庆十二年(1807) 卒咸丰六年(1856) 年五十	西铭讲义一卷。人极衍义一卷。小学韵语一卷。姚江学辨二卷。读孟子札记二卷。周易本义衍言若干卷。皇舆要览若干卷。诗文集若干卷
张文虎 字孟彪又字啸山	江苏南汇	生嘉庆十三年(1808) 卒光绪十一年(1885) 年七十八	舒艺堂全集:史记札记五卷。舒艺堂随笔六卷。续笔一卷。余笔三卷。杂著甲篇二卷。乙篇二卷。賸稿一卷。诗存七卷。古今乐律考。(校)守山阁丛书。指海。珠丛别录。续艺海珠尘。壬癸两集。小万卷楼丛书。十万卷楼丛书。十一经。四史。文选
周学汝 字礼传初名学濂	浙江乌程	生嘉庆十四年(1809) 卒咸丰十一年(1861) 年五十三	说文经字考。校刊北堂书钞
陈乔枞 字朴园一字树滋	福建侯官	生嘉庆十四年(1809) 卒同治八年(1869) 年六十一	礼堂经说二卷。毛诗郑笺改字说四卷。礼记郑读考六卷。鲁诗遗说考六卷。齐时遗说考四卷。韩诗遗说考五卷。齐诗翼氏学疏证二卷。诗纬集证四卷。鲁齐韩毛四家诗异文考五卷。今文尚书经说考三十四卷。欧阳夏侯经说考一卷

续 表

人 名	籍 贯	生 卒	著 述
陈 立 字卓人受业于凌曙刘文淇	江苏句容	生嘉庆十四年(1809) 卒同治八年(1869) 年六十一	句溪杂著六卷。说文谐声孳生述一卷。公羊义疏七十六卷。白虎通疏证十二卷。旧唐书校勘记六十六卷。尔雅旧注
苏源生 字泉沂号菊村	河南鄢陵	生嘉庆十四年(1809) 卒同治九年(1870) 年六十二	记过斋书五种:大学臆说二卷。省身录十卷。师友札记四卷。贞寿堂赠言一卷。文稿二卷。中州学案(未脱稿)。中州文征五十四卷。鄢陵文献志四十卷。记过斋札记若干卷
冯桂芬 字林一号景亭	江苏吴县	生嘉庆十四年(1809) 卒同治十三年(1874) 年六十六	显志堂稿十二卷。显志堂诗集。说文解字段注考证。弧矢算术细草图解。西算新法直解。校正李氏恒星表。丈田绘图章程。使粤行记。校邠庐抗议。冯氏家谱。两淮盐法志。苏州府志
邵懿辰 字位西	浙江仁和	生嘉庆十五年(1810) 卒咸丰十一年(1861) 年五十二	礼经通论一卷。蕙西先生遗稿一卷。忱行录一卷。半岩庐遗集二卷。尚书通义残稿二卷。孝经通义(毁)
伊乐尧 字遇羹	浙江钱塘	生嘉庆十五年(1810) 卒同治元年(1862) 年五十三	孝经指解说注。孝经辨异指解补正。(校定)周易程传本义音训。诗传书传音释。五经补纲
李善兰 字壬叔号秋纫	浙江海宁	生嘉庆十五年(1810) 卒光绪八年(1882) 年七十三 清史列传云光绪十年卒年垂七十矣兹从疑年赓录及汇编	则古昔斋算学。(凡十三种:方圆阐幽一卷。弧矢启秘三卷。对数探源二卷。垛积比类四卷。四元解二卷。麟德术解三卷。椭圆正术解二卷。新术一卷。拾遗四卷。火器真诀一卷。对数尖椎变法释一卷。级数回求一卷。天算或问一卷。附考数根法一卷。)补译几何原本后九卷。译罗密士代微积拾级十八卷。重学二十卷。附曲线说一卷。谈天十六卷。物学八卷。(以上皆与英人伟克亚力合译。)群经算学考(未成毁于兵)。植物学八卷

续 表

人　名	籍　贯	生　　卒	著　　　述
陈　澧 字兰甫	广东番禺	生嘉庆十五年(1810) 卒光绪八年(1882) 年七十三	东塾遗书:汉儒通义七卷。声律通考十卷。切韵考六卷外篇三卷。汉书地理志水道图说七卷。附考正德清胡氏禹贡图一卷。(陈宗谊)附刊四种:水经注西南诸水考三卷。摹印述一卷。弧三角说一卷。三统术说三卷。东塾读书记十七卷。说文声表十七卷。水经注提纲四十卷。琴律说一卷。文集六卷。东塾杂俎八卷(即读书记后八卷)
陈长儒 字稚君	浙江归安	生嘉庆十六年(1811) 卒同治元年(1862) 年五十二	偕隐堂诗文集。画溪渔父词
莫友芝 字子偲与俦子自号郘亭晚又号眲叟	贵州独山	生嘉庆十六年(1811) 卒同治十年(1871) 年六十一	遵义府志(与郑珍合撰)。宋元旧本书经眼录三卷附录二卷。郘亭知见传本书目十六卷。黔诗纪略三十三卷。郘亭诗钞六卷。郘亭遗诗八卷。遗文八卷。仿唐写本说文解字木部笺异一卷。影山词。声韵考略四卷。过庭碎录十二卷。樗茧谱注一卷
曾国藩 字伯涵号涤生谥文正	湖南湘乡	生嘉庆十六年(1811) 卒同治十一年(1872) 年六十二	曾文正公全集:首卷。奏稿三十卷。十八家诗钞二十八卷。经史百家杂钞二十六卷。经史百家简篇二卷。鸣原堂论文二卷。诗集三卷。文集三卷。书札三十三卷。批牍六卷。杂著二卷(一作四卷)。求阙斋读书录四卷。求阙斋日记类钞二卷。年谱十二卷(黎庶昌编)。孟子要略五卷。三十家诗钞。读仪礼录。曾文正公手书日记

续 表

人 名	籍 贯	生 卒	著 述
吴 云 字愉庭号平斋	浙江归安	生嘉庆十六年(1811) 卒光绪九年(1883) 年七十三	二百兰亭金石记。两罍轩钟鼎彝器图释十二卷。古官私印考。焦山志二十六卷。虢季子白盘考。汉建安弩机考。温虞公碑考。华山碑考。两罍轩藏器目一卷。两罍轩印考漫存九卷
叶名澧 字润臣名琛弟	湖北汉阳	生嘉庆十七年(1812) 卒咸丰九年(1859) 年四十八	敦夙好斋诗集初编十二卷。续编八卷
陈寿熊 字献清一字子松	江苏吴江	生嘉庆十七年(1812) 卒咸丰十年(1860) 年四十九	读易汉学私记二卷。周易集义。周易正义举证。诗说一卷。考工记拾遗一卷。明堂图考一卷。静远堂诗文集四卷。参同契注
薛 寿 字介伯晚字砎伯	江苏江都	生嘉庆十七年(1812) 卒同治十一年(1872) 年六十一	续文选古字通二十卷。读经札记二卷。学诂斋文集二卷。外集二卷。诗集二卷
徐子苓 初号南阳字西叔一字毅甫别号龙泉老牧	安徽合肥	生嘉庆十七年(1812) 卒光绪二年(1876) 年六十五	敦艮斋诗文存六卷
吴可读 字柳堂	甘肃皋兰	生嘉庆十七年(1812) 卒光绪五年(1879) 年六十八	携雪堂文集四卷。吴可读文集四卷。(两集内容相同)孤忠录二卷
胡培系 字子继	安徽绩溪	卒同治间	大戴笺证。小檀栾室笔谈。仪礼宫室提纲(未成)
刘熙载 字伯简一字融斋	江苏兴化	生嘉庆十八年(1813) 卒光绪七年(1881) 年六十九	四音定切四卷。说文双声二卷。说文叠韵二卷。持志塾言二卷。艺概六卷。昨非集四卷。自记语录若干卷。读书札记。游艺约言。制艺书存

续 表

人 名	籍 贯	生 卒	著 述
陈介祺 字寿卿号簠斋	山东潍县	生嘉庆十八年(1813) 卒光绪十年(1884) 年七十二	簠斋笔记附手札一卷。簠斋传古别录一卷。十钟山房印举一百册。簠斋藏器目一卷。第二本一卷。簠斋金石文考释一卷。致吴平斋手札。簠斋吉金全集。说文统释(两种未成)。李竹朋续泉说评语。陈簠斋尺牍
孙衣言 字劭闻号琴西	江西瑞安	生嘉庆十九年(1814) 卒光绪二十年(1894) 年八十一	逊学斋文钞若干卷
戴钧衡 字存庄号蓉洲	安徽桐城	生嘉庆十九年(1814) 卒咸丰五年(1855) 年四十二	书传补商。公车日记数卷。味经山馆集若干卷
龙启瑞 字翰臣	广西临桂	生嘉庆十九年(1814) 卒咸丰八年(1858) 年四十五	视学须知一卷。经籍举要。尔雅经注集证三卷。古韵通说。小学高注补正。是君是臣录。班书识小录。通鉴识小录。诸子精言。庄子字诂。经德堂诗文集十二卷
蒋湘南 字子潇	河南固始	道光十五年举人	十四经日记。七经楼文钞六卷。春晖阁诗钞
周寿昌 字应甫一字荇农晚号自庵	湖南长沙	生嘉庆十九年(1814) 卒光绪十年(1884) 年七十一	周氏三史校注:汉书注校补五十六卷。后汉书注补正八卷。三国志注证遗四卷。五代史注纂注补续一卷。宫闺文选十卷。思益堂集:诗钞六卷。古文二卷。词钞一卷。日札十卷。骈文一卷(行状谓思益集文集十卷。诗集二十卷。诗余四卷。日札六十卷)
吴坤修 字竹庄	江西新建	生嘉庆二十一年(1816) 卒同治十一年(1872) 年五十七	刊半亩园丛书三十种。三耻斋集若干卷

续 表

人 名	籍 贯	生 卒	著 述
顾瑞清 字河之	江苏吴县	生嘉庆二十二年(1817) 卒同治二年(1863) 年四十七	刻其祖顾千里思适斋集
龚公襄 原名橙字孝拱定庵子	浙江仁和	生嘉庆二十二年(1817)	诗本谊。形篇。名篇
刘传莹 字实甫号茮云(一作椒云)	湖北汉阳	生嘉庆二十三年(1818) 卒道光二十八年(1848) 年三十一	明性篇。明教篇。明治篇。孟子要略。遗集四卷
刘毓崧 字伯山文淇子	江苏仪征	生嘉庆二十三年(1818) 卒同治六年(1867) 年五十	通义堂著述:春秋左氏传大义二卷。周易尚书毛诗礼记旧疏考正各一卷。经传通义十卷。史乘通义四卷。诸子通义四卷。王船山年谱二卷。彭城献征录十卷。旧德录一卷。通义堂笔记十六卷。通义堂文集十六卷。诗集一卷。诗文外集各一卷
蒋春霖 字鹿潭	江苏江阴	生嘉庆二十三年(1818) 卒同治七年(1868) 年五十一	水云楼词二卷(杜刻在曼陀罗华阁丛书中,缪刊合宗氏补遗本)。诗数十篇(金刻见粟香丛书)
钟文蒸 字子勤	浙江嘉善	生嘉庆二十三年(1818) 卒光绪三年(1877) 年六十	春秋穀梁经传补注二十四卷
薛时雨 字慰农一字澍生晚号桑根老人	安徽全椒	生嘉庆二十三年(1818) 卒光绪十一年(1885) 年六十八	藤香馆诗删四卷

续 表

人　名	籍　贯	生　卒	著　述
金　和 字弓叔别字亚匏	江苏上元	生嘉庆二十三年(1818) 卒光绪十一年(1885) 年六十八	秋蟪吟馆诗钞七卷
方宗诚 字存之	安徽桐城	生嘉庆二十三年(1818) 卒光绪十四年(1888) 年七十一	俟命录十卷。志学录八卷。续录三卷。辅仁录四卷。读书笔记三卷。春秋集义十二卷。周子通书讲义一卷。思辨录记疑二卷。宦游随笔二卷。柏堂文集六编九十余卷
郭嵩焘 字伯琛号筠仙晚号玉池老人	湖南湘乡	生嘉庆二十三年(1818) 卒光绪十七年(1891) 年七十四	礼记质疑。大学质疑。中庸质疑。订本朱子家礼。养知书屋诗集十五卷。文集二十八卷。奏疏十二卷。湘阴县图志。会合联吟集。周易释例。毛诗余义。绥边征实。读书记若干卷
邹伯奇 字特夫	广东南海	生嘉庆二十四年(1819) 卒同治八年(1869) 年五十一	补小尔雅。释度量衡一卷。格术补一卷。对数尺记一卷。乘方捷术三卷。存稿一卷
杨　岘 字见山一字季仇号庸斋晚号藐翁	浙江归安	生嘉庆二十四年(1819) 卒光绪二十二年(1896) 年七十八	庸斋文集。迟鸿轩诗钞。周礼割度名物考(未成)
程庆余 字善夫又名可大	浙江乌程	生嘉庆二十五年(1820) 卒同治九年(1862) 年四十三	六书征。谐声讨原。开方捷法。勾股比例述。补钱氏四史朔闰考。校补王氏萃编。访碑录。校正金石续编佚编。金石足征记。皇都碑版录。经籍志。八卿表。督抚提镇年表(四书未就)
阮　福 字赐卿元子	江苏仪征	生于两广节署大约在嘉庆末年(按阮元以二十二年调督两广)	孝经义疏补九卷。滇南古金石录一卷。补历代帝王年表。两浙金石志补遗一卷。呻吟语选二卷

续 表

人 名	籍 贯	生 卒	著 述
桂文灿 字子白	广东南海	道光二十九年举人 卒光绪十年(1884) 年六十	四书集注笺四卷。子思子集解一卷。弟子职解诂一卷。朱子述郑录二卷。易大义补一卷。诗笺礼注异义考一卷。周礼通释六卷。箴膏肓评一卷。起废疾评一卷。发墨守评一卷。论语皇疏考证十卷。童辑江氏论语集解二卷。孝经集证四卷。孝经集解一卷。孟子赵注考证一卷。群经补证六卷。经学辑要一卷。经学博采录十二卷。毛诗传假借考一卷。毛诗郑读考一卷。诗古今文注二卷。春秋左传集注一卷。禹贡川泽考四卷。毛诗释地六卷。春秋列国疆域考一卷。春秋列国疆域图一卷。群经舆地表一卷。广东图说九十二卷。四海记一卷。海国表一卷。掌故记闻二卷。周礼今释六卷。周髀算经考一卷。说文部首句读一卷。奏疏四卷。牧令刍言二卷。疑狱纪闻一卷。海防要览二卷。潜心堂文集十二卷

(四) 生于道咸同光时期者

人 名	籍 贯	生 卒	著 述
曾 钊 字敏修一字勉士	广东南海	生道光元年(1821) 卒咸丰四年(1854) 年三十三	周易虞氏义笺七卷。周官注疏小笺四卷。毛郑诗异同辨一卷。毛诗经文定本一卷。考异一卷。音读一卷。虞书命羲和章解一卷。论语述解一卷。读书杂志五卷。春秋国都爵姓考补一卷。面城楼集十卷。(辑)杨议郎著书一卷。异物志一卷。交州记。始兴记一卷

续 表

人 名	籍 贯	生 卒	著 述
李元度 字次青一字笏庭自号天岳山樵晚更号超然老人	湖南平江	生道光元年(1821) 卒光绪十三年(1887) 年六十七	国朝先正事略六十卷。天岳山馆文钞四十卷。诗集。四书广义。国朝彤史略。名贤遗事录。求实用斋丛书。安贫录。小学弦歌。南岳志
俞 樾 字荫甫号曲园	浙江德清	生道光二年(1822) 卒光绪三十三年(1907) 年八十六	春在堂全集:群经平议三十五卷。诸子平议三十五卷。易贯五卷。玩易篇一卷。论语小言一卷。春秋名字解诂补义一卷。古书疑义举例七卷。儿笘录四卷。读书余录二卷。诂经精舍自课文二卷。湖楼笔谈七卷。(自易贯以下三十卷为第一楼丛书)艮宧易说一卷。达斋书说一卷。达斋诗说一卷。达斋春秋论一卷。达斋丛说一卷。荀子诗说一卷。邵公论语义一卷。士昏礼对席图一卷。乐记异文考一卷。生霸死霸考一卷。春秋岁星考一卷。卦气直日考一卷。七十二侯考一卷。左传古本分年考一卷。春秋人地名对一卷。邵易补原一卷。读韩诗外传一卷。读吴越春秋一卷。读越绝书一卷。读鹖冠子一卷。读盐铁论一卷。读潜夫论一卷。读论衡一卷。读中论一卷。读抱朴子一卷。读文中子一卷。改吴一卷。说项一卷。正毛一卷。评袁一卷。通李一卷。议郎一卷。订胡一卷。日知录小笺一卷。苓子一卷。小繁露一卷。韵雅一卷。小浮梅闲话一卷。读五九枝谭一卷。闽行日记一卷。吴中唱和诗一卷。梵珠一卷。百空曲一卷。十二月花神仪一卷。银瓶征一卷。吴绛雪年谱一卷。五行占一卷。集千字文诗一卷。隐书一卷。老圆一卷。(以上五十卷为曲园杂纂)易穷通变化论一卷。周易互体征一卷。八卦方位说一卷。卦气续考一卷。诗名物证古一卷。礼记郑

续表

人名	籍贯	生卒	著述
			读考一卷。礼记异文笺一卷。郑康成驳正三礼考一卷。九族考一卷。玉佩考一卷。丧服私论一卷。左传连珠一卷。论语郑义一卷。读论语骈枝一卷。论语古注择从一卷。孟子高氏学一卷。孟子赞义一卷。四书辨疑一卷。群经音义一卷。读文子一卷。读公孙龙子一卷。读山海经一卷。读楚辞一卷。读汉碑一卷。读昌黎先生集一卷。读王观国学林一卷。读王氏稗疏一卷。庄子人名考一卷。楚辞人名考一卷。骈隶一卷。读隶辑词一卷。广雅释诂疏证拾遗一卷。著书余料一卷。佚文一卷。佚诗一卷。铭篇一卷。玉堂旧课一卷。广杨园近鉴一卷。壶东漫录一卷。百哀篇一卷。咏物诗二十一首一卷。五五一卷。枕上三字诀一卷。废医论一卷。九宫衍数一卷。金刚经订义一卷。一笑一卷。说俞一卷。俞楼经始一卷。(以上五十卷为俞楼杂纂)宾萌集五卷。补篇一卷。宾萌外集四卷。春在堂杂文二卷。续篇五卷。三篇四卷。四篇八卷。五篇八卷。六篇十卷。春在堂诗编二十三卷。春在堂词录三卷。春在堂随笔十卷。春在堂尺牍六卷。楹联录存五卷。四书文一卷。右台仙馆笔记十六卷。茶香室丛钞二十三卷。续钞二十五卷。三钞二十九卷。四钞二十九卷。目录各一卷。茶香室经说十六卷。经课续编八卷。九九销夏录十四卷。金刚般若波罗密经注二卷。太上感应篇义三卷。游艺录六卷。小蓬莱谣一卷。袖中书二卷。东瀛诗选二卷。传奇二种各一卷。新定牙牌数一卷。春在堂全书录要一卷。校勘记一卷。东海投桃集一

续 表

人 名	籍 贯	生 卒	著 述
			卷。福慧楼幸草一卷。曲园自述诗一卷。曲园墨戏一卷。三要一卷。琼英小录一卷。(以上名目卷数均合续刊在内)诂经精舍集。上海县志三十二卷。图说一卷叙录一卷。镇海县志四十卷。川沙厅志十四卷。俞楼诗记一卷。易原图
黄彭年 字子寿号陶楼父辅辰字琴坞道光进士	贵州贵筑	生道光三年(1823) 卒光绪十六年(1890) 年六十八	尝掌教保定莲池书院。成就甚众。著有诗文集。(编校)朔方备乘图说一卷。辅成著有屯田辅要。小西山房文集
张裕钊 字廉卿	湖北武昌	生道光三年(1823) 卒光绪二十年(1894) 年七十二	左氏服贾注考证。今文尚书考纪。廉卿文钞。濂亭遗诗
何秋涛 字愿船	福建光泽	生道光四年(1824) 卒同治元年(1862) 年三十九	朔方备乘八十卷。蒙古游牧记补注四卷。周书王会篇笺释三卷。一镫精舍甲部稿八卷。校正元太祖亲征录一卷。篆隶源流。诗文集若干卷。律心(佚)
赵兴传 字蓉裳	江苏兴化	生道光四年(?)(1824) 卒光绪十七年(1891) 年六十八(?)	左传服义述。穀梁义诂
刘 庠 字兹民晚号钝叟又自号写十三经老人	江西南丰	生道光四年(1824) 卒光绪二十七年(1901) 年七十八	徐州府志(与阳湖方元征同撰)。俭德堂易说。说文蒙求。说文谐声表。后汉郡国职官表。唐藩镇名氏表。通鉴校勘记。班许水道类记。意林补。文选小学。读书随笔。汉魏音补辑。俭德堂文集。紫芝丹荔山房诗集

续 表

人 名	籍 贯	生 卒	著 述
胡 澍 字荄甫一字甘伯号石生	安徽绩溪	生道光五年(1825) 卒同治十一年(1872) 年四十八	内经校义。校刊孔子编年。淮南子。辅行记等。释人疏证。左传服氏注义。通俗文疏证。(三书毁于兵火)墨守编。正名录(俱未成)
王 韬 字紫诠号仲弢又号天南遁叟又号甫里逸民又号弢园老民	江苏吴县	生道光八年(1828) 卒光绪二十三年(1897) 年七十	弢园文录。弢园尺牍。普法战纪。遁窟谰言。瓮牖余谈。瀛壖杂志。春秋朔闰考。蘅花馆诗钞
杨传第 字听胪包世臣女夫	江苏阳湖	咸丰二年举人 卒咸丰九年(母因捻乱抗节死传第仰药以殉)	汀鹭遗文十余篇。诗词近百篇
吴怀珍 字子珍	浙江钱塘	咸丰二年举人	待堂文九首。诗二十篇
杨象济 字利叔	浙江秀水	咸丰九年举人	汲庵文存六卷。诗存四卷
王宗涑 字倬甫	江苏嘉定	咸丰间诸生	周五礼考辨。考工记轮舆辀车考辨。匠人职考辨等书
周星誉 字畇叔一字叔云	河南祥符	生道光六年(1826) 卒光绪十年(1884) 年五十九	沤堂诗一卷。词二卷。日记三卷
汪 瑔 字芙生一字越人学者称谷庵先生	广东番禺	生道光八年(1828) 卒光绪十七年(1891) 年六十四	随山馆集十八卷。无闻子一卷。松烟小录六卷。旅谭五卷。尺牍二卷

续 表

人 名	籍 贯	生 卒	著 述
董 沛 字孟如号觉轩学者称觉轩先生	浙江鄞县	生道光八年(1828) 卒光绪二十一年(1895) 年六十八	明州系年录七卷。两浙令长考三卷。甲丁乡试同年录三卷。甬上宋元诗略十六卷。吴平赘言八卷。汝东判语六卷。六一山房诗集正续凡二十卷。(以上已刻)韩诗笺六卷。周官职方解十二卷。唐书方镇表考证二十卷。竹书记年拾遗六卷。西江靖寇录六卷。甬上明诗略二十四卷。甬上诗话十六卷。董氏家传四卷。鄞县志七十五卷。慈溪县志五十六卷。正谊堂文集二十四卷。外集十卷。今平准书。今礼。今献遗闻(皆未定卷数)
王 棻 字子庄号柔桥	浙江黄岩	生道光八年(1828) 卒光绪二十五年(1899) 年七十二	芳玩草堂丛书:周易爻变义蕴校注四卷。孙氏礼记集解校注一卷。经说偶存六卷。六书古训六十四卷。(六书解一卷。六书辨二卷。六书表一卷。六书谱四十卷。古文故十四卷。古音略六卷。)史记补正三卷。汉书补正三卷。重订历代帝王年表十五卷。明年表一卷。大统平议一卷。大礼平议四卷。明大礼驳义二卷。中外和战议十六卷。谢氏赤城新志校注二十三卷。黄岩县志四十卷校议一卷。青田县志十八卷。永嘉县志三十六卷。仙居县志二十卷。大平续志十八卷卷首一卷。杭州府志二百十二卷。九峰山志六卷。杜清献公年谱一卷。台献疑年录一卷。希倪子六卷。台学统一百卷。卷首一卷。折韩一卷。辨章一卷。柔桥初集十六卷。续集十四卷。三集十六卷。诗集八卷。杜清献集校注一卷。黄岩集三十二卷校议一卷续录二卷。仙居集。方城遗献续编六卷

续 表

人 名	籍 贯	生 卒	著 述
黄以周 字元同号儆季式三子兄以愚以粤	浙江定海	生道光八年(1828) 卒光绪二十五年(1899) 年七十二	经训比义三卷。子思内篇五卷。外篇二卷。军礼司马法考证二卷。儆季杂著:礼说六卷。群经说四卷。史说略四卷。子叙。文钞六卷。尚书讲义。嫻艺室杂著三卷。爱经居杂著四卷。礼说略。经说略。晏子春秋校勘记二卷。续资治通鉴长编拾补六十卷。定海厅志三十卷。礼书通故一百卷。十翼后录。读书小记。礼义通诂。以愚著有声训纬纂。以粤著有算学图示
赵之谦 字㧑叔号益甫又号梅庵更号悲庵晚号无闷	浙江会稽	生道光九年(1829) 卒光绪十年(1884) 年五十六	补寰宇访碑录五卷。勇庐间诂一卷。张忠烈公年谱一卷。二金蝶堂印存二集八册。六朝别字记一卷。(刻)仰视千七百二十九鹤斋丛书四集。梅庵集。悲庵居士诗剩。缉雅堂诗话
刘禧延	江苏吴县		古韵通说札记一卷。衺轩杂缀。衺轩诗钞四卷
李慈铭 字炁伯号莼客	浙江会稽	生道光九年(1829) 卒光绪二十年(1894) 年六十六	越缦堂日记五十一册:孟学斋日记七册。受礼庐日记三册。祥琴室息茶庵日记合一册。桃花圣解庵日记十册。二集十册。荀学斋日记二十册。尚有孟学斋以前自甲寅至壬戌十四册(缺半册馀藏于家)荀学斋以后八册(为樊增祥樊山索去)未印。十三经古今文义汇正。说文举要。音字古今要略。越缦经说。后汉书集解。北史补传。历史论赞补正。历代史剩。闰史。唐代官制杂钞。宋代官制杂钞。元代重儒考。明谥法考。南渡事略。国朝经儒经籍考。军兴以来忠节小传。绍兴府志。会稽新志。越缦读书录。越缦笔记。柯山漫录。孟学斋古文内外篇。湖塘林馆骈体文钞。白华绛跗阁诗初集。杏花香雪斋诗二集。霞川花隐词。桃花圣解庵乐府。上多未刊。仅刻骈体文钞二卷。诗初集十卷

续 表

人 名	籍 贯	生 卒	著 述
庄 棫 字中白	江苏丹徒	生道光十年(1830) 卒光绪四年(1878) 年四十九	周易通义十六卷。易纬通义十卷。东庄读诗记一卷。静观堂文十八卷(谭廷献重编为七卷。)。蒿庵遗集九卷
魏锡曾 字稼孙	浙江仁和	卒光绪七年	绩语堂碑录数十卷。绩语堂诗文集三卷。书学诸闻二卷。稼孙集若干卷
王 轩 字霞举	山西洪洞	同治元年进士 卒光绪间	耨经庐诗集初稿续稿。算书三书。耨经庐文集。杂者。山西通志河东道府州沿革
刘恭冕 字公俛宝楠子履恂孙	江苏宝应	光绪五年举人 卒年六十	论语正义补。何休论语注训述。广经室文钞
王诒寿 字眉子	浙江山阴	生道光十年(1830) 卒光绪七年(1881) 年五十二	缦雅堂文八卷。诗十卷
潘祖荫 字伯寅号郑庵谥文勤	江苏吴县	生道光十年(1830) 卒光绪十六年(1890) 年六十一	攀古楼集古录(佚)攀古楼彝器款识。秦輶日记。滂熹斋读书记(刻)。功顺堂丛书十八种七十卷。滂熹斋丛书五十四种九十二卷
屠仁守 字梅君	湖北孝感	生道光十年(1830) 卒光绪二十六年(1900) 年七十一	清末数十年来以立言得名者道咸之间曰曾国藩曰倭仁同光之间曰边宝泉曰郭嵩焘曰张之洞续其后者为屠仁守(据缪荃孙亡友屠梅君别传)
翁同龢 字叔平号瓶生谥文恭	江苏常熟	生道光十年(1830) 卒光绪三十年(1904) 年七十五	松禅相国尺牍十二册。瓶庐诗稿八卷。诗钞四卷。翁文恭公日记四十册。翁松禅手札十册

续 表

人 名	籍 贯	生 卒	著 述
郑知同 号屈庐珍子	贵州遵义		经义慎思篇。说文本经答问。说文类例。说文考异。小学丛考。经文正俗补注。愈愚录。聊以自娱录。楚辞解诂通释。屈庐文稿。屈庐诗草。考工轮舆图。明堂沟洫图考述闻。订补说文逸字考。说文新附考。汉简笺正(五种并见巢经巢全书目)说文浅说一卷
陈宝箴 字右铭子三立字伯严孙衡恪字师曾	江西义宁	生道光十一年(1831) 卒光绪二十六年(1900) 年七十	河北致用精舍课士录。三立著有诗集。衡恪精绘画。衡恪弟寅恪为民国后史学家
黄体芳 字漱兰视学江苏时建南菁书院	浙江瑞安	生道光十二年(1832) 卒光绪二十五年(1899) 年六十八	黄侍郎官书二册,附国史馆移文奏议各一道。江苏采访遗书目一卷。醉乡琐志(原题东瓯憨山老人随笔)一卷
丁 丙 字嘉鱼别字松生晚年自称松存	浙江钱塘	生道光十二年(1832) 卒光绪二十五年(1899) 年六十八	西泠四家印存一卷。师让庵汉铜印存一卷。北隅赘录二卷。续东河櫂歌一卷。三塘渔唱三卷。庚辛泣杭录十八卷。菊边吟一卷。(下藏于家)九思居经说。文部目详考。说文篆韵谱集注。二十四史刻本同异考。乐善录。于忠肃公祠墓录。善本书室藏书志。武林金石志。皋亭山志。宜堂小记。松梦寮集。北郭诗帐。西溪诗集(以下皆毁)读礼私记。礼经集解。松梦寮诗初集
王闿运 字壬秋一字壬父号湘绮	湖南湘潭	生道光十二年(1832) 卒民国五年(1916) 年八十五 清代朴学大师列传云卒年八十八	湘潭王氏所著书:周易说十一卷。尚书笺三十卷。尚书大传补注七卷。诗经补笺二十卷。周官笺五卷。礼记笺四十六卷。礼经笺十七卷。春秋例表三十八篇。春秋公羊传笺十一卷。论语训二卷。尔雅集解十九卷。庄子注二卷。楚词释十

续 表

人名	籍贯	生卒	著述
			一卷。唐七言诗选二卷。附王志二卷(陈兆奎)。六书讨原。秋醒词。穀梁申义。衡阳县志。湘潭县志。桂阳州志。湘军志十六卷。八代诗选。湘绮楼文集八卷。诗集十四卷。笺启八卷
庄士敏 字仲求	江苏武进	生道光十四年(1834) 卒光绪五年(1879) 年四十六	能思思斋遗文(在大亭山馆丛书中)
曾国荃 字沅甫谥忠襄	湖南湘乡	生道光十四年(1834) 卒光绪十六年(1890) 年五十七	曾忠襄公全集。奏议三十二卷。文集二卷。批牍五卷。书札二十二卷。年谱四卷。荣哀录
陆心源 字刚甫号存斋	浙江归安	生道光十四年(1834) 卒光绪二十二年(1894) 年六十一	潜园总集:仪顾堂文集二十卷。仪顾堂题跋十六卷。皕宋楼藏书志一百二十卷。续志四卷。金石粹编续编二百卷。穰梨馆过眼录四十卷续录十六卷。唐文拾遗八十卷(一作七十二卷)。续拾十六卷。宋诗纪事补遗一百卷。宋诗纪事小传补正四卷。千甓亭砖录六卷。续录四卷。古砖图释三十卷。群书校补一百卷(一作九十八卷)。吴兴诗存四十卷(一作四集十三卷)。吴兴金石记十六卷。归安县志四十八卷。宋史翼四十卷。元祐党人传十卷。校正钱澥芗疑年录四卷。三续疑年录十卷。金石学录补四卷。湖州府志。归安县志。(刊)十万卷楼丛书一百八十八卷。又湖州丛书若干卷
李文田 字若农	广东顺德	生道光十四年(1834) 卒光绪二十一年(1895) 年六十二	元秘史注十五卷。元史地名考。耶律楚材西游录注一卷。朔方备乘札记一卷。和林金石考一卷。和林诗并注一卷。宗伯诗文集若干卷

续 表

人名	籍贯	生卒	著述
雷浚 字深之号甘溪	江苏吴县		说文引经例辨三卷。说文外篇十五卷补遗一卷。韵府钩沉五卷。睡余偶笔二卷。(刻)说文辨疏一卷。刘氏碎金一卷
姚谌 字子长本沈氏远祖育于姚遂为姚姓	浙江归安	生道光十五年(1835) 卒同治三年(1864) 年三十	文集二卷。中文经议若干卷(未成)
高心夔 字伯足又字陶堂号碧湄又号东蠡	江西湖口	生道光十五年(1835) 卒光绪九年(1883) 年四十九	陶堂志微录五卷。遗文一卷。恤诵、碑幼各一卷
萧穆 字敬孚一作敬夫	安徽桐城	生道光十五年(1835) 卒光绪二十年(1894) 年六十	敬孚(一作敷)类稿。遗文十二卷
沈景修 字蒙叔晚号寒柯	浙江秀水	生道光十五年(1835) 卒光绪二十五年(1899) 年六十五	蒙庐诗四卷。井华词二卷
吴大澂 字清卿号恒轩又号窸斋	江苏吴县	生道光十五年(1835) 卒光绪二十八年(1902) 年六十八	说文古籀补十四卷。补遗一卷。附录一卷。字说一卷。十六金符斋印存二十六册。权衡度量实验考一卷。恒轩所见吉金录二册。古玉图考二册。窸斋集古录十三卷。窸斋诗文集。汉人名印考。吉林勘界记一卷。黄河全图五册。窸斋藏器目一卷
戴望 字子高	浙江德清	生道光十七年(1837) 卒同治十二年(1873) 年三十七	颜氏学记十卷。谪麐堂遗集四卷。论语注二十卷。管子校正二十四卷。续明史。古文尚书说(二种未成)。校荀子及顾亭林集

续 表

人 名	籍 贯	生 卒	著 述
张之洞 字孝达又字香涛一字香严号壶公又号无竞居士晚号抱冰老人谥文襄	直隶南皮	生道光十七年(1837) 卒宣统元年(1909) 年七十三	辅轩语。书目答问。劝学篇内外篇各一卷。广雅碎金。抱冰堂集。张文襄奏议。张文襄公政书。张文襄公全集
黎庶昌 字莼斋	贵州遵义	生道光十七年(1837) 卒光绪二十三年(1897) 年六十一	影钞古逸丛书。自著有拙尊园丛稿若干卷。续古文辞类纂二十八卷
杨文会 字仁山	安徽石埭	生道光十七年(1837) 卒宣统三年(1911) 年七十五	杨大宗地玄文本论略注四卷。佛教初学课本一卷。十宗略说一卷。无量寿经略论一卷。论语发隐一卷。孟子发隐一卷。阴符经发隐一卷。道德经发隐一卷。冲虚经发隐一卷。南华经发隐一卷。等不等观杂录八卷。阐教篇一卷。(辑刻)大藏辑要(拟目凡四百六十部三千三百二十卷。经其手校刊出版者有二千卷)
刘寿曾 字恭甫一字芝云毓崧子	江苏仪征	生道光十八年(1838) 卒光绪八年(1882) 年四十五	昏礼重别论对驳议一卷。读左札记。春秋五十凡例表。临川答问一卷。南史校议集平。江都县续志三十卷。博雅堂集。芝云杂记。左氏议疏(文淇为左氏春秋长编。晚年欲编辑成疏。甫得一卷而殁。毓崧思卒其业未果。寿曾乃发愤以继志述事为任。疏稿至襄公四年而卒。三世绝学。终亏一篑)
汪文台	安徽黟县		辑七家后汉书:谢承后汉书八卷。薛莹后汉书一卷。司马彪续汉书五卷。华峤后汉书二卷。谢沈后汉书一卷。袁山松后汉书一卷。张璠汉纪一卷。失名氏后汉书一卷

续 表

人 名	籍 贯	生 卒	著 述
汤 球	安徽黟县		汉晋春秋辑本:习凿齿汉晋春秋三卷。杜延业晋春秋一卷。晋春秋辑本:孙盛晋阳秋三卷。檀道鸾续晋阳秋二卷。晋记辑本:干宝晋纪一卷。陆机惠帝起居注一卷。曹嘉之晋纪一卷。邓灿晋纪一卷。刘谦之晋纪一卷。晋书辑本:臧荣绪晋书十七卷补遗一卷。王隐晋书十一卷。虞预晋书一卷。朱凤晋书一卷。谢灵运晋书一卷。萧子云晋书一卷。萧子显晋史草一卷。史约晋书一卷。何法盛晋中兴书一卷。晋诸公别传七卷。十八家霸史辑本:萧方等三十国春秋。武敏之三十国春秋。常璩蜀李书。和苞汉赵记。田融赵书。吴笃赵书。王度二石传。范亨燕书。车频秦书。王景晖南燕书。裴景仁秦记。姚和都后秦记。张谅凉记。喻归西河记。段龟龙凉记。刘昞敦煌实录。张诠南燕书。高闾燕志
薛福成 字叔耘号庸庵	江苏无锡	生道光十八年(1838) 卒光绪二十年(1894) 年五十七	庸庵全集四十七卷。筹洋刍议一卷。出使英法义比四国日记六卷。出使日记续刻十卷。浙东筹防录四卷。出使奏疏二卷。出使公牍十卷。庸庵文编四卷。续编二卷。外编四卷。海外文编四卷。庸庵笔记六卷。幕府古文书牍。东西洋地志(稿藏于家)
杨文莹 字雪渔	浙江钱塘	生道光十八年(1838) 卒光绪三十四年(1908) 年七十一	幸草亭诗钞
洪 钧 字文卿	江苏吴县	生道光十九年(1839) 卒光绪十九年(1893) 年五十五	元史译文证补三十卷(据陆润庠序有数卷佚失)

续 表

人 名	籍 贯	生 卒	著 述
杨守敬 字惺吾晚号邻苏老人	湖北都宜	生道光十九年(1839) 卒民国四年(1915)年七十七	丛书举要二十卷。观海堂汇刻:汉地理志补校二卷。三国郡县表补正八卷。隋地理志考证。禹贡本义一卷。水经注疏要删四十卷补遗四十卷。日本访书志。晦明轩稿一卷。壬癸金石跋。留真谱。(经部二册。小学一册。史部一册。子部二册。医部二册。集部二册。佛部一册。杂部一册:都四百三十种。)历代舆地图:历代地理沿革总图(一作历代舆地沿革险要图)。春秋列国图。战国疆域图。秦郡县图。前汉地理志图。后汉郡国志图。三国疆域图。晋地理志图。东晋疆域图。前赵疆域图。后赵疆域图。前燕疆域图。南燕疆域图。北燕疆域图。前秦疆域图。后秦疆域图。西秦疆域图。前凉疆域图。后凉疆域图。南凉疆域图。北凉疆域图。西凉疆域图。后蜀疆域图。夏疆域图。杨氏疆域图。刘宋州郡志图。萧齐州郡志图。萧梁疆域图。陈疆域图。北魏地形志图。西魏疆域图。北齐疆域图。北周疆域图。隋地理志图。唐地理志图。后梁并十国图。后唐并七国图。后晋七国图。后汉并六国图。后周并七国图。宋地理志图。辽地理志图。金地理志图。元地理志图。明地理志图。清一统图。(以上各一册)观海堂金石丛书:隶篇十册。楷法溯源十四卷。望堂金石初集二集各六册。筠清馆金文五册。小蓬莱金石五册。寰宇贞石图四百余种六册。邻苏园帖八册。邻苏园汉印谱八册。日本金石文字四册(未毕工)。古泉拓本十六册。钟鼎彝器砖瓦拓本四卷。好大王碑双钩本六册。匡喆刻经颂双钩本六册。泰山石经幅六册。三续寰宇访碑录十六册。(写成未刻)集帖目录十六卷。古诗存一百二十卷。古文存二十卷

续 表

人 名	籍 贯	生 卒	著 述
阎淑震 字省斋	河南项城	生道光二十年(1840) 卒咸丰十年(1860) 年二十一	洗心谱
薛福保 字季怀福成弟	江苏无锡	生道光二十年(1840) 卒光绪七年(1881) 年四十二	青萍轩文钞
赵元益 字静涵		生道光二十年(1840) 卒光绪二十八年(1902) 年六十三	(刻)峭帆楼丛书:昌黎先生集考异十卷。游志编。资治通鉴刊本识误三卷。战国策释地二卷。音分古义二卷。鸡窗丛话一卷。蕙櫋杂记一卷。寒夜丛谈三卷。(译)澳大利亚志一卷。主撰新学报(光绪二十三年六月始每周一册)
吴汝纶 字挚甫	安徽桐城	生道光二十年(1840) 卒光绪二十九年(1903) 年六十四	易说若干卷。书说若干卷。深州风土记二十卷。东游丛录四卷。诗文集若干卷。日记若干卷
沈家本 字子惇	浙江吴兴	生清道光二十年(1840) 卒民国二年(1913) 年七十四	沈寄簃先生遗书甲乙编凡四十册:诸史琐言。(史记三卷。汉书五卷。后汉书三卷。续汉志一卷。三国志四卷。)枕碧楼偶存稿十二卷。寄簃文存八卷。古书目四种。(三国志注书目二卷。世说注书目三卷。续汉书志注书目三卷。文选李善注书目六卷。)日南随笔八卷。大清现行刑律三十六卷。历代刑法考七十八卷。吴兴长桥沈氏家集五种二十九卷

续 表

人 名	籍 贯	生 卒	著 述
朱孔彰 字仲我骏声子	江苏吴县	生道光二十一年(1841) 卒民国四年(1915) 年七十五	周易汉注十卷。尚书汉注二十卷。诗汉注二十卷。仪礼汉注十七卷。周礼汉注四十二卷。礼记汉注四十九卷。春秋左传汉注三十卷。春秋公羊传汉注二十八卷。春秋穀梁传汉注二十卷。论语汉注二十卷。孟子汉注十四卷。孝经汉注九卷。尔雅汉注十卷。说文粹初编十四卷。二编十四卷。三编十四卷。说文重文笺六卷。说文读若例一卷。说文札记四卷。中兴将帅别传三十卷。续编六卷。三朝闻见录十卷。国朝事略八卷。古今礼学家言三十卷。血性语三卷。建康笔记四卷。濠梁笔记四卷。小桃源笔记三卷。淮甸志十卷。江东半隐诗文集八卷赋二卷。古今女将传赞四卷。圣和老人诗文集十卷。题曾文正公词百咏一卷
王先谦 字益吾晚号葵园老人	湖南长沙	生道光二十二年(1842) 卒民国六年(1917) 年七十六	虚受堂诗文集。荀子集解二十卷。前汉书补注一百卷。水经注笺四十卷。(编刻)续皇清经解凡二百十种一千四百三十卷。续古文辞类纂二十八卷。十朝东华录
李有棠 字芾生弟有棻	江西萍乡	生道光十七年(1837) 卒光绪三十一年(1905) 年六十九	辽史记事本末四十卷。卷首表考一卷。卷末引用书目一卷。金史记事本末五十二卷。卷首表考二卷。卷末引用书目一卷
冯 煦 字梦华号蒿庵	江苏金坛	生道光二十三年(1843) 据养真室集序作于民国十一年壬戌时年正八十	蒿庵类稿

续 表

人 名	籍 贯	生 卒	著 述
郭庆藩 字孟纯号子瀞	湖南湘阴	生道光二十四年(1844) 卒光绪二十二年(1896) 年五十三	许书转注说例。说文经字考辨证。说文答问疏证补谊。说文经字正谊。合校方言。庄子集释
缪荃孙 字筱珊晚号艺风老人	江苏江阴	生道光二十四年(1844) 卒民国八年(1919) 年七十六	艺风堂文集七卷。外篇一卷。文续集八卷。外集一卷。漫存三卷。梦园书画录。艺风堂读书记一卷。藏书记八卷。续记十二卷。宋元书影一册。士礼居藏书题跋记续四册。荛圃藏书题识一卷。琉璃厂书肆后记一卷。蜀石经校记一卷。日游汇编四卷。东都事略校勘记一卷(在适园丛书中)。国史儒林传稿二卷(在古学汇刊中)。元和郡县图志阙卷遗文三卷(在云自在龛丛书中)。三水小牍一卷。逸文一卷。附录一卷。云自在龛笔记(在古学汇刊中)。学部图书馆善本书目四卷。方志目若干卷。(刻)云自在龛丛书五集十九种。藕香零拾。烟画东堂小品二十六种。(编辑)续碑传集八十六卷(补乾嘉名人十四卷未刊)。对雨楼丛书四种二十四卷。南菁书院丛书八集十二种一百四十四卷(与王先谦同编)。云自在龛汇刻名家词二十一卷。云自在龛群书校补七种。常州词录三十一卷。吴兴记一卷。吴兴山墟名一卷。孔北海年谱一卷。集古录目十卷。定海遗爱录一卷。附录一卷。旧德集十卷。辽文存六卷。红雨楼题跋二卷(在峭帆楼丛书中)。(批校)四库简明目录标注稿二十卷。北梦琐言二十卷。逸文四卷。附录一卷
丁传靖 字闇公	江苏丹徒		秋华堂诗文若干卷

续 表

人　名	籍　贯	生　　卒	著　　述
陶方琦 字子珍	浙江会稽	生道光二十五年(1845) 卒光绪十年(1884) 年四十	汉孳室遗书。淮南许注异同诂。许君年表。仓颉篇。字林补辑。汉孳室文钞。漢庐骈文选。湘麋阁遗诗。兰当馆词
王懿荣 字濂生号正儒谥文敏	山东福山	生道光二十五年(1845) 卒光绪二十六年(1900) 年五十六	初为金石训诂之学。继颇考诸异同。补正注疏。惟所著多未就。仅天坏阁杂记一卷(在江氏灵鹣阁丛书中)
诸可宝 字迟鞠	浙江钱塘	生道光二十五年(1845) 卒光绪二十九年(1903) 年五十九	畴人传三编七卷。说文部首音读本一卷。元魏荥阳郑文公摩厓碑跋一卷。东轩吟社图小传一卷。璞斋集五卷。切字刍言一卷。江苏全省舆图三册。江汉堤防等二卷
谭宗浚 字叔裕莹子	广东南海	生道光二十六年(1846) 卒光绪十四年(1888) 年四十三	辽史记事本末。希古堂诗文集
朱一新 字蓉生号鼎甫	浙江义乌	生道光二十六年(1846) 卒光绪二十年(1894) 年四十九	拙庵丛稿:无邪堂答问五卷。汉书管见四卷。佩弦斋诗文存五卷。外集四卷。京师坊巷志二卷。又奏疏一卷。德庆州志。东三省内外蒙古地图考证各若干卷
袁　昶 字重黎一字爽(或作碳)秋谥忠节	浙江桐庐	生道光二十六年(1846) 卒光绪二十六年(1900) 年五十五	袁太常戊戌条陈一卷。袁京卿请剿拳匪奏疏遗墨一卷。袁忠节公遗诗一卷(原题西溪老沤)。水明楼集一卷。朝隐卮衍二卷。袁忠节公遗词一卷。于湖小集六卷。附金陵杂事诗一卷。合肥相国寿言。香严老人寿言。袁氏艺文金石录二卷。于湖题襟集(原题芳郭钝叟编)。浙西村人初集十三卷。附录一卷。安般簃集十卷。附春闱杂咏一卷。浙西村舍丛刻四十种二百三十八卷。理财节略一卷

续 表

人 名	籍 贯	生 卒	著 述
樊增祥 字嘉父号云门又号樊山又号天琴	湖北恩施	生道光二十六年(1846) 卒民国二十年(1931) 年八十六	樊山集并续集二十八卷。又续集二十八卷。附公牍三卷,批判十五卷。二家咏古诗一卷。二家试帖二卷。二家词钞五卷。时文一卷。又樊山续集十七卷
张百熙 字冶秋(一作埜秋)谥文达	湖南长沙	生道光二十七年(1847) 卒光绪三十三年(1907) 年六十一	钦定学堂章程七册。退思轩诗集六卷。补遗一卷
叶昌炽 字菊裳	湖南长沙(原籍江苏长洲)	生清道光二十七年(1847) 卒民国六年(1917) 年七十一	藏书纪事诗六卷。语石十卷。邠州石室录三卷。(校定)铁琴铜剑楼书目。功顺堂丛书
王颂蔚 字芾卿号蒿隐	江苏长洲	生道光二十八年(1848) 卒光绪二十一年(1895) 年四十八	写礼庼遗著四种。写礼庼文集一卷。诗集一卷。古书经眼录一卷。写礼庼读碑记一卷。明史考证攟逸三十余卷(散失)。周礼义疏(未定)。苏州府志。校定铁琴铜剑楼书目
黄遵宪 字公度	广东嘉应	生道光二十八年(1848) 卒光绪三十一年(1905) 年五十八	日本国志四十卷。人境庐诗草十一卷。日本杂事诗若干卷
孙诒让 字仲容衣言子	浙江瑞安	生道光二十八年(1848) 卒光绪三十四年(1908) 年六十一	周礼正义八十六卷。周礼政要。札迻十二卷。墨子间诂。古籀拾遗三卷。名原七篇二卷。周书斠补四卷。九旗古义述。宋政和礼器文字考。孙仲容先生遗著。周礼三家佚注一卷。古籀余论。契文举例。尚书骈枝。大戴礼记斠补。六历甄微。广韵姓氏刊误。经迻。述林。永嘉郡记。温州经籍志。文集

续 表

人 名	籍 贯	生 卒	著 述
陈宝琛 字伯潜号弢庵又号橘叟(一作橘隐)	福建侯官	生道光二十八年(1848) 据民国三年林纾晋安耆年会序宝琛时年六十七	沧趣楼诗
施国祁 字非熊号北研	浙江乌程	卒年七十	金史详校十卷(原稿焚后记忆缀补而成)。金源札记二卷。元遗山诗文集笺注十四卷。金源杂兴诗一卷。礼耕馆诗文集。外集。丛说
杨深秀 字漪春一字仪邨又号晢晢子	山西闻喜	生道光二十九年(1849) 卒光绪二十四年(1898) 年五十	雪虚声堂诗钞三卷。(卷一曰童心小草。卷二曰白云司稿。卷三曰并垣皋比集。)杨漪春侍御奏稿一卷
方 恮 字子瑾一字退斋	江苏阳湖(原籍大兴)	生道光二十九年(1849) 卒光绪四年(1878) 年三十	建置表一卷。兵事表二卷。历代武功图要若干卷。(仅成汉代魏晋以下阙焉。)方志举例三编(内外编各二十篇杂编一篇)。广韵分母表九卷。文三卷。诗一卷。文字原表一卷。读通鉴杂记二卷。同文考异三卷(三种幼作稿存于家)。汉石佚存考(未成)
王鹏运 字佑遐号幼霞晚号半塘老人	广西临桂	生道光二十九年(1849) 卒光绪三十年(1904) 年五十六	味梨词。鹜翁词
刘 鹗 字铁云	江苏江宁	生道光三十年(?)	铁云藏龟。老残游记
郑 杲 字东父	直隶迁安	生道光末年 卒光绪间 年四十九	郑东父遗书六卷

续 表

人 名	籍 贯	生 卒	著 述
盛 昱 字伯熙	满洲镶白旗	生道光三十年(1850) 卒光绪二十五年(1899) 年五十	八旗文经五十六卷。作者考三卷。叙录一卷。(与杨钟羲合编)郁华阁遗集:诗三卷。词一卷。集外诗。(有柯绍忞序)意园文略:杂文一卷。奏议一卷。郁华阁金文。雪屐寻碑录
马建忠 字眉叔	江苏丹徒	卒光绪二十五年(1899)	马氏文通二册。适可斋纪言纪行
刘书年 字仙石	直隶献县		刘贵阳说经残稿二卷
林颐山 字晋霞	浙江慈溪	光绪进士	经述若干卷
丁 谦 字益甫	浙江仁和	生清道光二十三年(1843) 卒民国八年(1919) 年七十七	蓬莱轩舆地丛书前编(即浙江图书馆丛书一集):汉书匈奴等传地理考证四卷。后汉书东夷传地理考证六卷。三国志乌桓鲜卑东夷传地理考证一卷。晋书四夷传地理考证一卷。宋书夷貊传地理考证一卷。南齐夷貊传地理考证一卷。梁书夷貊传地理考证一卷。魏书外国等传地理考证三卷。周书异域地理考证一卷。隋书四夷传地理考证一卷。新唐书突厥等传地理考证八卷。新五代史四夷附录地理考证一卷。宋史外国传地理考证一卷。辽史各外国地理考证一卷。金史外国传地理考证一卷。元史外夷传地理考证一卷。明史外国等传地理考证一卷。续编(即浙江图书馆丛书二集)穆天子传地理考证六卷。附中国人种从来考。晋释法显佛国记地理考证。后魏宋云西域求经记地理考证一卷。唐释辩机大唐西域记地图三种一卷。附印度风俗总记一卷。唐杜环经行记地理考证一卷。元耶律楚材西游录地理考证一卷。元秘史

续 表

人 名	籍 贯	生 卒	著 述
			地理考证十五卷。附元秘史作者人名考。元太祖编年大事记等。元圣武亲征录地理考证一卷。元经世大典图地理考证三卷。元张参议耀卿纪行地理考证一卷。元长春真人西游记地理考证一卷。元刘郁西使记地理考证一卷。图理琛异域录地理考证一卷。西辽立国本末考一卷(在古学汇刻第一集中)
柯绍忞 字凤荪号蓼园王壬秋湘绮楼日记光绪二十九年九月五日记云柯学台字奉生挚甫女夫也	山东胶州	生清道光三十年(1850) 卒民国二十二年(1933) 年八十四 李慈铭越缦堂日记同治十一年九月四日云:山东人柯绍忞为肯夫庚午所取士,年仅十八,戛戛独造,洵异才矣。按庚午为同治九年,先生中举,年已二十一,李谓十八误。	新元史二百五十七卷。考证五十八卷。(曩在梁任公先生座次逢王静安先生谭及此书均以未叙体例及取材为憾尝询诸柯先生据先生云考证卷数甚多未能刻行因示余原稿及简本一册皆引据出处精审异常刻行者并非全稿)蓼园诗钞五卷。续钞二卷。穀梁传注十五卷。先生精尔雅。有尔雅注。又文选补注,文献通考注,译史补六卷,文集若干卷。先生曾为清史撰天文、时宪、灾异三志。但清史稿刊出者非其原稿。此先生亲向余言之者也
皮锡瑞 字吉人号鹿门一字麓云学者称师伏先生	湖南善化	生道光三十年(1850) 卒光绪三十四年(1908) 年五十九	师伏堂遗书:经学通论五卷。(易书诗三礼春秋各一卷)经学历史一卷。王制笺一卷。古文尚书冤词平议二卷。尚书中候疏证一卷。郑志疏证八卷。附郑记考证。答临孝存周礼难。圣证论补评二卷。六艺论疏证一卷。鲁礼禘祫义疏证一卷。(以上湖南思贤书局刊本。未题总名。俗签皮氏丛书)孝经郑注义疏二卷。春秋讲义二卷。今文尚书考证三十卷。汉碑引经考一卷。经训书院自课文三卷。师伏堂骈文四卷。师伏堂诗草六卷。师伏堂笔记一卷。咏

续　表

人　名	籍　贯	生　　卒	著　　述
			史一卷。尚书大传疏证一卷。左传浅说。礼记浅说。驳五经异议疏证一卷。发墨守箴膏肓释废疾疏证一卷
林　纾 字畏庐一字琴南别署冷红生	福建侯官	生清咸丰二年(1852) 卒民国十三年(1924) 年七十三	林译小说二集:一集九十七种。二集五十八种(据商务印书馆图书汇报)。中国文学进化史云:凡一百五十六种。内一百三十二种已出版。十种载小说月报。十四种原稿存商务印书馆。自著小说:金陵秋。官场新现形记。冤海灵光。劫外昙花。剑胆录。京华碧血录。笔记:技击余闻。畏庐琐记。畏庐漫录。传奇:天妃庙。合浦珠。蜀鹃啼。诗文:畏庐文集。续集。三集。畏庐论文。畏庐诗存。闽中新乐府
江　瀚 字叔海	福建长汀	生清咸丰二年(1852) 卒民国二十二年(1933) 年八十二	慎所立斋文集四卷。诗集十卷。北游集。东游集若干卷。诗经四家异文考补一卷。(在晨风阁丛书中)论孟卮言一卷。孔学发微三卷。石翁山房札记九卷。中州从政录一卷。吴门消夏记三卷
王树枏 字晋卿	直隶新城	生清咸丰二年(1852) 卒民国二十五年(1936) 年八十五	尚书商谊三卷。费氏古易订文十二卷。校正孔氏大戴礼记补注十三卷。尔雅郭注佚存补订二十卷。广雅补疏四卷。学记笺证四卷。墨子三家校注补正二卷。欧洲战事本末二十二卷。欧洲族类源流略五卷。彼得兴俄记一卷。天元草五卷。离骚注一卷。赵闲闲诗集目录年谱十四卷。陶庐笺牍四卷。陶庐文集二十卷。陶庐外编一卷。文莫室诗集八卷。文莫室骈文一卷。陶庐诗续集十二卷。希腊学案四卷。希腊春秋八卷。周易释贞一卷。说文建首字义五卷。十月之交月食天元草二

续 表

人 名	籍 贯	生 卒	著 述
			卷。陶庐百编九卷。故旧文存四卷。冀县志十六卷。新疆礼俗志一卷。新疆小正一卷。(按跋语主撰新疆图志凡十种)新疆山脉志六卷。新疆国界志八卷。新疆访古录二卷。未刊者尚有尔雅定经二十四卷。清史中兴列传八十卷。左氏春秋经传义疏一百五十卷。陶庐题跋四卷。左氏春秋经传辨八卷。陶庐笺牍续稿四卷。清诗过眼评四卷。陶庐目治二十卷。庄子大同学二十四卷。尔雅说诗二十四卷
陈玉澍 字惕庵初名玉树	江苏盐城	生咸丰三年(1853) 卒光绪三十二年(1906) 年五十四	毛诗异文笺。盐城县志。后乐堂集。民权释惑。教育刍言。钦定胜朝殉节诸臣录校勘记。卜子年谱。尔雅释例。米禁问答
李葆恂 字文石号猛庵	奉天义州		义州李氏丛刻六种:无益有益斋论画诗二卷。海王村所见书画录一卷。旧学庵笔记。津步联吟集。红螺山馆诗钞。红羸山馆遗诗
严　复 初名宗光字又陵一字几道	福建侯官	生清咸丰三年(1853) 卒民国十年(1921) 年六十九	严译名著丛刊:天演论。原富。社会通诠。群己权界论。孟德斯鸠法意。群学肄言。名学浅说。穆勒名学。自著诗文集等
沈曾植 字子培号乙庵	浙江嘉兴	生清咸丰三年(1853) 卒民国十一年(1922) 年七十 清史稿谓卒年七十三则应为道光三十年生	元亲征录一卷(与李文田同校)。寐叟题跋二卷。海日楼诗集二卷。寐叟乙卯稿一卷。曼陀罗寱词一卷。汉律辑补。晋书刑法志补

续 表

人 名	籍 贯	生 卒	著 述
张 謇 字季直号啬翁	江苏通州	生清咸丰三年(1853) 卒民国十五年(1926) 年七十四	张季子诗录六卷。文录若干卷。南通张季直先生传记附年谱年表(其子孝若述)
范当世 初名铸字肯堂	江苏通州	生咸丰四年(1854) 卒光绪三十年(1904) 年五十一	范伯子诗文集若干卷
黄绍箕 字仲弢号鲜庵	浙江瑞安	生咸丰四年(1854) 卒光绪三十三年(1907) 年五十四	鲜庵少承家学。工骈体文。精于金石书画目录之学。诗不多作。又散佚殆尽。冒鹤亭所辑鲜庵遗稿。遗落尚多也(见石遗室诗话)
屠 寄 字敬山一字景山或作静三	江苏武进	光绪十八年进士 民国后卒	蒙兀儿史记五十卷。(仅本纪列传世系暨地理志,其余有目无书。)结一庐诗若干卷。国朝骈体文录三十卷。附结一庐骈体文钞一卷
顾印愚 字印伯号所持又号塞向翁张之洞弟子	四川华阳	生清咸丰五年(1855) 卒民国二年(1913) 年五十九	诗文集若干卷(手稿为门人程穆庵所辑)
文廷式 字芸阁号道希	江西萍乡	生咸丰六年(1856) 卒光绪三十年(1904) 年四十九	云起轩诗文录若干卷。云起轩词钞若干卷
陈 衍 字叔伊号石遗	福建侯官	生咸丰六年(1856) 据民国三年林纾晋安耆年会序衍时五十九岁	石遗室诗文集若干卷。石遗室诗话若干卷。近代诗钞二十四册(最录道咸至现代作者凡三百七十余人)
郑文焯 字叔问		生清咸丰六年(1856) 卒民国七年(1918) 年六十三	南献遗征一卷(原名国朝未刊书目)。大鹤山房全书十种二十七卷。瘦碧词二卷

续 表

人 名	籍 贯	生 卒	著 述
杨 锐 字叔峤	四川绵竹	生咸丰七年(1857) 卒光绪二十四年(1898) 年四十二	杨叔峤文集一卷。诗集二卷(成都刊本)。说经堂诗草一卷(戊戌六君子遗集本)
辜汤生 字鸿铭别号汉滨读易者	福建同安 碑传集补辜传作厦门人	生清咸丰七年(1857) 卒民国七年(1928) 年七十二	读易草堂文集。幕府纪闻。蒙养弦歌。痴汉骑马歌。英译中庸。论语。春秋大义
易顺鼎 字实甫又字中实自号哭庵	湖南龙阳	生清咸丰八年(1858) 卒民国九年(1920) 年六十三	丁戊之间行卷。摩围阁诗。出都诗录。吴船诗录。樊山沌水诗录。蜀船诗录。巴山诗录。锦里诗录。峨眉诗录。青城诗录。林屋诗录。游梁诗剩。庐山诗录。宣南集。岭南集。甬东集。四魂集。四魂外集。灵园诗事。皇朝年表(琴志楼丛书单行本)
廖 平 字季平初名登廷字学斋王闿运弟子	四川井研	生咸丰二年(1852) 卒民国二十一年六月五日(1932) 年八十一	四益馆经学丛书:群经凡例。今古学考二卷。古学考。王制订。容经读本。公羊三十论。起起穀梁废疾。释范。六书旧义。经学初程。经话二卷。王制图表。春秋图表。尊经书院自课题目。周礼皇帝疆域地考。地形训释例。周礼疏证。周礼郑注商榷。古文师说驳义。尚书新解,公羊大一统春秋凡例。皇帝学。利益百目。(以上九种光绪二十四年著)天人学考。三才说例。生知说。俟圣篇。易经新解。诗经新解。楚辞注。山海经注。穆天子传注。列子注。庄子注。(以上十一种光绪三十一年著)廖氏著述最多。详见光绪三十年井研县志

续 表

人 名	籍 贯	生 卒	著 述
康有为 字广厦号长素又号更生一作更甡初名祖诒学者称南海先生弟广仁原名有溥以字行号幼博又号大广以戊戌政变死难与谭嗣同林旭刘光第杨深秀杨锐并称六君子	广东南海	生咸丰八年(1858) 卒民国十六年(1927) 年七十	新学伪经考。孔子改制考。大易微言(未成)。中庸注。礼运注。大学注。论语注。孟子微。春秋董氏学。春秋笔削微言大义考。孟子公羊相通考。春秋公羊传注。(二种未成)春秋三世义。大同书(单行本少后收入康南海文集)。戊戌奏稿。日本明治变法考。俄大彼得变法致强考。突厥守旧削弱记。波兰分灭记。法国革命记。长兴学记。桂学答问。教学通议。欧洲十一国游记。广艺舟双楫。康南海文集(康氏著述除单行本外多载于不忍杂志)
刘光第 字裴村	四川富顺	生咸丰九年(1859) 卒光绪二十四年(1898) 年四十	衷圣斋文集一卷。诗集二卷。(成都刊本)介白堂诗集二卷(戊戌六君子遗集本)
梁　济 字巨川梁漱溟父	广西桂林	生咸丰九年(1859) 卒民国七年(1918) 年六十	桂林梁先生遗书六卷。庚娘传二册
梁鼎芬 字心(一作星)海号节庵	广东番禺	生咸丰九年(1859) 卒民国八年(1919) 年六十一	节庵先生遗诗六卷。遗文若干卷
江　标 字建霞号萱圃	浙江元和	生咸丰十年(1860) 卒光绪二十五年(1899) 年四十	黄荛圃年谱二卷。沅湘通艺录十卷。铁琴铜剑楼宋元书目一卷。海源阁藏书目一卷。丰顺丁氏持静斋书目一卷。宋元本书目行格表二卷。附录一卷。红蕉词一卷。(光绪十四年著于惠州)(刊)灵鹣阁丛书。天禄琳琅书目续目。书目三种。唐人五十家小集。鹤缘词。定庵续集。吴越所见书画录
汪康年 字穰卿	浙江仁和	生咸丰十年(1860) 卒宣统三年(1911) 年五十二	汪穰卿遗著八卷。附年谱一卷

续 表

人 名	籍 贯	生 卒	著 述
端 方 字陶斋号午桥谥忠愍	满洲正白旗	生咸丰十一年(1861) 卒宣统三年(1911) 年五十一	匋斋吉金录。匋斋藏石记十二册。匋斋藏印八册
黄绍第 字叔颂号缦庵	浙江瑞安	光绪庚寅进士	缦庵遗稿若干卷
王嘉诜 初名如曾字少沂一字劭宜晚号蛰庵冯煦弟子	江苏铜山	生清咸丰十一年(1861) 卒民国八年(1919) 年五十九	养真室文存二卷。诗存三卷。蛰庵词一卷。养真室文。诗后集一卷。劫余词一卷。铜山县志若干卷
郑孝胥 字太夷号苏庵一作苏戡或作苏堪	福建闽县	光绪八年解元	海藏楼诗集
陈三立 字伯严宝箴子世称散原先生	江西义宁(修水)	生清咸丰三年(1853) 卒民国二十六年(1937) 年八十五	道德经陈氏注二卷。散原精舍诗二卷。续集三卷。别集二卷
恽毓鼎 字薇孙一字澄斋晚号湖滨旧史	江苏阳湖	生清同治二年(1863) 卒民国七年(1918) 年五十六 吴县曹允源撰墓志铭谓春秋五十有八误	励学语一卷。澄斋奏议四卷。杂钞十卷。金匮痉疾篇正义一卷。诗文集若干卷
李希圣 字亦元	湖南湘乡	生同治三年(1864) 卒光绪三十一年(1905) 年四十二	雁影斋诗存一卷(在松邻丛书甲集)。光绪会计录二册
谭嗣同 字复生又号壮飞与陈三立伯岩吴葆初彦复丁惠康叔雅海内称四公子	湖南浏阳	生同治五年(1866) 卒光绪二十四年(1898) 年三十三	仁学一卷。石菊影庐笔识二卷。寥天一阁文二卷。莽苍苍斋诗二卷。远遗堂集外文初篇续篇二卷。札记一卷。兴算学义一卷。壮飞楼治事十篇。秋雨年华馆丛脞书四卷。剑经演葛一卷。印录一卷。已刻思纬吉凶台短书一卷。东海褰冥氏三十以前旧学四种八卷

续 表

人名	籍贯	生卒	著述
叶德辉 字奂彬一作奂份又字渔水号直山别号郎园	湖南湘潭	生清同治三年(1864) 卒民国十六年(1927) 年六十四	观古堂所著书:(第一集)天文本论语校勘记一卷。辑孟子刘熙注一卷。辑蔡邕月令章句四卷。古今夏时表一卷。释人疏证二卷。山公启事一卷。宋秘书省续编至四库阙书目考证二卷。辑孙氏瑞应图记一卷。(第二集)辑鬻子二卷。辑郭氏立中记一卷。辑许慎淮南间诂二卷。辑淮南万毕术二卷。辑傅子三卷订误一卷。辑傅玄集三卷。昆仑皕咏集六卷。古泉杂咏四卷。经学通诂。观古堂书目。(辑)双梅景闇丛书:素女经一卷。素女方一卷。玉房秘诀一卷。洞玄子一卷。天地阴阳交欢大乐赋一卷。青楼集一卷。板桥杂记三卷。吴门画舫录一卷。燕兰小谱五卷。桧门观剧绝句三卷。木皮散人鼓词一卷。乾嘉诗坛点将录一卷。秦云撷英小谱一卷
王仁俊 字扞郑		生清同治五年(1866) 卒民国二年(1913) 年四十八	说文解字考异订三十卷。格致古微。周秦诸子学术源流考。拟汇刊周秦诸子校注辑补善本叙录一卷。内业集解。管子集解。老氏微言考证。老子校文。鹖冠子间诂。商书微二十六篇。孙氏墨子间诂补遗。墨子校文。淮南子万毕术一卷。仓颉篇辑补斠证。毕氏传经表通经表考证。历代传经表通经表。正学篇
姚永概 字叔节	安徽桐城	生清同治五年(1866) 卒民国十二年(1923) 年五十八	慎宜轩诗若干卷。慎宜轩文若干卷
李瑞清 字梅庵	江西临川	生清同治六年(1867) 卒民国七年(1918) 年五十二	梅庵诗文集

续 表

人 名	籍 贯	生 卒	著 述
丁惠康 字叔疋父丁日昌(字雨生)官至江苏巡抚所历皆有名绩藏书极富校仇尤精然皆为吏材所掩	广东丰顺	生同治七年(1868) 卒宣统元年(1909) 年四十二 石遗室诗话谓卒年未四十此据疑年录汇编	诗文遗稿若干卷。日昌著有抚吴公牍五十卷。百将图传二卷。枪炮操法图说四册。持静斋书目四卷。续增一卷。附持静斋藏书记要二卷
罗惇曧 字掞东号瘿公	广东顺德	生光绪六年(1880) 卒民国十三年(1924) 年四十五	瘿庵诗文集若干卷。太平天国战纪。中英滇案交涉本末。中俄伊犁交涉始末。中法兵事本末。中日兵事本末。威海卫熸师记。割台记。德宗继统私记。庚子国变记。拳变余闻。藏事纪略(多载清季野史中,近编入中国近百年史资料)
曹元忠 字君有又号夔一	江苏吴县	光绪甲午举人	北游小草若干卷。(补辑)括地志一卷。荆州记一卷。两京新记一卷。沙州石室文字记一卷(在敦煌石室遗书中)。桂苑珠丛一卷。仓颉篇补本续补遗一卷。笺经室丛书三种八卷。纂要。南菁札记
章炳麟 字太炎一名绛初名学乘字枚叔受业于俞曲园	浙江余杭	生清同治七年(1868) 卒民国二十五年(1936) 年六十九	章氏丛书:春秋左传读叙录一卷。镏(即刘字)子政左氏说一卷。文始九卷。新方言十一卷附岭外三州语一卷。小学答问一卷。说文部首均语一卷。庄子解故一卷。管子余义一卷。齐物论释一卷。齐物论释重定本一卷。国故论衡三卷。检论九卷。太炎文录初编五卷补编一卷。菿汉微言一卷。訄书第一本第二本。国学会讲义(未全)。译社会学。清建国别记。太炎先生最近文录。白话文。国学概论
罗振玉 字叔蕴一字叔言	浙江上虞	生清同治五年(1866) 卒民国二十九年(1940) 年七十五	雪堂校刊群书叙录二卷。殷商贞卜文字考一卷。殷墟书契精华一卷。铁云藏龟之余一卷。殷墟书契考释一卷。殷墟书契前编八卷。后编二

续 表

人 名	籍 贯	生 卒	著 述
			卷。续编六卷。读碑小笺一卷。淮阴金石仅存录一卷。(后改名楚州金石录一卷,附楚州金石存目一卷)寰宇访碑录刊谬一卷。补寰宇访碑录刊谬一卷。再续寰宇访碑录二卷。唐风楼金石文字跋尾一卷。唐风楼藏墓志目录一卷。雪堂所藏金石文字簿录一卷。雪堂所藏古器物目录一卷。雪堂金石文字跋尾四卷。雪堂书画跋尾一卷。丙寅稿一卷。松翁近稿一卷。补遗一卷。面城精舍杂文甲乙两编。云窗漫稿一卷。汉晋书影一卷。高昌壁画菁华二十帧附二帧。续汇刊书目十卷。闰集一卷。古器物笵图录三卷。附说一卷。历代官印集存三卷。西夏官印集存一卷。齐鲁封泥集存一卷。(包括陆庵稽古录)历代符碑录二卷。后编一卷。四朝钞币图录二卷。附考释一卷。存拙斋札疏一卷。眼学偶得一卷。永慕园丛书:流沙坠简三卷。补遗一卷。补释一卷。附录一卷。图表一卷。(与王国维同编释)秦金石刻辞三卷。秦汉瓦当文字五卷。蒿里遗珍一卷。唐风楼碑录:昭陵碑录三卷。附录一卷。校余札记一卷。校记一卷。补一卷。唐三冢碑录三卷。芒洛冢墓遗文三卷。补遗一卷。西陲石刻录一卷。后录一卷。石室洞造像题名一卷。龙泓洞造像题名一卷。邺下冢墓遗文二卷。襄阳冢墓遗文一卷。广陵冢墓遗文一卷。吴中冢墓遗文一卷。三韩冢墓遗文目录一卷。佚石录二卷。北海石迹录二卷。平原石迹录二卷。馨室所藏钵印八卷。续集五卷。赫连泉馆古印存一卷。续存一卷。(此书似即历代官印集存及西夏官印集存)罗氏

续 表

人 名	籍 贯	生 卒	著 述
			所刊丛书甚多。如宸翰楼丛书八种。鸣沙石室古佚书十八种。又古籍丛残三十卷。云窗丛刻十种。玉简斋丛书八种。吉石庵丛书四集二十七种。敦煌石室遗书十二种。敦煌拾零七种。敦煌石室碎金。国学丛刻。学术丛编。艺术丛编。史料丛刊初编等。又陆庵所著书四种。水丰乡人稿四种。杂著八种。续编七种。莫荣宗所辑罗雪堂先生著述年表除上列诸书外尚有金石录萃编校字记一卷。干禄字书笺证一卷。校正毛诗草木鸟兽鱼疏二卷。俗说一卷。宋高士传一卷。毛郑诗斠议一卷。五史斠义五卷。三国志证闻校记三卷。元和姓纂校勘记二卷。佚文一卷。唐书世系表考证二卷。唐书艺文志斠义二卷。置杖录一卷。农事私议一卷。金石书录一卷。碑别字补五卷。扶桑两月记一卷。俑庐日札一卷。敦煌石记一卷。莫高窟石室秘录一卷。流沙访古记一卷。折冲府考补一卷。拾遗一卷。附隋唐兵符图录一卷。拾遗一卷。蒿里遗文目录二卷。张义潮传一卷。瓜州曹氏系谱一卷。五十日梦痕录一卷。重订汉石存目二卷。魏晋石存目一卷。汉晋石刻墨影一卷。恒农冢墓遗文一卷。海外贞珉录一卷。金泥石屑二卷。附说一卷。殷墟古器物图录一卷。附说一卷。殷墟书契待问编一卷。高昌壁菁华一卷。石鼓文考释一卷。古镜图录三卷。补遗一卷。古明器图四卷。墨林星凤一卷。世说新语校记一卷。殷文存三卷。六朝墓志菁英初二编。梦郼草堂吉金图三卷。续编一卷。两浙佚金石集存一卷。恒农砖录一卷。地券征存一卷。碑

续 表

人 名	籍 贯	生 卒	著 述
			志征存一卷。徐俟斋年谱一卷。附录一卷。万年少年谱一卷。附录一卷。补遗一卷。海外吉金录一卷。宋元释藏刊本考一卷。集殷墟书契楹帖一卷。庚子褒恤录校记一卷。补遗一卷。凝清室日札。补宋书宗室世系表一卷。道德经考异二卷。补遗一卷。雪堂所藏古器物图三卷。雪堂所藏铜器拓本四册。金薤琳琅一卷。魏书宗室传注十二卷。表一卷。鉨印姓氏录一卷。鉨印姓氏征二卷。补正一卷。重订纪元编三卷。天发神谶碑补考一卷。蒿里遗文目录十卷。补一卷。纪元以来朔闰考六卷。碑别字五卷。附雪堂校刊群书目录。待时轩传古录一卷。附说一卷。辽居稿一卷。后丁戊稿一卷。矢彝考释一卷。贞松堂所见古鉨印集一卷。汉熹平石经残字集录二卷。补遗一卷。本朝学术源流概略一卷。贞松堂集古遗文十六卷。续三卷。辽居乙稿二卷。集蓼编一卷。古器物识小录一卷。贞松堂藏器墨影三卷。续集三卷。高昌碑录一卷。辽帝后哀册文录一卷附录一卷。经义考补目八卷。松翁未焚稿一卷。雪堂所藏吉金文字。车尘稿一卷。贞松堂吉金图三卷。辽海吟二卷。三代吉金文存二十卷。唐书宰相世系表补正二卷。历代海东藩阀志存一卷。国朝文范二卷。石交录四卷。大云书库藏书题识四卷
夏曾佑 字穗卿一署别士	浙江钱塘	卒民国十三年(1924)	中国历史教科书三册。中国古代史一册。新民丛报及东方杂志上撰文甚多,但无遗集。晚年精唯识

续 表

人　名	籍　贯	生　　卒	著　　述
梁启超 字卓如号任公又号饮冰室主人	广东新会	生同治十二年(1873) 卒民国十七年(1928) 年五十六	饮冰室文集八十卷(最后由林志钧编订者共十六册四十五卷)。德育鉴。曾文正公嘉言钞。国民浅训。清代学术概论。墨子学案。墨经校释。中国历史研究法。大乘起信论考证。先秦政治思想史。陶渊明。情圣杜甫。国文教学法。孔子学案。国学小史稿。中国佛教史。朱舜水年谱。中国近三百年学术史。要籍题解及其读法。美文及其历史。中国文化史。辛稼轩年谱。(以上十种均未完)新中国未来记。译世界末日记。十五小豪杰。欧洲全史。欧游心影录。古学真伪及其年代一册。西学书表四卷。附读西学书法一卷。(在质学丛书初集)中国魂一卷
麦孟华 字孺博号蜕庵	广东顺德	生清同治十三年(1874) 卒民国四年(1915) 年四十二	
林　旭 字暾谷	福建侯官	生清光绪元年(1875) 卒光绪二十四年(1898) 年二十四	晚翠轩诗集一卷。长短句及杂文若干卷(余所见铅印单行共一本。又戊戌六君子遗集有诗一卷)
王国维 字静安一作静庵	浙江海宁	生清光绪三年(1877) 卒民国十六年(1927) 年五十一	观堂集林。殷墟书契考释。蒙古史料四种。鞑靼考。宋元戏曲史。古史新证。流沙坠简三卷。考释三卷。补遗一卷。考释一卷。附录一卷。图表一卷(与罗振玉同辑释)。曲录。古今杂剧。人间词话。卒后罗振玉等刻其著述为总集。曰海宁王忠慤公遗书。其目如下:(初集)观堂集林二十四卷(增订本)。观堂别集一卷。补遗一卷。后编一卷。观堂外集四卷。尔雅草木虫鱼

续 表

人名	籍贯	生卒	著述
			鸟兽释例一卷。两周金石文韵读一卷。观堂古今文考释五种五卷。史籀篇疏证一卷。校松江本急就篇一卷。附校补。唐韵佚文一卷。唐写本唐韵校记二卷:都十种四十三卷。(二集)殷礼征文一卷。联绵字谱三卷。补高邮王氏说文谐声谱一卷。释币二卷。简牍检署考一卷。魏石经残石考一卷附录一卷。汉魏博士题名考二卷。清真先生遗事一卷。耶律文正年谱一卷。余录一卷。五代两宋监本考三卷。两浙古刊本考二卷。宋代金文著录表一卷。国朝金文著录表六卷:都十三种二十七卷。(三集)古本竹书纪年辑校一卷。今本竹书纪年疏证二卷。古行记四种校录一卷。蒙鞑备录笺证一卷(改订本)。长春真人西游记校注(改订本)。乾隆浙江通志考异残稿四卷。观堂译稿二卷:都九种十五卷。(四集)唐五代二十一家词辑二十卷。后村别调补遗一卷。人间词话二卷(增补本)。录鬼簿校注二卷。宋元戏曲考一卷。唐宋大曲考一卷。戏曲考源一卷。古剧脚色考一卷。曲录六卷:都十一种三十七卷。弟子赵万里编王静安先生年谱一卷
刘师培 字申叔参加革命时名光汉	江苏仪征	生清光绪十年(1884) 卒民国八年(1919)年三十六	春秋左氏传例略一卷。礼经旧说考略四卷。周礼古注集疏二十卷。周书补正六卷。逸礼考一卷。太誓答问驳义一卷。老子斠补二卷。庄子校义一卷。荀子斠补四卷。庄子斠补一卷。墨子拾补二卷。楚辞考异八卷。吕氏春秋斠补一卷。贾子新书斠补三卷。春秋繁露斠补三卷。左庵文集五卷。经学传授考一卷

清代外交约章表第七

（一）本表凡二十门，以立约之先后，分国编辑；至订约对方在两国以上者，别为统约，附诸列邦之后。

（一）约款择要摘录，大旨已可昭然。惟不审所从，则靡由悉其因；不加说明，则殊难推其果；因具原委附说二项，俾读者可以了然于当时外交之情势。

（一）中外条约繁复，难以殚载，但或减略一二，亦与大局无关；其名称仍当附记于他约之下，庶无疏漏之弊。

（一）俄国

约名	时地	代表者	原委	约款纲要	附说
尼布楚条约又名黑龙江界约	康熙二十八年西一六八九年八月二十七日尼布楚	清内大臣索额图等俄专使费要多罗等	清初中原多事俄人乘间据黑龙江境地因酿两国之纷争旋撤兵议款是为中俄立约之始	共六条(一)以格尔必齐河为界其上流循大兴安岭至海岭南属中国岭北属俄(二)雅克萨城尽行毁除两国人等毋许越界(三)两国当尽释前嫌(四)不许收留逃亡(五)现在两国外侨各得安居(六)准给行旅文票往来贸易按界碑所列亦六条与此大同小异第二条规定以额尔古纳河为界足补约款之未备	中国与俄三面接壤其地自西而北而东不下数万里自康熙以来屡次订约莫不注重界务是约原议以尼布楚为界清圣祖悯其贸易无栖托之所谕议约大臣改以额尔古纳河为界自是相安者百余年说者谓此约清国殆占全胜不知当清朝鼎盛之时尚不能攘俄人于边外又欲苟且了事表示大国怀柔之德真不知外交为何物也呜呼邦国之戚始于兹乎
恰克图条约又名布拉条约	雍正五年九月初七日西一七二	清尚书图理琛俄使拉克清斯奇	自尼布楚约定后两国互市遂开然基础	共十一款(一)两国严管所属之人(二)互交逃犯(三)勘界立卡伦鄂博为两国贸	按朔方备乘所载喀尔喀通商界约与此同为一事惟地名词意颇多殊异又西清黑龙江外纪在尼布

续 表

约 名	时 地	代表者	原 委	约 款 纲 要	附 说
	七年十月二十一日 布拉河	（按各书所载人名互异俄使或作伊立礼乃俄言伯爵非人名也）	极不稳固俄人屡请改订商约皆未得请康熙间有停止库伦贸易之事至是始与议约	易场（四）北京及恰克图通商人数及规约（五）北京立俄馆建堂礼拜（六）送文之人俱由恰克图行走（七）乌带河为两国中立地（八）两国边吏办事不得怀私诿卸（九）送文人不得耽延推诿（十）禁越界偷盗并打猎等事（十一）将和约晓示边界	楚约第一条末有乌带河以南兴安岭以北（施绍常注云当作南自乌带河北迄兴安岭）一带再行商定一段为此约第七条所本 乾隆中互市闭而复开者三三十三年因第一次闭市复开有修改此约第十条之规定又名曰追加条款凡六段
恰克图市约	乾隆五十七年 西一七九二年二月八日 库伦	清库伦大臣索林 会办大臣松筠 俄官色勒裴特	先是四十四年库伦办事大臣因俄官会审迟延停其互市次年即开是为第二次四十九年又因边关时有盗杀停其贸易是为第三次俄人至是又复吁请开关爰立此约	共五条（一）准互市（二）货物交易不得负欠致起争端（三）两国边吏各以逊顺相接（四）严杜盗窃（五）互市一切照旧章办理两边民人交涉会同审讯各照本国法律治罪	按此约由我国所裁定令俄国遵守约文系饬谕之形式惟第五条两边民人交涉会同审讯各照本国法律治罪在当日固谓各君其国各治其民迨五口通商以后与外人立约仍沿此例遂以领事裁判权授之外人初不知欧美通例侨民控案均归地方官审断也自此以后国家律令不能行于租界而罪人逋逃即以租界为渊薮驯致内乱频仍国法日泯蚁穴溃堤由于不谙国际之习惯而误之于几先也
伊犁塔尔巴哈台通商章程 又名伊犁通商条约	咸丰元年八月二十一日 西一八五一年 伊犁	清伊犁将军奕山 参赞大臣布彦泰 俄大佐可伯罗斯我	自准回平定后中国西境亦与俄邻此次俄以伊犁塔尔巴哈台喀什噶	共十七条（一）各安交易（二）两国各派员管理商务（三）两不抽税（四）俄商呈验执照中国派官兵照料（五）俄商须由卡伦按站行走（六）俄	按新疆内地以天山为界南回北准外地以葱岭为界东新疆西属国自乾隆平准回葱岭以西各国皆内属是时俄方经营西北未遑南牧嘉庆而后渐沿里海南侵葱岭以西各回

续 表

约名	时地	代表者	原委	约款纲要	附说
			尔三处呈请通商经理藩院议仅允伊塔两处遂与订是约	商入中国卡伦如被窃报由中国官员严缉查办(七)两边商人如遇重案照恰克图例办理(八)俄商定清明节后入卡冬至后停止(九)俄商如往街市必须俄官执照(十)互送逃犯(十一)牲畜不得任意践踏(十二)不准互相赊欠(十三)令自行盖造房屋住人存货(十四)听俄商在自住房内礼拜天主如有病故者指给旷地埋葬(十五)货物除羊每十只官买二只外余均听其自行定价交易(十六)两国寻常往来文件中国用伊犁将军所属营务处图记俄用管两边大臣所属营务处图记(十七)议定章程彼此钤用印信互换	国为其蚕食遂与中国相接而北路之塔尔巴哈台南路之喀什噶尔尤为沿边要塞道光中回疆虽平浩罕安集延仍未抚辑喀什噶尔为要路俄人原议请与伊犁塔尔巴哈台一例通商为理藩院议驳殆预杜其窥伺之渐原奏为距内地窎远商贩希少其微意可窥然自是中国西鄙遂无宁宇矣
爱珲条约	咸丰八年四月十六日 西一八五八年五月十六日 爱珲	清将军奕山 俄将军木哩斐岳福	尼布楚定约后俄人乘隙移民于黑龙江左岸屡遣使议界未定适是年英法攻陷大沽俄使乘机迫胁遂定是约	共三条(一)黑龙江松花江左岸由额尔古纳河至松花江海口为俄属右岸顺江流至乌苏里河为清属由乌苏里河至海接连两国交界为共管地黑松乌三江只准中俄行船别国不准出入(二)两国所属之人互相与乌黑松三处居住之人令其	第一条内乌苏里河至海接连两国交界为共管地云云查此河以北尽入俄境其南境自应尽属中国无所谓接连更无所谓共管俄人意在侵吞已于约文流露越二年北京立约地遂属俄至松花江行船俄恐他国分其利故特言不准各外国行船　按康熙黑龙江界约乾隆恰克

续 表

约 名	时 地	代表者	原 委	约 款 纲 要	附 说
			中国黑龙江以北之地至是始尽失之矣	一同交易官员彼此照看(三)议定之约永远遵行两国大臣画押互换并晓谕两国交界上人周知	图市约均由中国自定雍正恰克图界约亦彼此互定至是则约由彼定而我照允而已
天津条约	咸丰八年五月初三日 西一八五八年六月 天津	清大臣桂良 大臣花沙纳 俄使普提雅廷	道光时中英兵事既息美法均援英例五口通商独俄以向在陆路通商未预及是年英法陷京津事平各议新款俄亦遂有是约	共十二款(一)立约以固和好(二)两国往来不必由萨那特衙门及理藩院由俄大臣径达中国大臣定照会往来式(三)上海宁波福州厦门广州台湾琼州七处海口通商(四)陆路通商人数货物本银不必限制海路通商照外国与中国通商总例办理(五)派领事官及兵船至各通商海口保护教士(六)救护俄国被难兵商船并准在未开口岸就近修理船只(七)中俄民事交涉会同俄官办理(八)保护天主教士(九)查勘两国边界绘图立据(十)俄人在京学习满汉文字酌改先时定限不拘年分(十一)整理两国行文往来程期(十二)利益均沾互换条约	按此七口通商之约与各国略同而所注重者则第九款修改边界盖暗指乌苏里河以东至海之地至十年续约又兼举东西边地言之盖海滨险要固所注重而西边斋桑淖尔特穆尔图淖尔各处亦久存觊觎也　第三条海口通商末尾有云别国再添口岸一律照办自此端开后来遂成通例　第七条内尚有中俄所属人获罪各照本国刑律其俄人在中国内地获罪解送俄官办理为续约第八条所本
北京条约 一名续增条约	咸丰十年十月初二日	清恭亲王奕䜣 俄使伊格	是年六月英法联兵北上俄使	共十五款(一)界址东由什勒喀额尔古纳两河会处至乌苏里河	按钱氏界约斠注乌苏里河东至海滨是年始画属于俄即俄属东海滨省南

续 表

约 名	时 地	代表者	原 委	约 款 纲 要	附 说
	西一八六〇年十一月二日北京	那替业福	伊格那替业福亦以兵从九月入都先战后款皆英法为政时恭亲王留守主和议英法约既定俄亦请续议条款悉允其请	会处其北属俄南属中国自乌苏里河口南上至兴凯河两国以乌苏里及松阿察二河为界河东属俄河西属中国自交界地逾兴凯河至图们江口其东皆属俄西皆属中国（二）西界自沙宾达巴哈起至斋桑淖尔湖又西南至特穆尔图淖尔又南至浩罕为界（三）东自兴凯湖至图们江西自沙宾达巴哈至浩罕中间地应立界牌由两国派员查勘（四）交界各处两国人随便交易不纳税（五）俄商经过库伦张家口准销零货（六）在喀什噶贸易（七）两国商人准在通商处随便买卖（八）两国互设领事两国商民犯罪照天津约第七条办理（九）更改尼布楚恰克图旧约（十一至十三）公文来往事（十四）陆路通商之事如有不便由两国边界大员酌商（十五）互换和约	半繁盛之区昔所谓空旷地也　又按东边分界爱珲约但割黑龙江左岸而乌苏里至海声明两国共管天津约但言从前未定边界派员查勘至是始明载入约翌十一年因有勘分东界约记绘图立碑以资遵守至西疆边界各约皆未及俄又窥伺斋桑淖尔特穆尔图淖尔水草之地至是亦列入约章为后来割据之渐
陆路通商章程	同治元年二月初四日西一八六二年二月	清总理衙门王大臣俄公使把里玉色克	按照天津条约第四款更将陆路通商章程及税务	共二十一条（一）两国贸易在边界百里内均免税（二）俄商小本营生准往蒙古各处贸易亦免税（三）俄	俄国地处西北其至中国贸易必由陆路往来从前在恰克图通商但准华商运茶叶前往换货并不许其阑入口内自咸丰八年

续　表

约　名	时　地	代表者	原　委	约　款　纲　要	附　　说
	二十日 北京		条款详细酌议特定是约	商应领执照始准运货赴天津（四）俄商路经张家口准留货物十分之二在彼销售（五）商税按税则三分减一交纳（六）已纳进口税复运往他处不再纳税（七）俄商不按照第三四两款者查出货物充公（八）俄商由津运货赴南北各口应补足原免税三分之一如运往内地应补纳一子税（以上进口）（九）俄商在议定南北各口贩运土货及在俄国贩运洋货由水路进出口者仍照各国总例办理（十）俄商在他口贩运土货由津回国除照例纳税外仍在津纳复进口税（即正税之半）领两国文字印照查明第三款办理（十一）俄商在津通运土货由陆路回国完一正税不再征（十二）在张家口贩运土货应交出口税按税则交一子税（十三）在通州贩运土货按税则完一正税（十四）在津或他口贩运别国洋货由陆路回国如在别国只交正税应补交子税（十五）在津通各口贩货回国限六个月	天津续约第五款有由恰克图照旧进京经过库伦张家口如有零星货物亦准行销之语俄遂乘此一隙力请运货内地流弊遂不胜防俄又以陆地运费较重不允照海口总例纳税此约陆路进口税照海关税则减三分之一由南省运至天津交复进口半税由津通运土货出口交一正税由张家口运土货出口交半税往来运货均令领执照限六个月缴销予以限制其端实开于天津续约之第五条也

续 表

约 名	时 地	代表者	原 委	约 款 纲 要	附 说
				内到恰克图(以上出口)(十六)各国税则第六款所载俄商由陆路贩运亦按照办理(十七)如有偷漏及挟带违禁物照税则第三第五所载应将货入官(十八)洋土货为税则未载者比照值百抽五例办理(十九)俄商不得包庇华商货物(二十)此次新章试行三年限满如两国欲有更改之处应于六个月内照会如有紧要妨碍尚未满限亦即酌改(二十一)严防偷漏诸法按照各国总例任凭中国官随时设法办理	
勘分西北界约记	同治三年九月初七日 西一八六四年十月二十五日 塔城	清大臣明谊 俄使杂哈劳	照咸丰十年续增条约内第二条所定界限画图作记以资遵守	共十条(一二三)界址自沙宾达巴哈起至浩罕边界之葱岭止就中间山岭大河勘立界牌会划红色界线(四)定期移设界牌(五六)游牧人民及山川物产视其地面划归何国即归何国管辖(七)建立界牌鄂博均应将处所及地名登记互换(八)两国河流之互相灌注者均不得截其故道(九)增中俄边界大臣往来行文两处(十)将分定	咸丰十年续约第二条西疆未定界址指明以常驻卡伦为界惟中国卡伦有常设移设添设之分其移设添设之卡伦只禁游牧人民私行出入本无关于界址至常驻卡伦最近距城不过数十里俄人勘界坚指常驻二字为据经译署再三剖解竟不克挽回而乌里雅苏台以西之界由是遂蹙两字之失铸成大错当时立约之人不能不任其咎也

续 表

约 名	时 地	代表者	原 委	约 款 纲 要	附 说
				界址绘图并作记均用俄满文缮写彼此互换	
改订陆路通商章程	同治八年三月十六日 西一八六九年四月十五日 北京	清总理衙门和硕恭亲王 俄使倭良嘎哩	因同治元年两国所订陆路通商章程原议试行三年已经限满复会同商定修改	共二十二款要目(一至八)进口事例(九至十六)出口事例(第四五六)俄商经张家口酌留货物若干按税则交一正税若转运津通不再纳税并将原交一分补还(第七第十)在他口贩卖土货经津回国已完全税者不再纳税(第十二)俄商在津贩运复进口土货由陆回国原口已纳全税一年内出津运往俄国者不再重征并将暂在天津复进口半税给还存票余与元年所订同	俄人请改订章程其意注重内地通商前约虽未明许而由库伦经张家口至津准其销售零星货物则已自坏藩篱此次所请在张家口设栈置领事官虽未明许而运津货物准其留销不予限制则已与通商无异盖自度其力不能与争而又恐被总署诘责则姑阳拒之而阴纵之外可以谢与国内亦可以对总署此从前办外交之长技彼外人既得间可入已不啻如愿以偿此后肆所欲为当事者明知之亦置而不问通商以来外交之失皆此类也
科布多边界牌博约志	同治八年 西一八六九年 乌克克卡伦	清大臣奎昌 俄使巴布阔福	查照同治三年原约两国大臣议定图约分划限道界址地名建立科布多所属西北边界牌博	共三条(一)照同治三年九月原约自赛留格木山适中之布果素克达巴哈起至玛尼图噶图勒干卡伦止立界牌鄂博二十处(二)两国各派员每年巡阅各处牌博一次(三)所定界地东南面为中国科布多地西北面为俄国地与原约无出入	同治三年勘分西北边界约第一条内云顺赛留格木山至奎屯鄂拉西行顺大阿勒台山至斋桑淖尔北面之海留图两河中间之山转西南顺山直至斋桑淖尔北边之察奇勒莫斯鄂拉即转东南沿淖尔顺喀喇额尔齐斯河岸至玛呢图噶图勒干卡伦此约即准是分界至光绪九年勘立界牌从大阿勒台岭折向西南再折向西于是海留河中间山与斋桑淖尔玛呢图噶图勒桑均归俄属

续 表

约 名	时 地	代表者	原 委	约 款 纲 要	附 说
乌里雅苏台边界牌博约记	同治八年 西一八六九年 昌吉斯台	清 大 臣 荣全 俄使穆噜木策傅	查照同治三年九月塔城和约拟定乌里雅苏台西北俄国所属各处总图内红色之界设立界牌	共二条(一)照同治三年九月原约自西南赛留格木山即萨留格木斯克山岭之柏郭苏克山起至东北沙滨达巴哈止立牌博八座划红线以南为中国地红线以北为俄国地于界址无出入(二)两国共派员每年巡阅牌博一次	按塔约第一条内自沙滨达巴哈起西行复南顺萨彦山至唐努鄂拉达巴哈西转南赛留格木山此约准是分界萨彦此约作萨杨斯克唐努鄂拉此约作塔努额拉赛留格木此约作萨留格穆斯克塔约自东而西起沙滨达巴哈讫塞留格木山此约自西而东起萨留格约斯克讫沙滨达巴哈故叙次前后不同
达尔巴哈台边界牌博约记	同治九年 西一八七〇年 塔 尔 巴 哈台	清 大 臣 奎昌 俄使穆噜木策傅	查照同治三年两国大臣在塔尔巴哈台商定图约分别红线交界处所在塔尔巴哈台所属地方交界建立牌博	共三条(一)照同治三年九月原约于塔尔巴哈台之玛呢图噶图勒干起至哈巴尔苏地方止立牌博十处(二)界线东南为中国地界线西北为俄国地于界地无出入(三)两国各派员每年巡阅牌博一次	同治三年勘分西北边界约第二条内自玛呢图噶图勒干起东南至赛里鄂拉西南行复西行顺塔尔巴哈台山至哈木尔达巴哈此约准是分界哈木尔达巴哈此约作哈巴尔苏至光绪九年勘立界牌玛呢图噶图勒干卡伦迤南重定新界自克尔根达什牌博以上均割隶俄属矣
伊犁事件改订条约	光绪七年正月二十六日 西一八八一年二月十二日 俄 圣 彼得堡	清使俄全权大臣曾纪泽 俄参政大臣格尔斯 俄参议大臣出使中国全权大臣布策	自太平之乱伊犁叛民相应起事频掠邻近俄遣师平之遂据伊犁光绪四年以崇厚为全权大臣往议崇厚不能争遽返时	共二十款其要目(一)伊犁地方交还中国伊犁西边归俄国管属第(二三四)条伊犁乱民均免究治所有居民或仍居原处或迁居俄国均听其便惟入俄籍者不得仍管伊犁田地(六)偿兵费恤款九百万卢布(七)(八)两条中俄交界自别珍岛至廓里札特村东边照	按崇厚原约割霍尔果斯河以西准尔泰山以南帖克斯川上流两岸与俄曾纪泽百计相争帖克斯川要隘虽曰收回而霍尔果斯河以西竟不能不割让且科布多塔尔巴哈台二处旧界亦不能不指改厥后伊犁科布多喀什噶尔先后勘界均有割让之地出此约所许之外亦可见曾纪泽挽回之不易而俄

续 表

约 名	时 地	代表者	原 委	约 款 纲 要	附 说
			左宗棠进军伊犁俄遣军舰来海上两国之和议将败因改命曾纪泽至俄与相辩论力争乃彼此相让订约交地	塔城旧约定界惟自奎峒山过黑伊尔特什河至萨乌尔岭画一直线与旧界酌定新界(十)准在肃州及吐鲁番两城贸易设立领事至科布多乌里雅苏台哈密乌鲁木齐古城五处俟商务兴旺再议添设(十二)俄民在伊犁塔尔巴哈台喀什噶尔乌鲁木齐及关外之天山南北两路各城贸易暂不纳税(十三)张家口无领事并准俄民建造铺房行栈他处内地不得援以为例	人之得间即乘也关于第六款偿款之次序与折合英镑数目尚有议定专条约二年偿清
陆路通商改订章程	光绪七年正月二十六日 西一八八一年二月十二日 俄圣彼得堡	清出使大臣曾纪泽 俄参政大臣格尔斯 驻中国使臣布策	照同治八年所订陆路通商章程重行修改附属于前项改订条约	共十七款要目(二)俄商前往蒙古及天山南北路贸易应领有执照照单内指明卡伦行走入中国界后报呈卡伦官查验盖戳放行其无照商民扣交俄官罚办蒙古天山南北路各处货如未经销售准转天津及嘉峪关(十)嘉峪关俄商运货出入之例及完税饷事均照天津一律办理(十四十五)定出进口免税各物及禁运各物余与同治八年所订大致相同	此约亦曾纪泽使俄与前约同时所订也通商一层虽云删去西安汉中两路而俄商运货至肃州准其转运内地则彼已偿所愿矣是以西安汉中姑置不争松花江行船专条虽云允废仍声明爱珲旧约再行商定犹是调停之言其后仍未尝废也商约中惟此两条最要而所争仅此盖曾氏使俄本重在划界兼欲翻崇厚前约其事本不易办界务既有所必争则商务自不得不退让耳

续 表

约 名	时 地	代表者	原 委	约 款 纲 要	附 说
伊犁界约	光绪八年九月十八日 西一八八二年十月十六日 伊犁	清大臣长顺 俄使佛哩德	此查照光绪七年改订条约第七条重定伊犁界址之约	共三条(一)自伊犁西南天山之阴那林哈勒噶山口中起至伊犁东北喀尔达板止共立牌界鄂博三十三处(二)霍尔果斯河作为公水河中有洲之处作为公地(三)两国各派员巡阅界牌鄂博	按光绪七年约第七条内明言廓里扎特以南顺同治三年塔约旧界其别珍岛山口以北虽未明言然新界未别定则旧界固未尝改不言可知乃此约不顺旧界竟割去格登之伊犁镇山及达图喇河则又七年订约者所不及料也
喀什噶尔境东北界约	光绪八年十月二十七日 西一八八二年十一月二十五日 喀什噶尔	清大臣沙克都林扎布 俄大臣威	此查照光绪七年改定条约第九条内俄属费尔干省与中国喀什噶尔交界地方由两国派员查勘照两国现管之界勘定故立是约	共四条第(一)第(二)自勒林郭勒河上游起至别牒里山溪止逐段建立界牌不能到之山岭势难建立即以山岭为自然两国划分之界山岭西北山坡归俄国山岭东南山坡归中国(三)中俄各派员每年巡阅界牌(四)两国互换界约	按左宗棠克复新疆南路则安集延旧地为中国兵力所及自应设卡驻守约文所谓现管者指此此段交界向未定有确地钱恂以为木种尔特以西当顺天山正脊为界分水既定画界易准乃向南作弧线至柏斯塔始顺天山以岭为界于是阿克苏河源又割入俄境盖是约勘分亦未详审特不如十年蹙境之甚耳
科布多界约 或曰喀巴河上约或曰阿勒克别克河口约	光绪九年七月初十日 西一八八三年伊约里月三十一日 哈巴河赛哩乌兰奇巴尔	清内阁学士升泰 副都统额福 俄大臣巴布阔福 大臣撇斐索富	查照光绪七年改订条约内第八条云同治三年塔约所定斋桑湖迤东之界查有不妥之处应由两国特派大臣会勘以归妥协故有是约	共五条(一)重定新界自赛哩乌兰岭之木斯岛山西脚起至大河勒泰山岭来源其间规定两国边界凡红线以东及东南之地归中国红线以西及西北之地归俄(二)人民属俄属中及冬夏游牧悉听所便仍予限一年各移入国界之内(三)边界各处河水准两国附近之民开渠灌田(四)(五)两条设立界牌并派员巡阅修理牌博	按斋桑淖尔四周土壤肥沃久为俄人觊觎塔城约顺大阿勒泰山至斋桑淖尔北又转往东南至淖尔均属于中此约自大阿勒泰山即折而西南再折向西于是塔约第一条海留河中间之山至玛呢图噶图勒干第二条玛呢图噶图勒干至阿勒坦特布什山界线全移所割与俄者尚不仅斋桑淖尔四周地也

续 表

约 名	时 地	代表者	原 委	约 款 纲 要	附 说
塔尔巴哈台界约	光绪九年九月 西一八八三年九月二十一日 塔尔巴城	清大臣升泰 俄大臣斐哩德	此援照光绪七年条约第九条所议办理按第九条专指俄国费尔干省与喀什噶尔定界之事初未涉及塔尔巴哈台西南界务此约乃无端改勘自不得不援七年约第九条为词	共七条要目（一）自伊犁东北塔尔巴哈台西南喀拉达板所立旧牌博分起至塔尔巴哈台山巴哈尔阿素达巴罕止共牌博二十一处（二）喀拉希塔特河水两国军民共用（四）巴尔音克山及塔尔巴哈台所属地方仍属大清所有俄属驻牧之哈萨克等仍居山内限十年迁往俄地限内中国人民无须迁往亦无须设卡塔属驻牧之哈萨克等限一年迁出塔属奇毕尔阿噶奇草地俄属乌宗布拉克阿水两国均匀刈割耕种	按光绪七年约第七条所指伊犁新界起别珍岛山八条所指塔尔巴哈台新界止萨乌鲁则自萨乌鲁至别珍岛山一段仍顺同治三年旧界可知俄人强援七年约割去巴尔鲁克山外一带平地
喀什噶尔西北界约	光绪十年五月初十日 西一八八四年五月二十二日 新玛尔葛拉城	清大臣沙克都林扎布 俄大臣威	此查照光绪七年约第九条议订	共六条要目（一）俄属七河省及中国所属喀什噶尔界线自别牒里山豁起向顺天山岭至图永苏约克山豁止（二）俄属费尔干省及中属喀什噶尔西界线自图永苏约克山豁起向南至伊尔克什坦自然界止（三）自伊尔克什坦自然界往南至乌自别里山豁止各山豁河口建立界牌（四）（五）绘图注明界线及派员巡阅牌博（六）两国互换界约	按七年议约时俄人以南界当止于玛里他巴山口为曾纪泽所力拒此约更由兹山向南直行二百余里以乌自别里山口为界由是霍斯库鲁克等处又为俄有乌自别里南即帕米尔与英属阿富汗接中英俄三国于此分界

续 表

约　名	时　地	代表者	原　委	约　款　纲　要	附　　说
重勘珲春东界约记	光绪十二年五月 西一八八六年 岩杵河	清右副都御史吴大澂 珲春副都统依克唐阿 俄使巴拉诺伏	因东边交界地方所立木牌有失毁之处咸丰十一年所换地图红线有简略不甚详细之处恐彼此误会故重勘定界址从前木牌一律改用石牌	共八款(一)于图们江边补立土字石牌(二)土字牌与怕字牌相去远于俄镇蒙古街与珲春交界立拉字牌于俄镇阿济密与珲春交界立萨字牌于拉字牌西南大树冈子俄境与宁古塔交界立玛字牌(三)黑顶子旧有俄国卡伦民房迁回俄国(四)土字界牌起至图们江口三十里中国船只出入不得拦阻(五)更改倭字那字界牌(六七八)绘图及互换图约	钱氏恂曰自咸丰八年至光绪十年凡中俄立约勘界无不削地惟此次为展界非蹙界且约文明白读者易晓至光绪十八年李鸿章与俄议陆路电线章程十款凡珲春等电线皆与俄境相接核定电价自有此约而大北公司水线不能独专中外往来电报之利文字交通又多一线矣(光绪二十八年复增改四条)
中俄密约	光绪二十二年 西一八九六年 莫斯科	清大学士李鸿章 俄大藏大臣微德	中日战后俄人之迫日返我辽东也实则大学士李鸿章与俄使喀希尼另有私约会李罢政柄未能践约喀希尼乃竭力运动以鸿章赴贺俄皇加冕遂由俄大藏大臣微德与	共六条(一)日本如侵中国暨韩俄两国土地中俄会击之(二)中俄协力御敌不得一国独主和议(三)开战时中国海口准俄船驶入(四)准俄国接造吉林黑龙江等处铁路以达海参崴(五)俄国得于此路运兵(六)铁路以此约批准之日举行以十五年为限	按刘彦中国近时外交史谓当时喧传之中俄密约与此全异即所谓喀希尼密约者其主要九条(一)(二)(三)(四)俄国得造黑龙江吉林铁道暨代中国修造奉天至山海关铁道并订定中国由山海关至旅顺铁轨须准俄尺度(五)俄国得驻兵于各车站(六)黑龙江吉林矿产俄人可采(七)满洲军队须由俄人训练(八)胶州湾须租借俄国十五年(九)他国有攻击旅大者俄政府当遣军队相助攻守是两约之性质截然不

续 表

约 名	时 地	代表者	原 委	约 款 纲 要	附 说
			鸿章结此约于莫斯科		同一则酷似攻守同盟一假援助中国为名而实使满洲全立于俄国势力范围之下而已道胜银行之设立则此约所得之结果也
道胜银行合同	光绪二十二年七月二十五日西一八九六年九月初二日俄圣彼得堡	清驻俄大臣许景澄俄道胜银行经理璞科第	甲午中日之战师熸命大学士李鸿章赴马关议和李乃与俄使喀希尼订一密约丐俄相助事成当得报偿即世所谓喀李私约也会日议割辽东俄乃结德法以抗争日人无奈卒还辽东喀希尼乃执约求践诺时李已罢直督不得实行喀乃借俄皇加冕盛典中使王之春职卑不称运动李为专使而结中俄密约并于	共五条要目节录(一)中国政府以银五百万与道胜银行伙做生意赔赚照摊(二)(三)(四)(五)定结账查账及分利赔亏各事宜	按此约在表面视之不过一种合资营业于我无大损也而孰知俄国政府于此约定后即草银行条例九章都数千言其条例第二章银行业务之第十项规定对于中国之业务有五一领收中国内之租税一经营与地方及国库有关系之事业一铸造中国政府许可之货币一代还中国政府募集公债之利息一布设中国内之铁道电线由此观之是实以银行之名义行政治上之侵略阳为懋迁阴实窥伺乃我政府昧然不察卒承认之并于同日更订立东省铁路协约于是满洲三省利权遂尽为俄人所囊括矣在李氏当时与喀氏私立条约盖明知日人乘胜之威以相凌胁割地之议势所不免与其失之日人无宁贿之友邦事平责偿在我不过仍弃一辽东半岛而况夺之于日人之手乎而孰知俄人素长外交喀希尼尤为阴狠乘间投隙一括无余且其侵略也假名营业逐渐以深使我

续 表

约 名	时 地	代表者	原 委	约 款 纲 要	附 说
			清廷内外百计营谋不惜挥霍卒得偿愿于是银行之约遂定		自敝于不觉迨至豁然梦醒则已病入膏肓不可救药此则为李氏之所不及料而希氏愚人之手段亦大可畏矣厥后璞科第竟以道胜银行经理兼理公使悉承喀氏旧策愈接愈厉可知俄人之于道胜银行固不以营业机关视之直一代表国家而侵略家之养成试验地也昔者英设东印度公司于印度印度以亡道胜之设亦犹是夫
东清铁路合同	光绪二十二年七月二十五日西一八九六年九月初二日俄圣彼得堡	清驻俄大臣许景澄俄道胜银行经理璞科第	是年俄皇加冕李鸿章奉使往贺俄以东省接路事中国自办无款无期请由华俄银行承办成工较速遂订此合同至三十三年北满洲税关条约六款即据本约十条之规定也	共十二条要目(一)公司股票准华俄通商人购买总办由中国选派(二)总办职务权限(三)(四)(五)勘路雇工运料给地购地并保护各事宜(六七)公司进项及料件均免税厘(八)俄军队军械经过不得借故逗留(九)搭客入内地须有护照(十十一)免税纳税例(十二)自开车日起满八十年路归中国无庸给价满三十六年给价收回路成开车公司应缴中国银五百万两中国给价收路应凭银行每年结算之账	按俄人交涉向以诡胜故凡有设施莫不外亲密而内阴鸷及至揭幂已堕其陷阱遂不可拔而彼且据此以为得寸求尺之谋矣此约之发原盖即中俄密约之一端在当时不过以为一铁路之建筑于我无大损兼得与国之欢而孰知其包藏祸心借以遂其大欲故乙未初议不过劝我接造至丙申议约时则拒我接造矣然议约内尚一再以中政府为言迨至兴工则情势骤变丝毫不问于我并由铁道而索及百矿由干路而添索枝路驯至兵权法权税权无不随之而去于是我国始瞠目挢舌而已无及矣

续 表

约 名	时 地	代表者	原 委	约 款 纲 要	附 说
新增和约一名中俄火车轨道专约	光绪二十二年八月西一八九六年九月三十日	清督办军务处王大臣 俄使贾(即喀希尼)	光绪甲午中东构衅俄为居间事后索酬遂有是约	共十二条要目节录(一二)西伯利亚铁路进黑吉二省满三十年赎回(三四)中国铁路自山海关接造至吉林日后中国有不便准俄代造火车应与俄同车道(五六)俄火车所经各地中国地方官照常保护并优待俄官荒僻地方准俄派兵队驻扎(七)吉林长白山开矿(八)东三省练军准聘俄国武员(九)胶州租与俄国以十五年为期(十)旅大不准让与他国	俄修西伯利亚铁路横贯东西二万里此约成后又于二十四年允造南境支路于是俄路由东省直达旅大海口与太平洋水路一气贯注至三十年路成以松花江南岸哈尔滨为挽毂之处即于此移民驻兵兴工商又在旅大规画军港其高掌远跖诚足以并吞远东不独中国有切肤之患即各国亦所深忌宜日本不能隐忍以终也
旅顺大连湾租借条约一名中俄会订条约又名巴布罗夫条约	光绪二十四年三月初六日西一八九八年三月十五日	清大学士李鸿章侍郎张荫桓 俄使巴布罗夫	光绪二十二年马关定约割奉天南境界日本俄乃起责言并纠法德为助事定责报于中国特许西伯利亚铁道经爱珲齐齐哈尔伯都纳吉林珲春达海参崴乃立是约	共九款要目(一)旅大邻近海面作为俄国租地惟中国主权不得稍有损碍(三)租借期二十五年(四)准俄国在该处经营水陆武备建造炮台(五)租界外留一瓯脱(六)旅大两口只准中俄两国屯泊兵船(八)俄国铁路准接至大连湾并准添造支路从牛庄鸭绿江中间接至滨海方便之处	说已具前此约前七款议租借旅顺大连湾又旅顺后路约留隙地为下增立条款一二三四五等款所本第八款接造营口鸭绿江支路为增立条款第三款又续订东方铁路公司合同所本至此约与续约成俄政府宣告大连为自由贸易港至此三国干涉返还辽东半岛一变而为俄国所有俄积年所望东洋方面之不冻港得全达其目的而瓜分中国之开端即肇于此时矣

续 表

约 名	时 地	代表者	原 委	约 款 纲 要	附 说
增立条约又名旅大租借续约	光绪二十四年闰三月十七日西一八九八年四月二十五日俄圣彼得堡	清出使大臣许景澄出使大臣杨儒俄外部大臣	照是年三月十五日北京所立条约增立数条	共六条要目(一)旅顺大连湾辽东半岛陆地北界应从辽东西岸亚当湾穿山脊至东岸皮子窝湾北尽处止租与俄国附近水面陆地周围各岛均准俄国享用(二)西伯利亚铁路通接辽东半岛末处在旅大海口不在沿海别处(四)金州城仍归自治(五)中国应允不将隙地让与别国不将隙地东西沿海口岸与别国通商不准将隙地内造路开矿及工商各利益让给别国	此约于隙地内划出营口海城凤凰城三处免异日调兵牵制铁路末处声明在旅大海口以杜藉筑路添辟海口之患其亚当皮子窝两处俄人倚为旅大后路屏蔽自不能允让于人然后来日俄之战日人攻旅大不克竟绕出后路遂夺取旅大又以见地险不足恃而攻守机宜全视用兵之利钝也翌年正月复定勘分旅大租界专条八款
东省南满支路合同	光绪二十四年五月十八日西一八九八年六月二十四日俄圣彼得堡	清出使大臣许景澄出使大臣杨儒俄公司董事齐格勒	按照本年三月所定旅大租约乃闰三月续订专条内开中国准东省铁路公司接筑枝路之事特订合同	共七条要目(一)支路达至旅顺大连湾海口(二)转运材料准公司轮船及别船挂公司旗驶行辽河并该支河及营口并隙地各海口(三)准暂筑运料支路俟全路工竣撤去(四)定公司采伐官树开挖煤矿苑圃(五)俄国可在租地内自酌税则中国可在交界征收输出入货物税并可委派公司代收(六)准公司自备行海商船照通商行船章程办理	俄人经营东三省所立各约无不留一随时发展地步以遂其得寸求尺之计且亦无一不因甲牵乙以称其囊括并吞之心于此约可以鉴矣盖修此支路早伏于旅大前约而因筑此支路并及于航权矿木地税有隙可入纤屑靡遗此所以开后来日俄之战也

续 表

约 名	时 地	代表者	原 委	约 款 纲 要	附 说
吉林哈尔滨铁路交涉总局章程	光绪二十七年 西一九〇一年	清将军长顺 俄全权代办达聂尔	吉林将军延茂于哈尔滨设铁路交涉局实行是年将军长顺与俄监工代表会商改订复行设局并增入铁路所购满蒙汉各地契据送总局验明盖印一条	共十一条要目(一)总局派专任局员各分段派专员归总局节制(二)管辖关涉公司及铁路界内各色人小事由分段就近办理大事请示总局(三)定核讯呈控呈请各件及办罪施行法(四)遇重事重罪总局员与监工意见不同会请将军核办总会办之派委及更调将军应预向总监工斟酌总局年支经费六万两由总监工分季预缴临时费商定支取	按此约甚属费解盖铁道界内之地既非租割则我固仍有治内法权又何须设此骈枝之裁判所今乃事无巨细甚至无与路事之命盗词讼亦悉受理并置狱焉而所谓总局总办者尚须得俄人之同意任之是直自弃其主权矣推原其故亦徒以是约末二条之区区关系遂不惜教猱升木贻人以柄于以知东三省之利权处处为人侵略者半亦自启之也
北京新约一名交收东三省条约	光绪二十八年三月初一日 西一九〇二年三月二十六日	清庆亲王奕劻 大学士王文韶 俄使雷萨尔	二十六年拳匪乱扰联兵入都俄人乘势占东三省至是立约定期交地惟铁路屡延不交久之仍定款索偿而去	共四条(一)俄国允归东三省各地于中国所有权势一如俄军未经占据以前(二)定各段撤退兵日期(三)俄军撤退后中国东三省所驻兵数应添应减须随时知照俄国(四)俄国交还山海关等处铁路应于总赔款外另偿山海关等处重修铁路费(关于此款另有交还山海关外铁路条约七款)	按俄自光绪二十二年代我索回辽东即租借旅大又得敷设东省铁路之权竟欲据建瓴之势凌驾亚东适中国拳匪构乱各国联军入都俄复借保护铁路之名驻兵辽东隐图占据嗣以各国不容俄亦知情势不敌不得已定期交地此约订后仍迁延不肯撤兵在我固有强敌乘垣之惧即日本亦有他族实逼处此之嫌遂开日俄交争之局

续 表

约 名	时 地	代表者	原 委	约 款 纲 要	附 说
吉林煤矿合同	光绪三十三年 西一九〇七年	清吉林候补道杜学瀛 俄东省铁路公司总办霍尔瓦特 俄全权达聂尔	按照光绪二十二年新增和约第七条俄国有吉林省采矿权因订是约是时复有所谓吉林木植合同者凡十四条与此约如出一辙	共十二条要目(一)矿地无碍民居坟墓市场(二)铁路两旁三十里内矿地准公司及中国人民挖采(三)公司煤准附近居民价买(四五)租买矿地公司会同交涉局议价如民房坟墓无多商酌移让(六)界内木料准公司砍伐(七)煤税及山课交纳法(八)官地租价比照垦荒按等交纳(十二)交涉局派员驻厂稽查矿煤矿界逃犯地方官知照协拿	俄人外交素持外柔内刚且稔于中国情势知中国务虚名不究实际故对于中国凡可笼络感情惠而不费者无不率先为之昧者不察遂倡亲俄之说俄即藉售其诈于是以一道胜银行遂尽满洲之利日人相妒致启兵戎俄势稍沮然不逾时而日俄且联盟俄乃复援旧约亦求所欲协力相谋其势更厉互吮脂膏其尽愈速然则国不自振欲求外援亦徒以速祸尔
北满税关与松花江航行条约	宣统二年七月初五日 西一九一一年 北京	外务部 俄国驻华公使	按东清铁路合同第十款中国于铁路交界设立税关然通车十年清政府未曾及此中日协约定满洲大开放俄恐我设税关致丧贸易特权于光绪三十三年要我立北满税关章程宣统元年清政府于哈尔滨等处颁布新税关章程许	约六款(一)开放松花江许万国自由航行(二)船舶税依货物征收(三)两国国境各百里内之货物免税(四)谷物税减三分之一(五)内地货物输出税于松花江税关按规全纳(六)去年以来中国征收俄商之税金不退还	按陆路通商章程边境百里内不纳税系指蒙古伊犁与俄境之间至北满税关条约成而满洲并得适用沿长约一万俄里之免税区域而俄境多荒芜中境皆富裕其得失自明至此约因俄于庚子占领满洲实行航行松花江上游清政府以瑷珲约之松花江指黑龙江下流言上流为我内河外人不能容喙仍不许俄人通航并欲实行开放绝俄独得之弊此第一款之所以规定也关税航行两种问题同时解决而俄税仍照向章减轻焉

续 表

约 名	时 地	代表者	原 委	约 款 纲 要	附 说
			各国皆有航行松花江之权俄援瑷珲约约限于中俄通航之拘束反抗甚力将出自由行动至日俄满洲新协约发表后遂订是约		
改正条约按此无确定之名称与条文特俄人强我承认之事不为约也	宣统三年二月二十七日 西一九一一年 北京	外务部 俄驻京公使可斯德罗威克	光绪七年伊犁改订条约第十款有议定税则废除免税例之规定凡二届改约期我国皆未暇顾及及宣统二年与俄协定蒙新税率两国主张全相反翌年俄遽向我提出六条强迫承认再三辩覆俄终不顾因限期若无全部承认之确答决出自由行动清政府不得已尽允之	凡六款（一）两国境百里内皆无税贸易（二）俄人裁判归俄官管辖中俄人民民诉归混合裁判所审鞫（三）蒙古新疆俄人得自由转移居住不受任何独占禁止之妨害一切商品无税贸易（四）俄国于科布多哈密古城设领事（五）任俄领事之权能两国人民诉讼不得拒绝会审（六）俄国于伊犁塔尔巴哈台库伦乌里雅苏台喀什噶尔乌鲁木齐科布多哈密古城张家口有设领事之权俄人有购置土地建筑房屋之权	按第一款系根据伊犁条约而中国主张百里内所产物而止俄则欲括中国内地之产物及工业品第二第五两款则以我边吏有拒俄官会审之事也第三款则因中国于上年奖助伊塔华商组织制茶公司与以专卖权有损俄商利益然该条俄不为凿实之明文者知中国若失茶税则失十二万之军费不易承认故用含混文字欲我粗心以承之也国权凌替至此殊堪羞愤近年新俄苏维埃政府成立中俄条约多已修改不平等之条件渐次废除前之侵我特甚兹则转而助我前后判然主义不同也

续 表

(二) 英 国					
约 名	时 地	代表者	原 委	约 款 纲 要	附 说
江宁条约原名万年和约又名白门约	清道光二十二年七月二十四日西一八四二年八月二十九日江宁	清广州将军耆英清乍浦副都统伊里布英使璞鼎查	印度鸦片入中国日益多英商视为利薮道光时议禁因而起衅英兵攻掠舟山宁波定海乍浦并至镇江南京因与议和立约	共十三条要目(二至三)开广州福州厦门宁波上海五口通商并设领事割给香港一岛(四至六)偿烟款六百万元商欠三百万元军费一千二百万元废粤省额设公行听英商任便交易(八)(九)释放中英二国罪犯(十)议定英货纳税例并进口后华商转运英货纳税例(十一)议定中英官商往来文书式	此约为中外交通之最大关键而耆英伊里布不谙敌情遽与订议约内如五口通商偿费传教各款凡英人所要挟以求者皆不惜如愿以偿自是欧西各国闻风而至无不援请立约长敌志而生戎心肇后来无穷之患皆此约开其端也至于鸦片弛禁人民受其流毒国用罄于漏卮无形损害更无涯涘矣
五口通商章程	道光二十三年五月二十九日西一八四三年六月二十六日	清两江总督耆英英使璞鼎查	按照上年江宁和约第二条言明沿海之广州等五处港口通商又十条言五处应纳进出口税宜定则例以便英商按例缴纳故订是约	共十五条要目(二)听中国收税官严防偷漏(三)定违例惩罚法(四)定遇骗控追法(五)按吨输钞(六)定税单船牌法(七)秉公验货及填簿(八)准殷铺户代纳英商税银(九)秤码丈尺均照粤关旧式(十)定剥船漏税惩办法(十一)禁止剥货过船(十二)约束水手(十三)华洋人民讼事(十四)英国官船准停泊一只并免钞税(十五)英官担保英商货船	此约订后同年八月八日有五口通商善后约二十款皆和好之具体的规定二十六年三月复有通商章程善后约五款至咸丰八年皆并入天津和约第一款中诸约俱应作废

续 表

约 名	时 地	代表者	原 委	约 款 纲 要	附 说
英军退还舟山	道光二十七年 西一八四七年	清两广总督耆英 英全权公使德	江宁定约许英五口通商并准派设领事居住城邑英亦许退出定海还我舟山于是宁波上海遂任其出入福州则争之二年终不可阻惟广州则以绅民集团与战相持未下会耆英总督两广英人复以入城为言耆期以二年后细译此约首款之意可见当时尚未能强行入城至咸丰十年后遂不可阻矣	共五条要目(一)准英人入粤城(二)准英人在议定界内行止必受保护(三)不得以舟山群岛给与他国(四)他国若有侵伐舟山英必出兵保护无须中国给与兵费(五)约定后英即交还舟山彼此永守此约	按条约第三第四两款英人盖侮蔑我者至矣舟山定海系中国海面群岛为浙甬犄角我之领土又属要地焉能无故给与他人即使有必须给与或租借者则我之土地我自主之何能受他国之挟制至谓他国若有侵伐舟山英必出兵保护等语是直认中国为其保护国而舟山为其保护地矣丧权辱国莫此为甚厥后光绪二十四年英人复有长江沿岸不得割让与人之约二十三四年法人前后有两粤云南琼岛不得割弃租借之约二十四年日人有福建不得割借之约清政府悉唯唯受命照复承认俨若署券虽曰强敌凭陵究亦在我始谋之不臧耳光绪十一年法越之役法人以兵舰游弋舟山时薛福成分巡宁绍兼任防务冀得英助而又恐英之挟以索偿也因于西报声明此约并云此时英势日弱法势日强恐舟山将为法据英议院闻而诘责政府政府遂宣告各国舟山我所保护不容他人侵占云云当时议者以为借此而却强敌未始非一时权宜之计殊不知我有土地借人保护可怜亦复可叹矣

续 表

约 名	时 地	代表者	原 委	约 款 纲 要	附 说
天津和约一名戊午条约	咸丰八年五月十六日 西一八五八年六月二十六日 天津	清大学士桂良 清尚书花沙纳 英伯爵额尔金	粤吏民严禁洋人入城英深嫉之遂与法联兵攻陷广州寻又至大沽因与议和更立条约	共五十六款要目(二)两国各派使臣驻京(八)保教(九)准英人持照至内地游历通商(十)长江通商自汉口至上海不得逾三口(十一)开牛庄登州台湾潮琼各口(十六)英人犯事归英惩办华人犯事归中国惩办交涉事件彼此会同审办(二十二)定交出犯罪华人之例(二十六)改定通商章程专条一偿商亏二百万两军费二百万两 另给美英法三国照会一件并英国照复一件 领事官与中国官品级领事不准给旗号与中国船户以杜流弊 另税则一册此项税则另行提议咸丰八年十月在上海议定各货税例与美丹比奥日本各国均同与法葡意各国权度名略异 另通商章程善后约十条 定准进口及不准出口各货并应纳钞税及不应纳钞税各例 与法美同时所订及德十一年所订先后相同	按白门订约后外人窥我虚实益轻中国是年英法美俄四国合从始则诱以甘言继使耸以危词在事诸人堕其彀中五十六款之约一字不易由是沿海七省门户洞开更益以长江三口则进窥堂奥矣前议洋货进口由华商分运内地兹更许以持照游历通商名为指定口岸而帆樯纵横于内港商贾倚以为奸教徒交错于齐民睚眦因以构衅交涉棘手兵机横发皆胎祸于此约也

续 表

约 名	时 地	代表者	原 委	约 款 纲 要	附 说
中英通商善后章程	咸丰八年西一八五八年十一月八日上海	清钦差桂良花沙纳何桂清明谊段承实英使额尔金	按天津条约原订在上海两国各派委员酌议各口及内地税则故订此章程	共十条要目（一）定税则未载之货估价照值百抽五（二）外国人应用品皆准免税惟船须纳钞其运往内地除金银银钱及行李外每值百纳二零五（三）定违禁物品（四）论权度（五）定弛禁各品又军前要品私运者全罚入官（六）英船进口后报告期限及停泊地点（七）定免税纳税例及违章惩罚法（八）议京都不在通商之例（九）纳倾熔银两（十）防偷漏	按第二款辛丑约改除外国运来米粮金银及金银各钱外均应列入切实值百抽五货内又第五款按洋药另有续议专条米粮商约申明或禁或弛皆由中国酌量余均照行
续增条约一名天津续约又名庚申约	咸丰十年九月十一日西一八六〇年十月二十四日北京	清恭亲王奕䜣英使额尔金	九年五月英使进京交换八年津约行抵大沽有守备令从北塘入不可复开兵衅至是议和	共九款要目（三）八年赔款加四百万连前共八百万两（四）天津通商（五）准华工赴英及赴英各属承工（六）九龙司归英属	按此约除上列三四五六等款外余均照原约又因原约五十四款内有此后他国有润英国同获其利一语是年各国在上海者纷纷赴京请立和约英法两国又隐为赞画添列条款以冀一体均沾既隐堕其术中彼即有挟以要我使欧西成合从之局中国有孤立之危皆此一语阶之厉也
中英议订招工章程	同治五年北京	清恭亲王奕䜣英使阿法使伯	按咸丰庚申年九月间中外各使臣在京先后续立增约内指华民出口在外洋别	共二十二条要目（一）至（四）立招工所法（五）（六）工人负约及违误办法（九）工人义务及权利（十）工作时刻（十一）工人年龄（十二三）工人画押及画押	殖民一事我国向不注意自是英美秘鲁古巴次第有招工之约然是项工人悉皆委之工头不加保护到地以后苛暴相待十居七八积有资蓄则必诱之罄尽使延作工之期又以中人耐劳佣值低廉见妒

续 表

约 名	时 地	代表者	原 委	约 款 纲 要	附 说
			地承工俱宜酌定章程以资保护故订是约	后之限制(十四)华工不准借银以工作抵(十五六七)公所章程(十八)华工下船旅费(十九)犯法华工之办法(二十)华工之舱位(二十一)华工在途之照料或送回(二十二)华工家族安置法	暂种横创排华多方苛难而我国则漠然视之曾不一恤于是我元元黎首遂投骨于穷荒者多矣
新修条约	同治八年九月 西一八六九年十月 北京	清恭亲王奕䜣等 英使阿法使伯	届十年制修之期故新修条约	共十六款要目(一)定利益均沾之例(二)彼此准互派领事官至华英各口(六)开温州芜湖口岸琼州作为罢论　余款均系议定通商各项条件　另善后章程十条系申明此次条约所议定通商各例　另新修税则一件议定减税免税并照旧税各货物　另互换照会一件条约正子两税并交一节牛庄暂不照此例温州芜湖俟开办方准英商来往居住	按此约重在改订税章自天津条约准外人内地通商后复苦厘捐征收之繁于是改征子口半税其数视厘金为轻又无叠征之繁守候之苦所以优外商也而华商因得假冒以便其偷漏厘卡又复借口以文其短绌流弊不可胜言徒以立约在前补救为难遂隐忍不言国际公法凡江河为一国所专辖者其轮帆之利非他国所能分若立约之初即本此意阻其阑入内地不独奸弊廓清而中外交涉亦省无数葛藤矣
烟台条款 原名会议滇案条款	光绪二年七月二十六日 西一八七六年九月十三日 烟台	清直隶总督李鸿章 英二等宝星威妥玛	马嘉理在滇被戕结案议款	共三端十六款要目(一端)昭雪滇案(二端)优待往来以及两国审办案件各官交涉事宜(三端)开宜昌芜湖温州北海口岸及通商各项事宜另议专条一件系英人派员入藏各节(按此条下次订缅甸条约业经申明作废)	英人重在商务此约惟第一端关系本案第二端所争在仪文尚无足重轻惟三端首在增设长江口岸又在沿江各小口上下客货则长江一带几于一网打尽矣又请定子口界在十里百里以外方许抽厘洋商久病内地厘捐今有此瓯脱岂不为偷厘之渊乎约内于沿江明定口岸

续 表

约 名	时 地	代表者	原 委	约 款 纲 要	附 说
					与内地办法苦为分明冀免流弊而许其租界不抽洋货厘金以杜其子口界之请亦弊去其太甚者耳
烟台约续增专条	光绪十一年六月初七日 西一八八五年七月十八日 英伦敦	清大臣曾纪泽 英外部尚书	系申明烟台条约第三端洋药应完正税厘金办法	共十条要目(二)详议洋药税厘并收办法(四)定洋药凭单式(十)香港至中国洋药应派员查禁偷漏	按洋药征税始于咸丰九年并订明除进口纳税外一入内地即与洋商无涉其天津条约九条英人持照内地通商及二十八条内地关税之例皆非洋药所能援引条约既定英人无计可施赫德乃创为上海洋药不论栈房顿船皆可与外人交易又为外人开一利孔其设词甚巧此约税厘并收非不可稍杜漏卮然所征税厘究不敌出口之银不特中国之银日益损而恇怯病夫亦日益多矣
缅甸条约	光绪十二年六月二十三日 西一八八六年七月二十四日 北京	清庆郡王奕劻 侍郎孙毓汶 英使欧格讷	光绪十一年冬英印度派兵据有缅甸中国驻英使臣与之磋议划界通商各节未经定案即交卸回华是年由总理衙门与英使欧格讷续议因立是约	共五则要目(一)缅甸每届十年应进呈方物(二)中国允英人有缅甸政权(三)中缅边界由中英两国派员会勘并另立边界通商专章(四)停止派员入藏至印藏边界通商如窒碍难行英国亦不催问	按缅甸向为中国藩属既入于英则藩属变为邻封界址不可不定是年总理衙门正与英重申曾使前约会英又用兵规取西藏乃令先罢入藏之兵然后提议缅约英人允之故第四条有停止派员入藏及不催问印藏边界通商之议至会勘边界及通商章程均见下二十年二十三年两约自是缅为英属而仍令循十年一贡之例者盖隐示以一国两属之意亦欲存此为告朔之饩羊耳迨二十三年续订条约并此亦不言矣

续　表

约　名	时　地	代表者	原　委	约　款　纲　要	附　说
香港鸦片约	光绪十二年 西一八八六年九月十一日 香港	清道台邵友濂 总税务司赫德 英香港按察司骆斯尔 驻津领事排伦勃雷伦	按照烟台条款第三端第七节及续增专条第九款所议特订此约	中国允准办理共六条(三)用洋员一人在九龙售卖鸦片捐照(四)凡有此捐照之烟土每百斤税银不得过百金免其余各税(五)香港进出口船只纳税例(六)九龙洋员理事之权	按洋药入口税厘并征稽查自密而香港为洋药总会之区其地四面环海离岸不远粤东水路纷歧到处皆可偷漏次则福州厦门亦为洋药偷漏之处是约定后即于九龙厦门两处设关稽查征收所以清漏税之源而遏其流也自是洋药进口税厘之数顿增其明效矣
藏印条约	光绪十六年二月二十七日 西一八九〇年三月十七日 孟腊	清驻藏大臣升泰 英印度总督兰士丹	光绪十四年英人因藏兵出扎哲孟雄境致启衅端迨接仗失利英人骎骎有入藏之势由总理衙门再三辩论始得罢兵息争英国要求立约	共八款要目(一)西藏及印度哲孟雄分界自布坦交界之支莫挚山起至廓尔喀边界止分哲属梯斯塔及近山诸小河藏属莫竹及近山北流诸小河分流之一带山顶为界(二)哲孟雄由英国一国保护督理(四)(五)(六)游牧通商交涉三端申明另议	当乾隆初英人即欲通道西藏徒以中隔哲孟雄大山不能逞志道光中英既诱致哲孟雄藩篱遂撤至烟台条约即以派员赴藏列为专条其视耽欲逐思待时而动者已非一日光绪十二年缅约既成藏事借此暂置不议中朝大官即当趁此为亡羊补牢之计预杜其得陇望蜀之心乃幸图苟安不复措意及英藏因争哲孟雄构兵重起衅端蹊田夺牛其势浸不可止始悔曲突徙薪之无及亟焉图弃哲而保藏呜呼晚矣
烟台条约续增专条即重庆通商约	光绪十六年闰二月十一日 西一八九〇年三月三十一日 北京	清总理衙门王大臣 英驻京公使华尔身	英商立德自置小轮由宜昌上驶重庆并援烟台条约请给准单暨饬沿途地方官弹压保护川督拒之	共六条(一)准以重庆为通商地(二)往来货物税则照长江统兵章程办理(三)运货船只应领牌照(四)运货船只应完钞料(五)俟中国有轮船上驶重庆时始准英商开行(六)此约批准画押后六个月开办	按五口通商定约外人犹未能至内地也至长江通商而堤防大溃矣重庆为巴蜀门户长江上游夫岂有所弃者且烟台条约有轮船未抵重庆以前英人不得在彼居住开设行栈俟轮船上驶再行议办一款细绎语味固明示重庆迟速必有作为通商口岸

续 表

约 名	时 地	代表者	原 委	约 款 纲 要	附 说
			磋议三年始以由中政府出资十二万两偿立德收其轮栈并准以华船载运定约		之举此次立德自置小轮之请正在意中援约以求本无辞可以阻止自不如明定限制订立防碰章程以资救济乃迁延三载仍未能阻卒且认十二万两之赔偿试问改用华船是否即不为通商乎况购留小轮犹谓该商业已购置既不允行自应给值收回乃并其屋而留焉此则又奚为者岂一经改用华船该商即无须行栈耶至奏折中有但使中国不自用轮船入川彼自无词可借等语是则盖误认英商通商之意为行轮问题尤为童騃之见矣
续议藏印条约	光绪十九年十月二十八日 西一八九三年十二月初五日 大吉岭	清参将何长荣 英使保尔 税务司郝政	查照藏印条约第七款内声明四五六三款随后派员续订因立是约	共九款要目(一)亚东开关(四)自开关起五年内各货进出免税(六)办理商民争讼例(以上通商)(七)(八)印藏递送文件事宜(以上交涉)(九)开发后凡藏人在哲孟雄游牧者应照英国章程(以上游牧)又续约三款(二)议约后如有变通处应于五年后查明更改(三)所订通商交涉游牧三项与印藏原约视同一律实行	按西藏向为四川茶叶引地印藏既经通商印茶必至西藏而四川茶引即为所侵约内声明印茶运藏应照华茶入英每百斤纳税银十两预防其夺川茶销路也自此约定后藏人以通商事英人独享权利而游牧事藏人反受限制颇表不平不愿履行此约于亚东开埠坚决反对时俄国方在全盛运动达赖拒英亲俄至三十年英兵遂借口入藏矣

续 表

约 名	时 地	代表者	原 委	约 款 纲 要	附 说
续议滇缅界约商约一名缅甸续约	光绪二十年正月二十四日 西一八九四年三月初一日 英伦敦	清左都御史薛福成 英伯爵劳偲伯力	查照光绪十二年北京所立缅甸约第三款所指中甸边界及边界通商两事立此约	共二十条要目(一)(二)(三)(四)划定各段界线(五)中国不再索问永昌腾越边界外隙地英国于北丹泥及科干照所划边界让与中国孟连江洪之地亦归中国惟未定议前不得让与他国(八)各货物分别应税不应税(十)(十一)分别各货物准贩运不准贩运(十三)中国派领事驻仰光英国派领事驻蛮允(十五)定交逃犯例(十七)定中英民在两国界内相待最优例又专条内各条款仅用于两国所指属地不能用于别处	按滇缅分界通商光绪十二年使臣曾纪泽与英外部磋商已有成议总署迄未举办至是使臣薛福成复与英重理前说辄思翻异当英初据有缅甸志得意满于滇中边务颇允退让若是时即与定约彼亦无辞可借今已事隔八年英于缅甸布置已妥复欲其取怀而予势固甚难此约虽未能尽如曾氏前议而滇边西南两面均有开拓大金沙之利尚能与彼共之犹未失为桑榆之补也迨二十三年因法约重行更改则滇界复蹙即商务亦不同矣
原订滇缅电线约款	光绪二十年四月初七日 西一八九四年九月六日 天津	清大学士李鸿章 英伊摩伊奴乌洼廓诺罗(从日文译)	按照本年滇缅条约第十六款两国应将电线设法接连因订此约至三十一年期满复有续修约款九条	共十一条要目(二)两线在英局周冈华局腾越之中间相接并在侃廛设分局(四)设线及保护管理经费在界限内各自出资(五)中国并香港与缅甸印度锡兰来往电报照万国公例欧洲以内章程办理余照欧洲以外办理(六)电报经过两局电线以两国界限为止各自定价收资(七)定两局应收本线过线各费(八)(九)定结账付账法(十)此约十年为期如更改于六个月前关会	滇省为英法两国注意之区而法越之于昆明较英缅为迩其消息之传亦较英为灵捷英惧法人在滇利权独握多所设施故不得不亟亟先通此线滇缅之线通滇省一举一动印度总督遂了如指掌朝闻一事夕可交涉于燕京矣

续 表

约 名	时 地	代表者	原 委	约 款 纲 要	附 说
中缅条约附款	光绪二十三年正月 西一八九七年 北京	清总理衙门王大臣 英驻华公使玛德纳特	因二十一年与法立约所让江洪界内之地与二十年中英订立之缅甸条约相违彼此和商增改原订条约遂立此约	共十九条要目(一)(二)(三)定各段界线其三角地一段英认为中国地永租于英载明第二条中(五)孟连及湄江两岸江洪地未与英议定前仍不得让与他国(十三)英领事官改驻腾越或顺宁府并准英在思茅设领事官附专条一梧州三水江根墟开为口岸并准驻领事官又江门甘竹肇庆德庆四处开为停泊上下客商货物之口英以腾越驻领请设官收税二十八年与订腾越关试办章程十五款	中日战后各国并有争心二十年滇缅之约英屈于曾使前议降心相从固知其未有惬志是年适法国要索滇边英乃得借端以逞其欲不独前议第一第二第三等款界线多所移易即北丹泥及科干两地所谓永归中国者亦改为英属矣至西江通商由江门甘竹肇庆德庆达梧州沿途上下客货与扬子江一例乃得大遂所欲盖我所重者在界务彼所急者在通商挟我之所重以要彼之所急中朝大官遂不得不委曲以从矣
协商扬子江沿岸不割让与他国之约	光绪二十四年正月二十日 西一八九八年二月十一日 北京	清总理衙门王大臣 英驻京公使玛德纳特	英国以俄国势力在中土膨胀日甚而扬子江沿岸区域于其商业上有重要关系因于光绪二十四年正月十八日由公使玛德纳特照会总署请声明此一带地方不得租让他国由总署照复答允	凡四款(一)扬子江沿岸各省之土地不得租借割让与他国(二)开放内河(三)二年后开长沙为口岸(四)中国总税务司永久雇聘英国人	此虽名为协商实英国强迫我承认之要求也以长江为其势力范围而西连藏印气脉相通故英之势力独厚而压迫中国亦最甚第四款我国贪一时税收之盈余误信外人为可靠隐隐之中已将财政大权归之于英如今之总税务司我政府固视为命脉之所托也

续 表

约 名	时 地	代表者	原 委	约 款 纲 要	附 说
香港界址专条	光绪二十四年四月二十一日 西一八九八年六月初九日 北京	清大学士李鸿章 尚书许应骙 英公使玛德纳特	因法租广州湾英为保卫香港计请展拓界址遂有是约	共一条展拓英界俟勘明再划定以九十九年为限期　九龙城华员仍各司其事划出码头一区以为中国船只停泊官民行走之所	按英法两国逼处南洋其势不能相下光绪十一年法方规取越南英即略有缅甸是年法方议租雷州之广州湾英即议开拓香港后面之九龙地方其赴机迅速固由两国势均力敌不肯相让而既剪灭我藩属复蚕食我海疆中国竟不能出一言以抗者何哉盖自甲午一役为日本所挫创巨痛深当局惮于轻开边衅不惜隐忍图存外人更有以窥我之虚实即不妨肆意要求世变愈亟因应愈难以视咸同两朝情势又不同矣
租威海卫专条	光绪二十四年五月十三日 西一八九八年七月初一日 北京	清庆亲王 清尚书廖寿恒 英公使玛德纳特	因俄租旅大英以保卫东方商务为言请租借山东之威海停泊兵舰因立是约	共一条　以刘公岛并在威海湾之群岛及威海全湾沿岸以内十英里之地租与英国威海卫城墙以内仍由中国自行管理又所租于英国之水面中国兵船无论在局内局外仍可享用	威海卫属山东登州北与奉天之旅顺隔海相对为渤海要隘入天津第二门户中间岛屿沙线纵横错杂宜乎为海军重镇也乃经营甫著成效甲午一役为日本占据向所倚以御敌者今反为敌所扼借寇兵而资盗粮未有若此之甚者也既借手邻邦归我汶阳亟当力图规复庶有辞以拒俄之索旅顺即英亦不能借端以要我威海乃计不出此悉以资敌从此强寇当关主客异形出入咸有戒心矣
香港英新租界合同	光绪二十五年二月初八日	清委员王存善 英骆辅政司	按照上年所定展拓香港界址	一条北界始于大鹏湾英国东经线一百十四度三十分界线所经共	按此约订后粤督陶模以各海湾潮涨能到之处与深圳全河至北岸潮涨能

续 表

约 名	时 地	代表者	原 委	约 款 纲 要	附 说
	西一八九九年三月十九日 香港		专条两国派员将详细界线勘明画定因订此约	立五木桩其东西南三面界线均如专约所载大屿山岛令归界内大鹏深圳两湾之水亦归租界之内　附光绪二十七年英领事照会一声明香港政府之意但以英权可至各海湾潮涨能到之处与租界内之深圳河至陆界相接之处	到之处为英权所可至语太宽泛曾咨明总署与华岸毗连者应以沿湾水尽见岸之处为界其划归租界内之深圳河则以北岸为界所有与大鹏深圳两湾及租界内之深圳河毗连各河港俱以口门左右两岸相对直线为界
续议通商行船条约即通商新约	光绪二十八年八月 西一九〇二年九月 上海	清尚书吕海寰 清侍郎盛宣怀 英使马凯	光绪二十七年七月会议和约第十款内中国允将通商行船各条约内应行商改之处与各国议商兹先与英国议定立约	共十六款要目(一)存票改归海关发给(八)中国旧设厘卡一律裁撤常关仍旧并准沿海沿边通商各岸添设常关惟内地常关只准移建不准添设又洋货进口税于切实值百抽五外再加一倍半之数以抵裁撤各款又长沙万县安庆江门惠州俱开作通商口岸　附件六(甲)第一关税平色第二行用中国银币事宜(乙)第一第二第三于加税内拨补向来厘金应拨用款(丙)内港行轮新章	国际公法凡条约有碍他国主权者不能强其必行今厘捐征税中国之主权也乃于免厘加税一节断断争讼强我必行是何为者况西人征商之令既税之于合伙又税之于出入货又税之于发收银钱又税之于赢利其烦苛且十倍中国而独于中国之厘捐若必欲去之然后快又何为者毋亦徒徇彼国商人之请而不暇为与国计利害并公法亦不顾欤盖我国辛丑以后国势阽危几有鱼烂之变视甲午一役殆加甚焉亦惟有任客所为而已
会订保工章程	光绪三十年三月二十八日 西一九〇四年五月十三日 伦敦	清出使英国大臣张德彝 英外部大臣侯爵澜斯垱	咸丰十年中英条约第五款内有华民赴英属承工中国大使应时与英使查照各	共十五款要目(一)英属或归英保护之地须招工时由英使照会中国政府立饬指明之通商口岸地方官竭力设法(二)关道应委派稽查保工事宜委员会同英员办理(三)	按中国海禁既弛沿海人民多有流入外洋为佣工者南洋群岛菲律宾群岛南非洲等处无不有华工之迹而外人乐其性耐劳苦工值低廉辗转招致内地奸商至有猪仔之贩虽悬厉禁曾不稍戢然华工

续 表

约 名	时 地	代表者	原 委	约 款 纲 要	附 说
			口地方情形会定保全华工章程等语至是年驻英使臣张德彝闻英于南非新属亟欲招工开矿因商准外务部援前咸丰十年中英条约第五款订此专章	招工所及需用房屋之设立处所(四)雇工条款之贴示招工名册之登载及年未二十年者之限制与医生之验看(五)载运华工之船另附章程(六)中国可派领事官赴华工所至处照料保护(七)合同中应详载各条由本工人画押(九)华工所在处应添派专员使得有公堂伸诉之权利(十)华工得享有邮政利便(十一)华工因期满或他故回国须实在送回不得付银作抵(十二)工主非与该工商允不得将该工拨归他主(十三)交付中国政费银例附载运华工船只章程并摘钞章程内援用之印工出洋条例均关华工卫生事宜	勤朴仅利业主暂种工人大受影响排华之倡风靡一时而我国侨民遂罹穷劫嗣我国得侨民吁告据约与争订立保护章程并派兵船游弋南洋于是侨民始有一线生机之望弱国之民动遭欺侮堕渊加膝坐听诸人可以慨矣
修订藏印条约附英藏条约	光绪三十二年四月初四日 西一九〇六年四月二十七日 北京	清外务部左侍郎唐绍仪 英驻京公使萨道义	光绪三十年英人借藏人违约为名派兵入西藏达赖遁逃即由英将荣赫鹏与噶尔丹寺长等订立英藏条约十款嗣以我主权所在	共六条要目(一)光绪三十年英藏所订条约附入本约内彼此允认遵守遇有应行设法之时彼此设法办理(二)英国允不占并藏境及干涉其政权中国亦允不准他外国干涉藏境及其内治(三)英藏约内第九款第四节所载各权利除中国独能享受外不许他国及其人民享受惟该约	西藏者欧美人所称世界秘密地也除服属中国外自昔未尝与大地诸国通我国前此之待藩属率用羁縻政策惟西藏则兵权财权皆我绾之盖与各国之待直辖殖民地者略同较朝鲜安南诸国迥不侔也虽然我国政治向主放任其在腹地犹且听民之自为矧乃藩属加以驻藏各臣未尝人才是择暗昧恣睢致令藏民亵视者非

续 表

约 名	时 地	代表者	原 委	约 款 纲 要	附 说
			特派唐绍仪与英使磋议乃于是年另立藏印条约而以英藏所立者为附约焉	第二款指明之各商埠英国得有设线通电印度之利益(四)光绪十六十九年中英所定藏印条约如与本约及附约无背者概仍施行附英藏条约十条要目节录㊀西藏允照光绪十六年中英之约于所定哲孟雄与西藏边界建立界石㊁江孜噶大克及亚东即开商埠所有十九年中英约内关涉亚东各款江噶两处一律施行㊂光绪十九年中英条约所有更改之处英藏各另派员会议㊃西藏允除税课外概免各项征收㊄自印度边界至江噶各通道不得阻碍所设商埠各派藏员居住并办理收送文书事宜英亦派员监管商务㊅西藏赔补英国兵费等卢比银七百五十万元分七十五年缴清(此款后经印督允减)㊆英国暂于春丕驻兵至赔款缴清及各商埠开妥三年后撤回㊇自印度边界至江孜拉萨之炮台山塞西藏允一律削平并将滞碍通道之武备撤去㊈西藏允定下列五事非先经英国照允不能举办(1)土地之典让于外国(2)外国干涉藏内事宜(3)外国派员或代理人进入藏境	一日矣徒以四境交通窒塞如蛙处井不复知天地之大故亦习而安之清末为世界大势所迫秘幕悉开藏乃多事而凿西藏浑沌者厥惟英国英人自并印度统治权后侵略之轨以次北进至清光绪十二年因哲孟雄界务始与我结印藏条约十九年后结印藏通商条约英人染指于藏自此始光绪二十九年英人乘日俄战事之时利俄之不能援藏乃借口于通商条约不能实行竟率兵以侵藏八月而陷拉萨遂以三十年七月与达赖结英藏条约乃中政府于事前置若罔闻直至草约告成始思补救已无及矣其后遣唐绍仪以专使赴印谋废此约争之又久迄无成议卒以三十二年更定此约竟举三十年之印藏条约悉承认之后此之祸实斯役之余波也按光绪三十年之英藏条约酷似光绪二年之日韩条约光绪三十二年之此约酷似光绪十一年之天津条约朝鲜私与日本结约为后次失韩张本西藏私与英国结约亦将为失西藏张本天津条约明认朝鲜为中日共同之保护国为后次失朝鲜张本此约虽有英人不得干涉西藏内政之条视津约稍优然亦正以为后日西藏为中英公同保护国伏线在四

续 表

约 名	时 地	代表者	原 委	约 款 纲 要	附 说
				(4)以路矿电线或别项利权使外国及其民人享受(5)以各进款或货物金钱给与外国及民人抵押拨兑附印督更订批准文据㊉印督允将西藏赔款减为卢比银二百五十万元并声明赔款初缴三年后春丕兵可撤退惟各商埠须按照第七款开妥三年并约内各节一一遵办	十年前我国人既不知有国际法更不知保护国之性质其坐视韩人生心外向固无足深责至光绪三十年则覆辙所经亦既至再至三使当英兵入藏之八月间以一介之使明主权之所在则何至焦头烂额以有今日虽云强权时代无公理之可言然较默尔而息坐以待亡者固较胜一筹是则当局误国之罪擢发难数矣
藏印通商章程	光绪三十四年 西历一九〇八年 印度	清全权大臣张荫棠 西藏噶布伦汪曲结布 英全权大臣韦礼敦	按照光绪三十二年所订藏印条约第一款有将附约各节随时设法办理等语又附约第三款有将十九年中英条约另行酌改等语会订此章	共十五条要目(一)光绪十九年章程与此次无背者仍应照行(二)定江孜商埠全地界线(三)商埠归中国督饬藏官管理(四)定彼此人民诉讼及追债犯罪惩办法(五)西藏法律改良英国允弃治外法权(八)保护英国邮递夫役(九)英国官民不得擅出商埠以外及绕入内地(十)巡警局地方官缉惩劫盗不任偿失(十一)安设危险物之限制(十二)中国巡警办妥英国即撤回卫队又印藏	此条约除中英两方签押外西藏噶布伦随同画押实开三方并列先例藏局又为一变厥后英藏之交涉日紧而政府以有英藏之约益臻艰困盖英人于藏务刻未去怀其布置亦逐渐周密巧取豪夺有隙即乘自光绪十三年而十九年三十年三十二年三十四年虽屡结条约然至今藏事未能解决盖藏地拊印度之背东通巴蜀西接强俄英为均势起见亦正未能放弃也宣统二年政府派兵入藏革去达赖名号英国借口与邻邦关切往复诘责鼎革之际又起干涉之局无限纷纠至

续 表

约 名	时 地	代表者	原 委	约 款 纲 要	附 说
				人民往来居住权利相等	今未结苟不急为足兵之计为固圉之谋西藏前途未可乐观也
禁烟条件	宣统三年四月初十日 西一九一一年五月八日 北京	清外务部尚书邹嘉来 英驻京公使朱迩典	按照前三年中英订定之法三年中如中国能减种英允将印药减运一成十年减尽至本年英国承认中国减种有效遂接续施行故订是约	共十条(一)自是年西正月起至七年减尽(二)如不到七年中土绝种印土亦停运(三)各省有绝种兼不运他省土药者印土亦停运惟广州上海为最后(四)限内派员会同英员考查减种情形(五)中员得至印度查视装箱(六)如中国土税划一印药亦加税厘至每箱三百五十两(七)此约行后中国应将广东等省印药之限制及他项税捐一律销除又印土厘税一次完清后进口岸全免他项税捐此两节中有不照行则英可将此条件或停或废	禁烟之举英廷本非所愿徒以内迫于议院外制于邻邦公论人道难于违拒不得已乃始为此逐渐减少之议盖印度政费半赖是出且以几经争战辛苦所得之利一旦放弃其情亦自有不甘也
沪宁铁路借款合同	光绪二十九年 西一九〇三年 上海	清督办铁路大臣盛宣怀 英银公司	光绪二十四年英国驻京公使述其政府之意自沪至宁铁路必欲令怡和承办当由外务部饬由铁路总公司相机筹办经	共二十五条(一)英国银公司允代中国铁路公司筹借金镑三百二十五万镑发售小票实取九折周年五厘息每半年结付一次借款以五十年为期(二)华员可任路事路工尽用华人无论干支各路其路图工价均须督办核准(三)以淞沪已成铁路及本路产业为	此约大为世所诟病江苏人尤攘臂争之然其实害尤非尽在镑折也尝闻诸典路事者言沪宁管理处办事五人例派中员二人洋员二人洋总工程师一人每遇议事洋人必占多数故中员无论如何热心公益而临场决不能通过夫借外款以造路而管理处中西各派办事二员是亦至当不易之规则无待

续 表

约 名	时 地	代表者	原 委	约 款 纲 要	附 说
			盛宣怀与怡和兼代汇丰之英国银公司磋议立草约二十五条并派员会勘路线会英以特战我以拳乱彼此迁延未议正约至二十八年七月银公司公举上海总领事璧利南来议详细合同由盛宣怀张之洞与订此合同	抵押品(四)借款按工程进境分次交纳(五)发售小票之规定(六)铁路办事人员之规定(七)声明凡购标界以外之地所需地价银公司亦可借垫年息六厘(九)购用材料银公司每百得五为酬劳惟湖北铁及中国材料须尽先购(十)经过各省文武官竭力保护(十一)路设电线电话惟不得侵电局之权利(十二)铁路余利以五分之一(即每百抽二十)归银公司(十四)材料准免厘税或别路优于此路此路应一体均沾(十五)银行经理二毫半用钱每万镑得二十五镑(十七)银公司权柄可交他人承接惟不得交与他国人亦不准他人再造并行线(十八)全路五年竣工倘有意外事故路工亦可展期(十九)行车脚价由车务总管核准倘遇赈饥运兵等事应尽先载运(二十)铁路公司于十二年半之前将小票取赎每张给价一百二镑半若在十二年半以后则照每张一百镑交价(二十一)如银公司于未售小票以前先垫款项其利息总不得	乎深究者也乃已堕其术中而不自觉呜呼可不惧哉

续 表

约 名	时 地	代表者	原 委	约 款 纲 要	附 说
				逾长年六厘之数(二十三)淞沪铁路价值作上海规银一百万两一经银公司备银交与总公司该铁路即应转交沪宁管理(二十五)此约五分总公司外交部北京路矿总局英国公使银公司各存一分以英文为准	

(三) 美 国

约 名	时 地	代表者	原 委	约 款 纲 要	附 说
中美通商条约	道光二十四年五月十八日 西一八四四年七月初三日 澳门	两广总督耆英 美使柯身	道光二十二年英人在江宁立约美人赴粤因英人以请耆英援案入告许之因立是约	共三十四款其要目(一)利益均沾(三)广州福州厦门宁波上海五口通商居住(四)五口各驻领事官并定与华官往来体制(五至十三)定完税纳钞进口出口起货下货驳货各例(十四)废官设公行任便交易(十五至十八)定中美人民彼此拖欠诓骗斗殴词讼办法(十九)定货物转运例(二十八)定互交逃犯例	道光十九年英人因鸦片烟开衅美人从中排解未协至二十二年白门和约成美亦援案立约后此之役美虽阳为中国排解实则阴为英法规画以收渔人之利为其可援利益均沾之条也论者谓美人与欧洲各国不同但冀互市而非欲略取土地岂其然乎彼檀香山菲律宾何为而属美哉此约多援照英约无甚改易至咸丰八年遂有添设口岸之请矣

续 表

约 名	时 地	代表者	原 委	约 款 纲 要	附 说
天津条约	咸丰八年五月初八日 西一八五八年六月十八日 天津	大学士桂良 尚书花沙纳 美使列卫廉	英法联兵北上事平议和美亦遂有是约	共三十款其要目(五)定美国大臣进京各例(十四)前开五口与嗣后准开港口市镇均准居住贸易(二十九)保护教民余均与中美通商条约同惟前后稍有参差 又税则一册与英奥比丹等国同与法葡意等国权度名略异又通商章程善后条约十款定准进出口及不准进出口各货并定纳税钞及不应纳税钞各例与英法同时所订及德十一年所订同	按是约第五条美使臣进京议事每年不得逾一次而第六条又谓嗣后如允准别国驻京其久暂应准一律照办则明知各国必有是约预为后来久驻地步也其十五条所载贸易纳税各项下又添倘别国有更改者即应一体均同又第三十条载如他国有关涉贸易通商等事为此约所无者亦应一体均沾固预知后来英法所请必有更进于是者设词愈巧垄断愈工中国始无幸免之术危机所伏已在数十年前矣
续增条约	同治七年六月初九日 西一八六八年七月二十八日 美华盛顿	钦差蒲安臣(美人)大臣志刚大臣孙家谷 美大臣徐	是年中国特派美人蒲安臣及中国大员出洋遍历美英法俄葡瑞丹荷等国游历在他国仅有文牍讨论惟与美国特立此约	共八条(一)美国与他国失和不得在中国洋面夺货劫人(二)除原定贸易章程外与美商另开贸易之路皆由中国作主(三)中国派领事驻美通商各口(四)中美奉教各异两国不得稍有屈抑(五)两国人民互相往来游历不得用法勉强招致(六)两国人民互相居住照相待最优之国利益均沾(七)两国人民往来游学照最优之国优待并指定外国所居之地互设学堂(八)美国声明并无干预中国内治之权	曾国藩鉴于道咸间条约失利由于不识外情建议派员游历欧美各国并挟外人蒲安臣等俱往借觇敌情如第一条申明领海公法及租界管理权则占据海口匿庇逃人之弊不杜自绝二条明定通商行船主权则路矿轮电诸利外人自无从觊觎三四五条派驻领事保护华工则海外侨民何致无辜被虐七条筹备生徒游学以广艺术八条豫杜干预内政以尊主权惩前毖后虑远思深观于季世诸臣之覆餗益叹老成谋国已烛照于先机也

续　表

约　名	时　地	代表者	原　委	约　款　纲　要	附　　说
北京续修条约	光绪六年十月十五日 西一八八〇年十一月十七日 北京	大学士宝鋆 尚书李鸿藻 美使师腓德 安吉立 笛锐克	咸丰时华人赴美佣工皆聚于旧金山后其地日益繁富美国东部及欧洲工人争赴之嫉华工分利始提议限制故订是约	共四款(一)华工续往美国酌定人数年数可限制进口不得凌虐(二)中国商民如传教学习贸易游历人等兼已在美各处华工均听其往来自便俾受优待各国最厚利益(三)如有偶受他人欺侮美国应尽力保护(四)美国按照所定各款妥立章程知照中国如有与中国商民不便两国可互相妥议	按同治七年续约第四条中国人在美国不得因异教稍有屈抑苛待第五条两国人民互相来往或贸易或久居得以自由第六条中国人至美国或经历各处或常行居住必照相待最优之国所得利益总理衙门谓其独无华工字样然中国至美国实佣工居多其意固专为华工发也是年美使来华虽拟整理限制禁止三项办法其意盖专注禁止一层中国仅予以限制办法亦照同治七年续约略与通融夫所谓限制者谓酌定进口人数与作工年数而往来自便优待利益固犹仍曩例也乃美人一切限制之于新来华工甚至加以拘囚继以审问种种苛待变本加厉于原来华工居者有驻册之例行者有给照之例并有已给执照归国重来者关吏辄谓不足凭强行驳回盖其意非但阻后去之华工并欲尽逐原住之华工遂不恤悖约凌虐至此呜呼美人来华者稍一受损则动遭诘责吾人在彼者则备受逼迫而不能据约以争夫亦最不平之事矣

续 表

约 名	时 地	代表者	原 委	约 款 纲 要	附 说
另立条款	光绪六年十月十五日 西一八八〇年十一月十七日 北京	大学士宝鋆 尚书李鸿藻 美使师腓德 安吉立 笛锐克	因前约有未备之处两国大臣公同商酌另立条款附于条约之后	共四款要目(二)互禁商民不得贩运洋药至两国贸易(三)定彼此纳税钞例(四)诉讼办法	按此约与前约同时所订盖前约专为华人游历美国及保护华工而设此约则为通商贸易之事兼禁止洋药入口所订各条与各国无甚差异中间第三第四两款分别纳税审判各例中美两国对举尚无偏重不似道咸间立约但许彼国利益均沾而置中国失权损利于不顾也
续订华工条款	光绪二十年二月十一日 西一八九四年三月十七日 美华盛顿	驻美公使杨儒 美外务部总长葛礼山	因华工在美迭遭苛虐中国为保护旧工计愿自禁赴美新工乃定是约	共六条(一)自换约之日起限十年禁止华工赴美(二)定寓美华工由美回华由华回美例(三)官员传教学习游历诸华人前行赴美须有执照经美国公使领事签名呈验(四)别项华人及已在美华工除不准入美籍外美国照各国最优一体相待(五)准住美国华工须照例注册寓华美国人亦须造册报送中国政府(六)此约互换后以十年为期如期满彼此并不将停止限禁之意行文知照则限禁再展十年	按此约第三款结尾有云须遵守美国政府随时酌定章程由是二十四年檀香山二十八年菲律宾群岛先后属美均加入禁例其所谓随时酌定章程者苛例方日出不已异域侨民穷于呼吁甚可悯也
议续通商行船条约	光绪二十九年八月十八日 西一九〇三年十月初八日	尚书吕海寰 侍郎盛宣怀 美使康格 总领事	光绪二十七年会议和约第十一款内中国允将通商行船各	共十七条其要目(四)中国旧有厘卡一律裁撤常关如旧并在通商各口添设常关洋货进口除切实值百抽五外加一倍半之数	通商互市彼来我往其利害中外共之若夫征榷之政江河之利书版制造之物皆国家与人民共有之权不容外人参预者也此非徒主客殊势亦系内外

续 表

约 名	时 地	代表者	原 委	约 款 纲 要	附 说
	上海	古纳 商董希孟	条约内应行商改之处与各国议商因与美国续订此约	土货出口除切实值百抽五外加正税之半以抵裁撤各款（五）定中美商人进口货税则（六）定关栈票商标例（七）改修矿章（十）（十一）中美人民创制之物及版权两国给照保护（十二）内港行轮例又应在盛京奉天府及安东县由中国自开埠通商（十四）教士不得干预华官治理权（十五）中国律例如改修妥善美国即允弃其治外法权（十六）禁止吗啡鸦片入口 又附件三（一）鸦片盐斤任中国自行办理（二）常关由中国自设分关（三）声明第五款所言税则作为附表即指西一千九百二年九月六号上海所签押者　附照会一件照复一件声明第四款所云裁去中国内地厘卡系为免征行货起见允中国自行办理销场及出产税不得借此裁撤北京崇文门并各城门土货关税及左右翼牲畜房屋税	之大防乃以通商之故并征榷行船制造各事一切听外人之限制此岂初意所料及哉盖自甲午辛丑两遭挫败赔款则清偿无期外债则积重难返外人既得借口以干我政权我亦无辞以间执其口是时日俄虎视于东北英法鲸吞于西南德亦鹰瞵于东鲁美虽无利吾土地之心然援利益均沾之条为列强均势之举其情亦未肯多让也此约大略与英同其十四条教士不干政权十五条俟中国修改法律即弃其治外法权所言似尚近情夫在同治之时短垣未逾设遇交涉尚可据以诘难至于今日大防已溃彼亦逆知我无能为姑用此虚言以相市也有清一代之外交其流极至此可胜慨哉

续 表

约 名	时 地	代表者	原 委	约 款 纲 要	附 说
中美公断条约	光绪三十四年九月十四日 西一九〇八年十月八日 美华盛顿	清钦差大臣伍廷芳 美外部总长路特	和平会和解国际纷争约第四十条载有缔约各国可另订专约遇事归诸公断等语先由美使向我提议旋为美议院所阻未几美与英法已订此约故我亦踵而行之	共四条(一)定应付海牙公断院判结法(二)未付公断院之先两国应订特约(三)本约施行以五年为期	中美索敦睦谊专约之订自在意中惟此约画押在光绪三十四年批准在宣统元年国际成例以画押时期为条约纪年之据故仍以光绪纪年

(四)法 国

约 名	时 地	代表者	原 委	约 款 纲 要	附 说
中法修好条约	道光二十四年九月十三日 西历一八四四年十月二十四日 黄埔	清钦差大臣耆英 法全权公使孳拉克勒尼	鸦片战争之结果遂于白门定五口通商之约然法人未预也时耆英以相国督两粤法人赴焉请悉援英人例耆英许之遂订此约	共三十五条要目节录(二)法人在五口可任便居住贸易(三)法人货业中国官民不得欺凌强取(四)(五)法国得在五口派领事兵舰(六)(七)(八)法人贸易应照税则完纳中国不得索取规费法人亦不得走私违禁(十)中法商人如有彼此亏负诓骗应各由地方官领事出力追还惟不任赔(十一)进出口船可自雇引水(十三至二	白门条约在英人则为战争以后不无挟制有所假借与法人固无预也然则法人援例相要尽可从容与订完密条约乃闻雷色变竟不深求于是人瞰我馁有隙即乘咸丰八年竟启英法联军之祸天津约后驯是而多所要求矣履霜之渐可不慎哉

续 表

约 名	时 地	代表者	原 委	约 款 纲 要	附 说
				十二)法船进出口起运货物完纳钞税各项(二十三)法人得在五口租赁屋栈或租地自建并得建造礼拜堂医院学校善堂坟茔等项(二十四)法人得在五口居住附近处所散步(二十七)五口地方官应随在保护法人(二十八)中法人民民刑诉讼各归本国条例处断(二十九)法国人在五口地方自相争执或与他国人争执中国官吏无须过问(三十)(三十一)法船在中国洋遇盗遭损中国应任缉捕兼助拯救(三十二)中国与他国战时法船仍旧通行无阻	
天津和约	咸丰八年五月 西一八五八年 天津	清大学士桂良 尚书花沙纳 法男爵葛罗	英人于广州入城事屡要求不遂时中国有太平之乱英人欲乘势挟我会粤吏有捕亚罗船乘客事英责总督谢罪不应因启衅法帝好远略亦借口教士	共四十二款其要目(二)两国各派公使驻京(三)(四)公文往来式(六)琼州潮州台湾淡水登州江宁六口与已通商之广东福州厦门宁波上海五口通市无异(七)(八)准领执照至通商各岸及内地游历(十)准在通商各口建造礼拜堂及租屋造屋等事(十三)保护天主教士教民并在内地传教(十七至二十	法自道光二十二年英国白门议成即援英例五口通商故约首段有将前立和好贸易事宜复申明云云又因误杀教士一案列入补款后来每遇教案假端要索随事改约皆滥觞于此又按是年三月谕旨有云广东匪徒马子农在广西西林县犯案惩办该国疑为传教马神父致生嫌隙等因此案始末别无可证

续 表

约　名	时　地	代表者	原　委	约　款　纲　要	附　　说
			被难与英联盟北攻至是英法同时在津议和爰立是约	八)定船只进出口货物起下交纳钞饷及一切通商各项条件(二十九)定兵船在各口弹压商民及钤制水手例(三十一)中国与别国用兵不得止法贸易及与别国人交(三十四至三十八)中法人民彼此挟嫌或法人被中人凌辱匪徒陷害及商船在洋面被盗彼此欺负诓骗争斗各项办法又附补遗六款西林知县杀马神父革职永不准莅任索军费及所失各费银二百万两附税则一册照本约第九条内载因前订税则条款略有不便于本年十月在上海另订与葡意同与英美丹比奥权度略异附善后约十款定各货进出口分别准否及应否纳税各例与英美及德所订同	
续增条约	清咸丰十年九月十二日 西一八六〇年十月二十五日 北京	恭亲王奕䜣 法男爵葛罗	九年法及英美俄四国入都换约行至大沽为官军所阻兵衅复开十年法复与英合兵攻天津款议垂	共十款其要目(一)中国示意悔悟(四)议赔补银共八百万两(六)任军民习天主教(八)定天津及各地退兵期(九)定华工赴法及赴法各属例(十)凡船在一百五十吨以上者每吨钞银四钱不及者一钱于前	按是役法原与英合攻天津而法乃出而居间调停同享和约之利益盖白人纵横捭阖之术至精而又有强兵以盾其后嗣是凡有出而和解者皆其厚有取偿于我者也与其不审势之始终而崛强以开衅赖人之排难解纷以了和局毋宁最初稍餍其欲以

续 表

约 名	时 地	代表者	原 委	约 款 纲 要	附 说
			定英人因巴夏里被执将渝盟法居间排解乃订是约	约所开通商各口外又开天津一口	杀其势之为愈哉呜呼外交
更定法国商船完纳船钞章程	同治四年七月 西一八六五年 北京	总理衙门王大臣 法使伯洛内	因法船纳钞与英国章程未能一律特议改定	船在一百五十吨以上者每吨纳钞银四钱不及者一钱按四月纳钞一次法商雇赁中国船艇亦照此办理津约第二十二款作废	按通商各国只有俄国鸭绿江行船未载船钞其余凡通商行船之约无不载明船钞之数均系在一百五十吨以上者每吨纳钞银四钱一百五十吨以下者每吨纳钞银一钱惟有法国戊午天津和约第二十二款系船在一百五十吨者每吨钞银五钱不及一百五十吨者每吨钞银一钱及道光二十七年瑞典挪威国通商条约第六款系一百五十吨以上者每吨钞银五钱不及一百五十吨者每吨钞银一钱其余英美德丹荷日斯巴比葡意奥日本秘巴无不列于一百五十吨以上每吨四钱之例者此次更改法约以归划一并载明法人雇赁中国船艇亦按四个月纳钞一次将戊午和约二十二款之末法人雇赁中国船艇不输船钞之语作废当矣而条文谓戊午和约第二十二款内有错载之字样殊可嗤煌煌约章岂容有误字瑞挪两国庸亦笔误乎其后光绪二十七年辛丑和约附件第十七之第三十款载非

续 表

约 名	时 地	代表者	原 委	约 款 纲 要	附 说
					中国式样船只数目逾一百五十吨者进出上海吴淞及黄浦之各地口岸均按每吨抽钞银五分不及一百五十吨者抽以上所言钞银四分之一每船无论进口若干次每月抽收一次虽非所论于商船而言船钞之数愈密而愈巧矣
中法新约一名会订安南条约	光绪十一年四月二十七日西一八八五年六月初九日天津	大学士李鸿章 都统锡珍 鸿胪寺卿邓承修 法使巴特纳	法侵越南我师援之法水师因扰我边疆毁我福建船政局又夺我基隆澎湖我桂省陆将冯子材与黑旗刘永福大败法军于镇南关遂复谅山谋进规安南而税务司赫德与英使执调停之任至是在天津议和因立是约	五十款要目(一)边界毗连各地中法两国自行弭乱安抚匪党流民设法解散法兵永不过北圻中国亦不派兵赴北圻(二)中国承认安南为法之保护国(三)六个月后勘定北圻界务(四)法人民欲过界入中国应由法请华官给照华人由中国入北圻准此(五)保胜以上谅山以北应指定通商二处法商均可居住中国可设关收税中法均得设领事官(六)货物进出滇桂边界照现在税则减轻(九)约定法兵即退出基隆澎湖	安南为我属国自古已然法安西贡条约蔑视我之宗主权已甚而政府不能竭力抗争驯致黑旗宣战法军炮击河内李鸿章曾纪泽先后与立和约精神上认安南为中法两国保护让步已多而法人犹不惬意务以侵略为政策以致中法争战数年互见胜负嗣我兵大捷于谅山法始悔祸立约而我反承认安南为法之保护国虽议约者不得辞其咎亦积弱之夫猝难自振者欤呜呼外交失败于斯已极矣此约大致不外保教通商剿除北圻土匪另订中法边界厥后商务界务累次议订约章皆以此约为底本也
安南边界通商章程	光绪十二年三月二十二日西一八八六年四月	大学士李鸿章 法全权戈可当 帮办卜法	照天津新约第六款内开陆路通商章程两国派员	共十九款(一)中国在河内海防设领事在北圻他处各城续派领事(四)越南各地听华人租地建屋设行栈	按中国通商之始未谙各国情形所定税则进出口一律此约第六七款进口税重出口税轻冀滇桂土货可以畅销并为将来修

续 表

约 名	时 地	代表者	原 委	约 款 纲 要	附 说
	天津	德	会议至是议妥另立条款	中国待法人亦然(五)定给照过界例(六至十五)定准出口不准出口应纳税不应纳税例(十六)华商在越南赋税讼案照法国相待最优国之例并定会审(十七)互交逃犯附照会照复(一)北圻续设领事目前暂缓(一)中国在河内海防设领事之时法国始可于滇桂照设(一)龙州蒙自准法国设领事惟不设租界	改税则之本又洋人自用各物免税必须数目无多若入内地照章征收此皆补救旧约之要端至此约陆路通商酌减税项专指滇桂两省边关而言第六款声明与通商各口无涉所以预防亏损
续议界务专约	光绪十三年五月初六日 西一八八七年六月二十六日 北京	庆郡王奕劻 侍郎孙毓汶 法使恭思当	查照光绪十一年四月二十七日中法新约内第三款末所载改正界址因立此约	共五条要目(三)芒街以东及东北一带均归中国至海中各岛照两国勘界大臣所画红线向南接画此线正过茶古社东边山头线以东归中国线以西海中九头山及各小岛归越南(四)(五)画定滇越边界安设界碑	按安南全境三十省顺化都城在常春省富春以北以广治省广平道为左圻其河静乂安宁平清化南定兴安河内海阳北宁广安谅山太原高平山西兴化宣光十六省为北圻富春以南以广南省广义道为右圻而南圻九省中有嘉定边和定祥永隆安江河仙六省已为法人所踞设西贡总督治之惟广和富平安顺三省尚属越南南圻所存不过三分之一耳惟北圻境壤绵广富良江以北之山西太原谅山高平北宁宣光海阳等省皆中国十余年来出师所戡定之地法人知保胜北圻数省为中国权力所定欲在红江中间划定界限

续 表

约 名	时 地	代表者	原 委	约 款 纲 要	附 说
					北归中国南归法国盖仅曰北圻则北圻以南如顺化都城均非所保矣所谓红江即富良江法人以经营富良江商路之故北圻以南之地固不欲尽让于我富良江以北之地不及北圻之半割与中国巡查保护不过越南之地百分之一耳法人因有基隆谅山之败始于十一年四月会订越南和约因中国既许在保胜以上谅山以北设关通商始订十二年三月越南边界通商条款盖法人之经营越南也叠次用兵将官之更换者三数人频年议约使臣之撤回者再遣派专使之人又五六焉和约既订以后初派勘界为浦理燮仅由越南勘至平而两关东西三百余里而止后又改派狄隆弥汶争持不惟中国人民流寓之江平黄竹等处不肯归我即我粤兵按年巡哨之白龙尾向不属越之地亦将划去议不能决法使恭思当乃提议改十二年押定旧约许以广东边界白龙尾江平黄竹一带地方云南边界南丹山以北西至清水河一带地方悉数归我而要求广西开龙州云南开蒙自并保胜至蒙自中间之蛮耗一并辟为商场税金沿陆路例减其常率于是乎有十三

续 表

约 名	时 地	代表者	原 委	约 款 纲 要	附 说
					年五月初六日续议界务专条五月二十八续议商务专条之约法人犹以其通商往来展拓兴旺之未尽也于是二十一年复议将猛峒山村各地改归中国而原约第五段龙膊寨起至黑江界线旧本由东北往西南改为西北偏北分水岭也平河也木起与打保河也南拱河也八宝河也广思河也南辣河也南马河也其间侵占为不少也黑江至湄江界线续行勘分而洪江界内遂又侵入于是乎有二十一年五月续议界务专条附章之设蒙自往保胜水道允通商之一处昔议蛮耗今改河口而又加入思茅于是通商分为四处复垄断铁路矿厂及孟阿茔与思茅电线之权于是乎有二十一年五月续议商务专条附章之文法既划界由越南而侵入内地逾年而英人之责让以起中缅条约之附款以生则续订专条附章之旁响也综观是约之初终中国所号称熟于外情之名流曾纪泽薛福成辈均谓外人所亟欲者通商而可稍事通融者界务我不妨概许以通商设关之利因以换疆圉划定边埵展拓之益故一时有先定分界再筹通商之语通商不必大阻边兵不

续 表

约 名	时 地	代表者	原 委	约 款 纲 要	附 说
					可遽撤之谋几成为当时中国外交家之名论此越南结订界务专条时庆郡王孙毓汶所谓岑毓英前奏有蒙自为通商要津之语张之洞李秉衡有龙州开关设镇道之筹李鸿章谓收粮税课未为非计之决议比附而观一时之名公巨卿孰非以此为审顾曲当踌蹰无遗者乎抑知我以此挟持为饵縻外人计者彼外人亦既审悉我谋而别思所以处我约议忽拒忽迎使臣忽此忽彼此则划界之约不妨为条文上之应允而划定既需延以岁月则通商口岸早开苟于彼稍有未尽便益不数年而修改之要求以起修改之不时附款之添设皆外人侵我土宇之胜算朝三暮四其暂以划归我者皆其寄诸外府而厚有责偿于我者也观于安南界务续约章奏中谓除自龙尾外系像旧隶安南之地今皆收归中国及英人骤得缅甸愿让中国展拓边界以南掌掸人听归我属而卒之英人之亡缅甸与法之食越南而侵人内境无异以是知以通商挟彼划界之谋我固不为无策而彼之欲取先予渔夺侵牟犹为巧之又巧矣

续 表

约 名	时 地	代表者	原 委	约 款 纲 要	附 说
协商琼州不割让租借于他国文	清光绪二十三年三月十三日 西一八九七年 北京	清总理衙门王大臣 驻京法公使伊穆哲拉	因法公使有将海南岛(即琼州)不割让租借于他国之请特此照复	一条照复琼州为中国领土决不致有割让及租借于他国之事	土地为立国之本亦为有国者之特权断不容他人侵越中国反是通商辟埠租借各口为所欲为甚至各就于注意之区明为订约以防他国分利我指一隅彼求一地他人疆域任情豆剖闽之台湾日人求焉长江沿岸英人订焉胶州为德之范围滇粤又法之势力文牒彰彰几同索券而我国政府曾不敢援据公法一为抗斥鱼之肉之唯唯受命推原祸始不能不归罪利益均沾之约也
协商邻接东京诸省不割让租借于他国文	清光绪二十四年三月二十日 西一八九八年 北京	清总理各国事务王大臣 法公使	因是年英结长江不割让与他国之约德结胶州湾租借之约俄结旅大租借之约日结福建不割让他国之约法以保均势为词要求四款我国承认二款	(一)中国与东京邻接广东广西云南诸省不割让租借于他国(二)自东京至云南府之铁道由法国筑造	自英人结长江之约各国纷纷效尤瓜分之端于此已见美国表面为和平计于是有开放中国门户之宣言至是列强利己主义之竞取一变而为统一合议之缓谋开中国为市场其保全依此
租借广州湾条约	光绪二十五年十月十四日 西一八九九年十一月十六日 广州湾	清提督苏元春 法提督克尔	先是二十四年法国向我要求四款内一款租借广州湾九十九年我国	共七款要目摘录(一)广州湾租与法国定期九十九年无碍中国自主之权(二)划定租界址界内水面均归租界管辖(四)租界内准法国驻兵筑	甲午战后中国自此多事而国几不国矣是约订立之年三月俄在旅顺勘分旅大租界八月韩国与我立和好通商约十月乃有法人以兵据广州湾迫划租界之事先是二十四年

续 表

约 名	时 地	代表者	原 委	约 款 纲 要	附 说
			虽大体承认之而区域与期限抗议不定形势几破裂忽法士官教士三名在遂溪被害法令提督克尔实行占据因订是约盖是时英方迫我开西江口岸法惧夺其权利遂积极谋之教士云云不过口实而已	炮台(七)准法国自雷州府属广州湾地方赤坎至安铺建造铁路电线	二月德以兵据胶州湾议定胶澳北面自阴岛东北角起至劳山湾南面自离齐山岛偏南之湾起至笛罗山及胶澳之内全海面至现在潮平之地暨笛罗炸连等岛屿全租予德国是年闰三月俄在圣彼得堡增立条约从辽东亚当湾之北起至皮子窝湾北尽处租界附近水面及陆地周围各岛归俄享用又从盖州河口起经岫岩城北至大洋河沿左岸至河口亦在隙地之内中国兵退出金州城用俄兵替代四月英公使议定展拓香港界址五月又定租威海卫专条刘公岛并在威海湾之群岛及威海全湾沿岸以内之地专归英国管辖以外在格林尼址之东沿海附近地方均可建筑炮台驻扎兵丁不仅迫我开西江口岸已也其他如苏州关梧州关杭州关早于二十二三年兴办而湖南岳州及福建三都澳均于是年开关秦皇岛亦于是年开设口岸广西之南宁府因英使谓实包括在西江口岸之内亦汲汲开为商埠盖情势之迫无过此时自此以往固绝无宁息岂独金陵关章程与胶州关章程见于二十五年已乎至以兵力迫胁先据奥区而始与言条约其条约犹可言哉犹可言哉

续 表

约 名	时 地	代表者	原 委	约 款 纲 要	附 说
会订滇越铁路条约	光绪二十九年九月初九日 西一九〇三年十月二十八日 北京	清总理外务部庆亲王 法驻京公使吕班	光绪二十四年法使吕班与总署往复照会商准由法国公司修造自越南边界至云南省城铁路是年乃由法国选定公司根据前项照会会订此约	共三十四条(一)铁路自河口抵蒙自或由蒙自附近至云南省城日后拟改须彼此商准(二至四)勘路绘图及交地购地各事(五)各项厂栈同时开工(六)铁轨宽一迈当(七)铁路经过地方不得损坏城垣公署(八九)购料及挖取沙石采伐林木各事(十)运路及暂时兴作工程各地用竣后即交还(十一)干路造成商接支路(十二)各执事凡须专门学者可用外国人余用中国人(十三四)工匠之招募管理及偿恤伤亡惩办犯罪各办法(十五)巡丁可募土民不得请派西兵(十六)洋员请给护照事(十八)租赁房屋事(十九)不得损及民人产业有则赔偿(二十)火药炸药之运制及防险(二十一二)运货纳税免税各例(二十三)收费减费免费各例(二十四)铁路不准载运交盐及西国兵械如中国有战事悉听调度(二十八)设专门学堂(二十九)设电线电话(三十一)滇省派员襄助公司(三十二)定公司补偿中国查看费各员来	按滇省毗连法越虽居边地实有倒絜中国之势西可以窥蜀藏北可以引长江东可以规两粤巘岭孔多孕宝尤富故法人于并越以后节节经营蒙自北圻早通电线益思由老开铁路直达昆明盖消息既灵调度斯速一旦有事则长驱直入足以扼我吭而制我命矣而况铁路所至即国权所至地宝孕藏尚可发其覆而囊括之此法人之所以亟亟也

续 表

约 名	时 地	代表者	原 委	约 款 纲 要	附 说
				往照料费(三十四)此路十八年期满中国可与法国商议收回	
(五) 瑞 典					
约 名	时 地	代表者	原 委	约 款 纲 要	附 说
广东条约	道光二十七年二月初四日 西一八四七年三月 广东	清两广总督耆英 瑞典使李利华	瑞典兼辖挪威是年遣使赴粤自比各国乞五口通商两广总督耆英为之请于朝允立是约	共三十三款要目(三)广州福州厦门宁波上海五口通商(四)设领事官(五至十四)定进出口货物交纳税钞及免纳税钞转口查验罚款驳货等例(十五)废广州官设洋行经理(十六至二十五)债项词讼控案办法(二十六)交逃犯例(二十七)定公文往来程式	按是时法美皆如英例五口通商未闻别立专约本约与英天津约相类较江宁约详略不同其删繁就简盖有视各大国稍示区别之处
中瑞通商条约	光绪三十四年六月初四日 西一九〇八年七月二日 北京	清外务部左侍郎联芳 瑞典驻京公使倭伦白	因欲坚定两国诚实永久之睦谊及推广两国通商事宜特订此约	共十七条要目(一)侨居人民身命财产互相保护(二)(三)互派使臣及领事官一切利益均照最优国相待领事应有驻扎国认许文凭(四)两国人民准互相贸易并准在通商地方工艺制造及租地造屋(五)两国进出口各税不得较最优待国加增(六)商船驶泊之自由及限制遭难船只之救护(七)定战时中立国商船办法	是约本道光二十七年条约更订多有改正其第十款所订较前约二十一款为详备第十二款民教处置亦尚持平

续 表

约 名	时 地	代表者	原 委	约 款 纲 要	附 说
				(八)兵船之待遇(九)两国人民游历例(十)诉讼审判归瑞典国派员讯断中国司法改良瑞典允弃治外法权(十一)互相交犯例(十二)民教相安事宜(十三)中瑞原有条约未因此约更改者仍旧照行两国许与他国之利益彼此应一体享受惟有专条者仍须互相酬报(十四)有约各国通行之事务规章与本约无背者一律遵守(十五)条约修改以十年为限	

(六)德 国

约 名	时 地	代表者	原 委	约 款 纲 要	附 说
天津条约	咸丰十一年七月二十八日 西一八六一年九月初二日 天津	清仓场侍郎崇纶大理寺少卿崇厚 德使斐悌理阿里丕艾 (一作艾林波一作迂爱纶布)	五口通商之后德意志于是年援英法例请立约	共四十二款要目(二)两国各派使臣驻京师准德国在各通商口设领事官(五)定往来文书式(六)广州潮州厦门福州宁波上海芝罘天津牛庄镇江九江汉口琼州台湾淡水等口照各国一律通商建屋及一切公所(八)准领照内地游历(十)保护教士(十一至二十九)定船只进出口货物起驳交纳	按订是约原奏有云艾林波来津乘我多事要请通商固不可稍示轻易使萌挟制之心亦不可拒之太严致生意外之虞与其许之于决裂之后不如牢笼于未事之先嗟乎是数语者诚得国际交涉审时度势之要者也凡事豫则立变激于逼迫仓皇何如先事容我以商量之余地乎是约较和约前车既未稍逸出恒轨而第五款载和约章程用中国文字并德

续 表

约 名	时 地	代表者	原 委	约 款 纲 要	附 说
				税钞及一切通商各项条例(三十)(三十一)定兵商船只进口修理及遇难救护各例(三十二)互交逃犯(三十三至三十九)中德人民因事控诉或德人被中国匪徒陷害及商船在洋面被盗彼此欺凌扰害各项办法(四十)利益均沾 附三汉谢城条款(一)律伯克百磊门昂布尔三汉谢城议事厅亦准自派领事至通商口岸办理本国事务 附税则一册与意法两国同与英美丹日本各国权度名略异 附通商章程善后条约十款定准进出口不准进出口各货并应纳税钞不应纳税钞各例与英美八年所立相同惟英美无另款 又另款一十年校订一次 关于商船捏报漏报之事十三款未经指明至同治七年总理衙门因行文声明经德政府承认准照通则罚办惟不得过五百两及续修条约成遂并入第三款第二节内	意志字样合写与咸丰八年英国天津和约第五十款所载暂时以汉文配送俟中国选派学生学习英文英语熟习即不用配送自今以后遇有文词辩论之处总以英文为正义者不同虽文字关系仪文之末然国书者国体攸关至互换国书而不能用其本国文字则国之所存者几希又法国咸丰八年天津条约第二十九款有大法国任凭派拨兵船在通商各口地方停泊等语此约除通商保护常例外尚无此等逾出范围之条文并添出不准商人作领事官及删改各条字句不一而足良以彼二约者成于战事赔偿逼迫之际而是约成于未破平和樽俎相冲之余也是时德虽不如英法之强然已后咸丰八年者三年矣彼独不能援前例乎其后光绪六年二月为十年期满换约之期德使巴兰德欲于大孤山开设口岸及内河行轮内地贸易等事要求不遂德使负气出都李鸿章在天津劝令回京嘱以和平商办卒之续约视此约固有增减亦仍无大逾越盖均以和平未致破裂则固有磋商余地也

续　表

约　名	时　地	代表者	原　委	约　款　纲　要	附　　说
续修条约	光绪六年二月二十一日 西一八八〇年三月三十一日 北京	清尚书沈桂芬 尚书景廉 德使巴兰德	查照咸丰十一年约已满十年酌定修增各款	共十款要目(一)除宜昌芜湖温州已开口岸大通安庆湖口武穴陆溪口沙市作为上下客货外德国商船准于吴淞口暂行停泊上下客货(二至六)定通商各项事例(八)中外官员审办交涉事件及商运洋货入内地洋商入内地买土货如何科征又中外官如何往来此三节应归另议 附续修善后章程九款吴淞课税防弊各口设栈泊船运货各例　附照会照复各一件夹板船停泊十四日外船钞减半先行试办	按德使原议洋货运入内地免厘为总署所拒实后来加税免厘之议所本又议土货改造别货亦经李鸿章议驳为日本马关约内地任便工艺制造之先声此约第八款云彼此妥商已留他日提议之地
续订条约又名胶州湾租借条约	光绪二十四年二月十四日 西一八九八年三月初六日 北京	清大学士李鸿章 协办大学士翁同龢 德使海靖	光绪甲午中日构衅德居间调停索报未遂二十三年冬山东曹州适有戕杀教士之事德遂乘势以兵据胶州湾旋订是约	凡三端共十款要目(一)胶澳租期以九十九年为限离胶澳四周百里内(中里)准德兵随时过调并划租界(二)铁路矿务等事(三)山东全省办事之法如路矿招工集资购料等应先尽德商承办如德商不愿可任凭中国另办	胶州湾为大小沽河胶莱南河合流入海之处口狭仅三四里水深八九拓外有群山环抱天然门户西人所称为屯军第一善港也此约因教案而强租土地已属蛮横至索及路矿则并地面地质之权而全界之矣德意犹未慊第三款招工集资购料等事谓应先尽德商试问置中国主权于何地此后路矿各约借何国之款即购何国之料皆此约为之滥觞也

续 表

约 名	时 地	代表者	原 委	约 款 纲 要	附 说
会订青岛设关征税办法	清光绪二十五年三月初八日 北京	清海关总税务司赫德 德驻京公使海靖	胶州既于光绪二十四年订约租借于德一切治理之权均德主之然究系租借而非割弃吾中国自主之虚名固仍在也设关征税理不可拒于是赫德援胶澳专条首端一款与德公司订此约焉	共二十条要目(一至三)青岛关税务司之应任德人(五至十三十八至十九)征收进出口货税之办法	设关征税我之主权任用关员何能干预乃总税务司系英人既有专用英人之要辞而青岛税司系德人又有专任德人条约盖各国之视中国殆如无物矣
续立青岛设关征税章程附件	清光绪二十五年三月初八日 西一八九九年 北京	清总税务司赫德 德驻京公使海靖(或作驻京大臣穆默)	因在青岛设关征税经德国允许并相助办理立此章程同时复订试办章程二十一条 从略	共六款要目(一)德国允中国在胶州青岛设关征税(二)无论华洋船行驶内港应领本国牌照并缴费纳钞(三)轮船往来青岛及内地须纳税厘非奉中国允准不得行驶不通商口岸(四)轮船遇进出口须报请领各单并呈验舱单(五)代中国运送邮信(六)德国允许襄助办理各事	青岛在胶州界内须商允德国方能设关征税则中国无自主之权可知矣夫德当二十四年租借胶澳其约章中第一款不尝云自主之权仍归中国乎今此章程第一款云德国允许中国在胶州青岛设关征税是设关之权仍操之德国竟与前约相背诚有不能索解者矣

续 表

约　名	时　地	代表者	原　委	约 款 纲 要	附　　说
山东胶济华德合办铁路章程	光绪二十六年 西一九〇〇年		按照光绪二十四年所订条约第二端第二款应设立德商华商胶济铁路公司特由两国会订此章	共二十八条(一)(二)招股设局各事(三)公司勘路由本省官绅会办勘定后经巡抚核准方得动工(四)不得阻碍民田水道及与生计有关之种种(五)不准妨损本省公基及防守各要害(九)购地丈量各事(十)(十一)(十二)赁屋买物及兑银各事(十三)除原指地段外不准另造枝路(十四)车站三里外外国人非有两国会印护照不得任便往来(十五)保护勘路西人(十六)保护勘定各地应由本省派兵不得用外国兵弁(十七)铁路不准他国人装运军械(十八)遇有本省赈务兵事尽先装载(十九)本省应征厘税公司应协防偷漏(二十一)定管束公司华人西人法(二十三)巡路工役之设置(二十四)因意外而伤损人物之赔恤(二十五)遇地方危险由华官知会火车立即停驶(二十六)铁路办成提余利十分之一为中国官兵薪饷未成之前出本省垫饷(二十七)东抚德租界	光绪三十年山东商务局与胶济公司订立由济南东关车站分路起接修至小清河南岸止叉路一段由商务局付银二万两交公司代造成后由公司每年贴银八百两将路租回应用等语是则虽有概不准另造枝路之约仍无实效矣盖名为代造实则路仍公司管理营业所入亦悉归于公司而商务局不过每年享其二万两之长年四厘行息而已

续 表

约　名	时　地	代表者	原　委	约 款 纲 要	附　　说
				大臣均有节制该公司之权(二十八)二十年后可将全路由本省公家收回其价按原值五分之一折付	
山东华德合办煤矿章程	光绪二十七年六月 西一九〇一年 山东	清记名副都统荫昌 山东巡抚袁世凯 德矿务总办米海里司米德	照光绪廿四年条约第二端第四款在铁路附近三十里内指定地段允德商开挖煤斤亦可由华商合股开采一节应设立山东华德煤矿公司特会订此章	共二十条(一)矿界限定铁路附近三十里内(二)设招股局(三)公司勘查开采等事应由本省官绅会办(四)应用地段总期无损民居或购或租会同特派员商办仍须绘图呈送东抚定夺以足敷应用为止(五)庙宇房屋树木坟茔均须绕避万不得已则给以相当之赔偿(六)城垒公基及防守要害不得妨损(七)宫庙园厂之下不准办矿(八)购地丈量纳课各事(十)勘查开采需兵保护应禀由东抚酌派不得擅用外兵(十一)(十二)买物赁屋各事(十三)工人不得滋扰地方违者严办(十四五)因矿务伤及人命物件田房等类须抚恤赔偿(十六)定稽查洋人及保护游历(十七)铁路附近三十里外非经东抚允准不准开矿三十里内除华人外只准德人开采华人已开之矿公司如欲购买应公平	按清光绪二十九年德使不允矿务公司纳出井税曾咨外部转咨东抚有胶澳铁路附近三十里内煤矿原订章程并无纳税之条目应照章无庸完纳出井税等语可见外人缜密稍有罅漏亦不肯轻易忽过也

续 表

约 名	时 地	代表者	原 委	约 款 纲 要	附 说
				议价不愿卖者作罢（十八）附近居民需煤准以廉价购买（十九）租界外地主大权仍操于东抚定管束公司华人西人法（二十）此矿局将来中国应如何购回应另议	
胶高撤兵善后条款	光绪三十一年十一月初二日 西一九〇五年十一月二十八日 山东	清山东巡抚杨士骧 德胶澳总督师	自胶澳租界条约成后德国屯驻胶高两境兵队迄未撤退至此允将驻兵撤回青岛特订此款	共五条（一）此件画押后胶州德兵即退（二）高密德兵分三期全行撤退（三）自画押之日起环界内铁路即归中国保护驻站之巡队至多以二百四十名为限派驻公所之巡队以一百名为限（四）德国在胶高所修兵房等各工程以实价四十万圆售归中国于两年四批交清（五）如德兵道经胶高暂住数日当于两礼拜前预先知会附工房卖契一	甲午一役日据辽东俄人阳为仗义结德法以抗日迫行交还中国彼于我固无厚焉第冀我之酬报而已故不逾时而俄租旅大德乃借教案而租胶澳由是而法租广州英租威海究之收回辽阳仍无实际转多弃地焉于以知引狼拒虎之策亦未为得矣
修订青岛设关征税条款	光绪三十一年 西一九〇五年 北京	清总税务司赫德 德使穆默	查照二十五年三月初八日会订征税办法修改	共八款要目节录（一）在租界内划定无税之域一区并提二成税津贴青岛租地（三）定免税例（四）定无税区域办法（五）制造厂之货在无税区域外征税应设法不使因无税区地所出之货而有所亏损（六）（七）两条行船及漏税走私办法	既经设关则进出口货物凡在青岛界内者皆应纳税乃又划出无税区域同在一地显分彼此适开奸商趋避之门而征税流弊有防不胜防者矣总之自甲午败衄之后外人有轻视中国之心沿海七省门户动为所占据中国遂无自主之权矣

续 表

(七) 葡 国					
约 名	时 地	代表者	原 委	约 款 纲 要	附 说
中葡通商条约	清同治元年 西一八六二年 天津	清侍郎恒祺 内阁学士崇厚 葡使基玛良士	葡人于咸丰七年即与西班牙来请立约政府拒之至是始订约	共五十四款(三)(四)两国优待秉权大臣(五至七)定公文照会式官员往来礼文(八)设领事官(九)中国派员驻澳门(十)广州潮州汕头厦门福州宁波上海天津牛庄镇江九江汉口琼州台湾登州淡水通商(十二)(十三)持照游历内地准各口居住造屋建堂(十五至十七)定两国属民控诉审讯追债例(十八至二十二)保护居民船只互交逃犯(二十三至四十九)定雇船纳钞完税进出口货给照免钞免税验货转口罚款例	是约虽已议定五十四款仍未互换至光绪十年法越之役葡人自谓无约之国可以不守局外之例十二年我与英人订立洋药厘税英人言澳私不缉香港无由稽征葡人仍以无约为解总税务司赫德乃拟草约四条派税务司往理斯波阿都城画押并促其遣使来华乃有十三年之约呜呼中葡通商已三百年一约之立必假外人之逼迫而后成之此何说也自道光二十九年葡哑吗嘞为澳民所杀借端全占澳地粤吏不问嗣是屡遣立约之使我以颟顸遇之至同治九年遂将澳门割让于时疆吏曾国荃谓宜与葡磋议于约内言明澳门界址俟勘明再定李鸿章谓葡侵澳地分原租久占新占未占四层趁此议约之时与以固有之利庶可绝其窥伺之谋张之洞吴大澂具奏澳界轇轕太多条约尚宜缓定界址宜早清厘综此诸说固群知澳界之不清侵占之日繁奈之何迁延数年不遣一使为之勘界订约而必俟外人之代为迫促而始与商订乎无惑乎同光以还边圉湾港日蹙国百里也

续 表

约名	时地	代表者	原委	约款纲要	附说
天津条约	光绪十三年十月十七日 西一八八七年十二月初一日 天津	清庆亲王 侍郎孙毓汶 葡使罗纱	同治元年之约议成后迄未互换至是因洋药缉私一案允其重申前议特定是约	共五十四款要目(二)葡人永居澳门界址俟派员会订再立专约(四)协助中国在澳门征收洋药税余与前约无甚差异附会议专约三款即议澳门洋药办法	
会订征收洋药税厘善后条款	光绪十三年十月十七日 西一八八七年十二月初一日 北京	清总税务司赫德 葡国参赞斌德乐	照光绪十三年新定通商条约之续定专条内将洋药自澳门运入中国如何办理一层由总理衙门派总税务司与葡参赞议定此条款	共四条(一)由总税务司发买洋药税单(二)照烟台续增专条办理(三)关巡或有扰骚税务司查断之(四)华船进出澳门完厘外不得多征另征	按光绪二十八年中葡增改条款葡国因襄助中国征收澳门出入口运入中国洋药税饷起见允于澳门设立分关一道办理稽征矣(光绪二十八年葡使提议展拓澳界经外务部磋议就通商事宜酌量增改成增改条约九款于光绪三十年新订商约时声明作废)
新订商约	清光绪三十年 西一九〇〇年 上海	清尚书吕海寰 侍郎盛宣怀 葡驻华办理商约大臣	光绪二十七年七月会议和约第十一条内中国允将通商各条约与各国商改因与葡国续订此约	共二十条其要目(二)纳税不得增于他国应享最优利益一体均沾(三)(四)襄助中国征收洋药税厘并助防缉私办法(五)定推广澳门口岸来往行轮例(六)两国商船进出口均享优待国应享利益并定葡酒纳税例(七)葡民准在中国已开及后开商埠往来居住并办理工商制造(八)华侨入葡籍律例酌行修	按是约第十三款内有葡国人民若遵守中国国家所定为中国人民之开矿及租矿地输纳税项各条章程并按照请领执照内载明矿务所应办之事可照准葡国人民在中国地方开办矿务及矿务内所应办之事之语殊多含混若以辞意译之是只须葡人能遵以上各章葡人即在中国无论何处均有开矿之权矣又第十六款云中国深欲整顿本国律例以期与各西国律例改同

续 表

约 名	时 地	代表者	原 委	约 款 纲 要	附 说
				改(九)裁厘加税悉照中国与各国商定办法(十)定海关存票抵税领银例(十一)中国允厘定国币(十二)定禁止吗啡进口例(十三)修改矿章(十四)两国人民合股经营须按合同办理(十五)保护货牌(十六)中国改良律例葡国允弃治外法权(十七)妥筹民教相安办法附照会五件(一)(二)澳门所辖地方食用药应有定数(三)广澳铁路运货合订税关办法(四)约内传教一条声明预留地步(五)中政府允每年给澳督运米执照三十万石	一律葡国允尽力协成一俟查悉中国律例审断及一切相关事宜悉臻妥善葡国即允弃其治外法权等语骤视之葡允弃其治外法权讵不甚便于我苟细思之则亦不过一虚情空语盖我国律例固应更改且亦已经更改然地势民情政教各国不同万无一一舍己从人之理就令从之尚须待葡国查明是否悉臻妥善夫妥与不妥善与不善有何标准而葡乃以是愚我各国亦爰是愚我华盛顿会议既经承认取消而仍以调查为口实迟迟其行以至今日惨变之生正不知伊于胡底也(治外法权即领事裁判权之谓在今日固成为惟一急切之问题矣)

(八) 丹 麦

约 名	时 地	代表者	原 委	约 款 纲 要	附 说
通商条约	同治二年五月二十八日 西一八六三年七月十三日 北京	清大臣恒祺崇厚丹使拉斯勒福	是年丹使拉斯勒福因英使威妥玛请通商与立是约	共五十五款(一至七)互派使臣设领事官并定品级仪文(八)(九)保教持照至内地游历(十一)牛庄天津烟台上海宁波福州厦门台湾淡水广州汕头琼州汉口九	按英使代拟条约以英约为蓝本并增添款目意在市恩各国援利益均沾之例一律增加经中国大臣与之辩论始参照西洋各国条约分别删改较英约原定款目有减无增

续 表

约 名	时 地	代表者	原 委	约 款 纲 要	附 说
				江镇江江宁通商准其居住及造屋建堂(十五至十七)控案负债讯断办法(十八十九)保护居民船只(二十一)互交逃犯(二十二至四十九)定雇船纳钞纳税免税查验罚款给单进出口转口起货落货例 附税则一与英美比奥日本各国同与法葡意诸国权度名略异又通商章程善后约定准进口不准进口各货并应纳钞税及不应纳税钞各例与奥比意大致相同	

(九) 荷 兰

约 名	时 地	代表者	原 委	约 款 纲 要	附 说
天津条约	同治二年八月二十四日 西一八六三年十月初六日 天津	清 侍 郎 崇厚 荷使欅	荷兰通使中国最早于中国最恭敬明清以来执藩属之礼故历世通商不绝亦最受优待是年各国次第立约乃遣使援例	共十六款要目(一)荷国特派秉权大臣及领事官来华并定仪式品级(二)广州潮州福州厦门宁波上海天津牛庄登州台湾淡水琼州汉口镇江九江通商及往来居住造房建屋(三)持照至内地游历(四)保教如教民犯罪仍由地方官照例惩办(五)准荷民在	按荷兰与葡萄牙与中国通商皆自明万历以来荷约谓大清大荷往来交好由来旧矣葡约谓彼此睦友三百余年而荷约之成早于葡约二十年无延宕交涉反复之苦订约在天津互换在广东且荷并不要求遣使驻京皆当时体制所谓尊中朝最合宜者也

续 表

约 名	时 地	代表者	原 委	约 款 纲 要	附 说
			订立是约	华雇工执艺(六)控案讯断办法及交犯追债例(七)保护居民船只例(八至十二)定雇船纳税纳钞免税查验罚款给单进口出口起货落货例	
中荷领约	宣统三年四月初十日 西一九一一年五月八日 北京	清驻荷使臣陆征祥 荷兰驻华公使贝拉斯	两国愿于中荷通商行船条约外确定在荷兰国领地殖民地中领事之权利义务特订此约	共十七条要目(一至七)言中国诸领事驻扎地点及其义务与权利(九)中国遇难船之救助(十)规定援助中领事拘捕法(十一)遇难船之办法(十二)华民嗣续事务互为执照(十三)领事有受本国臣民声告权(十四)本国商船秩序之维持(十五)定免税纳税例(十六)领事及书记之权利(十七)本约以五年为期如欲停止效力须先一年知照 附件三论国籍疑义解决及籍民办法	按中荷交涉侨事为多大都发生于其属地顾巽他群岛僻处南洋距荷都海牙程途遥远且各国治理属地政略与其本国不同荷兰尤甚此次就地设立领事洵足以袪隔阂而絜纲维也

(十) 日斯巴尼亚(西班牙)

约 名	时 地	代表者	原 委	约 款 纲 要	附 说
通商条约	同治三年九月初十日 西一八六	清大臣薛焕大臣崇厚 西使玛斯	西班牙自咸丰七年即与葡人来请立约	共五十二款要目(二)两国互派使臣(四)所派领事官与各国一律优待惟不得	此次清臣薛崇与西使玛斯订定条约已于六月初十日附奏乃有英国新旧公使威妥玛卜鲁斯从中

续 表

约 名	时 地	代表者	原 委	约 款 纲 要	附 说
	四年十月初十日 天津		政府未之许也至是始订约	以商人兼充(五)牛庄天津烟台上海宁波福州厦门台湾淡水广州汕头琼州及汉口九江镇江江宁通商(六)保教(七)持照游历内地(九十)准两国互相雇工并准华民赴日承工(十一至十四)两国属民呈控审讯例(十五至十七)保护居民船只(十八)(十九)定交犯追债例(二十至四十六)定雇船纳钞完税进出口给照免钞免验货转口罚款例(四十七)中国商船至小吕宋贸易日国照待最优国例相待　附专条一画押三年后日派秉权大臣来京　附文凭一互换三年之约同治六年四月立	参预挟持总理衙门亦接英法俄美使臣函称受君主训条命其相助为理据薛焕原奏谓日斯巴尼亚国即世所传大吕宋国其属小吕宋地方与福省相距甚近英法与我构衅西曾助兵故此次亦深惧其决裂而延宕多日至九月始定
古巴华工条款	光绪三年十月十三日 西一八七七年十一月十七日 北京	总理衙门王大臣 西使伊巴里	同治十三年出洋委员陈兰彬查明华工在洋承工情形旋由总署拟定保护条款与西使会议适滇有戕英翻译马嘉理一案因此中止至是始议定此约	共十六款要目(三)华工赴西应听自便非自愿赴西而强迫诱往者查办(六)古巴夏湾拿地方中国派驻总领事七条以下均优待华工各项条例	按英国续增条款第五款法国续增条款第九款均有承招华工之事而以秘鲁日斯巴尼亚及美国承招为最多同治十三年秘鲁有会议华工专条光绪六年中美有续订限制华工条文故是年与西亦有是约然约中订明华工赴西应听自便不得强迫诓诱云云则可知远适异国并非工人本心大都贩猪仔一流人骗致之而该国亦认许之也

续 表

（十一）比利时					
约 名	时 地	代表者	原 委	约 款 纲 要	附 说
通商条约	同治四年九月十四日 西一八六五年十一月初二日 天津	大臣董恂 大臣崇厚 比使金德 俄固斯德	同治二年比使包礼士与通商大臣薛焕在上海议定条款未及互换是年七月复遣使金贝赴津请按照各国已定约章再行酌定乃与订是约	共四十七款要目（二至六）两国互派秉权大臣驻京并仪式品级持照游历内地（七）设领事官于通商口岸（十一）牛庄天津烟台上海宁波福州厦门台湾淡水广州汕头琼州汉口九江镇江江宁通商及往来居住造屋建堂（十五）内地传教（十六至二十）控案负债讯断办法（二十一至四十）定雇船纳税钞及免税查验罚款给单进口出口转口起货下货例（四十一至四十四）保护兵商船（四十五）利益均沾	普鲁士立约在天津比利时立约在上海当是时中国尚有主权何以包使已议定之约复允金使酌改只须金使代包使引咎即不深求条文中之事权实际盖自来中国之失在重仪文而不深研利病也
芦汉铁路比公司订立合同	光绪二十三年四月二十六日 西一八九七年五月二十七日 湖北	督办铁路大臣盛宣怀 比公司代办人德福尼爱兰	光绪二十三年筹办芦汉铁路议借外资以期速成于是议借于美商因美商多端要挟致无成议嗣有英德两国商人均愿承此借款名系商人其政府实隐持之故	共十七款（二）借四百五十万金磅九扣实付银四百零五万磅分四期交到（三）按周年四厘起息（后改为四厘四）（四）前十年还利不还本十年后分廿年还清（五）以路业作保（六）五年工竣（七）遇有战事中国欲得比员之协助比员仍照常当差（八）由比派工程师名曰监察但听督办大臣一人节制（九）外国路员由监察遴为督办定派	此约为借款开办干路之权舆当时所收磅金实数九折扣用甚巨然如年息四厘购料划出一半任他商承办尚不失为公道也讵事隔一载而有增订合同其第三款于原利四厘之外加收四毫第十三款凡办事银行按所付照酬以二毫半各股票提前还本者亦酬以二毫半其利额均已层累而上然按其加增之数尚有说以自圆所不可解者此约未定之前英俄德法争欲投资承办我国恐其因筑路而有

续 表

约 名	时 地	代表者	原 委	约 款 纲 要	附 说
			其议即欲牵涉粤路其心颇深正在争持迟疑之间适比公使为介绍其国商人于我比系小国在我处亦未占有绝大势力于是遂定议称贷于比而订此合同至二十四年五月在上海复立详细合同二十九款六月在上海复续增合同六条	公司所用工路人员除监察外均归督办所派之大员节制中西员如有意见听督办核定但准监督在旁听断(十)比员如有不职由督办勒退(十一)材料尽中国本有者购买如购外料将一半投标其余由比公司照办如系不能分开之件亦由比公司择廉价承办如比公司不肯承办听公司另购(十二)此项所购外料比公司应扣五厘之佣(每百两扣五两)(十四)此合同期内比公司无论何事均不得托他国商民管理并不能将此合同转与他国及他国之人(十五)如中国未到合同之限愿将此款一概还清利息即以清还之日停止 增订合同(一)比公司允提经费代为测地绘图以及考订货料车辆(二)比公司允将材料酬劳删去(三)比公司因上两款吃亏且须弥补派人来华之费印售股票之费三年经理人浇里是以在原利外加收四毫(每千磅加四磅)续订详细合同(八)行车后所得入款除开支外应托	觊觎也故一概谢绝独授于比比小国亦穷国也当盛宣怀与比初订合同即逆料有强国盾乎其后故第十四条中有合同不得转与他国人一语所以杜渐防微者甚至何意第三次续订合同而突有道胜银行发见且有查察财政之权有停止付款之权俨然自认为主人翁而我亦认之无异词也然则俄者比之原质比者俄之化身而吾国政府实其傀儡外交家之云谲波诡有如是耶

续 表

约　名	时　地	代表者	原　委	约　款　纲　要	附　　说
				比公司移交比京总银行代存(十三)凡办事各银行应按所付利息酬以二毫半各股东提前还本者亦按所还之数酬以二厘半每万磅二十五磅(十八)道胜银行及中比两公司公指之银行察出路弊均有停止付款之权	

(十二)意大利

约　名	时　地	代表者	原　委	约　款　纲　要	附　　说
通商条约	同治五年九月十八日 西一八六六年十月二十六日	清侍郎谭廷襄 大臣崇厚 意使阿尔明雍	是年意使阿尔明雍至京由法翻译官李梅代请援例立约经总理衙门奏明因立是约	共五十五款要目(二)互派使臣(七)设领事官并定品级及往来礼节(八)保教(九)持照游历内地(十)彼此行文格式(十一)牛庄天津烟台上海宁波福州厦门台湾淡水广州汕头琼州汉口九江镇江江宁通商居住造屋建堂(十三)准意民在华雇工及互教国语买卖书籍(十八)保护意国商民(二十一)用兵时不禁意国贸易及与敌国交易(二十二)互交逃犯(二十三)负债讯断办法(二	是约以丹麦约为蓝本并参用法葡等国条约至通商章程税则言明与各国一律办理毋庸另议

续 表

约 名	时 地	代表者	原 委	约 款 纲 要	附 说
				十四至四十九)定雇船纳钞纳税免税查验罚款给单进口出口转口起货落货例(五十一)公文禁书夷字(五十三)利益均沾 附税则(一)与法葡二国同与英美丹奥日本各国权度名略异通商章程善后约九款定准进出口及不准进出口各货并定应纳钞税及不应纳钞税各例与丹奥比等国大致同 附往还照会二件领事不得兼做买卖更不可用商人滥充	

(十三) 奥 国

约 名	时 地	代表者	原 委	约 款 纲 要	附 说
通商条约	同治八年七月二十六日 西一八六九年九月初二日 北京	清尚书董恂 侍郎崇厚 奥使毕慈	奥自康熙时即通商至是使臣毕慈自香港来京由英使阿礼国代恳立约因与议定条款	共四十五款要目(二)互派使臣(六)议设领事官及往来礼节(八)牛庄天津烟台上海宁波福州厦门台湾淡水广州汕头琼州汉口九江镇江江宁通商居住造屋建堂(十一)内地持照游历(十二)准奥民雇华人执役并延教中文中语买卖书籍(十三)	西人传教虽云播宗风于东土亦借觇内地之虚实自内地传教明载约章允为保护教士即张其虚焰奸民每倚为护符往往以睚眦之忿酿成交涉领事为之右袒公使恣其要索通商以来我国因此损权失利者盖非一次其领事包庇洋商侵夺政柄跋扈又非一端推其故实由以商人兼充是官遂得擅权

续 表

约 名	时 地	代表者	原 委	约 款 纲 要	附 说
				保护居民船只(十六至三十三)定雇船纳钞纳税免税查验罚款给单进出口转口起货落货例(三十四三十五)保护兵商船(三十六)互交逃犯(三十八)定控案追债讯断办法 附照会一领事官不准商人充当附税则一与美丹日比日本诸国同与法葡意诸国权度名略异 通商章程善后约九款定准出口不准出口及准进口不准进口各货并应纳钞税不应纳钞税各例与丹意比等国大致相同	谋利遇事尝试顺之则堕其术中逆之则动关国际地方官亦有操纵两难之势是约鉴于前失示以限制内地传教不载约款领事则申明不准商民兼充盖更变既多阅历自深亦欲稍补前此之隙漏弭后来之隐患耳

(十四) 日 本

约 名	时 地	代表者	原 委	约 款 纲 要	附 说
修好条规	同治十年七月二十九日 日本明治四年七月二十九日 天津	清大学士李鸿章 日本使伊达宗城	日本于前年即遣使来请立约至是始与订定是为日本有约之始	共十八款要目(一)两国所属邦土不得稍有侵越(三)两国政事彼此不得干预所颁禁令互相为助(四)互派使臣驻京(五)官位礼文(六)公文往来用日汉文(七)彼此指定口岸通商(八)各口岸设理事官及交涉财产词讼案件办法(十一)禁商	按从前与西洋各国立约准洋商运货入内地并赴内地买土货名为指定口岸实则内地各处皆可通商流弊滋多此约要指在杜绝流弊故十四款进口货不准运入内地十五款不准入内地买土货明予限制而紧要关系尤在不予利益均沾使彼无所借口其第一条不得侵越属土隐为朝鲜等国留地步

续 表

约名	时地	代表者	原委	约款纲要	附说
				民携带刀械(十二)互交逃犯(十三)定匪盗办法(十四)两国船往来例(十六)两国理事官不得兼作贸易(十七)假冒国旗办法附通商章程三十三款中国通商口岸上海镇江宁波九江汉口天津牛庄芝罘广州汕头琼州福建厦门台湾淡水日本通商口岸横滨箱馆大阪神户新潟夷港长崎筑地(三)定船牌查验法(五至二十九)定进出口起货落货罚款充公完税免税纳钞免钞转口设栈及不准进出口货各例又外商不准运货进内地亦不准赴内地置货　附中国海关税则日本商民运货出入中国海关各税例　附日本海关税则中国商民运货出入日本海关各税例	十三条如有凶盗重案或聚众十人以上由地方官会办或径严办为前明倭寇预设防范十条戒雇主徇庇工人十一条不准携带刀械十六条领事官办事不合查明撤回皆鉴于历年交涉成案冀免棘手此约思虑周密洵足补救前失盖道光间与西人立约皆因战守无功隐忍息事又未谙交涉约文动多隙漏此则嫌怨未开樽俎之间从容商榷又阅历已深故所定各条最为妥善厥后马关定约此议遂废信乎国际交涉仍视国力之强弱也
专条三款	同治十三年九月二十二日 日本明治七年十月三十一日 北京	清总理衙门王大臣 日本使大久保利通	同治十年琉球民及日本小田县民遇风飘至台湾均为生番劫杀日本遂用兵攻台湾生番中国调兵	共三款(一)日本此次所办系保民义举中国不指为不是(二)给遇害难民银十万两又筹补银四十万两(三)生番由中国自行约束	琉球本属中国日本此次声言为琉球用兵实欲攘为属国约内首段言生番加害日民明系指小田县民而已隐括琉球在内矣至光绪元年琉球遂归日本夷为冲绳县中国不能与争此条为之厉阶也

续 表

约 名	时 地	代表者	原 委	约 款 纲 要	附 说
			警备日本使大久保至京英使威妥玛为调人与之立约		
会议专款	光绪十一年三月初四日 日本明治十八年 天津	清大学士李鸿章 日使伊藤博文	光绪十年朝鲜有新旧党之争日本驻兵进逼王宫中国驻兵击退之是年日本遣使至中国平议其事廷议使李鸿章率同吴大澂续昌与之会议于天津定约三款	共三条要目(一)中日两国兵队在朝鲜者撤去(二)朝鲜兵士中日两国毋须派人教练(三)此外如朝鲜有变或须中日两国派兵应先互相知照事定后即撤回	是役日本先要我撤兵我兵隔海远戍将士劳苦本非久计因乘机令彼此撤兵杜其兼并之谋第一条是也然日本久认朝鲜自主若永不戍兵他时日本胁以叛我即不能过问故第三条声明设遇朝鲜有变彼此派兵互相知照虑事不可谓不密然卒无救于朝鲜之亡则事变无穷非尽人谋之不臧也
马关条约	光绪二十一年三月二十三日 日本明治二十八年四月十七日 日本马关	清大学士李鸿章前出使大臣李经芳 日本伯爵伊藤博文子爵陆奥宗光	甲午因朝鲜启衅平壤黄海水陆交绥我军连挫议款息兵	共十一款要目(一)朝鲜自主(二)割奉天省南部又割台湾全岛及澎湖列岛(四)偿兵费银二万万两(六)中日两国前有约章因此次失和自属废绝随后另立新约(六之一)开重庆沙市苏州杭州四口(六之二)定轮船得驶入内地各口(六之三)日本臣民在中国内地购货运货存栈输税纳钞及得在内地通商口岸城邑任便从事各项工艺制造交纳内地各	按当伊藤原送约款时李于原约首先照原稿允订者为一三五七九十凡六款其余李有争议四大端所谓公认朝鲜自主及割地偿款通商行轮内地制造工艺等是也迭次商驳于原文虽或末减而大端仍无退让是时或谓日本臣民在中国任便从事工艺制造第六条各节虽泰西和约不如是甚其贻害国计民生隳弛国防甚远且大似当时应与争执然观第八款末节通商行船约章未经批准互换以前虽交清赔款日本仍不撤

续　表

约　名	时　地	代表者	原　委	约　款　纲　要	附　　说
				项税课杂派例(第七第八)按兵息战(九)交还俘虏　附议订专约三条日本军队暂驻威海各事宜附停战条款六条又展期专条二款停战屯驻事宜并约定日期	回军队所驻日军每年中国另贴费银五十万两另约三条是时李虽欲争亦事势所无如何也盖我国外交既素无专门学术而又无与国以为之援李虽气度局量迥越寻常而是约究不免为事所劫不惜将同治十年所订修好规条之意尽掊弃无余也及归而借俄法德以摈日意欲操捭阖之术取东隅之失而所失为愈远自此以后国几不国矣
交还辽东半岛条约	清光绪二十一年九月二十二日 日本明治二十八年十一月初八日 北京	清大学士李鸿章 日本使林董	马关约成朝野咸知失计乃借助俄法德三国令日本退还辽东半岛	共七款要目(一)交还奉天省南部所有拟定陆路通商章程作罢(二)酬款三千万两　又专条一	归还辽东虽获俄法德三国之助而中国报酬三国所损亦甚巨俄西伯利亚铁道经吉林黑龙江达海参崴法安南铁道逾镇南关达龙州边疆藩篱尽撤德亦于各埠展辟租界而云南徼外地以让界于法遂让界于英又滨海要隘租借船埠俄租大连湾法租广州湾德租胶州英亦借口均势租威海卫纷纷轇轕久而不定实皆原于此役也
通商行船条约	清光绪二十二年六月十一日 日本明治二十九年七月二十一日 北京	清侍郎张荫桓 日使林董	查照马关条约第六款声明商订通商行船条约至是议定	共二十九款要目(二)两国互派使臣驻京(三)互派领事官(四)日本人民在中国通商各口往来居住从事商工制作及租屋造堂(五)船只停泊例(六)持照游历内地(九至十六)货物	此约除马关约所许外余均与英天津约相出入盖日本初约进口货不准运内地不准入内地买土货与欧美各国异彼百计相争始得改定而工艺制作土货出洋内地免税反出欧美旧约外矣

续 表

约　名	时　地	代表者	原　委	约 款 纲 要	附　　说
				进出口输税纳钞例(二十至二十三)钱债控告惩办法(二十四)互交逃犯(二十五)利益均沾附往还照会六件又说帖二件 华商在日本应如何优待　撤回威海军队蔘税应照美国一律办理　制造货离厂税	
中东公立文凭	光绪二十二年九月十三日 日本明治二十九年十月十九日 北京	清总理大臣敬信荣禄张荫桓 日本使臣林董	因日本催行马关约并愿抵换制造税课利益订此文凭	共四款要目(二)新颁苏杭沪关章内尚有应与日本另议之事(三)中国任便酌收机器制造货物税饷允日本在上海天津厦门汉口等处设日本专管租界	此三条所载日本政府允中国政府任便酌量课机器制造货物税饷但其税饷不得比中国臣民所纳加多或有殊异此与光绪十三年与葡萄牙商约十三款所载葡国人民若遵守中国国家所定为中国人民之开矿及租矿地输纳税项各条规章程并照请领执照内载明矿务所应办之事可照准葡国人民在中国地方开办矿务等一条皆谓无主客之分无国权之界所谓世界大同无国族之界者其是之谓乎吁可慨矣
协商福建不割让租借于他国文	清光绪二十四年闰三月初四日 北京	清总理衙门王大臣 日本钦差全权大臣矢野	日本以福建一省与台湾仅隔一水有利害相接之关系因于是年闰三月初二日由其公使矢野照请	一条言福建省内及沿海一带均属中国要地无论何国中国断不让与或租借	按此文亦犹英之长江法之琼州两粤云南同一用意然而难乎其为中国矣

续 表

约名	时地	代表者	原委	约款纲要	附说
			声明中国不将此省地方让与或租借于他国故总署有此照复		
续议通商行船条约	光绪二十九年八月十八日 日本明治三十六年十月初八日 上海	清尚书吕海寰侍郎盛宣怀侍郎伍廷芳 日使日置益 小田切万寿之助	光绪二十七年七月会议和约第十一款内中国允将通商行船各条约内应行商改之处与各国议商因与日本续订此约	共十三款要目(一)正税外加税与有约各国照输出产销场出厂及土药盐斤税亦照各国商定办法(二)宜昌至重庆允设拖扯船件俟海关核准安设(三)准小轮在内港行驶贸易(四)两国人民合股营商(五)商牌版权(六)(七)货币及权衡例(八)修补内港行轮章程(九)两国人民优待例(十)开长沙商场中国又自开北京奉天大东沟商场(十一)中国律例修改后日本即弃其治外法权 附件(九)(一)续议内港行轮修补章程(二)(三)申明内港合例轮船领牌行驶例(四)(五)催办内港行轮派员统收厘税事(六)(七)北京开设商场各项事宜(八)北京奉天长沙添开商场外常德湖口安庆叙州仍择期开作通商口岸(九)日本倘遇年歉应请中国运米出口	二十八年英既订续议通商行船条约是年八月美亦订续议通商行船条约日本于十八日订此约盖日本于马关订约时声明比照美国也

续 表

约名	时地	代表者	原委	约款纲要	附说
中日新约	清光绪三十一年十一月二十六日 日本明治三十八年十二月二十二日 北京	清外务部庆亲王奕劻 日本大使小村寿太郎	按东三省毗邻韩俄俄势之侵其渐已久中日一战俄结德法以迫日本返我辽东而自租借旅大明市公义实便私图日本自甲午以后吞韩政策日益见效在东省势力亦渐次发展且怀旧愤久思一泄乃以处分韩国满洲均势不惬通告用兵逾年罢战韩国遂为日有而东三省亦协订均势之约日本乃更与中国订约焉	共正约三款附约十二款正约要目(一)凡俄国允让之利益中政府悉承诺之(二)凡中俄所订借地造路等项日本悉照约履行(三)此约签字即便施行附约要目(一)中国将东三省自行开辟商埠(二)(三)撤兵事宜(四)日本允将所占公私产业在撤兵前后交还(六)(七)(八)安奉南满铁道建筑事宜(九)另订奉天日租界办法(十)鸭绿江右岸设中日木植公司(十一十二)中日彼此以最优国相待遇	以上中日二约名义上为日本战胜以后所获利益即俄国前日所有者其实于附约内扩张权利乃大过于俄其尤著者为安奉铁道先时俄恐日人伸势力于满洲故拒绝满韩铁道之联络以此为开战之因日本欲囊括满洲不可不联络满韩铁道故于未开战之前以此条件为提出案之一既开战之后则乘进军满洲赶筑安奉军用铁道以为异日要求中国许可之基础我国政府若能窥其叵测固不难执朴兹茅斯和约与之力争盖和约仅限于俄国所得中国之权利让与日本且尚须中国承认而后可是则安奉铁道在俄人所获利益之外日本无要求管理之权即谓业经筑成由中国出重资收买之可也不然许以现筑之路归日本经营数年刻期由中国收回自办亦可也计不出此使日本得联络满韩铁道益膨胀其势力卒乃举东省一切利权悉供奉焉夫岂订约时所及料哉
中日会订交收营口条款	清光绪三十二年 日本明治三十九年 营口	清津海关道梁敦彦 奉锦山海关道梁如浩	交还营口一事先由日使与外务部议定大纲四条	共六条(一)日兵未撤前凡验疫防疫等事暂按前订章程办理(二)日清合股公司开办之自来水电车电	按是约第三条尾称倘日后警察卫生办理有未尽妥洽之处一经日本领事函告应由地方官随时酌办等语是则以领事而干

续 表

约 名	时 地	代表者	原 委	约 款 纲 要	附 说
		日本使馆书记官阿部	至是复派员在营口按照前纲详定各款定期实行交还	灯电话中国接续购办(三)警察及卫生事务(四)军政时代所判断案件中国地方官无庸再讯(五)度支部银行未设以前海钞两关税款储存正金银行	涉我国之内政权矣谁谓营口尚我有耶
中日新奉吉长铁路协约	清光绪三十三年三月初三日日本明治四十年四月十五日北京	清外务部大臣那桐日本驻京公使林权助	中国议将日本所办新奉行军铁路收回自造并自办吉长铁路日本要求与借款同时提议爰订此约翌年订续约七条规定辽河以东铁道借日币三十二万元吉长铁道借日币二百十五万元宣统元年后订吉长新奉两路借款细目合同各十二条	共七条要目(一)(二)中国以日金一百六十六万元收买日本所已造之新奉铁路其续造辽河以东一段及自造吉长铁路需款均向南满洲公司筹借半款(三)言除还清期限外均照山海关内外铁路借款合同办理其主要事务又开列六条(甲)借款还清期限辽河以东十八年吉长二十五年限前不得还清(乙)借核以铁路产业及进款作保未还清以前不得以此他项借款之抵保物中国自行筹款建造他路与南满洲公司无涉(丙)借款本息由中政府作保到期爽约应由政府代还或将产业交公司暂管(丁)在借款期内总工程师应用日本人并添派铁路日账房一员(戊)如遇军务赈务政府在各路运送兵食均不给价	此约结后日人要求无餍更欲将吉长铁道延长至延吉厅南境以与韩国会宁铁道相联且照吉长铁道之例于南满铁道会社借资本之半数筑之中政府未能遽允遂成悬案直至宣统元年解决安奉铁道日人自由行动一案始完全协定焉此约内有可疑者数端一必以日款赎日路一借款不得于定期以前还清一路线进款应存日本银行夫路既许我以赎回日本亦第取其偿提而已奚必问我款之自出又奚知我之必无此款而须借且借款与人只有恐其还之过迟断无恐其还之过早今乃限以不得提前还清宁非至奇而况路既赎回则我之主权所在又安能必我以进项存诸日本银行在日本之意路之赎回原非至愿若使中国一时难集巨款势必贷诸他国或此路遂为债权国所牵制有失其满洲之势利今款由日借则中

续 表

约 名	时 地	代表者	原 委	约 款 纲 要	附 说
				(己)各路进款应存日本国银行(五)中国奉新吉长铁路均应与满洲铁路联络派员会订章程(六)借款实收价值照中国最近与他国借款酌定	国虽有赎路之名其债权仍执诸日人之手债权一日不弃则此路一日非中国所独有且在借款期内工程会计无一不任日人而进项又存诸日行是直中国縻帑为日本造路而已日人既借赎路以取利复借借款以攘路更借路款以营运用心之巧设计之密诚可畏也至于附款戊条内称所指各路系属中国政府官路如遇军务赈务政府在各路运送兵丁粮食均不给价仅言政府二字意尤含混使为中政府也则无庸日人越俎代庖使为日政府也则救灾恤邻事所恒有若以交战之时而责我尽运兵义务似更出情理之外矣
大连湾税关条约	清光绪三十三年四月十九日日本明治四十年北京	清总税务司赫德日本驻京公使林权助	日本在南满洲一带既承受俄国之租借权我国按照合同应于南满洲铁路尽处就大连设立海关乃商准日政府允照胶州设关办法由两国派员协议定此条约	共十八条(一至三)税司派日本人更调时由别国人暂代(四)海关与日本官商文牍用东文(五至七)货物进出口免税纳税例(八)华货已完出口税复进他口例(九)日货洋货已在他口完进口税转运大连及再运外洋例(十)华货已在他口完出口税运进大连复出外洋例(十一)船钞暨泊船规费海关无庸经理(十二)征税照通商税	按此项条款经外务部查核有应改正声明各条咨准税务处转饬总税务司申覆已与日使声明俟试办一年期满再行会议更正

续 表

约 名	时 地	代表者	原 委	约 款 纲 要	附 说
				则(十三)租界内中国建关造屋(十四)听审及帮理案件不派海关员(十五)领进出内地运货准单(十六)内地子口税照正税之半(十七)另订稽查走私违章办法附内港行轮办法七条(一)(二)领关牌及缴费船钞办法(三)行驶地(四)报关领单违禁惩罚例(五)日本襄助防范巡缉(六)轮船代运邮袋	
中日合办鸭绿江采木公司章程	清光绪三十四年四月十五日 日本明治四十一年五月十四日 北京	清外务部会办大臣那桐 日本驻京公使林权助	按照光绪三十一年中日新约内附约之第十款协定此章后接本约十一款定事务章程二十一条	共十三条(一)伐木区域自帽儿山至二十四道沟之间以距江面六十里为界公司开创先由两国委员设局一年后厘理妥当再招商承办(三)资本三百万元中日各出其半(四)总公司设于安东县(五)划定区域外之森林仍归向来木把采伐惟木材除江浙铁路公司及沿岸居民可直接购买外余概归本公司收买(六)公司所有木材中政府及官署需用时可照实费计算购买(七)营业期限定二十五年(八)督办以下员司之派设(九)报告书及收支计算书之编制	孟子曰斧斤以时入山林材木不可胜用也传曰十年之计树木古者山虞泽虞各有官守汉唐以还山泽废弛长林丰草任听摧樵材难之叹有由来矣满洲僻居关外且为有清发祥之基雉兔刍荛悬为禁地故绵延山谷千里丰林俄日艳羡已非一朝伺隙投间冀染鼎指盖亦势所必至也甲午以来俄势较亲捷克先得故有吉林木植公司之约及至日俄罢战日焰一跃万丈有挟以求鸭绿江爰有采木公司之设而日人计利工于俄人界外之木且归垅断斤戕斧削巘壑为空大好森林会见牛山濯濯矣

续 表

约 名	时 地	代表者	原 委	约 款 纲 要	附 说
				(十)公司入款以纯益金百分之五报效中政府其余利益股东均分公司费用须按期预算由督办核准(十二)公司应纳之木材税由两国委员商议详章输入机械等概免税厘(十三)本公司开业后日本允将木材厂撤去	
图们江中韩界务条款	宣统元年七月二十日 日本明治四十二年九月四日 北京	清外务部尚书梁敦彦 日本全权公使伊集院彦吉	中韩向以图们江为界江北延吉一带本封禁地光绪初韩民越垦者多始争界务十三年勘界虽明而江源红土石乙间相持未决日俄战后日本借韩人李范允之乱派遣员弁于六道沟等处卒以东三省路矿相许始成此约	共七条要目(一)以图们江为中韩两国国界其江源地方自定界碑起至石乙水为界(二)定开放龙井村局子街头道沟百草沟四处(三)中国仍准韩民在图们江北垦地居住(四)定图们江外韩民民事刑事及命案审判得令日领事听审(五)华韩民一律保护(六)铁路得通至会宁(七)约定实行后两月内日本统监所派文武人员一律退清	案日本六道沟之役声言保护实则韩民垦我土地服我法律与他侨异我所争者不仅在领土尤在于管辖往复辩驳者经年始得争回
东三省交涉五案条款	宣统元年七月二十日 日本明治四十二年	清外务部尚书梁敦彦 日本全权公使伊集	此约因前约非常棘手不能定议且因日俄战后日	共五条要目(一)中国如造新民屯至法库门铁路先与日本商议(二)中国认将大石桥至营口支路为南满	案此约重要在吉会铁路与抚顺煤矿顾吉长协约已有展造明文抚顺则据为战利品势难终拒现时煤质既佳销路尤畅日遂

续 表

约 名	时 地	代表者	原 委	约 款 纲 要	附 说
	九月四日 北京	院彦吉	人注重东三省路矿谓必与界务同时决定彼此商议之际日兵有火狐狸沟伤毙巡警和龙峪擅入衙署伤官戕兵等案卒乃调兵恫吓遂与前条同日订定	铁路支路俟南满洲铁路期满一律交还并允将支路展至营口（三）商定抚顺烟台煤矿办法四条（四）矿务除抚顺烟台外安奉南满干线铁路沿线由中日合办（五）京奉铁路得展至奉天城根	据为利薮矣

（十五）秘 鲁

约 名	时 地	代表者	原 委	约 款 纲 要	附 说
通商条约	同治十三年五月十三日 西一八七四年六月二十六日 天津	清大学士李鸿章 秘使葛尔西耶	上年九月秘使到津请立和约因秘国向来虐待华工与之声明须先立查办华工资遣专条再议通商条约秘使允许先立专条即订此约	共十九款要目（二）两国互派使臣（四）两国互派领事官不得以商人兼充（五）两国人民持照内地游历（六）不准诱骗人民运载出洋（七）（八）保护华侨两国人民贸易与别国同获利益（九）两国商人起卸货物输纳税项不能较相待最优国稍有增加（十一）保护被难船只（十二至十五）控告审办各例（十六）利益均沾（十八）两国若欲变更现议章程须	此约与日斯巴尼亚等约大同小异但各条均先将中国一面叙入尚有平等之权所可异者秘鲁工党疾恨华工宣统元年其政府为之颁发饬谕至谓每人须有英金五百镑呈验始准入口而此约第六款上半节照美国续约载明必须两国人民自愿往来居住不得别有招致之法更注明不准在澳门及各口岸勉强诱骗中国人运载出洋违者严治是前者华工之赴秘明明秘人诱致之也而后又限之迫之究何意哉

续 表

约名	时地	代表者	原委	约款纲要	附说
				扣足十年先六个月知照如不先期声明仍照此议办理　附会议专条一查办寓秘华民情形　附往来照会二件革除苛待华工情事系光绪元年七月江苏巡抚给秘使文	
中国秘鲁废除苛例证明书	宣统元年七月十三日 西一千九百九年八月二十日	清钦差大臣伍廷芳 秘外部大臣玻立士	宣统元年四月间秘国因工党反对华工颁发饬谕令进口华人每名须有英金五百镑呈验始得入口经我驻使伍廷芳一再辩驳始得与秘外部订此证明书	共九条要目(一)中国允许自限工人来秘(二至六)定非作工之华人往秘护照办法(七)定非作工者概不限制(八)定免请护照者之资格(九)停止秘国五月十四号饬谕之效力	按秘国所颁饬谕意在禁绝华人来秘此不独违背两国条约且显违国际公法伍使遂据以辩驳谓中国自愿限止出口华工虽未能全达目的较之听其流离失所者盖有间矣(最近秘鲁政府无故拒绝领有护照之华商二百余人登陆通商条约秘政府声称作废经商会电京请政府力争迄今尚未解决也)

(十六) 巴　西

约名	时地	代表者	原委	约款纲要	附说
通商条约	光绪七年八月十一日 西一八八一年十月	清大学士李鸿章 巴使喀拉多	巴人于同治季年始至上海光绪六年遣使至天津	共十七款要目(一)两国人民皆可侨居须由本人自愿均照最优国相待(二)互派使臣(三)设领事官须	按此约视他国条约多所更改第一款保护侨民补出华工出洋须本人自愿以杜诱迫之弊第三款补领事须有驻扎国文凭方

续表

约名	时地	代表者	原委	约款纲要	附说
	初三日 天津		请立约是年与立是约	驻扎国批准文凭方能视事(四)两国人民彼此持照游历内地巴人须由关道给照(五)两国人民准在两国通商各口运货贸易须有互相酬报专章方能同沾优待利益(六)两国通商照各国原议续议章程办理(七)(八)兵商船优待例(九至十三)两国人民控告审办例(十四)不准贩运洋药	能视事以冀收回主权第五款补优待利益彼此互酬以示限制第六款税则补照各国原续章程以昭一律并与订定禁贩洋药又第十款原议华民犯事在行栈商船佣工由中国官役径往拘传以冀收回治外法权巴使坚请酌改勉允改为一面知照领事一面派差协拿虽未能尽如原议较各国约章已不同矣
中巴公断条约	宣统元年六月十八日 西一九〇九年八月三日 巴西	清外务部左侍郎联芳 巴西驻华公使贝雷拉	和平会和解国际战争条约第四十条载有缔约各国可另行专约遇事归诸公断等语驻京巴使因请照行特订此约	共四条(一)凡外交官不能了结之案可向海牙裁判公所投控请其审断(二)公断员之权限及细则临时规定(三)此约以五年为限如限满前六个月未经声明废约者作为续订五年嗣后照此计算(四)此约一华文一葡文一法文以法文为凭	按巴西自光绪七年与我国通商以后颇敦睦谊各项利益不得均沾之约他国所断断相争者巴西独能强勉承认虽国势之不同则其欲与吾国联欢可知矣此约出自巴使所请尤足为真心和好之据

(十七) 朝　鲜

约名	时地	代表者	原委	约款纲要	附说
贸易章程	光绪九年 天津	清大学士李鸿章 朝鲜使臣赵宁夏	朝鲜久为中国藩属本有边界互市之例	共八条要目摘录(一)口岸彼此设官(二)控告审断办法(三)两国通商各例	

续 表

约 名	时 地	代表者	原 委	约 款 纲 要	附 说
			现因各国水陆通商朝鲜人民亦有未领执照私往各处贸易者与订此章以防流弊	(四)内地游历(五)栅门义州珲曾宁听边民随时往来贸易(六)不准贩运土药军器又本约第三条内朝鲜平安黄海道与山东奉天省滨海地方听两国渔船往来捕鱼	
韩京条约	光绪二十五年八月初七日 韩光武三年九月十一日	清使臣徐寿朋 韩外部朴齐纯	甲午一役朝鲜遂削中藩之号改号为韩照各国通商立约	共十五款要目(二)两国互派使臣及领事官(三)两国贸易进出口纳钞税均照两国海关章程与相待最优之国同(四)两国通商各口租界均准居住造屋(五)两国人民犯法按例审办及追债交犯例(六)禁米出口(八)持照内地游历(九)不准私运军器进口韩国禁鸦片入口并参出口例　随后重订陆路通商章程	此约与东西各国约章文简而旨同所小异者中国领事得自治在韩侨民盖亦因东西各国成例在前也朝鲜自古为我藩邦情如家人一旦独立遽成敌国回视此约痛心何如录之以为外交上之特别纪念耳

(十八) 刚 果

约 名	时 地	代表者	原 委	约 款 纲 要	附 说
刚果国专章	光绪二十四年五月二十二日 天津	清大学士李鸿章 刚果使余式尔	是年四月三十日刚果国遣使余式尔至京请援照各国立约	共二条(一)照中国与各国所立约凡身家财产与审案之权与各国同一待遇(二)中国人民可至刚果侨寓凡一切财产皆可购买	

续 表

约名	时地	代表者	原委	约款纲要	附说
			通商因订是约	执业至行船经商工艺各事其待华民与待最优国同	

（十九）墨西哥

约名	时地	代表者	原委	约款纲要	附说
通商条约	光绪二十五年十一月十二日 西一八九九年十二月十四日 美国	清使臣伍廷芳 墨西哥使臣阿斯茈罗斯	甲申乙酉间墨国请立约招工久无成议伍廷芳使美与墨驻美公使阿斯茈罗斯重申前议商订此约	共二十款要目（一）两国人民彼此侨居相待同最优国（二）互派使臣（三）两国领事须得驻扎国认许文凭方能视事（四）两国人民持照赴内地游历（五）两国人民准其自愿出洋不准骗诱（六）两国通商必须有互相酬报专条方能与他国同沾利益（十）不准令侨民充当兵勇并勒捐款项（十一）两国商船不准在一国内各口岸往来载物贸易（十三至十五）定控告追债例（十六）船上水手上岸滋事在二十四点钟内应由地方官惩办	按此约以秘巴两约为本三款领事须有认准文凭方能视事办理不合即可收回文凭所以戢其骄气五款不准诱拐华人系防招工流弊六款中国侨民与各国同沾利益预防苛待之弊兼可推广利源十五款中国将来议立交涉公律以治侨民为异日管治外人张本尊重主权最为得体惜此时尚未能办到也

续　表

（二十）统　约					
约　名	时　地	代表者	原　委	约　款　纲　要	附　　说
内港行轮章程	光绪二十四年 北京	清总理衙门 总税务司赫德	因江苏苏州浙江杭州两府开设商埠民船往来多用轮带交通便捷故特弛内河不准行驶轮船之禁订此章程旋又订续补章程九款	共九款（一）准注册之华洋各轮任便内港贸易（二）赴税务司处请领关牌（三）只在口内驶行无须每次报关（四）须遵照各该口原有之章程办理（五）装载货物应报明海关核照条约税则办理（六）内港各处起货下货亦应遵照该处定章完纳各项税厘（七）拖船应于何处厘卡候验则该轮亦应于该处停轮所装之货俱照各卡章程办理（八）在内港犯事者由该处地方官按律惩办若洋人由就近口岸之税务司转交该领事官办理（九）经过关卡并不遵允停轮及滋闹肇衅等事即照关卡定章罚办	按当时原折有各省内河向不准行驶轮船虑妨华船生计近年苏杭开埠民船多用轮船拖带搭客运货悉皆便捷与民船并无窒碍华洋商民屡请制船驶行各口自应变通将所有通商省份内河无论华洋商均准驶行等语夫内河航权系国家特有断无许他国并持羼列之理如为振兴商务利便交通起见则准华商营之可也或国家主之亦可也乃总理衙门必以华洋商人相提并论是奚为者抑尚虑外人不能侵权争利而愿为之伥也观于折内民船多用轮船拖带一语则知内河不准行驶轮船久已不成事实故为此请聊以自解掩耳盗铃适为他人窃笑而已然自内河任意航行而我国遂亦无险可守矣
修改长江通商章程	光绪二十四年十二月	总理衙门 总税务司赫德 各国公使	因同治元年所订章程尚有未尽事宜特商议修订此章	共十款要目（一）所有旧章概行作废（二）有约各国商船准于镇江南京芜湖九江汉口沙市宜昌重庆八处贸易并准于不通商口岸起下货物（三）长江贸易之商船分为三项（四）论大洋船（五）论江轮船（六）论有江轮专照	按同治元年订立长江通商章程仅镇江九江汉口三处此约则推广至八处自是长江沿岸门户洞开外人不特登堂且入室矣

续 表

约 名	时 地	代表者	原 委	约 款 纲 要	附 说
				船只之货物(七)论划艇钓船华式船只等类(八)论总单(九)论杂项章程(十)论长江各关暨各口岸分章	
辛丑和约	光绪二十七年 西一九〇〇年 北京	清庆亲王大学士李鸿章 十一国公使	二十六年直隶等处义和团匪作乱德使及日本书记生被戕各国联军入京两宫西狩寻命庆亲王李鸿章与各国议和至是年立约	共十二款要目(一)遣醇亲王使德国谢罪(二)诛祸首议昭雪(三)使那桐前赴日本谢罪(四)立涤垢雪侮之碑(五)禁运军火进口(六)偿款四万五千万两(七)划定使馆专界归公使管理且得置卫兵不准中国人住居(八)削平大沽至京炮台(九)自京师至山海关各要站承认各国留兵驻防无绝交通之虞(十)中国政府须永禁加入排外团体违者处斩各省官吏遇有伤害外人之事不能立即弹压惩办者革职永不叙用(十一)商改通商行船条约兴白河及黄浦各工程(十二)改总理衙门为外务部列六部之首更定钦使谒见皇帝礼节	拳匪之乱创巨痛深和约十二款皆据各国全权送到不容一字改易李鸿章折中所谓时局艰难鲜能补救抚衷循省负疚良深者也时至今日为祸更烈使馆界地形同异域外人要挟万端犹动以辛丑和约为词惟赔款问题自美国倡议兴学大势所趋渐有退还之倾向矣
商定禁烟办法	光绪三十二年 北京	清外务部 有约各国	按照本年政务处会议禁烟章	共六条要目(一)以印度洋药出口五万一千箱为定额按年递减	鸦片战争以后印土充斥奸民嗜利效尤播种以致鸩毒遍于中国人民半沦

续 表

约名	时地	代表者	原委	约款纲要	附说
·			程第十条凡有约诸国可商诸该国使臣一体严禁并吗啡一项亦应分别禁止故外务部因此商定办法	十年减尽(二)中国派员往加尔各答监视打包(三)洋药税厘征收加倍(四)香港烟膏禁止运入中国(五)各口岸租界内禁止烟馆烟具各该处工部局不俟华官之请自行办理(六)禁止吗啡任便运入 附禁运吗啡章程六款(一)(二)(三)医生药铺领照运入吗啡器具之办法(四)未领专单者将货充公(五)照上列之条输运者减照值百抽五征税(六)保结领用费免	废籍政府乃下严令禁国人种吸并与各国订禁烟办法阻其入口各国均表同情美国尤热心赞助唯英政府则以印度政费悉赖鸦片营业所入未甘放弃第以迫于公论爰有十年递减之议于以知英之所诩为文明大国者如是而已虽然我国民果能发奋戒除者正不必断断与争禁运也详说见禁烟会公约
天津浦口铁路借款合同	光绪三十三年十二月初十日 西一九〇八年正月十三日 北京	清外务部右侍郎梁敦彦 德华银行代表柯达士 中英公司代表濮兰德	按此约为天津至浦口铁路之嬗化光绪二十四年总理衙门矿务局会奏准派大员自立公司向英德两国商订借款旋由督办铁路大臣与英德两国银行订立借款草合同三十五条计借英金七百万镑	共二十四款要目(一)中国借英金五百万镑年息五厘(二)此路由天津经德州济南府至峄县为北段由峄县道徐州逾淮至扬子江南京对岸之浦口为南段共长中里二千一百七十里(三)路工四年造竣银行代垫第一期债票五十万镑其利息常年不得过六厘(四)此借款利息按虚数常年五厘(六)由订定借款之日起至第十年后无论何时若中国欲将借款全数清还或欲先还未到期之款若干在二十年内每百镑照债	吾国北部有贯通南北两干路一芦汉一津浦路之重要同而路之为借资建筑亦同然其中则又甚有轩轾芦汉镑收九折而年息四厘津浦年息五厘第一期债票之息不过六厘镑交初次虚数九三二次九四五银行经理每百两用银二钱五分购用外料每百加五是芦汉借款已多亏损而津浦则尤甚矣然芦汉之总工程师及路工各项人员均由比人代雇工程营造材料购置亦均系比人代办全路实权悉操外人之手督办也总公司也不过备位虚名而已而津浦则不然津浦工程师虽约内有用英德工

续　表

约　名	时　地	代表者	原　委	约　款　纲　要	附　　说
			九扣交付以五十年为期借款未清还以前造路行车均由该银行调度经理等语嗣经直隶山东江苏三省京官以丧权过多抗疏争请筹款自行建筑适德公司合同底稿所载金额不符并德使又添索接造支路二道为原约所无于是梁敦彦张之洞等与濮兰德柯达士磋磨争议半年之久始克订此津镇铁路遂改为津浦铁路矣	加价二镑半二在二十年后无须加价（七）每年附还借款之本利两银行于每百两计收用银二钱五分作为经理费（八）若铁路进项不敷全还本利之数应由中国设法以别有厘税补足（十）（十一）（十二）发行债票规则（十三）第一次债票三百万镑实交虚数九三折（即百镑交九十三镑）二次虚数九四五折（即每百镑扣留用银五镑半）（十四）存伦敦柏林之路款按常年四厘给发利息存中国之路款其利息嗣后酌定提用款若过二万镑应于前十日知照造路期内各路账目并收支凭随时得银行自雇查账人查目（十五）若建造铁路时仍有不敷向银行等续借洋款其利息并条款仍照现时合同其价值则照此次借款之第二次及后次出售债票订定（十六）此债票未发之先如有各种意外之事银行等准展期缓办（十七）中国选用公司认可之德英总工程师各一人惟须听命总办或代办合同	程师各一人然为我选雇听我辖制其路工之营造材料之购置亦皆由我裁定是津浦之于路权固又较芦汉为胜矣借款于人即不能不受所挟我悬其利害之轻重而择取焉则虽受亏损尚不至于过创故与其受主权之侵夺不如认现款之亏耗亏款有限害在一时主权放弃其弊无穷津浦宁受贴息亏耗保持主权较之芦汉固远胜万万也至于约内先提余利二十万镑则盖外人鉴于沪宁之失而出此沪宁当时约内固明言营业余利公司有百分之二十然沪宁营业所入至今并无余利之可分虽列虚约毫无实际此约趸先提取大率因此外人心思之密计利之工大率如此

续 表

约 名	时 地	代表者	原 委	约 款 纲 要	附 说
				由督办自订至路上派用专门人员由总办工程司商酌办理遇彼此意见不合时督办判断之(十八)材料尽中国本有者购买如须外购应归英德两公司承办每百两加用银五两如中国欲于外国人购买亦可照办惟用银仍应归英德银行(二十)余利例给十分之二此次预给二十万镑以后免给(二十二)银行可将本合同权利责任可全数交与他国人接办	
汇丰汇理银行借款合同	光绪三十四年 西一九○八年 北京	清邮传部 英汇丰银行 法汇理银行	邮传部以预备补足付还铁路借款暨自办工艺实业之用与英汇丰法汇理两银行订此借款合同	共二十五款要目(一)中国贷五百万金镑于银行以八成备还铁路二成为邮传部自办实业之用(二)债款偿还法(三)(四)计息法(五)偿款本部息邮传部筹还须在每期偿息偿本之前按年于承办银行交存款其数与应付本息相等(六)债票法(七)抵押各款(十)债票折扣(十二)合同作废展缓办法(十三)此项借款汇丰汇理各承其半彼此不相牵涉	各国投资于中国类皆别具深心非仅为利息而已铁路借款则路权为彼所有矿借款则矿权为彼所有即其他各项借款亦无不具有严酷之条件故不论何种借款一入外资则所有之利权政权悉入其掌握此犹英人之于印度故智也宣统末年清廷欲图政治上之革新乃不得不利用外资以二三月间外债骤增至二万万所谓四国借款中日借款粤汉川汉二路借款皆荦荦大端也沿至今但举此先例以概其余近日我国财政困难已臻其极罗掘俱穷

续　表

约　名	时　地	代表者	原　委	约　款　纲　要	附　　说
					不得不出于告贷于是各国乘势投机平和者则权子母以操奇赢野略者则悬饵食冀偿大欲而我国则且视为倘来之物挥霍辄尽债票愈增经济愈困势不至破产不止饮鸩止渴漏脯疗饥终有毒发之一日顾国人犹罔罔然视之行见大好山河将随财政共管之呼声而俱去矣
会议禁烟条款	宣统元年二月十五日 上海	清两江总督端方 美使臣柔克义 议员布伦德	美联络各国派员考查鸦片情形意在与中国同时禁绝准美使照会会议中国派端方入会并派刘玉麟为会员据抄呈会议禁烟条款由全体会员公评决定	共九款(一)(二)中国议禁全国鸦片出产行销吸食各国亦一律照办(三)鸦片除用作医药外在会各国均应视为禁物(四)禁止鸦片质提制之品运往在会各国(五)禁止制售吗啡及鸦片中提制杂和之品(六)戒烟药品性质应按科学之理研究并酌定办法(七)各国在中国居留地及租界内将禁令迅速举行(八)凡制造品含鸦片烟质与鸦片提制之戒烟丸均禁贩卖(九)租界药商专律应订于领事裁判权之内	按此次会议由美国发起不但禁种禁运禁吸兼欲考察与鸦片有关系之各品一律禁绝虽以印度烟产之富英伦兵力之雄而一莅会场决不敢漫然持异议也美人好举慈善事业海牙和平会日来勿红十字会均由美竭力赞成而烟禁则由美创议上海之约不及十年而吾中国鸠形鹄面之徒盖十去七八矣岂不懿哉
万国禁烟会公约	宣统三年 西一九一二年 荷京海牙	清议员 梁诚 德国 美国 法国	准美公使费勒器照会各国于荷国京城公立禁烟	共四章二十五款要目(第一章)生鸦片(一)缔约各国应检查生鸦片出产及散布(二)限制出入(三)	按万国禁烟公会始由美国发端继以荷国提倡祛积年之锢疾振民生于陷溺不可谓非大有益于中国也自道光之季以禁鸦

续 表

约 名	时 地	代表者	原 委	约 款 纲 要	附 说
		英国 意国 日本国 荷兰国 波斯国 葡国 俄国 暹罗国 各议员	大会根据上海禁烟会所议办法妥订通行条例各国遣派全权与会中国派梁诚往荷京入会公订此约	阻止运往禁绝之国检查运往限制之国(第二章)熟鸦片(六)应禁止制造及贩吸(七)禁止入出(第三章)药料鸦片吗啡高根等物(九)应限制以上各物制造售卖但可供医药之用(第四章)(十五)缔约各国与中国有条约者应与中国互查私运(十七)查禁在中国租界内吸食及烟馆等(二十二)未与会各国均得将本约画押	片与英起衅遂开中外交通之局不独鸦片流毒益甚而战祸横生疆土日促逮宣统初元迄无宁宇今禁烟定议而有清一朝之局亦已告终清之外交竟与鸦片相终始当其初朝臣谋议于内疆臣力拒于外禁之不能反以速祸迨时会已到迎机而导各国遂能共成义举虽英素擅其利亦不能独抗可见鸦片流毒中外同嫉公理彰明独有日也